O DIREITO À EDUCAÇÃO INCLUSIVA
UMA PROPOSTA EQUITATIVA

ANELIZE PANTALEÃO PUCCINI CAMINHA

Prefácio
Daniel Wunder Hachem

O DIREITO À EDUCAÇÃO INCLUSIVA
UMA PROPOSTA EQUITATIVA

Belo Horizonte

FÓRUM
CONHECIMENTO JURÍDICO

2024

© 2024 Editora Fórum Ltda.

É proibida a reprodução total ou parcial desta obra, por qualquer meio eletrônico, inclusive por processos xerográficos, sem autorização expressa do Editor.

Conselho Editorial

Adilson Abreu Dallari
Alécia Paolucci Nogueira Bicalho
Alexandre Coutinho Pagliarini
André Ramos Tavares
Carlos Ayres Britto
Carlos Mário da Silva Velloso
Cármen Lúcia Antunes Rocha
Cesar Augusto Guimarães Pereira
Clovis Beznos
Cristiana Fortini
Dinorá Adelaide Musetti Grotti
Diogo de Figueiredo Moreira Neto (*in memoriam*)
Egon Bockmann Moreira
Emerson Gabardo
Fabrício Motta
Fernando Rossi
Flávio Henrique Unes Pereira
Floriano de Azevedo Marques Neto
Gustavo Justino de Oliveira
Inês Virgínia Prado Soares
Jorge Ulisses Jacoby Fernandes
Juarez Freitas
Luciano Ferraz
Lúcio Delfino
Marcia Carla Pereira Ribeiro
Márcio Cammarosano
Marcos Ehrhardt Jr.
Maria Sylvia Zanella Di Pietro
Ney José de Freitas
Oswaldo Othon de Pontes Saraiva Filho
Paulo Modesto
Romeu Felipe Bacellar Filho
Sérgio Guerra
Walber de Moura Agra

CONHECIMENTO JURÍDICO

Luís Cláudio Rodrigues Ferreira
Presidente e Editor

Coordenação editorial: Leonardo Eustáquio Siqueira Araújo
Aline Sobreira de Oliveira

Rua Paulo Ribeiro Bastos, 211 – Jardim Atlântico – CEP 31710-430
Belo Horizonte – Minas Gerais – Tel.: (31) 99412.0131
www.editoraforum.com.br – editoraforum@editoraforum.com.br

Técnica. Empenho. Zelo. Esses foram alguns dos cuidados aplicados na edição desta obra. No entanto, podem ocorrer erros de impressão, digitação ou mesmo restar alguma dúvida conceitual. Caso se constate algo assim, solicitamos a gentileza de nos comunicar através do *e-mail* editorial@editoraforum.com.br para que possamos esclarecer, no que couber. A sua contribuição é muito importante para mantermos a excelência editorial. A Editora Fórum agradece a sua contribuição.

Dados Internacionais de Catalogação na Publicação (CIP) de acordo com ISBD

C183d	Caminha, Anelize Pantaleão Puccini
	O direito à educação inclusiva: uma proposta equitativa / Anelize Pantaleão Puccini Caminha. Belo Horizonte: Fórum, 2024.
	242 p. 14,5x21,5cm
	ISBN 978-65-5518-552-2
	1. Educação inclusiva. 2. Direito à educação inclusiva. 3. Pessoa com deficiência. 4. Desenvolvimento escolar. 5. Direito à equidade. I. Título.
	CDD: 371.9
	CDU: 376

Ficha catalográfica elaborada por Lissandra Ruas Lima – CRB/6 – 2851

Informação bibliográfica deste livro, conforme a NBR 6023:2018 da Associação Brasileira de Normas Técnicas (ABNT):

CAMINHA, Anelize Pantaleão Puccini. *O direito à educação inclusiva*: uma proposta equitativa. Belo Horizonte: Fórum, 2024. 242 p. ISBN 978-65-5518-552-2.

Dedico ao meu esposo, Oksandro, que foi meu apoio e alicerce durante esta caminhada.

Aos meus pais, Marcelo e Vivian, pelo esforço e dedicação despendidos ao longo da minha formação profissional e pessoal.

À minha filha Amábile, que era um grande sonho durante a elaboração deste trabalho e hoje está presente para compartilhar essa conquista.

AGRADECIMENTOS

Ao meu orientador, Professor Daniel, que me recebeu de braços abertos na instituição e compartilhou os seus conhecimentos. Os seus ensinamentos foram essenciais para a elaboração desta tese.

À minha coorientadora, Professora Catarina, que abriu as portas da Católica do Porto quando eu ainda era mestranda, depositando sua confiança em mim. As suas palavras contribuíram para o aprimoramento deste trabalho, sempre com o acolhimento necessário, durante esse longo percurso.

Ao meu marido, Oksandro, que sempre me incentivou a pesquisar, ainda nos corredores da Universidade de Lisboa. Suas observações, em alguns momentos, foram contundentes, mas, com certeza, pontuais e imprescindíveis para o meu amadurecimento nos últimos cinco anos. Obrigada por estar ao meu lado, trocar ideias, apoiar-me nos momentos difíceis e, nos dois anos de pesquisa, vinte e quatro horas por dia!

Aos meus pais, sem os quais eu nada seria. Meu pai, Marcelo, que sempre acreditou em mim e ensinou-me que a carreira acadêmica é, de fato, uma vocação. Obrigada por investir na minha educação e amparar-me em todos os momentos. Minha mãe, Vivian, que não mediu esforços para que eu chegasse até aqui. Obrigada por me prestar auxílio, desde o ensino fundamental, chamar minha atenção quando eu estava dispersa e não permitir que eu desistisse.

Aos meus irmãos, Marcelo e Marcus, que colaboraram em diversos momentos. Cada conversa foi importante para a construção dessa caminhada.

Ao meu avô, Leônidas (*in memoriam*), que foi um exemplo de professor e profissional. Embora tenha me deixado cedo, ele está presente nesta pesquisa, por meio de sua biblioteca, largamente utilizada no desenvolvimento desta tese.

Ao Professor Fernando Araújo, que acreditou em mim quando eu era uma mestranda ainda perdida. Desde o primeiro dia, teve paciência para ensinar e apontar os rumos a trilhar. Obrigada por todas as oportunidades e portas que foram abertas! Tenho a certeza de que o Senhor é um dos grandes responsáveis pela minha formação acadêmica.

À Professora Simone Tassinari, que me acompanhou, desde o Mestrado, e sempre esteve ao meu lado. Obrigada por debater sobre o tema de minha tese e escutar-me quando eu precisei.

A minha equipe de apoio, Thor, Quick, Belinha, Amy (*in memoriam*) e Michele (*in memoriam*), meus companheiros durante os dias mais solitários de trabalho. Obrigada pelo afeto incondicional nesses anos.

A todos os meus amigos, que contribuíram para a realização de atividades acadêmicas, especialmente a minha companheira de jornada, Amanda, que compartilhou os medos, desejos e sonhos profissionais.

À PUCPR, que me acolheu em Curitiba, auxiliando-me durante o curso de pós-graduação.

My advice to other disabled people would be, concentrate on things your disability doesn't prevent you doing well, and don't regret the things it interferes with. Don't be disabled in spirit, as well as physically.

(Hawking, Stephen)

LISTA DE ABREVIATURAS E SIGLAS

ADE   Arranjo de Desenvolvimento da Educação

ADI   Ação Direta de Inconstitucionalidade

AEE   Atendimento Educacional Especializado

APAE   Associação de Pais e Amigos dos Excepcionais

Art.   Artigo

BNCC   Base Nacional Comum Curricular

BPC   Benefício de Prestação Continuada

CAPS   Centros de Atenção Psicossocial

CC/02   Código Civil de 2002

CEBAS   Certificação de Entidades Beneficentes de Assistência Social

CENESP   Centro Nacional de Educação Especial

CF/88   Constituição da República Federativa do Brasil de 1988

CID   Cadastro Internacional de Doenças

CIDID   Classificação Internacional de Deficiências, Incapacidades e Desvantagens

CIDPD   Convenção Internacional sobre os Direitos das Pessoas com Deficiência

CIF   Classificação Internacional de Funcionalidade, Incapacidade e Saúde

CNE   Conselho Nacional de Educação

CONFENEN   Confederação Nacional dos Estabelecimentos de Ensino

DUDH	Declaração Universal dos Direitos Humanos
ECA	Estatuto da Criança e do Adolescente
ENEM	Exame Nacional do Ensino Médio
EPD	Estatuto da Pessoa com Deficiência
FGTS	Fundo de Garantia do Tempo de Serviço
IBC	Instituto Benjamin Constant
IBGE	Instituto Brasileiro de Geografia e Estatística
IDEB	Índice de Desenvolvimento da Educação Básica
IDH	Índice de Desenvolvimento Humano
INEP	Instituto Nacional de Estudos e Pesquisas Educacionais Anísio Teixeira
INES	Instituto Nacional da Educação de Surdos
LDB	Lei de Diretrizes e Bases da Educação Nacional
LIBRAS	Língua Brasileira de Sinais
MEC	Ministério da Educação
MS	Ministério da Saúde
nº	número
NAAHS	Núcleo de Atividades de Altas Habilidades/Superdotação
OIT	Organização Internacional do Trabalho
OMS	Organização Mundial da Saúde
ONU	Organização das Nações Unidas
PAR	Plano de Ações Articuladas
PCN	Parâmetros Curriculares Nacionais
PDE	Plano de Desenvolvimento da Educação
PIB	Produto Interno Bruto

PNE	Plano Nacional de Educação
PUCPR	Pontifícia Universidade Católica do Paraná
SA	Sistema Automático
SAEB	Sistema de Avaliação da Educação Básica
SILOS	Sistemas Locais de Saúde
SR	Sistema Reflexivo
SUS	Sistema Único de Saúde
UNESCO	Organização das Nações Unidas para a Educação, a Ciência e a Cultura
UNESP	Universidade Estadual Paulista
UNICEF	Fundo das Nações Unidas para a Infância

SUMÁRIO

PREFÁCIO
Prof. Dr. Daniel Wunder Hachem 17

INTRODUÇÃO 19

CAPÍTULO 1
O DIREITO À EDUCAÇÃO DA PESSOA COM DEFICIÊNCIA
NO SISTEMA JURÍDICO BRASILEIRO 23

1.1   A evolução dos direitos da pessoa com deficiência 27
1.2   Da educação especial à educação inclusiva 44

CAPÍTULO 2
O DESENVOLVIMENTO ESCOLAR DA PESSOA COM
DEFICIÊNCIA SOB A PERSPECTIVA DA EQUIDADE 93

2.1   Da igualdade à equidade: reflexos na educação da pessoa com
       deficiência 96
2.2   A teoria do *capability approach* 133

CAPÍTULO 3
UM MODELO DE EDUCAÇÃO PARA O DESENVOLVIMENTO
ESCOLAR DA PESSOA COM DEFICIÊNCIA: A EQUIDADE
COMO DIRETRIZ NORTEADORA 163

3.1   O modelo equitativo de educação da pessoa com deficiência 165
3.2   As políticas públicas necessárias para a implementação do
       modelo equitativo de educação das pessoas com deficiência 194
3.2.1 Do estreitamento da colaboração entre os entes federativos
       e a iniciativa privada 197
3.2.2 Da capacitação de professores e profissionais da educação 199
3.2.3 Do investimento em pesquisas 203
3.2.4 Dos incentivos financeiro-tributários 204

3.2.5 Do compartilhamento da educação com a família e da conscientização da coletividade..211

CONCLUSÃO..217

REFERÊNCIAS..225

PREFÁCIO

A Convenção Internacional sobre os Direitos das Pessoas com Deficiência e seu Protocolo Facultativo foram incorporados ao Direito brasileiro com hierarquia constitucional. Promulgados pelo Congresso Nacional por meio do Decreto Legislativo nº 6.949/2009, tais instrumentos normativos passaram a integrar o bloco de constitucionalidade, ampliando significativamente o catálogo de direitos fundamentais da pessoa com deficiência no país.

No rol desses direitos encontra-se o direito à educação. Ocorre que no caso das pessoas com deficiência, a plena efetividade desse direito fundamental social exige a adoção de uma série de medidas, seja do Poder Público, seja de entidades privadas, para que o serviço prestado leve em consideração as peculiaridades de cada indivíduo, sob pena de se prejudicar o seu desenvolvimento educacional. A prestação do serviço de educação – em todos os níveis e independentemente de quem o esteja oferecendo – deve ser realizada de forma equitativa. É esse o tema central enfrentado pela Professora Anelize Pantaleão Puccini Caminha no presente livro.

A obra reflete os resultados da pesquisa desenvolvida pela autora em sua tese de Doutorado, elaborada no Programa de Pós-Graduação em Direito da Pontifícia Universidade Católica do Paraná (conceito 6 na CAPES) e aprovada com conceito A. Foi defendida perante banca examinadora presidida por mim, na condição de orientador, e composta pelos Professores Catarina Santos Botelho (coorientadora – Universidade Católica Portuguesa), Ingo Wolfgang Sarlet (PUCRS), Joyceane Bezerra de Menezes (UNIFOR/UFC), Simone Tassinari Cardoso (UFRGS) e André Folloni (PUCPR).

Anelize dedicou-se com afinco às atividades acadêmicas durante o Programa de Doutorado. Participou de inúmeros seminários e congressos jurídicos nacionais e internacionais e publicou artigos em revistas científicas no Brasil, em Portugal e na França. Atualmente, leciona Direito Civil na Universidade Positivo, além de ministrar disciplina como Professora Colaboradora no PPGD do Centro Universitário 7 de setembro – UNI7. Tais elementos demonstram a sua vocação para a vida universitária.

No livro, a autora apresenta no primeiro capítulo um panorama detalhado da tutela dos direitos da pessoa com deficiência nos planos nacional e internacional e esmiúça a forma como o direito à educação dessas pessoas foi concebido no Brasil, passando-se de uma educação especial para uma educação inclusiva. No segundo capítulo, após identificar problemas e insuficiências existentes no modelo atual, Anelize explora as diferentes dimensões do princípio da igualdade e seus reflexos nessa matéria, para então concluir que uma prestação igualitária do serviço de educação para as pessoas com deficiência requer o atendimento de critérios de equidade, que levem em consideração as capacidades de cada ser humano. Para sustentar sua tese, lança mão da ideia de *capability approach*, defendida por Martha Nussbaum, como marco teórico para formular a sua proposta de modelo de educação equitativo para as pessoas com deficiência.

No último capítulo, a autora apresenta as características que considera necessárias para que o modelo educacional voltado às pessoas com deficiência seja de fato equitativo, indicando os dispositivos normativos vigentes no Direito brasileiro que dão sustentação à sua proposta. É nessa etapa da pesquisa que, de forma original, Anelize propõe uma série de políticas públicas que reputa imprescindíveis para implementar o modelo equitativo de educação da pessoa com deficiência: o estreitamento da colaboração entre os entes federativos e a iniciativa privada; a capacitação de professores e profissionais da educação; investimento em pesquisas; os incentivos financeiro-tributários; o compartilhamento da educação com a família e a conscientização da coletividade.

O livro que ora vem à luz aponta caminhos importantes para o Estado brasileiro dar concretude ao direito à educação inclusiva das pessoas com deficiência e promover a igualdade material, nos termos exigidos pela Constituição de 1988 e pela Convenção Internacional sobre os Direitos das Pessoas com Deficiência. Parabenizo a autora e a Editora Fórum pela publicação desta importante obra, que certamente se tornará referência na temática.

Curitiba, março de 2023.

Prof. Dr. Daniel Wunder Hachem
Professor da Escola de Direito da Pontifícia Universidade Católica do Paraná e da Faculdade de Direito da Universidade Federal do Paraná. Professor Visitante da Université Paris 1 Panthéon-Sorbonne. Líder do NUPED-PUCPR.

INTRODUÇÃO

O reconhecimento formal de direitos às pessoas com deficiência, tanto no plano interno como no plano internacional, representa um avanço na proteção jurídica desse segmento social notoriamente vulnerável. A despeito disso, persistem obstáculos quase intransponíveis ao exercício desses direitos, para cuja superação é exigível não só a edição de normas legais como uma mudança de paradigmas e concepções, um repensar o processo de inserção do indivíduo na dinâmica da coletividade.

Constitui objeto desta obra uma análise da legislação brasileira vigente em confronto com a realidade fática subjacente, com o propósito de aferir se o direito à educação é plenamente assegurado às pessoas com deficiência.

A educação escolar, ao lado da educação comunitária, é um importante mecanismo de inclusão social, especialmente nos primeiros anos (educação básica), na medida em que oportuniza o desenvolvimento de potencialidades individuais e a socialização do ser humano. Entretanto, para promovê-la efetivamente, não basta oferecer ao estudante uma capacitação intelectual nos moldes tradicionais, em instituição de ensino especial ou não. Com efeito, é necessária uma formação educacional que lhe permita superar todas as barreiras à sua participação na sociedade, o que nos conduz à seguinte indagação: o direito à educação, tal como assegurado às pessoas com deficiência no sistema de ensino brasileiro, garante-lhes a inclusão social?

Para responder a esse questionamento, será adotada como premissa a insuficiência do modelo de ensino, implementado nas instituições públicas e privadas brasileiras, para o pleno desenvolvimento das pessoas com deficiência, uma vez que não permite a expansão de todas as capacidades individuais essenciais a sua atuação social em igualdade de condições com as demais pessoas. As práticas pedagógicas e as estruturas escolares, concebidas sob o referencial da igualdade, não atendem às necessidades desses estudantes, em face da ampla gama de deficiências que, em interação com o ambiente, geram diferentes tipos de obstáculos. Nesse contexto, o tratamento igualitário tradicional e restrito ao ingresso no sistema de ensino regular não garante o efetivo e pleno acesso de todos à educação, podendo, inclusive, produzir um efeito inverso, qual seja, uma desigualdade concreta.

Além disso, o direito fundamental à educação compreende não só o acesso e a permanência na escola como também a prestação de um serviço eficiente e de qualidade, que contribua para a formação e socialização dos estudantes e a preparação da coletividade para conviver com a diversidade.

Com base na ideia de que o modelo de ensino vigente reclama aperfeiçoamento, será analisada, no primeiro capítulo, a evolução dos direitos da pessoa com deficiência, com ênfase nas principais formas de proteção jurídica e nas alterações normativas impulsionadas pela Convenção Internacional sobre os Direitos das Pessoas com Deficiência, e, na sequência, o sistema de ensino vigente no Brasil, sob a perspectiva da legislação e da realidade concreta, traçando um paralelo entre a educação especial e a educação inclusiva.

No segundo capítulo, o enfoque será os conceitos de igualdade e equidade, para delimitar a abordagem adequada ao desenvolvimento escolar das pessoas com deficiência, com vistas à sua efetiva inclusão social. Também será examinada a teoria do *capability approach*, desenvolvida por Martha C. Nussbaum e Amartya Sen, a fim de identificar as potencialidades humanas que devem ser expandidas pela educação básica.

No último capítulo, serão definidas as diretrizes pedagógicas para a estruturação e o funcionamento de um sistema de ensino voltado ao atendimento das necessidades escolares das pessoas com deficiência e as políticas públicas para sua implementação, apresentando propostas para esse fim.

Na aferição da hipótese de investigação, será adotado o método dedutivo, com a utilização de conceitos e elementos da Psicologia, da Economia Comportamental, da Educação e do Direito. A transdisciplinaridade é essencial para a construção de uma proposta pedagógica adequada ao alcance do objetivo de oportunizar o desenvolvimento de capacidades humanas básicas, assegurando às pessoas com deficiência o exercício pleno e equitativo de todos os direitos humanos e o respeito pela sua dignidade inerente.

Os dados coletados em pesquisas bibliográfica e legislativa serão consolidados e sistematizados, com a depuração da hipótese original, na busca de soluções que, a partir do conhecimento da realidade de cada estudante, contribua para o seu pleno desenvolvimento pessoal, seu preparo para o exercício de direitos e sua qualificação para o trabalho, respeitados o pluralismo e a diversidade.

Após esse exame, serão avaliadas as medidas adotadas pelo Poder Público e as tentativas de falseamento das propostas, a fim de extrair conclusões e propostas para o aprimoramento do sistema de ensino no país.

Com o presente trabalho, pretende-se instigar o debate, colaborar para uma reflexão sobre o sistema de ensino formal brasileiro e demonstrar a eficiência de um modelo pedagógico que, sob o viés da equidade, permite o manejo dos diferentes perfis estudantis, atendendo às necessidades escolares das pessoas com deficiência.

CAPÍTULO 1

O DIREITO À EDUCAÇÃO DA PESSOA COM DEFICIÊNCIA NO SISTEMA JURÍDICO BRASILEIRO

A visão da sociedade sobre as pessoas com deficiência modificou-se, lenta e gradualmente, ao longo dos tempos.

Na Antiguidade, elas eram tratadas com certa intolerância e, em alguns povos, até abandonadas ou sacrificadas, por representarem um fardo social.[1][2] Alguns relatos desse período revelam que as doenças incapacitantes e as deficiências físicas e mentais eram associadas ao sobrenatural (símbolo de impureza, pecado ou castigo divino[3]) ou a uma ameaça, o que justificava o alijamento do indivíduo da coletividade[4] ou sua eliminação. Há, ainda, registros de que, em relação a feridos ou mutilados de guerras, os gregos implantaram um sistema de assistência aos que não tinham condições de prover sua subsistência.

---

[1] REQUIÃO, Maurício. *Estatuto da pessoa com deficiência, incapacidade e interdição*. 2. ed. Florianópolis: Tirant Lo Blanch, 2018, p. 98. Ver também: FONTES, Fernando. *Pessoas com deficiência em Portugal*. Lisboa: Fundação Francisco Manuel dos Santos, 2016, p. 21.

[2] As primeiras referências sobre pessoas com deficiência são encontradas, de forma dispersa, na literatura grega, egípcia e romana e, também, em documentos religiosos (Bíblia, Talmude e Corão, entre outros). À míngua de registros relativos ao período pré-histórico, supõe-se que as pessoas com deficiência não sobreviviam às adversidades do ambiente natural, pois não havia alimentos em abundância e o clima era hostil (SILVA, Otto Marques da. *A epopeia ignorada*: a pessoa deficiente na história do mundo de ontem e hoje. São Paulo: CEDAS, 1986).

[3] PIOVESAN, Flávia. *Direitos humanos e o direito constitucional internacional*. 18. ed., rev. e atual. São Paulo: Saraiva, 2018, p. 316.

[4] CRESPO, Ana Maria Morales. *Da invisibilidade à construção da própria cidadania*: os obstáculos, estratégias e as conquistas do movimento social das pessoas com deficiência no Brasil, através das histórias de vida de seus líderes. Tese (Doutorado em História) – Universidade de São Paulo, São Paulo, 2009, p. 33.

Posteriormente, esse auxílio foi estendido a outras situações similares, exceto os casos em que a criança já nascia com anomalia.[5]

Em uma segunda fase, predominou o manto da invisibilidade: a pessoa com deficiência, embora não excluída, era marginalizada, sem qualquer auxílio, em face da indiferença da sociedade.

Por influência do Cristianismo, que pregava o amparo aos necessitados, para aliviar o sofrimento dos enfermos,[6] incluídos os que apresentavam alguma deficiência,[7] foram prestados cuidados a eles pela família e pela igreja, em hospitais e abrigos próprios. A despeito dos ensinamentos religiosos voltados à valorização da pessoa humana, ao perdão de ofensas, à caridade, à humildade e à compreensão da pobreza e da simplicidade da vida, as ações assistencialistas coexistiam com o isolamento social dos assistidos.[8]

Na Idade Média, a expansão dos núcleos urbanos entre os séculos V e XV provocou a disseminação de doenças epidêmicas e outros males, inclusive congênitos. Essa realidade, aliada a concepções místicas de cunho teológico (um "castigo de Deus"), fez ressurgir algumas práticas de sacrifício de crianças e segregação de indivíduos.[9]

Com o Renascimento nos séculos XV a XVII, marcado pelo humanismo e avanços científicos, a ignorância e a superstição retrocederam, porém persistiu o preconceito contra as pessoas com deficiência.[10]

---

[5] PEREIRA, Jaquelline de Andrade; SARAIVA, Joseana Maria. Trajetória histórico-social da população deficiente: da exclusão à inclusão social. *SER Social*, v. 19, n. 40, p. 168-185, 2017. DOI: 10.26512/ser_social.v19i40.14677. Disponível em: https://periodicos.unb.br/index.php/SER_Social/article/view/14677.file:///C:/Users/vjp/AppData/Local/Packages/Microsoft.MicrosoftEdge_8wekyb3d8bbwe/TempState/Downloads/admin-11%20(1).pdf. Acesso em: 13 mar. 2021.

[6] CRESPO, Ana Maria Morales. *Da invisibilidade à construção da própria cidadania*: os obstáculos, estratégias e as conquistas do movimento social das pessoas com deficiência no Brasil, através das histórias de vida de seus líderes. Tese (Doutorado em História) – Universidade de São Paulo, São Paulo, 2009, p. 34-35.

[7] FOUCAULT, Michel. *História da loucura*. Tradução de José Teixeira Coelho Netto. São Paulo: Perspectiva, 1972, p. 96.

[8] SILVA, Otto Marques da. *A epopeia ignorada*: a pessoa deficiente na história de ontem e de hoje. São Paulo: CEDAS, 1987, p. 141.

[9] DICHER, Marilu; TREVISAM, Elisaide. A jornada histórica da pessoa com deficiência: inclusão como exercício do direito à dignidade da pessoa humana. In: VITA, Jonatahn Barros; DIZ, Jamile Bergamaschini Mata; BAEZ, Narciso Leandro Xavier (Org.). *Direitos fundamentais e democracia*. CONPEDI, 2014, p. 254-276. Disponível em: http://publicadireito.com.br/artigos/?cod=572f88dee7e2502b. Acesso em: 13 mar. 2021, p. 561.

[10] PEREIRA, Jaquelline de Andrade; SARAIVA, Joseana Maria. Trajetória histórico-social da população deficiente: da exclusão à inclusão social. *SER Social*, v. 19, n. 40, p. 168-185, 2017. DOI: 10.26512/ser_social.v19i40.14677. Disponível em: https://periodicos.unb.br/index.php/SER_Social/article/view/14677.file:///C:/Users/vjp/AppData/Local/Packages/Microsoft.MicrosoftEdge_8wekyb3d8bbwe/TempState/Downloads/admin-11%20(1).pdf. Acesso em: 13 mar. 2021.

Deflagrada a Revolução Industrial em meados do século XVIII, um contingente considerável de indivíduos socialmente indesejáveis, desde desempregados até os ditos "loucos",[11] concentrou-se nos grandes centros urbanos, gerando uma reação social de exclusão indiscriminada.[12]

Paralelamente, a Psiquiatria desenvolveu um modelo de tratamento dos distúrbios mentais, que consistia na internação de pacientes em hospitais especializados, com a ruptura de qualquer ligação com o mundo exterior. Alguns profissionais, contudo, posicionaram-se contrariamente às técnicas isolacionistas. Philippe Pinel, um dos expoentes nessa área, criticou os procedimentos executados nos manicômios em geral, propondo novas abordagens para as doenças dessa natureza. A sua iniciativa de desacorrentar pacientes internados foi considerada um marco na história desses estabelecimentos.[13]

Somente a partir do século XIX, aflorou a consciência da responsabilidade da sociedade pela realidade vivenciada pelas pessoas com deficiência, com a adoção de medidas de assistência e tutela especial, principalmente aos soldados que regressavam a seus países, com sequelas físicas ou mentais.[14]

Nos pós-guerras mundiais, intensificaram-se as ações assistencialistas, pautadas pela concepção biomédica de deficiência como doença, com foco na condição pessoal do indivíduo.[15] Durante essa fase, foram desenvolvidas redes de atendimento de necessidades, com o aprimoramento de equipamentos de reabilitação ou redução de dificuldades. O surgimento do Estado de bem-estar social nos países europeus contribuiu, significativamente, para o incremento e aperfeiçoamento desses mecanismos, minimizando o impacto da influência de movimentos eugenistas, que se fortaleceram no apogeu do regime nazista.[16]

---

[11] REQUIÃO, Maurício. *Estatuto da pessoa com deficiência, incapacidade e interdição.* 2. ed. Florianópolis: Tirant Lo Blanch, 2018, p. 101.

[12] FOUCAULT, Michel. *História da loucura.* Tradução de José Teixeira Coelho Netto. São Paulo: Perspectiva, 1972, p. 98.

[13] REQUIÃO, Maurício. *Estatuto da pessoa com deficiência, incapacidade e interdição.* 2. ed. Florianópolis: Tirant Lo Blanch, 2018, p. 103-104 e 105.

[14] PEREIRA, Jaquellline de Andrade; SARAIVA, Joseana Maria. Trajetória histórico-social da população deficiente: da exclusão à inclusão social. *SER Social*, v. 19, n. 40, p. 168-185, 2017. DOI: 10.26512/ser_social.v19i40.14677. Disponível em: https://periodicos.unb.br/index.php/SER_Social/article/view/14677. Acesso em: 13 mar. 2021.

[15] PIOVESAN, Flávia. *Direitos humanos e o direito constitucional internacional.* 18 ed., rev. e atual. São Paulo: Saraiva, 2018, p. 316.

[16] PEREIRA, Jaquellline de Andrade; SARAIVA, Joseana Maria. Trajetória histórico-social da população deficiente: da exclusão à inclusão social. *SER Social*, v. 19, n. 40, p. 168-185, 2017. DOI: 10.26512/ser_social.v19i40.14677. Disponível em: https://periodicos.unb.br/index.php/SER_Social/article/view/14677. Acesso em: 13 mar. 2021.

Na contemporaneidade, é perceptível uma mudança de paradigma, sob o influxo da valorização dos direitos humanos no mundo globalizado. O referencial – que antes estava centrado na figura do indivíduo – desloca-se para a sua relação com o ambiente.[17]

No plano jurídico, é consolidado o conceito de pessoa com deficiência como aquela que tem impedimentos físicos, psíquicos, sensoriais ou intelectuais de longo prazo que, em interação com outros fatores, inclusive externos, criam barreiras competitivas no meio social em que está inserida, impedindo-a de viver em condições de igualdade de oportunidades com os demais membros da sociedade.[18]

Não obstante, a proteção jurídica que lhe é conferida revela-se incipiente em sociedades tendencialmente segregacionistas, prevalecendo o estigma da inferioridade e a marginalização social. Em realidades predominantemente assistencialistas, a preocupação social centra-se no amparo material de quem apresenta anomalias. Já nas coletividades pretensamente inclusivas, exalta-se a importância dos direitos sociais como mecanismo assecuratório do pleno desenvolvimento do indivíduo.

Em todos os contextos, a educação escolar constitui uma ferramenta eficaz para a superação de obstáculos culturais, sociais ou físicos à inclusão social, na medida em que permite a expansão de capacidades individuais e a formação e socialização do indivíduo,[19] bem como a sensibilização da coletividade para o respeito à diversidade humana e o repúdio a toda e qualquer forma de discriminação negativa.

Para a adequada compreensão do tema, será analisada a evolução dos direitos da pessoa com deficiência no plano internacional e no ordenamento jurídico pátrio, e, na sequência, a migração do modelo de educação especial para o de educação inclusiva.

---

[17] PIOVESAN, Flávia. *Direitos humanos e o direito constitucional internacional*. 18. ed., rev. e atual. São Paulo: Saraiva, 2018, p. 316.

[18] "Art. 2º. Considera-se pessoa com deficiência aquela que tem impedimento de longo prazo de natureza física, mental, intelectual ou sensorial, o qual, em interação com uma ou mais barreiras, pode obstruir sua participação plena e efetiva na sociedade em igualdade de condições com as demais pessoas. [...]" (BRASIL. *Lei nº 13.146, 06 de julho de 2015*. Estatuto da Pessoa com Deficiência. Brasília: Presidência da República, 2015. Disponível em: http://www.planalto.gov.br/CCIVIL_03/_Ato2015-2018/2015/Lei/L13146.htm. Acesso em: 14 out. 2021).

[19] Nessa linha, a Lei nº 9.394/1996 dispõe, em seu artigo 2º, que "A educação, dever da família e do Estado, inspirada nos princípios de liberdade e nos ideais de solidariedade humana, tem por finalidade o pleno desenvolvimento do educando, seu preparo para o exercício da cidadania e sua qualificação para o trabalho" (BRASIL. *Lei nº 9.394, 20 de dezembro de 1996*. Lei de diretrizes e bases da educação nacional. Brasília: Presidência da República, 1996. Disponível em: http://www.planalto.gov.br/ccivil_03/leis/l9394.htm. Acesso em: 2 jan. 2022).

1.1 A evolução dos direitos da pessoa com deficiência

No plano internacional, o reconhecimento dos direitos da pessoa com deficiência está diretamente vinculado à evolução dos direitos humanos em geral, cujo marco referencial é a Declaração Universal dos Direitos Humanos de 1948, aprovada pela Resolução nº 217, da Organização das Nações Unidas, em 10 de dezembro de 1948.

A despeito da existência de outros instrumentos anteriores, essa Declaração foi pioneira na concepção de direitos humanos, em uma perspectiva de universalidade e indivisibilidade. A condição de pessoa humana foi apontada como único requisito para a titularidade de direitos, com fundamento na dignidade humana (universalidade). Os direitos civis e políticos somaram-se aos de natureza econômica, cultural e social, combinando o valor da liberdade ao da igualdade (indivisibilidade). Sob essa ótica, houve a superação de conceitos tradicionais, com a relativização da soberania exclusiva e absoluta dos Estados.[20]

A partir desse marco histórico, inúmeros atos normativos foram editados em todo mundo, ampliando e fortalecendo os movimentos sociais em defesa da efetivação desses direitos. A multiplicidade de normas internacionais formou um sistema de proteção (geral e especial) em nível global e regional. Consolidaram-se ideias consensuais em torno de certos direitos – cuja violação deslegitimava o Estado infrator perante a comunidade mundial[21] – e em uma relação de complementariedade, orientada pelo critério da primazia da norma mais favorável à suposta vítima.[22]

---

[20] "Em suma, todos os direitos humanos constituem um complexo integral, único e indivisível, em que os diferentes direitos estão necessariamente inter-relacionados e interdependentes entre si" (PIOVESAN, Flávia. *Temas de direitos humanos*. 10. ed., rev., ampl. e atual. São Paulo: Saraiva, 2017, p. 61, 62-63 e 65).

[21] Segundo Flávia Piovesan, os tratados internacionais voltados à proteção de direitos humanos refletem uma "consciência ética contemporânea compartilhada pelos Estados" (PIOVESAN, Flávia. *Temas de direitos humanos*. 10. ed., rev., ampl. e atual. São Paulo: Saraiva, 2017, p. 66).

[22] A universalidade dos direitos humanos coexiste com as particularidades regionais, por não equivaler a uma uniformidade total (TRINDADE, Antônio Augusto Cançado. O sistema interamericano de direitos humanos no liminar do novo século: recomendações para o fortalecimento de seu mecanismo de proteção. *In:* TRINDADE, Antônio Augusto Cançado. *A proteção internacional dos direitos humanos e o Brasil*, p. 31-66. Disponível em: file:///C:/Users/vjp/Documents/CANÇADO%20TRINDADE,%20Antônio%20Augusto%20-%20O%20Sistema%20Interamericano %20de%20Direitos%20Humanos%20no%20Limiar. pdf. Acesso em: 13 abr. 2021, p. 31-32).

Seguindo essa tendência, a Convenção Americana Sobre Direitos Humanos de 1969 (Pacto de São José da Costa Rica) incorporou essa visão inovadora em âmbito regional, institucionalizando, em bases convencionais, o sistema interamericano, para assegurar a efetiva implementação dos direitos nela positivados.[23] Nessa esteira, atribuiu a dois órgãos distintos a tarefa de sancionar os Estados signatários infratores: a Comissão Interamericana de Direitos Humanos,[24] com sede em Washington (EUA), e a Corte Interamericana de Direitos Humanos, com sede em São José da Costa Rica.[25] A principal função da Comissão é analisar denúncias, em juízo prévio de admissibilidade, e, em algumas situações, dar seguimento aos procedimentos judiciais subsequentes.[26] O papel da Corte é exercer jurisdição consultiva e contenciosa, interpretando as normas da Convenção e resolvendo conflitos emergentes de seu descumprimento nos casos concretos (submetidos pela Comissão Interamericana ou por Estado parte),[27] com caráter vinculante para os países signatários.[28] Conquanto as decisões fossem obrigatórias somente aos Estados parte que aceitassem sua competência

---

[23] Além da Convenção Americana Sobre Direitos Humanos de 1969, com vigência a partir de 18 de julho de 1978, foram pactuadas a Convenção Interamericana para Prevenir e Punir a Tortura (1985) e a Convenção Interamericana para Prevenir, Punir e Erradicar a Violência contra a Mulher (1994).

[24] TRINDADE, Antônio Augusto Cançado. O sistema interamericano de direitos humanos no liminar do novo século: recomendações para o fortalecimento de seu mecanismo de proteção. In: TRINDADE, Antônio Augusto Cançado. *A proteção internacional dos direitos humanos e o Brasil*, p. 31-66. Disponível em: file:///C:/Users/vjp/Documents/CANÇADO%20 TRINDADE,%20Antônio%20Augusto%20-%20O%20Sistema%20Interamericano%20 de%20Direitos%20 Humanos%20no%20Limiar.pdf. Acesso em: 13 abr. 2021, p. 36-37.

[25] PALUMBO, Livia Pelli. A efetivação dos direitos das pessoas com deficiência pelos sistemas de proteção dos direitos humanos: sistema americano e europeu. *Revista Científica Eletrônica do Curso de Direito*, ano I, n. 2, 2012. Disponível em: http://faef.revista.inf.br/imagens_arquivos/arquivos_destaque/XpIJi4SKLO7rVtt_2013-12-4-17-41-52.pdf. Acesso em: 25 ago. 2020.

[26] ALENCAR, Evandro Luan de Mattos; RAIOL, Raimundo Wilson Gama. Uma análise do caso Ximenes Lores versus Brasil. *Revista Direito e Justiça: Reflexões Sociojurídicas*, Santo Ângelo, v. 20, n. 36, p. 129-155, 2020. Disponível em: http://srvapp2s.santoangelo.uri.br/seer/index.php/direito_e_justica/article/view/2982. Acesso em: 25 ago. 2020, p. 135.

[27] TRINDADE, Antônio Augusto Cançado. O sistema interamericano de direitos humanos no liminar do novo século: recomendações para o fortalecimento de seu mecanismo de proteção. In: TRINDADE, Antônio Augusto Cançado. *A proteção internacional dos direitos humanos e o Brasil*, p. 31-66. Disponível em: file:///C:/Users/vjp/Documents/CANÇADO%20 TRINDADE,%20Antônio%20Augusto%20-%20O%20Sistema%20Interamericano%20de%20 20Direitos%20Humanos%20no%20Limiar.pdf. Acesso em: 13 abr. 2021, p. 48.

[28] ALENCAR, Evandro Luan de Mattos; RAIOL, Raimundo Wilson Gama. Uma análise do caso Ximenes Lores *versus* Brasil. *Revista Direito e Justiça: Reflexões Sociojurídicas*, Santo Ângelo, v. 20, n. 36, p. 129-155, 2020. Disponível em: http://srvapp2s.santoangelo.uri.br/seer/index.php/direito_e_justica/article/view/2982. Acesso em: 25 ago. 2020, p. 135.

em matéria contenciosa, a atuação da Corte reforça o dever estatal de prevenir, investigar e punir as violações dos direitos protegidos, bem como reparar os danos causados às vítimas.[29] [30]

Em 1971, a ONU proclamou a Declaração de Direitos dos Deficientes Mentais (Resolução nº 2.856, de 20.12.1971), que enumerou um rol de direitos, inclusive na esfera médica, social e educativa (cuidados de saúde, educação, recuperação e reabilitação, segurança econômica, participação na comunidade e representação legal qualificada).

Em dezembro de 1975, foi aprovada a Declaração dos Direitos das Pessoas Portadoras de Deficiência (Resolução nº 30/84, de 09.12.1975), alargando o alcance da Declaração de 1971, com ênfase nos direitos inerentes à igualdade humana (art. 3º) e na defesa de sua autonomia.[31] Esse instrumento internacional positivou um conceito de deficiência estritamente médico e biológico, centrado na figura do indivíduo como portador de enfermidade (déficit físico ou mental).

Em meados dos anos 1970, o Movimento Nacional da Luta Antimanicomial, deflagrado por profissionais da área da saúde, denunciou casos de maus-tratos em hospitais psiquiátricos, o que ensejou a edição de diversos documentos internacionais, voltados ao combate à violação dos direitos de pacientes com transtornos mentais.

No ano de 1982, a ONU lançou o Programa de Ação Mundial para as Pessoas Deficientes, com o objetivo de assegurar a igualdade e a plena participação na vida social e no desenvolvimento.

A OIT engajou-se nessa tarefa, estabelecendo normas de cunho trabalhista, dentre as quais a Convenção nº 159, de 1983, sobre reabilitação profissional e emprego de pessoas inválidas.[32]

---

[29] No caso Ximenes Lopes *vs.* Brasil, submetido à apreciação da Corte Interamericana de Direitos Humanos, foi reconhecida a responsabilidade do Estado pelo tratamento cruel e degradante à vítima, pois lhe incumbia a adoção de medidas de proteção da pessoa com deficiência, em face de sua vulnerabilidade (CORTE INTERAMERICANA DE DIREITOS HUMANOS. *Sentença*. Disponível em: https://www.corteidh.or.cr/docs/casos/articulos/seriec_149_por.pdf. Acesso em: 2 maio 2021).

[30] Sobre as cinco fases de evolução do sistema interamericano de proteção dos direitos humanos, ver: TRINDADE, Antônio Augusto Cançado. O sistema interamericano de direitos humanos no liminar do novo século: recomendações para o fortalecimento de seu mecanismo de proteção. *In*: TRINDADE, Antônio Augusto Cançado. *A proteção internacional dos direitos humanos e o Brasil*, p. 31-66. Disponível em: file:///C:/Users/vjp/Documents/CANÇADO%20TRINDADE,%20Antônio%20Augusto%20-%20O%20Sistema%20Interamericano%20de%20Direitos%20 Humanos%20no%20Limiar.pdf. Acesso em: 13 abr. 2021, p. 33-35.

[31] SOUSA, Filipe Venade de. *A Convenção das Nações Unidas sobre os direitos das pessoas com deficiência no ordenamento jurídico Português*: contributo para a compreensão do estatuto jusfundamental. Coimbra: Almedina, 2018, p. 27.

[32] No Brasil, a Convenção nº 159 da OIT foi aprovada pelo Decreto Legislativo nº 51, de 1989, e promulgada pelo Decreto nº 129, de 1991, posteriormente revogado pelo Decreto

Os princípios para a proteção das pessoas com doenças mentais e a melhoria do atendimento à saúde mental foram anunciados em 1991, sendo adotadas, em 1993, as Normas Uniformes sobre Igualdade de Oportunidades para Pessoas com Deficiência e a Declaração e Programa de Ação de Viena, aprovadas pela Conferência Mundial sobre Direitos Humanos.

Na América Latina, a Declaração de Caracas (1990)[33] propôs uma reestruturação do sistema de assistência psiquiátrica, ligado à atenção primária de saúde. A partir da constatação de que o papel hegemônico dos hospitais psiquiátricos impedia a prestação de uma assistência comunitária (descentralizada, participativa, integral, contínua e preventiva), pontuou a necessidade de reinserção dos pacientes na família, no trabalho e na comunidade.[34] As práticas de isolamento e internação deveriam ser excepcionais, pois acentuavam a sua incapacidade social e criavam condições desfavoráveis para o exercício de direitos humanos e civis, entre outras consequências negativas.[35]

Em agosto de 1999, foi firmada a Convenção Interamericana para a Eliminação de Todas as Formas de Discriminação contra as Pessoas Portadoras de Deficiência, na Guatemala, com o propósito de garantir o desenvolvimento de ações e medidas que permitissem melhorar a situação das pessoas com deficiência no continente americano. Esse instrumento internacional, em seu artigo 1º, agregou à noção de deficiência um componente adicional: "O termo "deficiência" significa uma restrição física, mental ou sensorial, de natureza permanente ou transitória, que limita a capacidade de exercer uma ou mais atividades essenciais da vida diária, causada ou agravada pelo ambiente econômico e social".[36]

---

nº 10.088, de 2019. Disponível em: https://www.planalto.gov.br/ccivil_03/decreto/1990-1994/D0129.htm. Acesso em: 26 fev. 2022.

[33] A Declaração foi proclamada, em novembro de 1990, em Caracas, Venezuela, pela Conferência Regional para a Reestruturação da Atenção Psiquiátrica na América Latina, no contexto dos Sistemas Locais de Saúde (SILOS), convocada pela Organização Mundial da Saúde (OMS). (DECLARAÇÃO DE CARACAS. Disponível em: bvsms.saude.gov.br/bvs/publicacoes/declaracao_caracas.pdf. Acesso em: 19 abr. 2021).

[34] DECLARAÇÃO DE CARACAS. Disponível em: bvsms.saude.gov.br/bvs/publicacoes/declaração _caracas.pdf. Acesso em: 19 abr. 2021.

[35] MENEZES, Joyceane Bezerra; MENDES, Vanessa Correia. O tratamento psiquiátrico e direitos humanos: uma análise dos instrumentos de controle da internação involuntária. *Revista de Direitos Fundamentais e Democracia*, Curitiba, v. 14, n. 14, p. 458-481, jul./dez. 2013, p. 463-465.

[36] ORGANIZAÇÃO DOS ESTADOS AMERICANOS. *Convenção Interamericana para a Eliminação de Todas as Formas de Discriminação Contra as Pessoas Portadoras de Deficiência.* 1999. Disponível em: www.oas.org/juridico/portuguese/treaties/A-65.htm. Acesso em: 19 abr. 2021.

A par disso, estabeleceu como "discriminação" intolerável qualquer ato de diferenciação, exclusão ou restrição baseada em deficiência, "que tenha o efeito ou propósito de impedir ou anular o reconhecimento, gozo ou exercício por parte das pessoas portadoras de deficiência de seus direitos humanos e suas liberdades fundamentais", salvaguardando a diferenciação ou preferência, adotada pelo Estado, para promover a integração social ou o desenvolvimento pessoal (art. 2º).

A expansão das normas internacionais protetivas culminou na elaboração da Convenção Internacional sobre os Direitos das Pessoas com Deficiência (CIDPD) e seu Protocolo Facultativo em 2007, com vigência internacional a partir de maio de 2008. Afora o reconhecimento de que a deficiência era um conceito em evolução, esse diploma normativo salientou a importância da inclusão das questões relacionadas ao tema nas estratégias de desenvolvimento sustentável. Também destacou a existência de uma diversidade de situações a ser considerada; o repúdio à discriminação por motivo de deficiência, e a necessidade de cooperação internacional para a promoção e tutela dos direitos humanos de todas as pessoas com deficiência.[37]

No artigo 1º, a CIDPD definiu que as pessoas com deficiência são "aquelas que têm impedimentos de longo prazo de natureza física, mental, intelectual ou sensorial, os quais, em interação com diversas barreiras, podem obstruir sua participação plena e efetiva na sociedade em igualdades de condições com as demais pessoas".[38] O escopo foi evitar que os Estados, por meio de interpretação restritiva, limitassem o universo dos sujeitos protegidos, dando visibilidade a essa nova concepção.[39]

Os impedimentos de natureza mental foram dissociados daqueles de cunho intelectual,[40] e o tempo de duração (antes permanente ou transitório[41]), alterado para longo prazo.

---

[37] GOMES, Joaquim Correia; NETO, Luísa; VÍTOR, Paula Távora. *Convenção sobre os direitos das pessoas com deficiência*. Lisboa: Imprensa Nacional – Casa da Moeda S.A., 2020, p. 28.

[38] BRASIL. *Decreto nº 6.949, de 25 de agosto de 2009*. Convenção Internacional sobre os Direitos das Pessoas com Deficiência (CIDPD). Brasília: Presidência da República, 2009. Disponível em: www.planalto.gov.br/ccivil_03/_Ato2007-2010/2009/Decreto/D6949.htm. Acesso em: 20 abr. 2021.

[39] FIGUEIREDO, Eduardo; PEREIRA, André Dias. *Convenção sobre os direitos das pessoas com deficiência*. Lisboa: Imprensa Nacional – Casa da Moeda, S.A. 2020, p. 35.

[40] ABREU, Célia Barbosa. *Primeiras linhas sobre a interdição após o novo Código de Processo Civil*. 1. ed. Curitiba: CRV, 2015, p. 47.

[41] BRASIL. *Decreto nº 3.956, de 8 de outubro de 2001*. Convenção Interamericana para a Eliminação de Todas as Formas de Discriminação contra as Pessoas Portadoras de Deficiência.

A ausência de consenso em torno das espécies de barreiras a serem consideradas justificou uma enumeração ampla e inclusiva,[42] admitindo-se como tal qualquer tipo de empecilho que dificulte a interação do indivíduo com o meio social.

A igual dignidade às diferenças foi assegurada por mecanismos jurídicos e funcionalidades para a expansão de capacidades individuais, permitindo o empoderamento e o exercício de direitos[43] com autonomia e independência.[44]

Os Estados signatários assumiram o compromisso de adaptarem suas legislações nacionais às diretrizes da CIDPD, mediante a formulação de políticas públicas de caráter social, educacional, trabalhista, dentre outras, e desenvolverem pesquisas científicas e tecnológicas, meios e recursos, com o objetivo de assegurar uma real proteção, afastando a discriminação e implementando sua integração na sociedade.

Subjaz às disposições convencionais a ideia de que a diversidade não pode ser fonte de censura e preconceito, mas de respeito à dignidade.[45] Todos que têm comprometidas a autonomia e a participação na sociedade, em decorrência da deficiência, merecem proteção jurídica.[46]

No plano do direito interno, o primeiro diploma normativo relevante foi o Decreto nº 1.132, de 1903, conhecido como Lei de Assistência aos Alienados.

A partir da década de 1970, houve um incremento na tutela das pessoas com deficiência, com a substituição do sistema tradicional manicomial por alternativas mais eficazes para o tratamento clínico de pacientes com problemas mentais.[47]

Brasília: Presidência da República, 2001. Disponível em: www.planalto.gov.br/ccivil_03/decreto/2001/D3956.htm. Acesso em: 25 abr. 2021.

[42] FIGUEIREDO, Eduardo; PEREIRA, André Dias. *Convenção sobre os direitos das pessoas com deficiência*. Lisboa: Imprensa Nacional – Casa da Moeda, S.A., 2020, p. 39.

[43] GOMES, Joaquim Correia; NETO, Luísa; VÍTOR, Paula Távora. *Convenção sobre os direitos das pessoas com deficiência*. Lisboa: Imprensa Nacional – Casa da Moeda S.A., 2020, p. 31.

[44] BARBOSA-FOHRMANN, Ana Paula; LANES, Rodrigo de Brito. O direito à educação inclusiva das crianças portadoras de deficiência. *Espaço Jurídico*, Joaçaba, v. 12, n. 1, p. 155-174, jan./jun. 2011, p. 159.

[45] ROSENVALD, Nelson. O modelo social de direitos humanos e a Convenção sobre os Direitos da Pessoa com Deficiência – o fundamento primordial da Lei nº 13.146/2015. *In*: MENEZES, Joyceane Bezerra de (org.). *Direitos das pessoas com deficiência psíquica e intelectual nas relações privadas*: convenção sobre os direitos da pessoa com deficiência e Lei Brasileira de Inclusão. Rio de Janeiro: Processo, 2016, p. 109.

[46] ABREU, Célia Barbosa. *Primeiras linhas sobre a interdição após o novo Código de Processo Civil*. 1. ed. Curitiba: CRV, 2015, p. 50 e 53.

[47] REQUIÃO, Maurício. *Estatuto da pessoa com deficiência, incapacidades e interdição*. 2. ed. Florianópolis: Tirant Lo Blanch, 2018, p. 109-110 e 113.

Com o advento da Constituição da República Federativa do Brasil de 1988, a preocupação com a vulnerabilidade desse segmento social espraiou-se em inúmeros dispositivos. A dignidade da pessoa humana, a cidadania, os valores sociais do trabalho e o pluralismo foram consagrados como fundamentos do Estado brasileiro (art. 1º, incisos II, III, IV e V[48]). A construção de uma sociedade justa, livre e solidária, a redução das desigualdades sociais e regionais, e a promoção do bem de todos, sem qualquer forma de discriminação, foram indicadas como objetivos fundamentais da coletividade (art. 3º, incisos I, III e IV[49]). A prevalência dos direitos humanos elevada a princípio norteador das relações internacionais (art. 4º, inciso II[50]). Normas específicas prescreveram a proibição de qualquer discriminação no tocante a salário e critérios de admissão (art. 7º, inciso XXXI[51]); a competência comum da União, dos Estados, do Distrito Federal e dos Municípios para prestação de assistência médica e social (art. 23, inciso II[52]); a competência concorrente para regulamentação da proteção e integração social

---

[48] "Art. 1º. A República Federativa do Brasil, formada pela união indissolúvel dos Estados e Municípios e do Distrito Federal, constitui-se em Estado Democrático de Direito e tem como fundamentos: I – a soberania; II – a cidadania; III – a dignidade da pessoa humana; IV – os valores sociais do trabalho e da livre iniciativa; V – o pluralismo político. Parágrafo único. Todo o poder emana do povo, que o exerce por meio de representantes eleitos ou diretamente, nos termos desta Constituição" (BRASIL. *Constituição da República Federativa do Brasil de 1988*. Disponível em: https://www.planalto.gov.br/ccivil_03/Constituicao/Constituicao.htm. Acesso em: 24 jul. 2021).

[49] "Art. 3º Constituem objetivos fundamentais da República Federativa do Brasil: I – construir uma sociedade livre, justa e solidária; II – garantir o desenvolvimento nacional; III – erradicar a pobreza e a marginalização e reduzir as desigualdades sociais e regionais; IV – promover o bem de todos, sem preconceitos de origem, raça, sexo, cor, idade e quaisquer outras formas de discriminação" (BRASIL. *Constituição da República Federativa do Brasil de 1988*. Disponível em: https://www.planalto.gov.br/ccivil_03/Constituicao/Constituicao.htm. Acesso em: 24 jul. 2021).

[50] "Art. 4º. A República Federativa do Brasil rege-se nas suas relações internacionais pelos seguintes princípios: [...] II – prevalência dos direitos humanos; [...]" (BRASIL. *Constituição da República Federativa do Brasil de 1988*. Disponível em: https://www.planalto.gov.br/ccivil_03/Constituicao/Constituicao.htm. Acesso em: 24 jul. 2021).

[51] "Art. 7º. São direitos dos trabalhadores urbanos e rurais, além de outros que visem à melhoria de sua condição social: [...] XXXI – proibição de qualquer discriminação no tocante a salário e critérios de admissão do trabalhador portador de deficiência; [...]" (BRASIL. *Constituição da República Federativa do Brasil de 1988*. Disponível em: https://www.planalto.gov.br/ccivil_03/Constituicao/Constituicao.htm. Acesso em: 24 jul. 2021).

[52] "Art. 23. É competência comum da União, dos Estados, do Distrito Federal e dos Municípios: [...] II – cuidar da saúde e assistência pública, da proteção e garantia das pessoas portadoras de deficiência; [...]" (BRASIL. *Constituição da República Federativa do Brasil de 1988*. Disponível em: https://www.planalto.gov.br/ccivil_03/Constituicao/Constituicao.htm. Acesso em: 24 jul. 2021).

(art. 24, inciso XIV[53]); a reserva percentual de cargos e empregos públicos (art. 37, inciso VIII[54]), e o amparo assistencial (art. 203, inciso IV[55]). Esse elenco foi ampliado pela Emenda Constitucional nº 82, de 2014, que consagrou o direito à mobilidade urbana (art. 144, §10[56]), e pelas Emendas Constitucionais nº 47, de 2005, e nº 103, de 2019, que contemplaram amparo previdenciário especial (art. 40, §§4º e 4º-A[57]).

Em 2001, foi editada a Lei nº 10.216 (Lei Antimanicomial), que introduziu alterações substanciais no regramento jurídico, encerrando, de forma definitiva, o antigo modelo manicomial e promovendo a criação de Centros de Atenção Psicossocial (CAPS), regulamentados pela Portaria nº 336/2002, do Ministério da Saúde (MS). O objetivo desses Centros era o acolhimento de pacientes com transtornos mentais, mediante a prestação de atendimento médico e psicológico (oficinas terapêuticas), juntamente com a família e a sociedade, com vistas à

---

[53] "Art. 24. Compete à União, aos Estados e ao Distrito Federal legislar concorrentemente sobre: (...)XIV – proteção e integração social das pessoas portadoras de deficiência; [...]" (BRASIL. *Constituição da República Federativa do Brasil de 1988*. Disponível em: https://www.planalto.gov.br/ccivil_03/Constituicao/Constituicao.htm. Acesso em: 24 jul. 2021).

[54] "Art. 37. A administração pública direta e indireta de qualquer dos Poderes da União, dos Estados, do Distrito Federal e dos Municípios obedecerá aos princípios de legalidade, impessoalidade, moralidade, publicidade e eficiência e, também, ao seguinte: [...] VIII – a lei reservará percentual dos cargos e empregos públicos para as pessoas portadoras de deficiência e definirá os critérios de sua admissão; [...]" (BRASIL. *Constituição da República Federativa do Brasil de 1988*. Disponível em: https://www.planalto.gov.br/ccivil_03/Constituicao/Constituicao.htm. Acesso em: 24 jul. 2021).

[55] "Art. 203. A assistência social será prestada a quem dela necessitar, independentemente de contribuição à seguridade social, e tem por objetivos: [...] IV – a habilitação e reabilitação das pessoas portadoras de deficiência e a promoção de sua integração à vida comunitária; [...]" (BRASIL. *Constituição da República Federativa do Brasil de 1988*. Disponível em: https://www.planalto.gov.br/ccivil_03/Constituicao/Constituicao.htm. Acesso em: 24 jul. 2021).

[56] "Art. 144. [...] §10. A segurança viária, exercida para a preservação da ordem pública e da incolumidade das pessoas e do seu patrimônio nas vias públicas: I – compreende a educação, engenharia e fiscalização de trânsito, além de outras atividades previstas em lei, que assegurem ao cidadão o direito à mobilidade urbana eficiente; [...]" (BRASIL. *Constituição da República Federativa do Brasil de 1988*. Disponível em: https://www.planalto.gov.br/ccivil_03/Constituicao/Constituicao.htm. Acesso em: 24 jul. 2021).

[57] "Art. 40. O regime próprio de previdência social dos servidores titulares de cargos efetivos terá caráter contributivo e solidário, mediante contribuição do respectivo ente federativo, de servidores ativos, de aposentados e de pensionistas, observados critérios que preservem o equilíbrio financeiro e atuarial. [...] §4º. É vedada a adoção de requisitos ou critérios diferenciados para concessão de benefícios em regime próprio de previdência social, ressalvado o disposto nos §§4º-A, 4º-B, 4º-C e 5º. §4º-A. Poderão ser estabelecidos por lei complementar do respectivo ente federativo idade e tempo de contribuição diferenciados para aposentadoria de servidores com deficiência, previamente submetidos à avaliação biopsicossocial realizada por equipe multiprofissional e interdisciplinar. [...]" (BRASIL. *Constituição da República Federativa do Brasil de 1988*. Disponível em: https://www.planalto.gov.br/ccivil_03/Constituicao/Constituicao.htm. Acesso em: 24 jul. 2021).

sua autonomia e integração social.⁵⁸ A legislação atribuiu ao Estado a execução de políticas públicas de saúde mental (art. 4º⁵⁹), com o objetivo de garantir a dignidade do paciente como sujeito de direitos e a participação da família no seu tratamento.

Naquele ano, houve a incorporação da Convenção Interamericana para a Eliminação de Todas as Formas de Discriminação contra as Pessoas Portadoras de Deficiência de 1999 no ordenamento jurídico pátrio (Decreto nº 3.956).

Com a adesão do Brasil à CIDPD e seu Protocolo Facultativo em 2007,⁶⁰ despontou uma nova perspectiva na disciplina jurídica do tema, sob o viés da valorização dos direitos humanos.

Por força desse diploma internacional, que integra o ordenamento jurídico pátrio em um plano normativo superior,⁶¹ foi procedida uma ampla revisão da legislação infraconstitucional.⁶²

---

⁵⁸ BRASIL. *Saúde mental no SUS:* os centros de atenção psicossocial. Brasília: Ministério da Saúde, 2004. Disponível em: http://www.ccs.saude.gov.br/saude_mental/pdf/SM_Sus.pdf. Acesso em: 25 ago. 2020, p. 9.

⁵⁹ "Art. 4º. A internação, em qualquer de suas modalidades, só será indicada quando os recursos extra-hospitalares se mostrarem insuficientes. §1º. O tratamento visará, como finalidade permanente, a reinserção social do paciente em seu meio. §2º. O tratamento em regime de internação será estruturado de forma a oferecer assistência integral à pessoa portadora de transtornos mentais, incluindo serviços médicos, de assistência social, psicológicos, ocupacionais, de lazer, e outros. §3º. É vedada a internação de pacientes portadores de transtornos mentais em instituições com características asilares, ou seja, aquelas desprovidas dos recursos mencionados no §2º e que não assegurem aos pacientes os direitos enumerados no parágrafo único do art. 2º" (BRASIL. *Lei nº 10.216, de 6 de abril de 2001.* Dispõe sobre a proteção e os direitos das pessoas portadoras de transtornos mentais e redireciona o modelo assistencial em saúde mental. Brasília: Presidência da República, 2001. Disponível em: http://www.planalto.gov.br/ccivil_03/leis/leis_2001/l10216.htm. Acesso em: 2 jan. 2022).

⁶⁰ A Convenção Internacional sobre os Direitos da Pessoa com Deficiência e seu Protocolo Facultativo em 2007, assinados por diversos países em 30 de março de 2007, foram ratificados pelo Congresso Nacional brasileiro, por meio do Decreto Legislativo nº 186, de 9 de julho de 2008, na sistemática prevista no art. 5º, §3º, da Constituição da República Federativa do Brasil, o que ensejou, posteriormente, a edição do Decreto nº 6.949, de 2009, conferindo-lhe executoriedade.

⁶¹ "Art. 5º. [...] §3º. Os tratados e convenções internacionais sobre direitos humanos que forem aprovados, em cada Casa do Congresso Nacional, em dois turnos, por três quintos dos votos dos respectivos membros, serão equivalentes às emendas constitucionais" (BRASIL. *Constituição da República Federativa do Brasil de 1988.* Disponível em: https://www.planalto.gov.br/ccivil_03/Constituicao/Constituicao.htm. Acesso em: 8 jan. 2022).

⁶² Sobre a posição hierárquica dos tratados internacionais que versam sobre direitos humanos, ver: GUSSOLI, Felipe Klein. *Impactos dos tratados internacionais de direitos humanos no direito administrativo brasileiro.* 320 f. Dissertação (Mestrado em Direito) – Pontifícia Universidade Católica do Paraná, Curitiba, 2018, p. 36; SCHIER, Paulo Ricardo. Hierarquia Constitucional dos Tratados Internacionais de Direitos Humanos e EC 45 – tese em favor da incidência do tempus regit actum. In: CONGRESSO NACIONAL DO CONPEDI, 14., 2006, Florianópolis. *Anais...* Florianópolis: Fundação Boiteux, 2006. Disponível em: www.

No bojo desse movimento, editou-se a Lei nº 13.146, de 06 de julho de 2015 (Estatuto da Pessoa com Deficiência – EPD). O modelo médico-reabilitador tradicional – em que a deficiência era concebida como enfermidade catalogável no Cadastro Internacional de Doenças (CID)[63] e aferível em graus distintos – cedeu espaço a um modelo social – em que a deficiência é uma condição ou impedimento duradouro que, associado a um ou mais obstáculos externos, dificulta a inserção social. O indivíduo deixou de ser encarado como um enfermo, que necessita de tratamento médico (visão estritamente clínica), para ser alguém que deve ser integrado à coletividade (visão social). A superação dos impedimentos, decorrentes da conjugação de déficits pessoais com barreiras econômicas, culturais, sociais e ambientais,[64] tornou-se uma demanda, que reclama o envolvimento de toda a sociedade. O foco antes estritamente subjetivo adquiriu dimensão social.

Note-se que essas noções já eram amplamente conhecidas na área da saúde. Em 1980, a Organização Mundial da Saúde (OMS) adotou um sistema de classificação, para fins de pesquisa e prática clínica, intitulado Classificação Internacional de Deficiências, Incapacidades e Desvantagens (CIDID), na tradução portuguesa de 1989, com reimpressão publicada em 1993. Esse sistema distinguia os conceitos de deficiência (*impairment* em inglês), incapacidade (*disability* em inglês) e desvantagem (*handicap* em inglês). A deficiência foi descrita como qualquer perda ou anormalidade de estrutura ou função psicológica, fisiológica ou anatômica que restringe ou limita a capacidade de realizar uma atividade na forma ou dentro da faixa considerada normal para

---

conpedi.org/manaus/arquivos/Anais/Paulo%20Ricardo% 20Schier.pdf. Acesso em: 17 ago. 2020, p. 3; RAMOS, André de Carvalho. Supremo Tribunal Federal brasileiro e o controle de convencionalidade: levando a sério os tratados de direitos humanos. *Revista da Faculdade de Direito da Universidade de São Paulo*, v. 104, p. 241-286, jan./dez. 2009, p. 255, e BRASIL. Supremo Tribunal Federal. (Tribunal Pleno). RE nº 349.703. Relator Carlos Britto, Relator p/Acórdão Gilmar Mendes. Julgamento em 03 dez. 2008. *Lex*: jurisprudência do STF, publicação no DJe-104 em 5 jun. 2009.

[63] "As condições de saúde relacionadas às doenças, transtornos ou lesões são classificadas na CID-10 (Classificação Estatística Internacional de Doenças e Problemas Relacionados à Saúde, 10ª Revisão) que fornece um modelo baseado na etiologia, anatomia e causas externas das lesões." (FARIAS, Norma Farias; BUCHALLA, Cassia Maria. A classificação internacional de funcionalidade, incapacidade e saúde da organização mundial da saúde: conceitos, usos e perspectivas. *Rev Bras Epidemiol*, v. 8, n. 2, p. 187-193, 2005. Disponível em: https://iparadigma.org.br/biblioteca/participacao-social-artigo-cif-classificacao-internacional-de-funcionalidade-incapacidade-e-saude/. Acesso em: 27 fev. 2022).

[64] GOMES, Joaquim Correia; NETO, Luísa; VÍTOR, Paula Távora. *Convenção sobre os direitos das pessoas com deficiência*. Lisboa: Imprensa Nacional – Casa da Moeda S.A., 2020, p. 26.

um ser humano. A incapacidade consistia em uma redução ou falta de habilidade (resultante de uma deficiência) para realizar uma atividade em um padrão considerado normal para o ser humano (a objetivação de uma deficiência que reflete distúrbios na pessoa). Já a desvantagem correspondia a uma condição desfavorável para o indivíduo, decorrente de uma deficiência ou incapacidade que limita ou impede um desempenho dito normal para ele, dependendo de sua idade, sexo e fatores socioculturais (o valor atribuído à situação ou experiência individual, quando foge da normalidade, a socialização de uma deficiência ou incapacidade que produz consequências culturais, econômicas e ambientais para o indivíduo, tendo em vista a sua performance ou condição individual real em face da expectativa do próprio indivíduo ou do grupo que integra).

Posteriormente, a própria organização revisou essas definições, com a publicação da Classificação Internacional de Funcionalidade, Incapacidade e Saúde (CIF), para incluir os fatores ambientais, o desempenho de atividades diárias, entre outros elementos.[65] Na abordagem biopsicossocial, introduzida em 2001, a deficiência resultava da interação entre a disfunção apresentada pelo sujeito (orgânica e/ou da estrutura do corpo), as restrições no desempenho de atividades e na participação social, e o meio ambiente. Cada dimensão (biomédica, psicológica e social) agia sobre e sofria a ação das demais.[66] [67]

A ideia de que a funcionalidade e as limitações apresentadas pelo sujeito são influenciadas pelo contexto ambiental foi incorporada pelo EPD. Ao dispor que, para a aferição da real condição de cada um, deve ser realizada uma avaliação biopsicossocial (e não simplesmente biomédica), por uma equipe multiprofissional e interdisciplinar, o legislador prestigiou uma concepção dinâmica e relacional de deficiência, que

---

[65] ORGANIZAÇÃO MUNDIAL DA SAÚDE. *Classificação Internacional de Funcionalidade, Incapacidade e Saúde (CIF)*. [s.d.]. Disponível em: http://www.periciamedicadf.com.br/cif2/cif_portugues.pdf. Acesso em: 1 maio 2021, p. 19.

[66] GOMES, Joaquim Correia; NETO, Luísa; VÍTOR, Paula Távora. *Convenção sobre os direitos das pessoas com deficiência*. Lisboa: Imprensa Nacional – Casa da Moeda S.A., 2020, p. 26 e 28-29.

[67] "A OMS pretende incorporar também, no futuro, os fatores pessoais, importantes na forma de lidar com as condições limitantes" (FARIAS, Norma Farias; BUCHALLA, Cassia Maria Buchalla. A classificação internacional de funcionalidade, incapacidade e saúde da organização mundial da saúde: conceitos, usos e perspectivas. *Rev Bras Epidemiol*, v. 8, n. 2, p. 187-193, 2005. Disponível em: https://iparadigma.org.br/biblioteca/participacao-social-artigo-cif-classificacao-internacional-de-funcionalidade-incapacidade-e-saude/. Acesso em: 27 fev. 2022).

combina elementos biológicos e sociais.[68] Um conjunto de incidências individuais gera diferentes habilidades, aptidões e capacidades (funcionalidade biológica), que repercute na sua relação com a coletividade, em face da existência de barreiras econômicas, culturais, sociais e ambientais (funcionalidade social).[69]

Em razão dessa nova perspectiva, o EPD alterou e revogou os artigos do Código Civil de 2002 (Lei nº 10.406/2002 – CC/02), que disciplinavam a capacidade civil (arts. 3°[70] e 4°[71]), a aptidão para testemunhar (art. 228, §4°[72]) e casar (art. 1.550, §2°[73]), os mecanismos de sua proteção civil (arts. 1.775-A[74] e 1.783-A[75]), dentre outros. As pessoas com

---

[68] "Art. 2º. [...] §1º A avaliação da deficiência, quando necessária, será biopsicossocial, realizada por equipe multiprofissional e interdisciplinar e considerará: I – os impedimentos nas funções e nas estruturas do corpo; II – os fatores socioambientais, psicológicos e pessoais; III – a limitação no desempenho de atividades; e IV – a restrição de participação. §2º O Poder Executivo criará instrumentos para avaliação da deficiência" (BRASIL. *Lei nº 13.146, de 06 de julho de 2015*. Estatuto da Pessoa com Deficiência. Brasília: Presidência da República, 2015. Disponível em: http://www.planalto.gov.br/CCIVIL_03/_Ato2015-2018/2015/Lei/L13146.htm. Acesso em: 14 out. 2021).

[69] ABREU, Célia Barbosa. *Primeiras linhas sobre a interdição após o novo Código de Processo Civil*. 1. ed. Curitiba: CRV, 2015, p. 48.

[70] "Art. 3º. São absolutamente incapazes de exercer pessoalmente os atos da vida civil os menores de 16 (dezesseis) anos" (BRASIL. *Lei nº 10.406, de 10 de janeiro de 2002*. Código Civil. Disponível em: http://www.planalto.gov.br/ccivil_03/leis/2002/L10406compilada.htm. Acesso em: 20 out. 2021).

[71] "Art. 4º São incapazes, relativamente a certos atos ou à maneira de os exercer: I – os maiores de dezesseis e menores de dezoito anos; II – os ébrios habituais e os viciados em tóxico; III – aqueles que, por causa transitória ou permanente, não puderem exprimir sua vontade; IV – os pródigos. [...]" (BRASIL. *Lei nº 10.406, de 10 de janeiro de 2002*. Código Civil. Disponível em: http://www.planalto.gov.br/ccivil_03/leis/2002/L10406 compilada.htm. Acesso em: 20 out. 2021).

[72] "Art. 228. [...] §2º. A pessoa com deficiência poderá testemunhar em igualdade de condições com as demais pessoas, sendo-lhe assegurados todos os recursos de tecnologia assistiva" (BRASIL. *Lei nº 10.406, de 10 de janeiro de 2002*. Código Civil. Disponível em: http://www.planalto.gov.br/ccivil_03/leis/2002/L10406 compilada.htm. Acesso em: 20 out. 2021).

[73] "Art. 1.550. (...) §2º. A pessoa com deficiência mental ou intelectual em idade núbia poderá contrair matrimônio, expressando sua vontade diretamente ou por meio de seu responsável ou curador" (BRASIL. *Lei nº 10.406, de 10 de janeiro de 2002*. Código Civil. Disponível em: http://www.planalto.gov.br/ccivil_03/leis/2002/L10406 compilada.htm. Acesso em: 20 out. 2021).

[74] "Art. 1.775-A. Na nomeação de curador para a pessoa com deficiência, o juiz poderá estabelecer curatela compartilhada a mais de uma pessoa" (BRASIL. *Lei nº 10.406, de 10 de janeiro de 2002*. Código Civil. Disponível em: http://www.planalto.gov.br/ccivil_03/leis/2002/L10406compilada.htm. Acesso em: 20 out. 2021).

[75] "Art. 1.783-A. A tomada de decisão apoiada é o processo pelo qual a pessoa com deficiência elege pelo menos 2 (duas) pessoas idôneas, com as quais mantenha vínculos e que gozem de sua confiança, para prestar-lhe apoio na tomada de decisão sobre atos da vida civil, fornecendo-lhes os elementos e informações necessários para que possa exercer sua

deficiência foram excluídas do rol dos absolutamente incapazes para os atos da vida civil, sendo deslocada a impossibilidade de exprimir a vontade, por causa transitória ou permanente, para as hipóteses de incapacidade relativa. Assim, só poderão ser enquadradas no rol de incapazes as pessoas que não consigam exprimir a sua vontade tendo em vista um impedimento, assim, as demais pessoas com deficiência não serão enquadradas nesse rol. É importante verificar se a pessoa possui condições de exercer os seus atos com autonomia.[76]

Antes do EPD, bastava uma avaliação médica, com indicação de um código da CID, para que a pessoa fosse considerada absolutamente incapaz, à luz do CC/02. Atualmente, presume-se que todas as pessoas são capazes. Com efeito, a falta ou redução de discernimento, atestada por avaliação multidisciplinar (biopsicossocial), não retira do indivíduo a capacidade civil. Se ele for incluído no rol dos relativamente (e não absolutamente) incapazes,[77] terá limitada a prática de certos atos, de natureza patrimonial, para a qual poderá contar com a assistência de um curador ou auxiliares para a tomada de decisão.[78] Em se tratando de menor de 18 (dezoito) anos, a regra é idêntica àquela aplicada aos que, por fator etário, são absolutamente incapazes, mesmo que não apresentem qualquer deficiência (representação até os 16 (dezesseis) anos e assistência entre 16 (dezesseis) e 18 (dezoito) anos). Os atos ditos existenciais e extrapatrimoniais poderão ser realizados pessoalmente, sem a interferência de terceiros,[79] o que se amolda a orientação traçada pela CIDPD.[80]

---

capacidade. [...]" (BRASIL. *Lei nº 10.406, de 10 de janeiro de 2002*. Código Civil. Disponível em: http://www.planalto.gov.br/ccivil_03/leis/2002/L10406compilada.htm. Acesso em: 20 out. 2021).

[76] CAMINHA, Anelize Pantaleão Puccini; FLEISCHMANN, Simone Tassinari Cardoso. A proteção do herdeiro com deficiência por meio do planejamento sucessório. *Revista Jurídico Luso-Brasileira*, ano 6, n. 6, 2020, p. 67.

[77] Ver nota nº 71 *supra*.

[78] Ver notas nºs 74 e 75 *supra*.

[79] "Art. 6º. A deficiência não afeta a plena capacidade civil da pessoa, inclusive para: I – casar-se e constituir união estável; II – exercer direitos sexuais e reprodutivos; III – exercer o direito de decidir sobre o número de filhos e de ter acesso a informações adequadas sobre reprodução e planejamento familiar; IV – conservar sua fertilidade, sendo vedada a esterilização compulsória; V – exercer o direito à família e à convivência familiar e comunitária; e VI – exercer o direito à guarda, à tutela, à curatela e à adoção, como adotante ou adotando, em igualdade de oportunidades com as demais pessoas" (BRASIL. *Lei nº 13.146, de 06 de julho de 2015*. Estatuto da Pessoa com Deficiência. Brasília: Presidência da República, 2015. Disponível em: http://www.planalto.gov.br/CCIVIL_03/_Ato2015-2018/2015/Lei/L13146.htm. Acesso em: 14 out. 2021).

[80] "Art. 12.2. Os Estados Partes reconhecerão que as pessoas com deficiência gozam de capacidade legal em igualdade de condições com as demais pessoas em todos os aspectos

No que tange às alterações realizadas pelo EPD, verifica-se a necessidade de garantir a autonomia das pessoas com deficiência. Nesse sentido, a condição de pessoa como sujeito de direitos deverá ser preservada e, assim, a autonomia para exercê-los. Embora existam limitações para o discernimento, não poderá ser retirada a sua capacidade de exprimir a sua vontade.[81]

Observe-se, ainda, que, em relação à curatela, houve uma importante inovação: os direitos, vontades e preferências do curatelado devem ser respeitados; o tempo de sua duração será o menor possível e existirá uma revisão regular, independente e imparcial.[82] Vale dizer, o livre desenvolvimento de sua vida e suas faculdades intelectuais e afetivas são assegurados, mediante a tutela de seus interesses.[83]

Segundo Nelson Rosenvald, uma dupla dimensão da dignidade da pessoa humana é considerada: a eficácia negativa, que acarreta o dever de proteção e respeito pelo Estado, pela sociedade e pela família, e a eficácia positiva, por meio dos princípios consagrados pela CIDPD e mecanismos para a afirmação da autonomia, a fim de evitar limitações excessivas ao exercício de seus direitos. Dada a natureza excepcional das restrições previstas em lei, a noção de capacidade civil transcende a qualificação como atributo da personalidade.[84]

Todas as inovações normativas, implementadas pelo legislador desde 2008, traduzem o esforço de garantir a plena capacidade civil das pessoas com deficiência e, ao mesmo tempo, assegurar-lhes proteção

---

da vida" (BRASIL. *Decreto nº 6.949, de 25 de agosto de 2009*. Convenção Internacional sobre os Direitos das Pessoas com Deficiência. Brasília: Presidência da República, 2009. Disponível em: www.planalto.gov.br/ccivil_03/_Ato2007-2010/2009/Decreto/D6949.htm. Acesso em: 20 abr. 2021).

[81] FLEISCHMANN, Simone Tassinari Cardoso; FONTANA, Andressa Tonetto, A capacidade civil e o modelo de proteção das pessoas com deficiência mental e cognitiva: estágio atual da discussão. *Civilistica.com*, ano 9, n. 2, 2020, p. 8.

[82] ROSENVALD, Nelson. O modelo social de direitos humanos e a Convenção sobre os Direitos da Pessoa com Deficiência – o fundamento primordial da Lei nº 13.146/2015. In: MENEZES, Joyceane Bezerra de (org.). *Direitos das pessoas com deficiência psíquica e intelectual nas relações privadas*: convenção sobre os direitos da pessoa com deficiência e Lei Brasileira de Inclusão. Rio de Janeiro: Processo, 2016, p. 107.

[83] ABREU, Célia Barbosa. *Primeiras linhas sobre a interdição após o novo Código de Processo Civil*. 1. ed. Curitiba: CRV, 2015, p. 35-36.

[84] ROSENVALD, Nelson. O modelo social de direitos humanos e a Convenção sobre os Direitos da Pessoa com Deficiência – o fundamento primordial da Lei nº 13.146/2015. In: MENEZES, Joyceane Bezerra de (org.). *Direitos das pessoas com deficiência psíquica e intelectual nas relações privadas*: convenção sobre os direitos da pessoa com deficiência e Lei Brasileira de Inclusão. Rio de Janeiro: Processo, 2016, p. 99 e 103.

em situações específicas, com o intuito de viabilizar a superação de uma histórica realidade de marginalização em prol da convivência digna em uma sociedade justa e solidária.

Uma parcela significativa da população brasileira, mais suscetível a violações de direitos humanos, encontra-se nessa condição. O censo de 2010, realizado pelo Instituto Brasileiro de Geografia e Estatística no Brasil (IBGE), apontou que, aproximadamente, 24% (vinte e quatro por cento) da população brasileira – ou seja, quase 46 (quarenta e seis) milhões de pessoas – possuíam algum tipo de deficiência.[85][86] Em 2018, houve a revisão dessa informação, com base nas recomendações do Grupo de Washington, vinculado à Comissão de Estatísticas da ONU, sendo reduzido o percentual de 24% (vinte e quatro por cento) para 6,7% (seis vírgula sete por cento), o que representava aproximadamente 12,7 (doze vírgula sete) milhões de pessoas.[87] O motivo principal dessa alteração foi a adequação do modelo de questionário até então utilizado, no qual era classificada como pessoa com deficiência, inclusive a que usava acessórios corretivos, como, por exemplo, óculos. Um resultado mais realista, contudo, só será possível com a elaboração de outro levantamento de campo.

Apesar da notória insuficiência desses dados estatísticos, é inequívoca a necessidade de adoção de outras medidas tendentes a garantir a participação das pessoas com deficiência em condições de igualdade com as demais e afastar qualquer espécie de exclusão social ou discriminação.

Para esse fim, a dignidade da pessoa humana exsurge como diretriz a ser observada, não só pelo *status* normativo conferido à CIDPD, por ocasião de sua internalização no direito brasileiro, como também pela sua positivação na CF/88 (art. 1º, inciso III[88]) e pelo princípio da

---

[85] IBGE. *Censo 2010*. Disponível em: https://educa.ibge.gov.br/jovens/conheca-o-brasil/populacao/20551-pessoas-com-deficiencia.html. Acesso em: 24 ago. 2020.

[86] Esse percentual era superior àquele que, em 2012, foi indicado por uma Pesquisa Mundial de Saúde e da Carga Global de Doenças: aproximadamente 15,3% da população mundial (978 milhões de pessoas de aproximadamente 6,4 bilhões de habitantes) possui algum tipo de deficiência grave ou moderada (ORGANIZAÇÃO DAS NAÇÕES UNIDAS. *Pesquisa mundial de saúde e da carga global de doenças*. 2012, p. 29).

[87] BRASIL. *Censo Demográfico de 2020 e o mapeamento das pessoas com deficiência no Brasil*. Brasília: Ministério da Saúde, 2019. Disponível em: https://www2.camara.leg.br/atividade-legislativa/comissoes/comissoes-permanentes/cpd/documentos/cinthia-ministerio-da-saude. Acesso em: 25 ago. 2020.

[88] Ver nota nº 48 *supra*.

proibição de retrocesso social,[89] [90] [91] implícito no ordenamento constitucional. Embora constitua tarefa árdua conceituá-la, é algo real, identificável em diversas situações concretas, e passível de violação.[92]

---

[89] Sobre a vedação de retrocesso social, são ilustrativas as considerações tecidas pelo eminente Ministro Celso de Mello, no julgamento da Ação Direta de Inconstitucionalidade nº 4.468/DF, perante o Supremo Tribunal Nacional. Citando o magistério de J. J. Gomes Canotilho ("Direito Constitucional e Teoria da Constituição", p. 320/321, item nº 3, 1998, Almedina), o Ministro destacou a vinculação da proibição de retrocesso social (limite jurídico oponível ao legislador e meta impositiva de políticas públicas) ao princípio da democracia econômica e social, uma vez que impede que, uma vez atingido determinado nível de concretização do direito social, haja sua redução ou supressão, sem uma alternativa ou compensação. (BRASIL. Supremo Tribunal Federal. (Tribunal Pleno). ADI nº 4.468. Relator Celso de Mello. Julgado em 13 out. 2020. *Lex:* jurisprudência do STF, publicação do Processo Eletrônico DJe-258, em 27 out. 2020. Disponível em: www.portal.stf.jus.br/. Acesso em: 19 abr. 2021).

[90] José Joaquim Gomes Canotilho ressalva que "a expressa afirmação da vinculatividade não significa, nem pode significar, que as normas consagradoras de direitos fundamentais excluam a necessidade de uma maior densificação operada sobretudo através da lei" (CANOTILHO, José Joaquim Gomes. Rever ou romper com a Constituição Dirigente? Defesa de um constitucionalismo moralmente reflexivo. *In:* CANOTILHO, José Joaquim Gomes. *"Brancosos" e interconstitucionalidade:* itinerários dos discursos sobre a historicidade constitucional. 2. ed. Reimpressão. Coimbra: Almedina, 2012, p. 117). E, com particular precisão, conclui: "[o] rígido princípio da 'não reversibilidade' ou, em formulação marcadamente ideológica, o 'princípio da proibição da evolução reaccionária', pressupunha um progresso, uma direcção e uma meta emancipatória, unilateralmente definidas: aumento contínuo de prestações sociais. [...] [d]eve relativizar-se este discurso que nós próprios enfatizámos noutros trabalhos. A dramática aceitação de 'menos trabalho e menos salário, mas trabalho e salário para todos', o desafio da bancarrota da previdência social, o desemprego duradouro, parecem apontar para a insustentabilidade do princípio da não reversibilidade social" (CANOTILHO, José Joaquim Gomes. 'Metodologia fuzzy' e 'camaleões normativos' na problemática actual dos direitos econômicos, sociais e culturais. *In:* CANOTILHO, José Joaquim Gomes. *Estudos sobre direitos fundamentais.* 1. ed. 3. tir. São Paulo: Revista dos Tribunais, 2008, p. 110-111).

[91] Sobre a proibição do retrocesso, destaca Sarlet que é um princípio implícito que está referido no sistema constitucional como um todo, além de incluir o sistema internacional de proteção dos direitos humanos. Assim, atua de forma a balizar as medidas que tenham como objetivo suprimir ou restringir os direitos sociais. Afirma o autor que há um "cerne material da ordem constitucional" que torna certos temas "insuscetíveis de abolição mediante a obra do poder de reforma constitucional", e vai além afirmando que há um "dever de progressividade na promoção de direitos sociais e a correlata proibição de regressividade" (SARLET, Ingo Wolfgang. Notas sobre a assim designada proibição de retrocesso social no constitucionalismo latino-americano. *Revista TST,* Brasília, v. 75, n. 3, jul./set. 2009, p. 125/126).

[92] A definição negativa de dignidade humana é "centrada na verificação da afetação da dignidade por razoável evidência corroborada casuisticamente na jurisprudência do TCF, e não em sua ontologia: uma definição, portanto, que parte da intervenção ou violação da dignidade humana [...]" (MARTINS, Leonardo. *Tribunal Constitucional Federal Alemão: decisões anotadas sobre direitos fundamentais.* v. 1 (Dignidade humana, livre desenvolvimento da personalidade, direito fundamental à vida e à integridade física, igualdade). São Paulo: Konrad-Adenauer Stiftung (KAS), 2016, p. 35).

Enquanto qualidade inerente a todo e qualquer ser humano, que não pode ser criada, concedida ou retirada, deve ser reconhecida, respeitada, promovida e protegida, visto que possui valor próprio.[93] [94]

Além disso, um dos objetivos fundamentais da República Federativa do Brasil é garantir o desenvolvimento social.[95] Compreendido como autêntico valor para a sociedade (transindividual), relacionado aos direitos sociais fundamentais[96] que se somam aos direitos individuais e coletivos,[97] serve como escudo protetor de direitos básicos (mínimo existencial) e do regime jurídico legalmente estatuído em benefício das pessoas com deficiência, em reforço à dignidade humana[98] e à perspectiva objetiva dos direitos fundamentais.[99]

Paralelamente, a CF/88, em seu artigo 5º, §2º, prevê que os direitos e garantias expressos ou implícitos em seu texto não excluem outros prescritos em tratados internacionais, o que corrobora a existência de uma dupla fonte normativa (direito interno e direito internacional)[100]

---

[93] SARLET, Ingo Wolfgang. *Dignidade (da pessoa) humana e direitos fundamentais na Constituição Federal de 1988*. 10. ed., rev. atual. e ampl. 3. tir. Porto Alegre: Livraria do Advogado, 2019, p. 48, 49, 51 e 52.

[94] Segundo Novaes, qualquer que seja o fundamento defendido ou os pressupostos filosóficos, religiosos ou ideológicos debatidos, em um Estado de Direito pluralista e democrático, deve existir uma adesão consensualizada em torno das consequências normativas que o princípio da dignidade humana comporta, que podem ser identificadas "nas seguintes linhas principais de desenvolvimento: respeito da humanidade intrínseca, garantia individual das possibilidade de desenvolvimento e de prosperidade como sujeito e reconhecimento de igual dignidade a todas as pessoas" (NOVAIS, Jorge Reis. *A dignidade da pessoa humana*: dignidade e inconstitucionalidade. v. II. 2. ed. Coimbra: Almedina, 2018, p. 92).

[95] Ver nota nº 49 supra.

[96] "Art. 6º. São direitos sociais a educação, a saúde, a alimentação, o trabalho, a moradia, o transporte, o lazer, a segurança, a previdência social, a proteção à maternidade e à infância, a assistência aos desamparados, na forma desta Constituição" (BRASIL. *Constituição da República Federativa do Brasil de 1988*. Disponível em: https://www.planalto.gov.br/ccivil_03/Constituicao/Constituicao.htm. Acesso em: 24 jul. 2021).

[97] FOLLONI, André Parmo. A complexidade ideológica, jurídica e política do desenvolvimento sustentável e a necessidade de compreensão interdisciplinar do problema. *Revista de Direitos Humanos Fundamentais*, ano 14, n. 1, p. 63-91, jan./jun. 2014, p. 78.

[98] MOLINARO, Carlos Alberto. A dignidade da pessoa humana na visão de Ingo W. Sarlet: desde a problematização do conceito até o pensar fora do marco jurídico estabelecido. *Revista de Argumentação e Hermenêutica Jurídica*, Salvador, v. 4, n. 1, p. 94-118, jan./jun. 2018, p. 105.

[99] SARLET, Ingo Wolfgang. *Eficácia dos direitos fundamentais*: uma teoria geral dos direitos fundamentais na perspectiva fundamental. 12. ed., rev., atual. e ampl. Porto Alegre: Livraria do Advogado, 2015, p. 148-150.

[100] MAZZUOLI, Valerio de Oliveira. *O controle jurisdicional da convencionalidade das leis*. 2 ed. ver., atual. e ampl. São Paulo: Revista dos Tribunais Ltda., 2011, p. 28 e 30.

e a noção de bloco de constitucionalidade,[101] a abarcar, entre outros, a CIDPD, com eficácia vinculante, fundada na "cláusula geral da tutela e promoção da pessoa humana" e, em *última* análise, na proteção ampla e geral da personalidade humana.[102]

Adverte, porém, Ferraz, que o tratado internacional sobre direitos humanos, ainda que recepcionado pelo rito especial prescrito pelo artigo 5º, §3º, da CF/88, sujeita-se ao controle de constitucionalidade, uma vez que não recebem tratamento diferenciado em uma interpretação sistemática das normas constitucionais.[103]

Há que se considerar, ainda, o critério de aplicação da norma mais favorável ao indivíduo na hipótese de eventual antinomia normativa.[104] [105]

Nesse aspecto, não se perca de vista que a autonomia e independência, previstas na CIDPD e ratificadas pela legislação nacional, são uma das âncoras da proteção jurídica desse importante segmento social, a qual compreende a autodeterminação, a autovalidação, a autorrepresentação, direta ou indireta, e a autoprospectiva.[106] E, para a conquista desse poder de autodeterminação, é fundamental a escolarização do indivíduo, a ser examinada nos tópicos seguintes.

1.2 Da educação especial à educação inclusiva

Por longo tempo, as pessoas com deficiência foram consideradas ineducáveis e, em alguns casos, carecedoras de assistência de qualquer espécie. Com o incremento do nível de proteção dos direitos humanos, incluídos os de caráter social, essa realidade modificou-se,

---

[101] LOPES, Ana Maria D'Ávila. Bloco de constitucionalidade e princípios constitucionais: desafios do poder judiciário. *Revista Sequencia*, n. 59, p. 43-60, dez. 2009, p. 48 e 57.

[102] ABREU, Célia Barbosa. *Primeiras linhas sobre a interdição após o novo Código de Processo Civil*. 1. ed. Curitiba: CRV, 2015, p. 32-33.

[103] FERRAZ, Miriam Olivia Knopik. *Controles de constitucionalidade e convencionalidade da reforma trabalhista de 2017*. Porto Alegre, RS: Fi, 2019, p. 102.

[104] MORAES, Alexandre de. *Direitos humanos fundamentais*: teoria geral, comentários aos arts. 1º a 5º da Constituição da República Federativa do Brasil, doutrina e jurisprudência. 9. ed. São Paulo: Atlas, 2011, p. 360.

[105] GUSSOLI, Felipe Klein. *Impactos dos tratados internacionais de direitos humanos no direito administrativo brasileiro*. 320 f. Dissertação (Mestrado em Direito) – Pontifícia Universidade Católica do Paraná, Curitiba, 2018, p. 27.

[106] GOMES, Joaquim Correia; NETO, Luísa; VÍTOR, Paula Távora. *Convenção sobre os direitos das pessoas com deficiência*. Lisboa: Imprensa Nacional – Casa da Moeda S.A., 2020, p. 30.

gradativamente, sob o influxo de uma tendência mundial de universalização e ampliação desses direitos e da tutela dos mais vulneráveis.

Nesse cenário, é oportuna a lição de Catarina dos Santos Botelho no sentido de que os direitos sociais não são criações de cada Estado, porquanto derivam de uma herança histórica comum e princípios jurídicos fundamentais em um contexto de "harmonização jurídica internacional". Outrossim, reclamam proteção em um sentido negativo e outro positivo, gerando obrigações para o Poder Público no constitucionalismo contemporâneo.[107]

Para Ana Paula Barbosa-Fohrmann e Rodrigo de Brito Lanes, os direitos sociais e os direitos civis e políticos mantêm entre si relação de interdependência, porque, embora ontologicamente distintos, têm como objetivo reconciliar a autonomia com a igualdade e a independência, com o amparo necessário aos indivíduos em situação de vulnerabilidade.[108]

A educação como um dos direitos sociais reconhecidamente fundamentais compreende o conjunto de ações, procedimentos e decisões, provenientes da convivência familiar, escolar e social, que tem como objetivo a formação do indivíduo em face da sociedade.

Diz-se formal o processo educativo conduzido de forma planejada e consciente, com a utilização de métodos e fórmulas preestabelecidas, constituindo o escolar – realizado na sala de aula e em toda a instituição – uma de suas principais formas,[109] dado potencial de propiciar a expansão de capacidades humanas, com vistas à efetiva participação social.[110]

Não é por outro motivo que a CF/88 prescreve que a educação, direito de todos e dever do Estado, da família e da sociedade, tem por objetivo promover o pleno desenvolvimento da pessoa, seu

---

[107] BOTELHO, Catarina Santos. *Os direitos sociais em tempos de crise – ou revisitar as normas programáticas*. Coimbra: Almedina, 2015, p. 37 e 44.

[108] BARBOSA-FOHRMANN, Ana Paula; LANES, Rodrigo de Brito. O direito à educação inclusiva das crianças portadoras de deficiência. *Espaço Jurídico*, Joaçaba, v. 12, n. 1, p. 155-174, jan./jun. 2011, p. 158.

[109] SERRANO, Plablo Jiménez. *O direito à educação*: fundamentos, dimensões e perspectivas da educação moderna. 1. ed. Rio de Janeiro: Jurismestre, 2017, p. 22 e 24.

[110] ROSENVALD, Nelson. O modelo social de direitos humanos e a Convenção sobre os Direitos da Pessoa com Deficiência – o fundamento primordial da Lei nº 13.146/2015. *In*: MENEZES, Joyceane Bezerra de (org.). *Direitos das pessoas com deficiência psíquica e intelectual nas relações privadas*: convenção sobre os direitos da pessoa com deficiência e Lei Brasileira de Inclusão. Rio de Janeiro: Processo, 2016, p. 104.

preparo para o exercício da cidadania e sua qualificação para o trabalho (arts. 6º[111] e 205[112]). Elenca como princípios norteadores a igualdade de condições para o acesso e permanência na escola (art. 206[113]) e a absoluta prioridade em relação às crianças e aos adolescentes (arts. 208[114] e 227[115]). O direito é do educando, e não de seus pais ou responsáveis, como aponta o Comentário Geral nº 4 (2006), produzido pelo Comitê de Direitos das Nações Unidas.[116]

---

[111] "Art. 6º. São direitos sociais a educação, a saúde, a alimentação, o trabalho, a moradia, o transporte, o lazer, a segurança, a previdência social, a proteção à maternidade e à infância, a assistência aos desamparados, na forma desta Constituição" (BRASIL. *Constituição da República Federativa do Brasil de 1988*. Disponível em: https://www.planalto.gov.br/ccivil_03/Constituicao/Constituicao.htm. Acesso em: 24 jul. 2021).

[112] "Art. 205. A educação, direito de todos e dever do Estado e da família, será promovida e incentivada com a colaboração da sociedade, visando ao pleno desenvolvimento da pessoa, seu preparo para o exercício da cidadania e sua qualificação para o trabalho" (BRASIL. *Constituição da República Federativa do Brasil de 1988*. Disponível em: https://www.planalto.gov.br/ccivil_03/Constituicao/Constituicao.htm. Acesso em: 24 jul. 2021).

[113] "Art. 206. O ensino será ministrado com base nos seguintes princípios: I – igualdade de condições para o acesso e permanência na escola; [...]" (BRASIL. *Constituição da República Federativa do Brasil de 1988*. Disponível em: https://www.planalto.gov.br/ccivil_03/Constituicao/Constituicao.htm. Acesso em: 24 jul. 2021).

[114] "Art. 208. O dever do Estado com a educação será efetivado mediante a garantia de: I – educação básica obrigatória e gratuita dos 4 (quatro) aos 17 (dezessete) anos de idade, assegurada inclusive sua oferta gratuita para todos os que a ela não tiveram acesso na idade própria; II – progressiva universalização do ensino médio gratuito; III – atendimento educacional especializado aos portadores de deficiência, preferencialmente na rede regular de ensino; IV – educação infantil, em creche e pré-escola, às crianças até 5 (cinco) anos de idade; V – acesso aos níveis mais elevados do ensino, da pesquisa e da criação artística, segundo a capacidade de cada um; VI – oferta de ensino noturno regular, adequado às condições do educando; VII – atendimento ao educando, em todas as etapas da educação básica, por meio de programas suplementares de material didático escolar, transporte, alimentação e assistência à saúde. §1º. O acesso ao ensino obrigatório e gratuito é direito público subjetivo. §2º. O não-oferecimento do ensino obrigatório pelo Poder Público, ou sua oferta irregular, importa responsabilidade da autoridade competente. §3º. Compete ao Poder Público recensear os educandos no ensino fundamental, fazer-lhes a chamada e zelar, junto aos pais ou responsáveis, pela frequência à escola" (BRASIL. *Constituição da República Federativa do Brasil de 1988*. Disponível em: https://www.planalto.gov.br/ccivil_03/Constituicao/Constituicao.htm. Acesso em: 24 jul. 2021).

[115] "Art. 227. É dever da família, da sociedade e do Estado assegurar à criança, ao adolescente e ao jovem, com absoluta prioridade, o direito à vida, à saúde, à alimentação, à educação, ao lazer, à profissionalização, à cultura, à dignidade, ao respeito, à liberdade e à convivência familiar e comunitária, além de colocá-los a salvo de toda forma de negligência, discriminação, exploração, violência, crueldade e opressão" (BRASIL. *Constituição da República Federativa do Brasil de 1988*. Disponível em: https://www.planalto.gov.br/ccivil_03/Constituicao/Constituicao.htm. Acesso em: 24 jul. 2021).

[116] RODRIGUES, David. Artigo 24 – educação. *In*: GOMES, Joaquim Correia; NETO, Luísa; VÍTOR, Paula Távora. *Convenção sobre os direitos das pessoas com deficiência*. Lisboa: Imprensa Nacional – Casa da Moeda S.A., 2020, p. 228.

Especificamente em relação às pessoas com deficiência, impende destacar que, antes do advento de tais disposições constitucionais, diversos diplomas internacionais já versavam sobre o tema.

Em 1948, a Declaração Universal dos Direitos Humanos reconheceu a universalidade do direito à educação, garantindo a gratuidade e obrigatoriedade nos níveis básicos e fundamentais. Em seu artigo 26, dispôs que a educação deveria ser orientada no sentido do pleno desenvolvimento da personalidade humana e do fortalecimento do respeito pelos direitos do ser humano e pelas liberdades fundamentais, afastada qualquer espécie de discriminação.[117]

A Convenção Relativa à Luta contra a Discriminação no Campo do Ensino, aprovada pela Conferência Geral da Organização das Nações Unidas para a Educação, a Ciência e a Cultura (UNESCO) em 1960, foi o primeiro tratado internacional dedicado, exclusivamente, ao direito à educação.[118] Após definir o que é discriminação nessa seara específica,[119] estabeleceu os elementos centrais desse direito, reiterando

---

[117] "Art. 26. 1. Todo ser humano tem direito à instrução. A instrução será gratuita, pelo menos nos graus elementares e fundamentais. A instrução elementar será obrigatória. A instrução técnico-profissional será acessível a todos, bem como a instrução superior, esta baseada no mérito. 2. A instrução será orientada no sentido do pleno desenvolvimento da personalidade humana e do fortalecimento do respeito pelos direitos do ser humano e pelas liberdades fundamentais. A instrução promoverá a compreensão, a tolerância e a amizade entre todas as nações e grupos raciais ou religiosos e coadjuvará as atividades das Nações Unidas em prol da manutenção da paz. 3. Os pais têm prioridade de direito na escolha do gênero de instrução que será ministrada a seus filhos" (UNICEF. *Declaração Universal dos Direitos Humanos*. 1948. Disponível em: https://www.unicef.org/brazil/declaracao-universal-dos-direitos-humanos. Acesso em: 23 abr. 2021).

[118] FINA, Valentina Della. Article 24 [Education]. *In*: DELLA FINA, Valentina; CERA, Rachele; PALMISANO, Giuseppe. *The united nations convention on the rights of person with disability*. Italy: Springer International Publishing AG, 2017, p. 444.

[119] "Art. 1º. §1º. Aos efeitos da presente Convenção, se entende por discriminação toda distinção, exclusão, limitação ou preferência fundada na raça, na cor, no sexo, no idioma, na religião, nas opiniões políticas ou de qualquer outra índole, na origem nacional ou social, na posição econômica ou o nascimento, que tenha por finalidade ou por efeito destruir ou alterar a igualdade de tratamento na esfera do ensino, e, em especial: a) Excluir uma pessoa ou um grupo de acesso aos diversos graus e tipos de ensino; b) Limitar a um nível inferior a educação de uma pessoa ou de um grupo; c) A reserva do previsto no artículo no artigo 2 da presente Convenção, instituir ou manter sistemas ou estabelecimentos de ensino separados para pessoas ou grupos; d) Colocar uma pessoa ou um grupo em uma situação incompatível com a dignidade humana. §2. Aos efeitos da presente Convenção, a palavra "ensino" se refere em seus diversos tipos e graus, e compreende o acesso ao ensino, ao nível e à qualidade desta e as condições em que se dá" (UNESCO. *Convenção relativa à luta contra a discriminação no campo do ensino*. 1960. Disponível em: www.direitoshumanos.usp.br/index.php/Direito-a-Educação/convencao-relativa-a-luta-contra-as-discriminacoes-na-esfera-do-ensino.html. Acesso em: 23 abr. 2021). Em tempos de pandemia de Covid-19, a falta de conectividade constitui o principal fator de exclusão, pois um terço dos estudantes não tem acesso a soluções de ensino à distância e 40% (quarenta por cento) dos países

o objetivo de promover o pleno desenvolvimento da personalidade humana e reforçar o respeito aos direitos humanos e das liberdades fundamentais, assegurada a liberdade dos pais ou tutores para a escolha do estabelecimento de ensino e outros aspectos correlatos (art. 5º[120]).

O Pacto Internacional sobre os Direitos Econômicos, Sociais e Culturais, adotado pela Assembleia Geral da ONU em 16 de dezembro de 1966 e em vigor desde 3 de janeiro de 1976, reafirmou que todos têm direito à educação, a ser promovido pelos Estados Partes, de forma ampla e gratuita, pelo menos na educação primária, visando ao pleno desenvolvimento da personalidade humana e fortalecendo o respeito pelos direitos humanos e liberdades fundamentais. O objetivo era garantir a participação efetiva de uma sociedade livre, pluralista e diversificada (arts. 13 e 14[121]).

Em 1975, a Declaração dos Direitos das Pessoas Deficientes, aprovada pela Assembleia Geral da ONU, proclamou que a pessoa deficiente tem direito à educação, reabilitação, treinamento, tratamento e assistência que lhe propicie o máximo desenvolvimento de suas capacidades individuais e integração social.[122]

A Convenção sobre os Direitos da Criança, adotada pela Assembleia Geral da ONU em 1989, declarou os direitos das crianças com deficiência, inclusive a não discriminação (art. 2º, §1º[123]) e o

---

mais pobres não têm condições de auxiliar os mais desfavorecidos a aprender durante o período de fechamento das escolas. (UNESCO. *Diga não à discriminação na educação, junte-se à Convenção de 1960 quando ela completar 60 anos*. 10 dez. 2020. Disponível em: https://pt.unesco.org/news/diga-nao-discriminacao-na-educacao-junte-se-convencao-1960-quando-ela-completar-60-anos. Acesso em: 24 abr. 2021).

[120] UNESCO. *Convenção relativa à luta contra a discriminação no campo do ensino*. 1960. Disponível em: www.direitoshumanos.usp.br/index.php/Direito-a-Educação/convencao-relativa-a-luta-contra-as-discriminacoes-na-esfera-do-ensino.html. Acesso em: 23 abr. 2021.

[121] BRASIL. *Decreto nº 591, de 6 de julho de 1992*. Pacto sobre os Direitos Econômicos, Sociais e Culturais. Brasília: Presidência da República, 1992. Disponível em: www.planalto.gov.br/ccivil_03/decreto/1990-1994/D0591.htm. Acesso em: 23 abr. 2021.

[122] "6. As pessoas deficientes têm direito a tratamento médico, psicológico e funcional, incluindo-se aí aparelhos protéticos e ortóticos, à reabilitação médica e social, educação, treinamento vocacional e reabilitação, assistência, aconselhamento, serviços de colocação e outros serviços que lhes possibilitem o máximo desenvolvimento de sua capacidade e habilidades e que acelerem o processo de sua integração social" (ORGANIZAÇÃO DAS NAÇÕES UNIDAS. *Declaração dos direitos das pessoas deficientes*. 9 dez. 1975. Disponível em: portal.mec.gov.br/seesp/arquivos/pdf/dec_def.pdf. Acesso em: 21 abr. 2021).

[123] "Art. 2º. 1. Os Estados Partes respeitarão os direitos enunciados na presente Convenção e assegurarão sua aplicação a cada criança sujeita à sua jurisdição, sem distinção alguma, independentemente de raça, cor, sexo, idioma, crença, opinião política ou de outra índole, origem nacional, étnica ou social, posição econômica, deficiências físicas, nascimento ou qualquer outra condição da criança, de seus pais ou de seus representantes legais. [...]" (BRASIL. *Decreto nº 99.710, de 21 de novembro de 1990*. Convenção sobre os Direitos da

acesso à educação, a fim de eliminar a disparidade existente entre os estudantes. Também atribuiu aos Estados a responsabilidade pelo seu bem-estar, com a prestação de serviço educacional conforme as suas necessidades. A deficiência não pode impedi-la de desfrutar de uma vida plena e decente em condições que garantam sua dignidade, favoreçam sua autonomia e facilitem sua participação ativa na comunidade. A assistência deve lhe ser prestada gratuitamente, sempre que possível, observadas suas necessidades e a situação econômica da família (arts. 3º, §2º,[124] e 23[125]).

Note-se que, em 1989, o enfoque das disposições convencionais estava centrado no educando com deficiência física, sem menção explícita às demais espécies de deficiências, notadamente as de natureza psíquica e cognitiva, o que não impede que se amplie, via interpretação, o alcance da proteção diferenciada.

A despeito dessa ressalva, é relevante destacar que uma ideia central permeia toda a normativa: a infância reclama cuidados e assistência especiais. A família, como grupo fundamental da sociedade e ambiente natural para o crescimento e o bem-estar de todos os seus membros, deve receber a proteção estatal necessária para assumir

---

Criança. Brasília: Presidência da República, 1990. Disponível em: www.planalto.gov.br/ccivil_03/decreto/1990-1994/D99710.htm. Acesso em: 23 abr. 2021).

[124] "Art. 3º. [...] 2. Os Estados Partes se comprometem a assegurar à criança a proteção e o cuidado que sejam necessários para seu bem-estar, levando em consideração os direitos e deveres de seus pais, tutores ou outras pessoas responsáveis por ela perante a lei e, com essa finalidade, tomarão todas as medidas legislativas e administrativas adequadas. [...]" (BRASIL. *Decreto nº 99.710, de 21 de novembro de 1990*. Convenção sobre os Direitos da Criança. Brasília: Presidência da República, 1990. Disponível em: www.planalto.gov.br/ccivil_03/decreto/1990-1994/D99710.htm. Acesso em: 23 abr. 2021).

[125] "Art. 23. 1. Os Estados Partes reconhecem que a criança portadora de deficiências físicas ou mentais deverá desfrutar de uma vida plena e decente em condições que garantam sua dignidade, favoreçam sua autonomia e facilitem sua participação ativa na comunidade. 2. Os Estados Partes reconhecem o direito da criança deficiente de receber cuidados especiais e, de acordo com os recursos disponíveis e sempre que a criança ou seus responsáveis reúnam as condições requeridas, estimularão e assegurarão a prestação da assistência solicitada, que seja adequada ao estado da criança e às circunstâncias de seus pais ou das pessoas encarregadas de seus cuidados. 3. Atendendo às necessidades especiais da criança deficiente, a assistência prestada, conforme disposto no parágrafo 2 do presente artigo, será gratuita sempre que possível, levando-se em consideração a situação econômica dos pais ou das pessoas que cuidem da criança, e visará a assegurar à criança deficiente o acesso efetivo à educação, à capacitação, aos serviços de saúde, aos serviços de reabilitação, à preparação para o emprego e às oportunidades de lazer, de maneira que a criança atinja a mais completa integração social possível e o maior desenvolvimento individual factível, inclusive seu desenvolvimento cultural e espiritual. [...]" (BRASIL. *Decreto nº 99.710, de 21 de novembro de 1990*. Convenção sobre os Direitos da Criança. Brasília: Presidência da República, 1990. Disponível em: www.planalto.gov.br/ccivil_03/decreto/1990-1994/D99710.htm. Acesso em: 23 abr. 2021).

suas responsabilidades dentro da comunidade. As crianças devem ser preparadas para o convívio social, com independência, sendo sua formação pautada pelo espírito de paz, dignidade, tolerância, liberdade, igualdade e solidariedade.[126]

Em reforço à relevância da educação escolar como forma de desenvolvimento integral da personalidade humana, fator decisivo para o progresso pessoal e social, a Declaração Mundial sobre Educação para Todos, aprovada pela Conferência Mundial realizada em Jomtien, Tailândia, em março de 1990, proclamou que uma educação básica adequada é fundamental para o fortalecimento dos níveis superiores de ensino, a formação científica e tecnológica, devendo ser proporcionado às gerações presentes e futuras uma visão abrangente de educação básica e um renovado compromisso a favor dela.[127]

Enumerou as necessidades básicas de aprendizagem – a compreender tanto os instrumentos essenciais (como a leitura e a escrita, a expressão oral, o cálculo, a solução de problemas), quanto aos seus conteúdos básicos (como conhecimentos, habilidades, valores e atitudes), indispensáveis para a sobrevivência dos seres humanos, o desenvolvimento pleno de suas potencialidades, uma vida e trabalho dignos, a participação social efetiva, a melhoria de sua qualidade de vida, a tomada de decisões fundamentadas e a continuidade do aprendizado.[128]

---

[126] A Convenção é fruto de longa evolução dos direitos das crianças, desde a Declaração de Genebra dos Direitos da Criança, de 1924 e a Declaração Universal dos Direitos Humanos de 1948, até a Declaração dos Direitos da Criança de 1959, o Pacto Internacional de Direitos Civis e Políticos (artigos 23 e 24), no Pacto Internacional de Direitos Econômicos, Sociais e Culturais (artigo 10) (BRASIL. *Decreto nº 99.710, de 21 de novembro de 1990*. Convenção sobre os Direitos da Criança. Brasília: Presidência da República, 1990. Disponível em: www.planalto.gov.br/ccivil_03/decreto/1990-1994/D99710.htm. Acesso em: 23 abr. 2021).

[127] UNICEF. *Declaração Mundial sobre Educação para Todos*. Tailândia, 1990. Disponível em: https://www.unicef.org/brazil/declaracao-mundial-sobre-educacao-para-todos-conferencia-de-jomtien-1990. Acesso em: 24 abr. 2021.

[128] "Art. 1º. SATISFAZER AS NECESSIDADES BÁSICAS DE APRENDIZAGEM. 1. Cada pessoa – criança, jovem ou adulto – deve estar em condições de aproveitar as oportunidades educativas voltadas para satisfazer suas necessidades básicas de aprendizagem. Essas necessidades compreendem tanto os instrumentos essenciais para a aprendizagem (como a leitura e a escrita, a expressão oral, o cálculo, a solução de problemas), quanto os conteúdos básicos da aprendizagem (como conhecimentos, habilidades, valores e atitudes), necessários para que os seres humanos possam sobreviver, desenvolver plenamente suas potencialidades, viver e trabalhar com dignidade, participar plenamente do desenvolvimento, melhorar a qualidade de vida, tomar decisões fundamentadas e continuar aprendendo. A amplitude das necessidades básicas de aprendizagem e a maneira de satisfazê-las variam segundo cada país e cada cultura, e, inevitavelmente, mudam com o decorrer do tempo. 2. A satisfação dessas necessidades confere aos membros de uma sociedade a possibilidade e, ao mesmo tempo, a responsabilidade de respeitar e desenvolver sua herança cultural, linguística e espiritual, de promover a

Salientou a necessidade de expansão dos esforços até então empreendidos, mediante a universalização do acesso à educação e promoção da equidade, a concentração da atenção na aprendizagem, a ampliação dos meios e do raio de ação da educação básica, a construção de um ambiente adequado e o incremento de alianças.[129]

Após proclamar que a educação básica deve proporcionar, equitativamente, a todos um aprendizado adequado, o que implica universalização, um padrão mínimo de qualidade e redução de desigualdades, assentou que as pessoas com deficiências reclamam atenção especial, com a adoção de medidas que garantam a igualdade de acesso à educação como parte integrante do sistema educativo.[130]

A diversidade, a complexidade e o caráter mutável das necessidades básicas de aprendizagem das crianças, jovens e adultos, exigem

---

educação de outros, de defender a causa da justiça social, de proteger o meio-ambiente e de ser tolerante com os sistemas sociais, políticos e religiosos que difiram dos seus, assegurando respeito aos valores humanistas e aos direitos humanos comumente aceitos, bem como de trabalhar pela paz e pela solidariedade internacionais em um mundo interdependente. 3. Outro objetivo, não menos fundamental, do desenvolvimento da educação, é o enriquecimento dos valores culturais e morais comuns. É nesses valores que os indivíduos e a sociedade encontram sua identidade e sua dignidade. 4. A educação básica é mais do que uma finalidade em si mesma. Ela é a base para a aprendizagem e o desenvolvimento humano permanentes, sobre a qual os países podem construir, sistematicamente, níveis e tipos mais adiantados de educação e capacitação" (UNICEF. *Declaração Mundial sobre Educação para Todos*. Tailândia, 1990. Disponível em: https://www.unicef.org/brazil/declaracao-mundial-sobre-educacao-para-todos-conferencia-de-jomtien-1990. Acesso em: 24 abr. 2021).

[129] "Art. 2º. EXPANDIR O ENFOQUE. 1. Lutar pela satisfação das necessidades básicas de aprendizagem para todos exige mais do que uma ratificação do compromisso pela educação básica. É necessário um enfoque abrangente, capaz de ir além dos níveis atuais de recursos, das estruturas institucionais, dos currículos e dos sistemas convencionais de ensino, para construir sobre a base do que há de melhor nas práticas correntes. Existem hoje novas possibilidades que resultam da convergência do crescimento da informação e de uma capacidade de comunicação sem precedentes. Devemos trabalhar estas possibilidades com criatividade e com a determinação de aumentar a sua eficácia. 2. Este enfoque abrangente, tal como exposto nos Artigos 3 a 7 desta Declaração, compreende o seguinte: universalizar o acesso à educação e promover a equidade; concentrar a atenção na aprendizagem; ampliar os meios e o raio de ação da educação básica; propiciar um ambiente adequado à aprendizagem; fortalecer alianças. [...]" (UNICEF. *Declaração Mundial sobre Educação para Todos*. Tailândia, 1990. Disponível em: https://www.unicef.org/brazil/declaracao-mundial-sobre-educacao-para-todos-conferencia-de-jomtien-1990. Acesso em: 24 abr. 2021).

[130] "Art. 3º. [...] 5. As necessidades básicas de aprendizagem das pessoas portadoras de deficiências requerem atenção especial. É preciso tomar medidas que garantam a igualdade de acesso à educação aos portadores de todo e qualquer tipo de deficiência, como parte integrante do sistema educativo" (UNICEF. *Declaração Mundial sobre Educação para Todos*. Tailândia, 1990. Disponível em: https://www.unicef.org/brazil/declaracao-mundial-sobre-educacao-para-todos-conferencia-de-jomtien-1990. Acesso em: 24 abr. 2021).

a ampliação e redefinição contínua do alcance da educação básica, com a inclusão dos seguintes elementos:
- a) a aprendizagem começa com o nascimento, o que exige cuidados básicos e educação inicial na infância, proporcionados por meio de estratégias que envolvam as famílias e comunidades ou programas institucionais;
- b) o principal sistema de promoção da educação básica fora da esfera familiar é a escola fundamental: programas complementares alternativos podem auxiliar no atendimento às necessidades de aprendizagem das crianças, cujo acesso à escolaridade formal é limitado ou inexistente, desde que sejam observados idênticos padrões de aprendizagem adotados nas escolas e oferecido apoio adequado;
- c) as necessidades básicas de aprendizagem de jovens e adultos são diversas, e devem ser atendidas, mediante uma variedade de sistemas, porque saber ler e escrever constitui-se uma capacidade necessária em si mesmo e fundamento de outras habilidades vitais, e a alfabetização na língua materna fortalece a identidade e a herança cultural; outras necessidades podem ser satisfeitas mediante a capacitação técnica, a aprendizagem de ofícios e os programas de educação formal e não formal; todos os instrumentos disponíveis e os canais de informação, comunicação e ação social podem contribuir na transmissão de conhecimentos essenciais, bem como na informação e educação dos indivíduos quanto a questões sociais;
- d) esses componentes devem constituir um sistema integrado – complementar, interativo e de padrões comparáveis – e contribuir para a aprendizagem por toda a vida;
- e) a aprendizagem pressupõe interação social, sendo incompatível com situação de isolamento: os educandos devem participar ativamente de sua própria educação e dela se beneficiarem; a satisfação das necessidades básicas de aprendizagem é responsabilidade comum e universal, e implica solidariedade internacional e relações econômicas honestas e equitativas, com a correção das atuais desigualdades econômicas.[131]

---

[131] Ver artigos 5º, 6º e 10 da Declaração Mundial sobre Educação para Todos (UNICEF. *Declaração Mundial sobre Educação para Todos*. Tailândia, 1990. Disponível em: https://www.unicef.org/brazil/declaracao-mundial-sobre-educacao-para-todos-conferencia-de-jomtien-1990. Acesso em: 24 abr. 2021).

É interessante pontuar que, no plano de ação elaborado pelos participantes da Conferência Mundial, restou consignado, com certo grau de consensualidade, que 1. o engajamento em nível mundial tem como objetivo último satisfazer as necessidades educacionais básicas de todas as crianças, jovens e adultos; 2. os objetivos intermediários podem ser formulados como metas específicas dentro dos planos nacionais e estaduais de desenvolvimento da educação, que, entre outros aspectos, devem definir as categorias prioritárias (por exemplo, os pobres, as pessoas com deficiências), e 3. os objetivos de curto prazo, de maior urgência, servem como parâmetro de referência para a comparação de índices de execução e realização. À medida que as condições da sociedade mudam, os planos e objetivos podem ser revistos e atualizados, com foco no incremento, por parte dos indivíduos e famílias, de conhecimentos, habilidades e valores necessários a uma vida melhor e um desenvolvimento racional e constante, por meio de todos os canais da educação.[132]

Nas Regras Gerais sobre a Igualdade de Oportunidades para Pessoas com Deficiências, adotadas pela Resolução nº 48/96, da Assembleia Geral da ONU, em 20 de dezembro de 1993, houve o reconhecimento de que 1. existem pessoas com deficiência em todas as partes do mundo e em todas as camadas sociais; 2. tanto as causas como as consequências da deficiência variam, conforme as condições socioeconômicas e as medidas adotadas pelos Estados em prol do bem-estar de seus cidadãos; 3. historicamente, a ignorância, a negligência, a superstição e o medo constituíram fatores sociais que, ao longo da história, contribuíram para o isolamento das pessoas com deficiência e o atraso no seu desenvolvimento; 4. por anos, a política educacional evoluiu, desde a prestação de cuidados básicos em instituições até a educação das crianças com deficiência e a reabilitação das pessoas que se tornaram deficientes na idade adulta, permitindo-lhes que se tornassem mais ativas e força impulsionadora de um maior desenvolvimento dessa política; 5. após a Segunda Guerra Mundial, foram introduzidos os conceitos de integração e normalização, refletindo um conhecimento cada vez mais profundo das capacidades das pessoas com deficiência; 6. no final da década de 1960, surgiu um novo conceito de deficiência, refletindo a

---

[132] Ver plano de ação na parte final da Declaração Mundial sobre Educação para Todos (UNICEF. *Declaração Mundial sobre Educação para Todos*. Tailândia, 1990. Disponível em: https://www.unicef.org/brazil/declaracao-mundial-sobre-educacao-para-todos-confe rencia-de-jomtien-1990. Acesso em: 24 abr. 2021).

estreita conexão entre as limitações sofridas pelos indivíduos, a concepção e estrutura do respectivo meio e a atitude da população em geral, e 7. foi dada mais visibilidade para os problemas da deficiência nos países em vias de desenvolvimento.

Com base nesses antecedentes e atos internacionais precedentes,[133] foram delineados os conceitos de incapacidade e desvantagem (*handicap*),[134] a fim de evitar eventuais imprecisões prejudiciais à elaboração e aplicação de medidas normativas e à ação política, bem como superar a visão restrita da problemática, decorrente de uma abordagem exclusivamente médica e clínica, sem consideração das imperfeições e deficiências da sociedade envolvente.[135] Também houve a definição de que a "realização da igualdade de oportunidades" implica um processo, "mediante o qual o meio físico e os diversos sistemas existentes no seio da sociedade tais como serviços, atividades, informação e

---

[133] Carta Internacional dos Direitos Humanos, que compreende a Declaração Universal dos Direitos Humanos, o Pacto Internacional sobre os Direitos Econômicos, Sociais e Culturais e o Pacto Internacional sobre os Direitos Civis e Políticos, na Convenção sobre os Direitos da Criança e na Convenção sobre a Eliminação de Todas as Formas de Discriminação contra as Mulheres, bem como no Programa de Ação Mundial relativo às Pessoas Deficientes. (MINISTÉRIO PÚBLICO DE PORTUGAL. *Regras gerais sobre a igualdade de oportunidades para as pessoas com deficiências*. Disponível em: https://gddc.ministeriopublico.pt/sites/default/files/regrasgerais-igualdadeoportunidades.pdf. Acesso em: 24 abr. 2021).

[134] "Incapacidade e desvantagem (*handicap*) 17. O termo "deficiência" resume um grande número de diferentes limitações funcionais que se verificam nas populações de todos os países do mundo. As pessoas podem ser deficientes em resultado de uma diminuição de natureza física, intelectual ou sensorial, de um estado que requeira intervenção médica ou de doenças mentais. Tais diminuições, estados ou doenças podem ser, por natureza, transitórios ou permanentes. 18. O termo "desvantagem" (*handicap*) significa a perda ou a limitação das possibilidades de participar na vida da comunidade em condições de igualdade com os demais cidadãos. Essa palavra descreve a situação da pessoa com deficiência em relação ao seu meio. O objetivo deste conceito consiste em destacar os defeitos de concepção do meio físico envolvente e de muitas das atividades organizadas no seio da sociedade, tais como, por exemplo, a informação, a comunicação e a educação, que impedem as pessoas com deficiência de nelas participar em condições de igualdade. [...]" (MINISTÉRIO PÚBLICO DE PORTUGAL. *Regras gerais sobre a igualdade de oportunidades para as pessoas com deficiências*. Disponível em: https://gddc.ministeriopublico.pt/sites/default/files/regrasgerais-igualdadeoportunidades.pdf. Acesso em: 24 abr. 2021).

[135] No documento internacional, constou expressa ressalva: embora a Organização Mundial de Saúde tenha adotado, em 1980, uma Classificação Internacional de Diminuições, Deficiências e Desvantagens (*Handicaps*), sugerindo uma abordagem mais precisa e relativista, remanescia a preocupação com o fato de a Classificação definir o termo "desvantagem" (*handicap*), sob uma ótica demasiadamente médica e centrada no indivíduo, sem esclarecer suficientemente a interação entre os condicionalismos ou expectativas da sociedade e as capacidades do indivíduo (item 18 das Regras Gerais sobre a Igualdade de Oportunidades para Pessoas com Deficiências). (MINISTÉRIO PÚBLICO DE PORTUGAL. *Regras gerais sobre a igualdade de oportunidades para as pessoas com deficiências*. Disponível em: https://gddc.ministeriopublico.pt/sites/default/files/regrasgerais-igualdade oportunidades.pdf. Acesso em: 24 abr. 2021).

documentação, são postos à disposição de todos, em particular das pessoas com deficiência".[136]

Para a concretização do princípio da igualdade de direitos, as necessidades de toda e qualquer pessoa têm igual importância e devem constituir a base do planejamento social para a alocação de recursos, visando a idênticas oportunidades de participação e à prestação de apoio às pessoas com deficiência no âmbito das estruturas regulares de educação, saúde, emprego e serviços sociais. À medida que a igualdade de direitos for alcançada, elas ficarão sujeitas às mesmas obrigações.[137]

O atingimento desses objetivos depende da sensibilização da sociedade (conscientização sobre as pessoas com deficiência, seus direitos, necessidades, potencialidades e contribuição), da prestação de cuidados médicos eficazes e prestação de serviços de reabilitação e apoio a elas, com vistas à obtenção ou manutenção de um nível elevado de autonomia e capacidade funcional, da garantia de acessibilidade (eliminação de obstáculos à participação impostos pelo meio físico, informações completas sobre diagnóstico, direitos e serviços e programas disponíveis, e comunicação).

Além disso, são indispensáveis o acesso à educação escolar (em ambientes integrados, em condições adequadas de acessibilidade e serviços de apoio, concebidos em função das necessidades de pessoas com diversos tipos de deficiência, e com a participação dos grupos ou associações de pais e as organizações de pessoas com deficiência em todos os níveis[138]), a oportunidade de emprego, a garantia de rendimentos e segurança social.

A participação na vida familiar, a garantia de integridade pessoal (sem discriminação no que tange à sexualidade, ao casamento e à paternidade ou maternidade) e a participação em atividades culturais, extensível às áreas de lazer e desporto, em condições de igualdade com os demais, e na vida religiosa da comunidade, são elementos essenciais,

---

[136] Ver item 24 das Regras Gerais sobre a Igualdade de Oportunidades para Pessoas com Deficiências. (MINISTÉRIO PÚBLICO DE PORTUGAL. *Regras gerais sobre a igualdade de oportunidades para as pessoas com deficiências*. Disponível em: https://gddc.ministeriopublico.pt/sites/default/files/regrasgerais-igualdade oportunidades.pdf. Acesso em: 24 abr. 2021).

[137] Ver itens 25 a 27 das Regras Gerais sobre a Igualdade de Oportunidades para Pessoas com Deficiências (MINISTÉRIO PÚBLICO DE PORTUGAL. *Regras gerais sobre a igualdade de oportunidades para as pessoas com deficiências*. Disponível em: https://gddc.ministeriopublico.pt/sites/default/files/regrasgerais-igualdade oportunidades.pdf. Acesso em: 24 abr. 2021).

[138] MINISTÉRIO PÚBLICO DE PORTUGAL. *Regras gerais sobre a igualdade de oportunidades para as pessoas com deficiências*. Disponível em: https://gddc.ministeriopublico.pt/sites/default/files/regrasgerais-igualdade oportunidades.pdf. Acesso em: 24 abr. 2021.

cabendo ao Estado a elaboração de políticas e planejamento nacionais e respectiva execução.[139]

Em 1994, a Conferência Mundial sobre Necessidades Educativas Especiais: acesso e qualidade, realizada em Salamanca, Espanha, elaborou o documento denominado Declaração de Salamanca, explicitando os princípios, a política, a prática na área da educação e os procedimentos-padrão para a equalização de oportunidades para pessoas com deficiência. Na ocasião, foram reiterados 1. o direito fundamental das crianças à educação e à oportunidade de obter e manter um nível aceitável de aprendizagem; 2. a diversidade de características, interesses, capacidades e necessidades de aprendizagem de cada uma; 3. a inserção dessa diversidade no planejamento e programas educativos dos sistemas de educação; 4. a garantia de acesso de crianças e jovens com necessidades educativas especiais às escolas regulares, que a elas devem se adequar, por meio de uma pedagogia centrada no estudante; 5. a adoção pelas escolas regulares de uma orientação inclusiva como meio mais eficaz para enfrentar as atitudes discriminatórias, criando comunidades abertas e solidárias, construindo uma sociedade inclusiva e atingindo a educação para todos em benefício de todo o sistema educativo (otimização da relação custo-qualidade).[140]

---

[139] Ver itens III e IV das Regras Gerais sobre a Igualdade de Oportunidades para Pessoas com Deficiências. (MINISTÉRIO PÚBLICO DE PORTUGAL. *Regras gerais sobre a igualdade de oportunidades para as pessoas com deficiências*. Disponível em: https://gddc.ministeriopublico.pt/sites/default/files/regrasgerais-igualdade oportunidades.pdf. Acesso em: 24 abr. 2021).

[140] Declaração de Salamanca. Introdução, itens 3, 4, 6, 7 e 8, respectivamente: "3. O princípio orientador deste Enquadramento da Acção consiste em afirmar que as escolas se devem ajustar a todas as crianças, independentemente das suas condições físicas, sociais, linguísticas ou outras. Neste conceito, terão de incluir-se crianças com deficiência ou sobredotados, crianças da rua ou crianças que trabalham, crianças de populações remotas ou nómadas, crianças de minorias linguísticas, étnicas ou culturais e crianças de áreas ou grupos desfavorecidos ou marginais. [...]. 4. A educação de alunos com necessidades educativas especiais incorpora os princípios já comprovados de uma pedagogia saudável da qual todas as crianças podem beneficiar, assumindo que as diferenças humanas são normais e que a aprendizagem deve ser adaptada às necessidades da criança, em vez de ser esta a ter de se adaptar a concepções predeterminadas, relativamente ao ritmo e à natureza do processo educativo. [...]. 6. [...] Inclusão e participação são essenciais à dignidade e ao desfrute e exercício dos direitos humanos. No campo da educação, estas concepções refletem-se no desenvolvimento de estratégias que procuram alcançar uma genuína igualdade de oportunidades. A experiência em muitos países demonstra que a integração de crianças e jovens com necessidades educativas especiais é atingida mais plenamente nas escolas inclusivas que atendem todas as crianças da respectiva comunidade. É neste contexto que os que têm necessidades educativas especiais podem conseguir maior progresso educativo e maior integração social. [...]. 7. O princípio fundamental das escolas inclusivas consiste em todos os alunos aprenderem juntos, sempre que possível, independentemente das dificuldades e das diferenças que apresentem. Estas escolas devem reconhecer e satisfazer as necessidades diversas

Com ênfase na ideia de educação integrada e na reabilitação de base comunitária como formas complementares e de apoio mútuo, destinadas a servir os indivíduos com necessidades especiais, com fundamento nos princípios de inclusão, integração e participação, foi ressaltado que a

> [...] maioria das mudanças necessárias não se relacionam unicamente com a inclusão das crianças com necessidades educativas especiais, antes fazem parte de uma reforma educativa mais ampla que aponta para a promoção da qualidade educativa e para um mais elevado rendimento escolar de todos os alunos.[141]

Tais diretrizes foram reforçadas em 2006, com a aprovação da CIDPD pela ONU, que, no tocante à educação, estabeleceu os parâmetros para a concretização desse direito (art. 24[142]).

---

dos seus alunos, adaptando-se aos vários estilos e ritmos de aprendizagem, de modo a garantir um bom nível de educação para todos, através de currículos adequados, de uma boa organização escolar, de estratégias pedagógicas, de utilização de recursos e de uma cooperação com as respectivas comunidades. É preciso, portanto, um conjunto de apoios e de serviços para satisfazer o conjunto de necessidades especiais dentro da escola. 8. Nas escolas inclusivas, os alunos com necessidades educativas especiais devem receber o apoio suplementar de que precisam para assegurar uma educação eficaz. A pedagogia inclusiva é a melhor forma de promover a solidariedade entre os alunos com necessidades educativas especiais e os seus colegas. A colocação de crianças em escolas especiais – ou em aulas ou secções especiais dentro duma escola, de forma permanente – deve considerar-se como medida excepcional, indicada unicamente para aqueles casos em que fique claramente demonstrado que a educação nas aulas regulares é incapaz de satisfazer as necessidades pedagógicas e sociais do aluno, ou para aqueles em que tal seja indispensável ao bem-estar da criança deficiente ou das restantes crianças" (MINISTÉRIO DA EDUCAÇÃO. *Declaração de Salamanca:* linhas de ação em nível nacional. Disponível em: portal.mec.gov.br/seesp/arquivos/pdf/salamanca.pdf. Acesso em: 24 abr. 2021).

[141] Versatilidade do currículo, gestão escolar, informação e pesquisa, preparação adequada do corpo docente, serviços de apoio, definição de áreas prioritárias, participação das famílias, da comunidade e de organizações voluntárias, distribuição de recursos adequada e suficiente, cooperação internacional. (MINISTÉRIO DA EDUCAÇÃO. *Declaração de Salamanca:* linhas de ação em nível nacional. Disponível em: portal.mec.gov.br/seesp/arquivos/pdf/salamanca.pdf. Acesso em: 24 abr. 2021).

[142] "Art. 24. 1. Os Estados Partes reconhecem o direito das pessoas com deficiência à educação. Para efetivar esse direito sem discriminação e com base na igualdade de oportunidades, os Estados Partes assegurarão sistema educacional inclusivo em todos os níveis, bem como o aprendizado ao longo de toda a vida, com os seguintes objetivos: a) O pleno desenvolvimento do potencial humano e do senso de dignidade e auto-estima, além do fortalecimento do respeito pelos direitos humanos, pelas liberdades fundamentais e pela diversidade humana; b) O máximo desenvolvimento possível da personalidade e dos talentos e da criatividade das pessoas com deficiência, assim como de suas habilidades físicas e intelectuais; c) A participação efetiva das pessoas com deficiência em uma sociedade livre. 2. Para a realização desse direito, os Estados Partes assegurarão que: a) As pessoas com deficiência não sejam excluídas do sistema educacional geral sob

No Brasil, a educação especial organizou-se como atendimento educacional especializado, substitutivo ao ensino comum, e era realizado em instituições especializadas, escolas especiais ou classes especiais. Essa configuração do sistema de ensino estava fundada no binômio normalidade/anormalidade, que, com base em diferentes formas de assistência clínico-terapêuticas, definiam as práticas escolares para os estudantes com deficiência.[143]

---

alegação de deficiência e que as crianças com deficiência não sejam excluídas do ensino primário gratuito e compulsório ou do ensino secundário, sob alegação de deficiência; b) As pessoas com deficiência possam ter acesso ao ensino primário inclusivo, de qualidade e gratuito, e ao ensino secundário, em igualdade de condições com as demais pessoas na comunidade em que vivem; c) Adaptações razoáveis de acordo com as necessidades individuais sejam providenciadas; d) As pessoas com deficiência recebam o apoio necessário, no âmbito do sistema educacional geral, com vistas a facilitar sua efetiva educação; e) Medidas de apoio individualizadas e efetivas sejam adotadas em ambientes que maximizem o desenvolvimento acadêmico e social, de acordo com a meta de inclusão plena. 3. Os Estados Partes assegurarão às pessoas com deficiência a possibilidade de adquirir as competências práticas e sociais necessárias de modo a facilitar às pessoas com deficiência sua plena e igual participação no sistema de ensino e na vida em comunidade. Para tanto, os Estados Partes tomarão medidas apropriadas, incluindo: a) Facilitação do aprendizado do braille, escrita alternativa, modos, meios e formatos de comunicação aumentativa e alternativa, e habilidades de orientação e mobilidade, além de facilitação do apoio e aconselhamento de pares; b) Facilitação do aprendizado da língua de sinais e promoção da identidade linguística da comunidade surda; c) Garantia de que a educação de pessoas, em particular crianças cegas, surdocegas e surdas, seja ministrada nas línguas e nos modos e meios de comunicação mais adequados ao indivíduo e em ambientes que favoreçam ao máximo seu desenvolvimento acadêmico e social. 4. A fim de contribuir para o exercício desse direito, os Estados Partes tomarão medidas apropriadas para empregar professores, inclusive professores com deficiência, habilitados para o ensino da língua de sinais e/ou do braille, e para capacitar profissionais e equipes atuantes em todos os níveis de ensino. Essa capacitação incorporará a conscientização da deficiência e a utilização de modos, meios e formatos apropriados de comunicação aumentativa e alternativa, e técnicas e materiais pedagógicos, como apoios para pessoas com deficiência. 5. Os Estados Partes assegurarão que as pessoas com deficiência possam ter acesso ao ensino superior em geral, treinamento profissional de acordo com sua vocação, educação para adultos e formação continuada, sem discriminação e em igualdade de condições. Para tanto, os Estados Partes assegurarão a provisão de adaptações razoáveis para pessoas com deficiência" (BRASIL. *Decreto nº 6.949, de 25 de agosto de 2009*. Convenção Internacional sobre os Direitos das Pessoas com Deficiência. Brasília: Presidência da República, 2009. Disponível em: www.planalto.gov.br/ccivil_03/_Ato2007-2010/2009/Decreto/D6949.htm. Acesso em: 20 abr. 2021).

[143] Segundo o documento intitulado Política Nacional de Educação Especial na Perspectiva da Educação Inclusiva, elaborado pelo Grupo de Trabalho nomeado pela Portaria Ministerial nº 555, de 5 de junho de 2007, prorrogada pela Portaria nº 948, de 09 de outubro de 2007, "No Brasil, o atendimento às pessoas com deficiência teve início na época do Império, com a criação de duas instituições: o Imperial Instituto dos Meninos Cegos, em 1854, atual Instituto Benjamin Constant (IBC), e o Instituto dos Surdos Mudos, em 1857, hoje denominado Instituto Nacional da Educação dos Surdos (INES), ambos no Rio de Janeiro. No início do século XX é fundado o Instituto Pestalozzi (1926), instituição especializada no atendimento às pessoas com deficiência mental; em 1954, é fundada a primeira Associação de Pais e Amigos dos Excepcionais (APAE); e, em 1945, é criado o primeiro atendimento

Em 1961, a Lei de Diretrizes e Bases da Educação Nacional (Lei nº 4.024/1961) dispôs sobre a educação de "excepcionais", preferencialmente no sistema regular de ensino.[144] Esse diploma normativo foi alterado pela Lei nº 5.692, de 1971, que determinou que, nos ensinos de 1º e 2º graus, os estudantes que apresentassem deficiências físicas ou mentais recebessem tratamento especial.[145] Contudo, não houve a reorganização do sistema de ensino, para atender às necessidades educacionais especiais, acentuando a segregação em classes e escolas especiais.

Em 1973, o Ministério da Educação e Cultura criou o Centro Nacional de Educação Especial (CENESP), responsável pelo gerenciamento da educação especial no Brasil, que impulsionou ações educacionais voltadas à integração das pessoas com deficiência e pessoas com superdotação, por campanhas assistenciais e iniciativas isoladas do Estado. Com efeito, não se efetivou uma política pública de acesso universal à educação, permanecendo a concepção de "políticas especiais" para os estudantes com deficiência e de acesso ao ensino regular para os com superdotação, sem um atendimento especializado adaptado às suas singularidades de aprendizagem.[146]

---

educacional especializado às pessoas com superdotação na Sociedade Pestalozzi, por Helena Antipoff" (MINISTÉRIO DA EDUCAÇÃO E CULTURA. *Política nacional de educação especial na perspectiva da educação inclusiva*. Documento elaborado pelo Grupo de Trabalho nomeado pela Portaria Ministerial nº 555, de 5 de junho de 2007, prorrogada pela Portaria nº 948, de 09 de outubro de 2007. Brasília: MEC/SEESP, 2007. Disponível em: portal.mec.gov.br/seesp/arquivos/pdf/politica.pdf. Acesso em: 24 abr. 2021).

[144] "Art. 88. A educação de excepcionais deve, no que for possível, enquadrar-se no sistema geral de educação, a fim de integrá-los na comunidade. Art. 89. Toda iniciativa privada considerada eficiente pelos conselhos estaduais de educação, e relativa à educação de excepcionais, receberá dos poderes públicos tratamento especial mediante bolsas de estudo, empréstimos e subvenções" (BRASIL. *Lei nº 4.024, de 1961*. Lei de Diretrizes e Bases da Educação Nacional. Disponível em: http://www.planalto.gov.br/ccivil_03/leis/l4024.htm. Acesso em: 2 jan. 2022).

[145] "Art. 9º. Os alunos que apresentem deficiências físicas ou mentais, os que se encontrem em atraso considerável quanto à idade regular de matrícula e os superdotados deverão receber tratamento especial, de acôrdo com as normas fixadas pelos competentes Conselhos de Educação" (BRASIL. *Lei nº 5.692, de 1971*. Fixa Diretrizes e Bases para o ensino de 1º e 2º graus, e dá outras providências. Brasília: Coordenação de Estudos Legislativos (CEDI), 1971. Disponível em: https://www.camara.leg.br/proposicoesWeb/prop_mostrarintegra;jsessionid=F8342BB4536FBA13C8A2FC6081001C83.proposicoesWebExterno2?codteor=713997&filename=LegislacaoCitada+-PL+6416/2009. Acesso em: 2 jan. 2022).

[146] MINISTÉRIO DA EDUCAÇÃO E CULTURA. *Política nacional de educação especial na perspectiva da educação inclusiva*. Documento elaborado pelo Grupo de Trabalho nomeado pela Portaria Ministerial nº 555, de 5 de junho de 2007, prorrogada pela Portaria nº 948, de 09 de outubro de 2007. Brasília: MEC/SEESP, 2007. Disponível em: portal.mec.gov.br/seesp/arquivos/pdf/politica.pdf. Acesso em: 24 abr. 2021.

Sob a égide da CF/88, que consagrou a educação como um direito de todos, sob os pilares da igualdade e da exigência de integral desenvolvimento da pessoa, preparo para o exercício da cidadania e qualificação para o trabalho (arts. 205, 206 e 208[147]), foi editada a Lei nº 7.853, de 1989, que incorporou as diretrizes constitucionais. Estabeleceu as normas gerais assecuratórias do pleno exercício dos direitos individuais e sociais das pessoas com deficiência, e sua efetiva integração social, proclamando o direito básico à educação (inclusiva) e o dever do Estado de assegurar o respectivo exercício.[148]

O Estatuto da Criança e do Adolescente (Lei nº 8.069/1990), em seus artigos 54 e 55, reafirmou o dever do Estado de assegurar o atendimento educacional especializado às pessoas com deficiência, preferencialmente na rede regular de ensino, e a obrigação dos pais ou responsáveis de matricularem seus filhos ou pupilos na rede regular de ensino.[149]

Inspirada no movimento mundial pela educação inclusiva, a Política Nacional de Educação Especial, instituída em 1994, tinha por objetivo orientar a integração nas classes regulares daqueles que possuíssem condições de acompanhar e desenvolver as atividades escolares. A despeito disso, não provocou uma reformulação das práticas educacionais, para fins de valorização de diferentes potenciais de aprendizagem no ensino comum. Ao contrário, reafirmou os pressupostos vigentes, alicerçados em padrões homogêneos de participação e aprendizagem.

O reconhecimento de que a educação inclusiva constituía um paradigma educacional, calcado na concepção de direitos humanos, "que conjuga igualdade e diferença como valores indissociáveis, e que avança em relação à ideia de equidade formal ao contextualizar as circunstâncias históricas da produção da exclusão dentro e fora da

---

[147] Ver Constituição da República Federativa do Brasil de 1988.
[148] BRASIL. *Lei nº 7.853, de 1989*. Dispõe sobre o apoio às pessoas portadoras de deficiência, sua integração social, sobre a Coordenadoria Nacional para Integração da Pessoa Portadora de Deficiência – Corde, institui a tutela jurisdicional de interesses coletivos ou difusos dessas pessoas, disciplina a atuação do Ministério Público, define crimes, e dá outras providências. Brasília: Presidência da República, 1989. Disponível em: http://www.planalto.gov.br/ccivil_03/leis/l7853.htm. Acesso em: 2 jan. 2022.
[149] "Art. 54. É dever do Estado assegurar à criança e ao adolescente: [...] III – atendimento educacional especializado aos portadores de deficiência, preferencialmente na rede regular de ensino; [...]. Art. 55. Os pais ou responsável têm a obrigação de matricular seus filhos ou pupilos na rede regular de ensino" (BRASIL. *Lei nº 8.069, de 13 de julho de 1990*. Estatuto da Criança e do Adolescente. Disponível em: www.planalto.gov.br/ccivil_03/Leis/L8069.htm. Acesso em: 24 abr. 2021).

escola", não se materializou em uma proposta pedagógica efetivamente realizável na realidade nacional, com alternativas para a superação das práticas discriminatórias e da lógica da exclusão.[150]

A Lei nº 4.024, de 1961, foi revogada pela Lei nº 9.394, de 1996, conhecida como Lei de Diretrizes e Bases da Educação Nacional (LDB), exceto os artigos 6º a 9º (administração do ensino).

Posteriormente a Lei nº 13.415, de 2017, alterou a Lei de Diretrizes e Bases da Educação Nacional, relacionando os componentes obrigatórios na Base Nacional Comum Curricular. O artigo 35-A previu a incorporação de tecnologias nas áreas de linguagens, matemática e ciências da natureza, sem cogitar da necessidade de tecnologia assistiva, a fim de garantir a inclusão da pessoa com deficiência na educação básica,[151] apesar de o EPD – que é anterior – tê-la mencionado como direito básico.

Na realidade, a LDB preconizou que os sistemas de ensino assegurassem aos estudantes currículos, métodos, recursos e organização específicos para atender às suas necessidades, bem como a terminalidade específica àqueles que não atingiram o nível exigido para a finalização do ensino fundamental, em virtude de suas deficiências, e a aceleração de estudos aos superdotados para a antecipação da conclusão do programa escolar.

Na linha de uma tendência inovadora, salientou a necessidade de oportunidades educacionais apropriadas, consideradas as características de cada um, seus interesses, condições de vida e de trabalho (arts. 4º, inciso III,[152] 37[153] e 59[154]). Esse novo modelo educacional abandonou

---

[150] MINISTÉRIO DA EDUCAÇÃO E CULTURA. *Política nacional de educação especial na perspectiva da educação inclusiva*. Documento elaborado pelo Grupo de Trabalho nomeado pela Portaria Ministerial nº 555, de 5 de junho de 2007, prorrogada pela Portaria nº 948, de 09 de outubro de 2007. Brasília: MEC/SEESP, 2007. Disponível em: portal.mec.gov.br/seesp/arquivos/pdf/politica.pdf. Acesso em: 24 abr. 2021.

[151] BRASIL, *Lei nº 13.415, de 16 de fevereiro de 2017*. Altera as Leis nº 9.394, de 20 de dezembro de 1996, que estabelece as diretrizes e bases da educação nacional. Brasília: Presidência da República, 2017. Disponível em: http://www.planalto.gov.br/ccivil_03/_ato2015-2018/2017/lei/l13415.htm. Acesso em: 3 fev. 2022.

[152] "Art. 4º. O dever do Estado com educação escolar pública será efetivado mediante a garantia de: (...) III – atendimento educacional especializado gratuito aos educandos com necessidades especiais, preferencialmente na rede regular de ensino; [...]" (BRASIL. *Lei nº 9.394, de 20 de dezembro de 1996*. Lei de diretrizes e bases da educação nacional. Brasília: Presidência da República, 1996. Disponível em: http://www.planalto.gov.br/ccivil_03/leis/l9394.htm. Acesso em: 2 jan. 2022).

[153] "Art. 58. Entende-se por educação especial, para os efeitos desta Lei, a modalidade de educação escolar, oferecida preferencialmente na rede regular de ensino, para educandos portadores de necessidades especiais. [...]" (BRASIL. *Lei nº 9.394, de 20 de dezembro de 1996*.

a ideia de pessoa "portadora" de deficiência, aderindo à de pessoa "portadora de necessidades especiais".

À primeira vista, essa mudança normativa parece indicar uma busca pelo ideal de igualdade. Todavia, ela reproduz uma vertente discriminatória, ao exigir uma adaptação curricular voltada ao atendimento de necessidades específicas, sem se atentar para o fato, importantíssimo, de que a escola deve estar preparada para receber todas as crianças ou adolescente em idade escolar, independentemente de suas "necessidades especiais".

De qualquer sorte, a intenção do legislador era assegurar a qualidade dos serviços educacionais prestados aos estudantes, apontando a necessidade de o professor estar preparado e dispor de recursos adequados para lidar com a diversidade, ainda que não tenha logrado garantir um nível de igualdade material.

Na sequência, sobrevieram vários outros atos normativos, visando à construção de políticas públicas voltadas à educação das pessoas com deficiência, os quais pecaram pela desconexão com uma visão macroeducacional.

A própria dimensão cronológica indica a ausência de uma abordagem mais completa do problema. Tanto é assim que, somente após o transcurso de 10 (dez) anos, a Lei nº 7.853, de 1989, foi regulamentada pelo Decreto nº 3.298, de 1999, que traçou a Política Nacional para a Integração a Pessoa Portadora de Deficiência. Definiu a educação especial como uma modalidade transversal a todos os níveis, etapas e

---

Lei de diretrizes e bases da educação nacional. Brasília: Presidência da República, 1996. Disponível em: http://www.planalto.gov.br/ccivil_03/leis/l9394.htm. Acesso em: 2 jan. 2022).

[154] "Art. 59. Os sistemas de ensino assegurarão aos educandos com necessidades especiais: I – currículos, métodos, técnicas, recursos educativos e organização específicos, para atender às suas necessidades; II – terminalidade específica para aqueles que não puderem atingir o nível exigido para a conclusão do ensino fundamental, em virtude de suas deficiências, e aceleração para concluir em menor tempo o programa escolar aos superdotados; III – professores com especialização adequada em nível médio ou superior, para atendimento especializado, bem como professores do ensino regular capacitados para a integração desses educandos nas classes comuns; IV – educação especial para o trabalho, visando a sua efetiva integração na vida em sociedade, inclusive condições adequadas para os que não revelarem capacidade de inserção no trabalho competitivo, mediante articulação com os órgãos oficiais afins, bem como para aqueles que apresentam uma habilidade superior nas áreas artística, intelectual ou psicomotora; V – acesso igualitário aos benefícios dos programas sociais suplementares disponíveis para o respectivo nível do ensino regular" (BRASIL. *Lei nº 9.394, de 20 de dezembro de 1996*. Lei de diretrizes e bases da educação nacional. Brasília: Presidência da República, 1996. Disponível em: http://www.planalto.gov.br/ccivil_03/leis/l9394.htm. Acesso em: 2 jan. 2022).

modalidades de ensino, e parte integrante da educação regular, a ser prevista no projeto político-pedagógico da unidade escolar (arts. 24[155] e 25[156]).

A Resolução CNE/CEB nº 2/2001, ao delinear as Diretrizes Nacionais para a Educação Especial na Educação Básica, determinou a matrícula obrigatória de todos os estudantes, cabendo às escolas assegurar as condições necessárias para uma educação de qualidade para todos. Dentre elas, o atendimento especializado aos educandos com necessidades educacionais especiais, em todos os níveis de ensino, a ser avaliado em conjunto com a família e a comunidade. A educação especial foi descrita como um processo educacional que garantia recursos educacionais especiais, com o objetivo de apoiar e complementar o desenvolvimento das potencialidades dos estudantes, e, nas situações em que se fizesse necessário, substituir o serviço educacional comum.

---

[155] "Art. 24. Os órgãos e as entidades da Administração Pública Federal direta e indireta responsáveis pela educação dispensarão tratamento prioritário e adequado aos assuntos objeto deste Decreto, viabilizando, sem prejuízo de outras, as seguintes medidas: I – a matrícula compulsória em cursos regulares de estabelecimentos públicos e particulares de pessoa portadora de deficiência capazes de se integrar na rede regular de ensino; II – a inclusão, no sistema educacional, da educação especial como modalidade de educação escolar que permeia transversalmente todos os níveis e as modalidades de ensino; III – a inserção, no sistema educacional, das escolas ou instituições especializadas públicas e privadas; IV – a oferta, obrigatória e gratuita, da educação especial em estabelecimentos públicos de ensino; V – o oferecimento obrigatório dos serviços de educação especial ao educando portador de deficiência em unidades hospitalares e congêneres nas quais esteja internado por prazo igual ou superior a um ano; e VI – o acesso de aluno portador de deficiência aos benefícios conferidos aos demais educandos, inclusive material escolar, transporte, merenda escolar e bolsas de estudo. §1º. Entende-se por educação especial, para os efeitos deste Decreto, a modalidade de educação escolar oferecida preferencialmente na rede regular de ensino para educando com necessidades educacionais especiais, entre eles o portador de deficiência. §2º. A educação especial caracteriza-se por constituir processo flexível, dinâmico e individualizado, oferecido principalmente nos níveis de ensino considerados obrigatórios. §3º. A educação do aluno com deficiência deverá iniciar-se na educação infantil, a partir de zero ano. §4º. A educação especial contará com equipe multiprofissional, com a adequada especialização, e adotará orientações pedagógicas individualizadas. §5º. Quando da construção e reforma de estabelecimentos de ensino deverá ser observado o atendimento as normas técnicas da Associação Brasileira de Normas Técnicas – ABNT relativas à acessibilidade" (BRASIL. *Decreto nº 3.298, de 20 de dezembro de 1999*. Disponível em: http://www.planalto.gov.br/ccivil_03/decreto/D3298.htm Acesso em: 13 nov. 2021).

[156] "Art. 25. Os serviços de educação especial serão ofertados nas instituições de ensino público ou privado do sistema de educação geral, de forma transitória ou permanente, mediante programas de apoio para o aluno que está integrado no sistema regular de ensino, ou em escolas especializadas exclusivamente quando a educação das escolas comuns não puder satisfazer as necessidades educativas ou sociais do aluno ou quando necessário ao bem-estar do educando" (BRASIL. *Decreto nº 3.298, de 20 de dezembro de 1999*. Disponível em: http://www.planalto.gov.br/ccivil_03/decreto/D3298.htm Acesso em: 13 nov. 2021).

Em outros termos, ampliou-a como atendimento educacional especializado complementar ou suplementar à escolarização, admitindo a substituição do ensino regular. Essa perspectiva dificultou a adoção de uma política de educação inclusiva na rede pública de ensino, prevista no seu artigo 2º.[157]

A Lei nº 10.172, de 2001, institui o Plano Nacional de Educação (PNE), anunciando os objetivos e metas para os sistemas de ensino, notadamente a construção de uma escola inclusiva que garanta o atendimento à diversidade humana. Mencionou a existência de um *déficit* referente à oferta de matrículas para estudantes com deficiência nas classes comuns do ensino regular, à formação docente, à acessibilidade física e ao atendimento educacional especializado, propondo a sua integração na rede regular de ensino, observados os parâmetros da flexibilidade e diversidade.[158]

Nesse ano de 2001, foi internalizada no direito brasileiro, pelo Decreto nº 3.956, a Convenção Interamericana para a Eliminação de Todas as Formas de Discriminação contra as Pessoas Portadoras

---

[157] MINISTÉRIO DA EDUCAÇÃO E CULTURA. *Resolução CNE/CEB nº 2/2001*. Disponível em: http://portal.mec.gov.br/arquivos/pdf/resolucao2.pdf. Acesso em: 9 fev. 2021.

[158] "8.2 Diretrizes. A educação especial se destina às pessoas com necessidades especiais no campo da aprendizagem, originadas quer de deficiência física, sensorial, mental ou múltipla, quer de características como altas habilidades, superdotação ou talentos. A integração dessas pessoas no sistema de ensino regular é uma diretriz constitucional (art. 208, III), fazendo parte da política governamental há pelo menos uma década. Mas, apesar desse relativamente longo período, tal diretriz ainda não produziu a mudança necessária na realidade escolar, de sorte que todas as crianças, jovens e adultos com necessidades especiais sejam atendidos em escolas regulares, sempre que for recomendado pela avaliação de suas condições pessoais. Uma política explícita e vigorosa de acesso à educação, de responsabilidade da União, dos Estados e Distrito Federal e dos Municípios, é uma condição para que às pessoas especiais sejam assegurados seus direitos à educação. Tal política abrange: o âmbito social, do reconhecimento das crianças, jovens e adultos especiais como cidadãos e de seu direito de estarem integrados na sociedade o mais plenamente possível; e o âmbito educacional, tanto nos aspectos administrativos (adequação do espaço escolar, de seus equipamentos e materiais pedagógicos), quanto na qualificação dos professores e demais profissionais envolvidos. O ambiente escolar como um todo deve ser sensibilizado para uma perfeita integração. Propõe-se uma escola integradora, inclusiva, aberta à diversidade dos alunos, no que a participação da comunidade é fator essencial. Quanto às escolas especiais, a política de inclusão as reorienta para prestarem apoio aos programas de integração. A educação especial, como modalidade de educação escolar, terá que ser promovida sistematicamente nos diferentes níveis de ensino. A garantia de vagas no ensino regular para os diversos graus e tipos de deficiência é uma medida importante. Entre outras características dessa política, são importantes a flexibilidade e a diversidade, quer porque o espectro das necessidades especiais é variado, quer porque as realidades são bastante diversificadas no País" (BRASIL. *Lei nº 10.172, de 2001*. Plano Nacional de Educação de 2001. Brasília: Presidência da República, 2001. Disponível em: http://www.planalto.gov.br/ccivil_03/leis/leis_2001/l10172.htm. Acesso em: 2 jan. 2022).

de Deficiência, pactuada em 1999, na Guatemala, que, dentre outras disposições, reiterou o caráter relacional do conceito de deficiência (indivíduo e ambiente), prescrevendo que configura discriminação com base na deficiência toda e qualquer espécie de diferenciação ou exclusão que possa impedir ou anular o exercício dos direitos humanos e liberdades fundamentais.[159] Voltada para o contexto da diferenciação, ensejou uma reinterpretação da educação especial no sentido da necessidade de eliminação das barreiras que impedem o acesso à escolarização, afora a exigência de

> [...] sensibilização da população, por meio de campanhas de educação, destinadas a eliminar preconceitos, estereótipos e outras atitudes que atentam contra o direito das pessoas a serem iguais, permitindo desta forma o respeito e a convivência com as pessoas portadoras de deficiência.[160]

Sob o viés da educação inclusiva, a Resolução CNE/CP nº 1/2002 elencou as Diretrizes Curriculares Nacionais para a Formação de Professores da Educação Básica, destacando que as instituições de ensino superior devem prever, no projeto pedagógico dos cursos de

---

[159] "Art. 1º. Para os efeitos desta Convenção, entende-se por: 1. Deficiência. O termo "deficiência" significa uma restrição física, mental ou sensorial, de natureza permanente ou transitória, que limita a capacidade de exercer uma ou mais atividades essenciais da vida diária, causada ou agravada pelo ambiente econômico e social. 2. Discriminação contra as pessoas portadoras de deficiência: a) o termo "discriminação contra as pessoas portadoras de deficiência" significa toda diferenciação, exclusão ou restrição baseada em deficiência, antecedente de deficiência, conseqüência de deficiência anterior ou percepção de deficiência presente ou passada, que tenha o efeito ou propósito de impedir ou anular o reconhecimento, gozo ou exercício por parte das pessoas portadoras de deficiência de seus direitos humanos e suas liberdades fundamentais. b) Não constitui discriminação a diferenciação ou preferência adotada pelo Estado Parte para promover a integração social ou o desenvolvimento pessoal dos portadores de deficiência, desde que a diferenciação ou preferência não limite em si mesma o direito à igualdade dessas pessoas e que elas não sejam obrigadas a aceitar tal diferenciação ou preferência. Nos casos em que a legislação interna preveja a declaração de interdição, quando for necessária e apropriada para o seu bem-estar, esta não constituirá discriminação" (BRASIL. *Decreto nº 3.956, de 8 de outubro de 2001*. Convenção Interamericana para a Eliminação de Todas as Formas de Discriminação contra as Pessoas Portadoras de Deficiência. Brasília: Presidência da República, 2001. Disponível em: www.planalto.gov.br/ccivil_03/decreto/2001/D3956.htm. Acesso em: 25 abr. 2021).

[160] BRASIL. *Decreto nº 3.956, de 8 de outubro de 2001*. Convenção Interamericana para a Eliminação de Todas as Formas de Discriminação contra as Pessoas Portadoras de Deficiência. Brasília: Presidência da República, 2001. Disponível em: www.planalto.gov.br/ccivil_03/decreto/2001/D3956.htm. Acesso em: 25 abr. 2021.

formação dos docentes, a definição de conhecimentos que contemplem as especificidades dos estudantes com necessidades educacionais especiais.[161]

A Lei nº 10.436, de 2002, reconheceu a Língua Brasileira de Sinais – Libras e outros recursos de comunicação correlatos como meio legal de comunicação e expressão, determinando a institucionalização de seu uso e difusão, bem como a inclusão de disciplina específica na programação curricular dos cursos de formação de professores e de Fonoaudiologia (arts. 1º[162] 2º[163] e 4º[164]).

A Portaria nº 2.678, de 2002, do Ministério da Educação e Cultura (MEC), aprovou diretrizes e normas para o uso, o ensino, a produção e a difusão do sistema Braille em todas as modalidades de ensino, adotando medidas tendentes à sua implantação em todo o território nacional.[165]

---

[161] MINISTÉRIO DA EDUCAÇÃO E CULTURA. *Resolução CNE/CP 1, de 18 de fevereiro de 2002*. Brasília: Conselho Nacional de Educação, 2002. Disponível em: portal.mec.gov.br/cne/arquivos/pdf/rcp01_02.pdf. Acesso em: 25 abr. 2021.

[162] "Art. 1º. É reconhecida como meio legal de comunicação e expressão a Língua Brasileira de Sinais – Libras e outros recursos de expressão a ela associados. Parágrafo único. Entende-se como Língua Brasileira de Sinais – Libras a forma de comunicação e expressão, em que o sistema linguístico de natureza visual-motora, com estrutura gramatical própria, constituem um sistema linguístico de transmissão de ideias e fatos, oriundos de comunidades de pessoas surdas do Brasil" (BRASIL. *Lei nº 10.436, de 24 de abril de 2002*. Dispõe sobre a Língua Brasileira de Sinais – Libras e dá outras providências. Brasília: Presidência da República, 2002. Disponível em: http://www.planalto.gov.br/ccivil_03/leis/2002/l10436.htm. Acesso em: 2 jan. 2022).

[163] "Art. 2º. Deve ser garantido, por parte do poder público em geral e empresas concessionárias de serviços públicos, formas institucionalizadas de apoiar o uso e difusão da Língua Brasileira de Sinais – Libras como meio de comunicação objetiva e de utilização corrente das comunidades surdas do Brasil" ((BRASIL. *Lei nº 10.436, de 24 de abril de 2002*. Dispõe sobre a Língua Brasileira de Sinais – Libras e dá outras providências. Brasília: Presidência da República, 2002. Disponível em: http://www.planalto.gov.br/ccivil_03/leis/2002/l10436.htm. Acesso em: 2 jan. 2022).

[164] "Art. 4º. O sistema educacional federal e os sistemas educacionais estaduais, municipais e do Distrito Federal devem garantir a inclusão nos cursos de formação de Educação Especial, de Fonoaudiologia e de Magistério, em seus níveis médio e superior, do ensino da Língua Brasileira de Sinais – Libras, como parte integrante dos Parâmetros Curriculares Nacionais – PCNs, conforme legislação vigente. Parágrafo único. A Língua Brasileira de Sinais – Libras não poderá substituir a modalidade escrita da língua portuguesa" (BRASIL. *Lei nº 10.436, de 24 de abril de 2002*. Dispõe sobre a Língua Brasileira de Sinais – Libras e dá outras providências. Brasília: Presidência da República, 2002. Disponível em: http://www.planalto.gov.br/ccivil_03/leis/2002/l10436.htm. Acesso em: 2 jan. 2022).

[165] MINISTÉRIO DA EDUCAÇÃO, *Portaria MEC nº 2.678, de 24 de setembro de 2002*. Aprova o projeto da Grafia Braille para a Língua Portuguesa e recomenda o seu uso em todo o território nacional. Brasília: FNDE, 2002. Disponível em: www.fnde.gov.br/acesso-a-informacao/institucional/legislacao/item/3494-portaria-mec-nº-2678-de-24-de-setembro-de-2002. Acesso em: 25 abr. 2021.

Em 2003, o MEC lançou o Programa Educação Inclusiva: Direito à Diversidade, com o objetivo de apoiar a transformação dos sistemas de ensino em sistemas educacionais inclusivos, promovendo um amplo processo de formação continuada de gestores e educadores das redes estaduais e municipais de ensino, para habilitá-los ao oferecimento de educação especial na perspectiva da educação inclusiva (atendimento de qualidade e inclusão nas classes comuns do ensino regular dos estudantes com deficiência, transtornos globais do desenvolvimento e altas habilidades ou superdotação).[166]

O Decreto nº 5.296, de 2004, regulamentou as Leis nº 10.048 e nº 10.098, ambas de 2000, estabelecendo normas e critérios para a promoção da acessibilidade às pessoas com deficiência ou com mobilidade reduzida, a fim de garantir a acessibilidade urbana e apoiar ações que garantam o acesso universal aos espaços públicos.[167]

O Decreto nº 5.626, de 2005, regulamentou a Lei nº 10.436, de 2002, e o artigo 18 da Lei nº 10.098, de 2000, dispondo sobre a Língua Brasileira de Sinais – Libras como disciplina curricular, a formação e a certificação de professor, instrutor e tradutor/intérprete de Libras, o ensino da Língua Portuguesa como segunda língua para estudantes surdos e a organização da educação bilíngue no ensino regular.[168]

Com a implantação dos Núcleos de Atividades de Altas Habilidades/Superdotação (NAAH/S) em todos os Estados e no Distrito Federal, em 2005, foram organizados centros de referência na área das altas habilidades/superdotação, para o atendimento educacional especializado, a orientação às famílias e a formação continuada dos professores, consolidando uma política de educação na rede pública de ensino.

---

[166] MINISTÉRIO DA EDUCAÇÃO. *Programa educação inclusiva*: direito à diversidade. Brasília: MEC, 2003. Disponível em: http://portal.mec.gov.br/secretaria-de-educacao-especial-sp-598129159/programas-e-acoes?id=250#:~:text=Programa%20Educa%C3%A7%C3%A3o%20Inclusiva%3A%20Direito%20%C3%A0%20Diversidade%20O%20programa,oferecer%20educa%C3%A7%C3%A3o%20especial%20na%20perspectiva%20da%20educa%C3%A7%C3%A3o%20inclusiva. Acesso em: 25 abr. 2021.

[167] BRASIL. *Decreto nº 5.296, de 2 de dezembro de 2004*. Estabelece normas gerais e critérios básicos para a promoção da acessibilidade das pessoas portadoras de deficiência ou com mobilidade reduzida, e dá outras providências. Brasília: Presidência da República, 2004. Disponível em: https://www.planalto.gov.br/ccivil_03/_Ato2004-2006/2004/Decreto/D5296.htm. Acesso em: 25 abr. 2021.

[168] BRASIL. *Decreto nº 5.626, de 22 de dezembro de 2005*. Regulamenta a Lei nº 10.436, de 24 de abril de 2002, que dispõe sobre a Língua Brasileira de Sinais – Libras, e o art. 18 da Lei nº 10.098, de 19 de dezembro de 2000. Brasília: Presidência da República, 2005. Disponível em: www.planalto.gov.br/ccivil_03/_Ato2004-2006/2005/Decreto/D5626.htm. Acesso em: 25 abr. 2021.

A CIDPD, da qual o Brasil é signatário, estabeleceu, em seu artigo 3º, o respeito pela dignidade inerente, liberdade e autonomia individual, a não discriminação, a plena e efetiva participação e inclusão na sociedade, o respeito pela diferença e pela aceitação das pessoas com deficiência como parte da diversidade humana e da humanidade, a igualdade de oportunidades e entre o homem e a mulher, a acessibilidade, o respeito pelo desenvolvimento das capacidades das crianças com deficiência e pelo direito das crianças com deficiência de preservar sua identidade.[169] Previu a criação de infraestrutura de adaptabilidade (artigos 4, 1, "f"; 5, 3; 9, e 20) e políticas específicas (artigos 4, 1, "b"; 5, 1 e 2; 8; 24, 1, "a" e "b", e 27, 1, "a").[170] No campo da educação, prescreveu o dever dos Estados de implementar um sistema de educação inclusiva em todos os níveis de ensino, em ambientes que maximizem o desenvolvimento acadêmico e social compatível com a meta da plena participação e inclusão (artigo 24[171]).

Em 2006, a Secretaria Especial dos Direitos Humanos, os Ministérios da Educação e da Justiça, juntamente com a ONU para a Educação, a Ciência e a Cultura (UNESCO), divulgaram a versão definitiva do Plano Nacional de Educação em Direitos Humanos, que previu, entre outras ações, a inserção, no currículo da educação básica, de temáticas relativas às pessoas com deficiência e a execução de ações afirmativas para viabilizar o acesso e permanência na educação superior. O objetivo era a elaboração de um processo sistemático e multidimensional que orientasse a formação do sujeito de direitos, articulando as seguintes

---

[169] "Art. 3º. Os princípios da presente Convenção são: a) O respeito pela dignidade inerente, a autonomia individual, inclusive a liberdade de fazer as próprias escolhas, e a independência das pessoas; b) A não-discriminação; c) A plena e efetiva participação e inclusão na sociedade; d) O respeito pela diferença e pela aceitação das pessoas com deficiência como parte da diversidade humana e da humanidade; e) A igualdade de oportunidades; f) A acessibilidade; g) A igualdade entre o homem e a mulher; h) O respeito pelo desenvolvimento das capacidades das crianças com deficiência e pelo direito das crianças com deficiência de preservar sua identidade" (BRASIL. *Decreto nº 6.949, de 25 de agosto de 2009*. Convenção Internacional sobre os Direitos das Pessoas com Deficiência. Brasília: Presidência da República, 2009. Disponível em: www.planalto.gov.br/ccivil_03/_Ato2007-2010/2009/Decreto/D6949.htm. Acesso em: 20 abr. 2021).

[170] SIQUEIRA, Natércia Sampaio. A capacidade nas democracias contemporâneas: fundamento axiológico da Convenção de Nova York. *In*: MENEZES, Joyceane Bezerra de (org.). *Direitos das pessoas com deficiência psíquica e intelectual nas relações privadas*. Convenção sobre os direitos da pessoa com deficiência e Lei Brasileira de Inclusão. 2. ed., rev. e ampl. Rio de Janeiro: Processo, 2020, p. 61.

[171] BRASIL. *Decreto nº 6.949, de 25 de agosto de 2009*. Convenção Internacional sobre os Direitos das Pessoas com Deficiência. Brasília: Presidência da República, 2009. Disponível em: www.planalto.gov.br/ccivil_03/_Ato2007-2010/2009/Decreto/D6949.htm. Acesso em: 20 abr. 2021.

dimensões: apreensão de conhecimentos historicamente construídos sobre direitos humanos e sua relação com os contextos internacional, nacional e local; afirmação de valores, atitudes e práticas sociais que expressassem a cultura dos direitos humanos em todos os espaços da sociedade; formação de uma consciência coletiva em níveis cognitivo, social, ético e político; desenvolvimento de processos metodológicos participativos e de construção coletiva, com a utilização de linguagens e materiais didáticos contextualizados; fortalecimento de práticas individuais e sociais que fomentassem a promoção, proteção e defesa dos direitos humanos, além da reparação de violações.[172]

Em 2007, foi apresentado o Plano de Desenvolvimento da Educação (PDE), tendo como eixos a formação de professores para a educação especial, a implantação de salas de recursos multifuncionais, a acessibilidade arquitetônica dos prédios escolares, o acesso e a permanência das pessoas com deficiência na educação superior e o monitoramento do acesso à escola dos favorecidos pelo Benefício de Prestação Continuada (BPC).

O fator mais importante no PDE de 2007 foi a pretensão de seus idealizadores em promover a superação da oposição entre educação regular e educação especial.[173] A própria existência de um sistema de educação especial voltado às pessoas com deficiência representa, em si mesma, uma forma de discriminação por pressupor que elas seriam incapazes de acompanhar o sistema regular de ensino.

Com o objetivo de modificar essa percepção e desenvolver uma política pública consistente, editou-se o Decreto nº 6.094, de 2007, que dispôs sobre a implementação do Plano de Metas Compromisso Todos pela Educação, pela União, em regime de colaboração com municípios, Distrito Federal e Estados, e a participação das famílias e da comunidade, mediante programas e ações de assistência técnica e financeira, visando à mobilização social pela melhoria da qualidade da educação básica.[174]

---

[172] MINISTÉRIO DA MULHER, DA FAMÍLIA E DOS DIREITOS HUMANOS. *Plano Nacional de Educação em Direitos Humanos*. Brasília: Governo Federal, 2018. Disponível em: https://www.gov.br/mdh/pt-br/navegue-por-temas/educacao-em-direitos-humanos/plano-nacional-de-educacao-em-direitos-humanos. Acesso em: 25 abr. 2021.

[173] MINISTÉRIO DA EDUCAÇÃO. *Plano de Ações Articuladas (PAR)*: apresentação. Brasília: MEC, 2007. Disponível em: portal.mec.gov.br/par/apresentacao. Acesso em: 25 abr. 2021.

[174] BRASIL. *Decreto nº 6.094, de 24 de abril de 2007*. Dispõe sobre a implementação do Plano de Metas Compromisso Todos pela Educação, pela União Federal, em regime de colaboração com Municípios, Distrito Federal e Estados. Brasília: Presidência da República, 2007. Disponível em: www.planalto.gov.br/ccivil_03/_Ato2007-2010/2007/Decreto/D6094.htm. Acesso em: 25 abr. 2021.

A Política Nacional de Educação Especial de 2008 teve como objetivo constituir políticas públicas para a promoção da educação a todos.[175] Entre as suas diretrizes, constou que o atendimento educacional especializado deve ofertar os recursos necessários para eliminar as barreiras pedagógicas e de acessibilidade, em todas as etapas e modalidades da educação básica, além de ações realizadas na educação superior, com escopo de promover o acesso, permanência e participação.[176] O documento final da Conferência Nacional da Educação Básica de 2008 afirma que não é toda a política de inclusão que consegue contemplar a diversidade, portanto, é necessário que a política de inclusão ultrapasse a contemplação de diferenças apenas sociais. Dessa forma, os objetivos da educação especial são:

> [...] assegurar a inclusão escolar de alunos com deficiência, transtornos globais do desenvolvimento e altas habilidades/superdotação nas turmas comuns do ensino regular, orientando os sistemas de ensino para garantir o acesso ao ensino comum, a participação, aprendizagem e continuidade nos níveis mais elevados de ensino; a transversalidade da educação especial desde a educação infantil até a educação superior; a oferta do atendimento educacional especializado; a formação de professores para o atendimento educacional especializado aos demais profissionais da educação, para a inclusão; a participação da família e da comunidade; a acessibilidade arquitetônica, nos transportes, nos mobiliários, nas comunicações e informações; e a articulação intersetorial na implementação das políticas públicas.[177]

Entretanto, manteve-se a ideia em torno de uma educação especial em contraposição a uma educação dita regular voltada às pessoas sem deficiência. Circunstancialmente foram aprovadas normas atendendo a certas camadas de pessoas com deficiência, como o caso da Lei nº 12.764, de 2012, que definiu uma Política Nacional de Proteção dos Direitos da Pessoa com Transtorno de Espectro Autista (artigos 2º[178]

---

[175] MINISTÉRIO DA EDUCAÇÃO. *Política nacional de educação especial na perspectiva da educação inclusiva*. Brasília: MEC, 2008. Disponível em: http://portal.mec.gov.br/arquivos/pdf/politicaeducespecial.pdf. Acesso em: 3 mar. 2021.

[176] MINISTÉRIO DA EDUCAÇÃO. *Política nacional de educação especial na perspectiva da educação inclusiva*. Brasília: MEC, 2008. Disponível em: http://portal.mec.gov.br/arquivos/pdf/politicaeducespecial.pdf. Acesso em: 3 mar. 2021, p. 17.

[177] MINISTÉRIO DA EDUCAÇÃO. *Conferência Nacional da Educação Básica*: documento final. Brasília: MEC, 2018. Disponível em: http://portal.mec.gov.br/arquivos/conferencia/documentos/doc_final.pdf. Acesso em: 2 maio 2021, p. 63.

[178] "Art. 2º. São diretrizes da Política Nacional de Proteção dos Direitos da Pessoa com Transtorno do Espectro Autista: I- a intersetorialidade no desenvolvimento das ações e das

e 3º[179]). Nesse diploma legal, conceituou-se a pessoa com transtorno do espectro autista, enquadrando-a como pessoa com deficiência, para todos os efeitos legais (artigo 1º[180]), porém mantendo uma concepção

---

políticas e no atendimento à pessoa com transtorno do espectro autista; II- a participação da comunidade na formulação de políticas públicas voltadas para as pessoas com transtorno do espectro autista e o controle social da sua implantação, acompanhamento e avaliação; III- a atenção integral às necessidades de saúde da pessoa com transtorno do espectro autista, objetivando o diagnóstico precoce, o atendimento multiprofissional e o acesso a medicamentos e nutrientes; IV- (VETADO); V- o estímulo à inserção da pessoa com transtorno do espectro autista no mercado de trabalho, observadas as peculiaridades da deficiência e as disposições da Lei nº 8.069, de 13 de julho de 1990 (Estatuto da Criança e do Adolescente); VI- a responsabilidade do poder público quanto à informação pública relativa ao transtorno e suas implicações; VII- o incentivo à formação e à capacitação de profissionais especializados no atendimento à pessoa com transtorno do espectro autista, bem como a pais e responsáveis; VIII- o estímulo à pesquisa científica, com prioridade para estudos epidemiológicos tendentes a dimensionar a magnitude e as características do problema relativo ao transtorno do espectro autista no País. Parágrafo único. Para cumprimento das diretrizes de que trata este artigo, o poder público poderá firmar contrato de direito público ou convênio com pessoas jurídicas de direito privado" (BRASIL, Lei nº 12.764, de 2012).

[179] "Art. 3º São direitos da pessoa com transtorno do espectro autista: I – a vida digna, a integridade física e moral, o livre desenvolvimento da personalidade, a segurança e o lazer; II – a proteção contra qualquer forma de abuso e exploração; III – o acesso a ações e serviços de saúde, com vistas à atenção integral às suas necessidades de saúde, incluindo: a) o diagnóstico precoce, ainda que não definitivo; b) o atendimento multiprofissional; c) a nutrição adequada e a terapia nutricional; d) os medicamentos; e) informações que auxiliem no diagnóstico e no tratamento; IV – o acesso: a) à educação e ao ensino profissionalizante; b) à moradia, inclusive à residência protegida; c) ao mercado de trabalho; d) à previdência social e à assistência social. Parágrafo único. Em casos de comprovada necessidade, a pessoa com transtorno do espectro autista incluída nas classes comuns de ensino regular, nos termos do inciso IV do art. 2º, terá direito a acompanhante especializado" (BRASIL. *Lei nº 12.764, de 27 de dezembro de 2012*. Institui a Política Nacional de Proteção dos Direitos da Pessoa com Transtorno do Espectro Autista; e altera o §3º do art. 98 da Lei nº 8.112, de 11 de dezembro de 1990. Brasília: Presidência da República, 2012. Disponível em: http://www.planalto.gov.br/ccivil_03/_ato2011-2014/2012/lei/l12764.htm. Acesso em: 2 jan. 2022).

[180] "Art. 1º. Esta Lei institui a Política Nacional de Proteção dos Direitos da Pessoa com Transtorno do Espectro Autista e estabelece diretrizes para sua consecução. §1º. Para os efeitos desta Lei, é considerada pessoa com transtorno do espectro autista aquela portadora de síndrome clínica caracterizada na forma dos seguintes incisos I ou II: I – deficiência persistente e clinicamente significativa da comunicação e da interação sociais, manifestada por deficiência marcada de comunicação verbal e não verbal usada para interação social; ausência de reciprocidade social; falência em desenvolver e manter relações apropriadas ao seu nível de desenvolvimento; II – padrões restritivos e repetitivos de comportamentos, interesses e atividades, manifestados por comportamentos motores ou verbais estereotipados ou por comportamentos sensoriais incomuns; excessiva aderência a rotinas e padrões de comportamento ritualizados; interesses restritos e fixos. §2º. A pessoa com transtorno do espectro autista é considerada pessoa com deficiência, para todos os efeitos legais" (BRASIL. *Lei nº 12.764, de 27 de dezembro de 2012*. Institui a Política Nacional de Proteção dos Direitos da Pessoa com Transtorno do Espectro Autista; e altera o §3º do art. 98 da Lei nº 8.112, de 11 de dezembro de 1990. Brasília: Presidência da República, 2012. Disponível em: http://www.planalto.gov.br/ccivil_03/_ato2011-2014/2012/lei/l12764.htm. Acesso em: 2 jan. 2022).

eminentemente médica e clínica, focada no indivíduo. Ademais, não havia a necessidade de se enquadrar em um ou outro aspecto ali descrito, mas, sim, na simultaneidade de características, para caracterizar o espectro do autismo.[181]

Apesar do extenso arcabouço legislativo, não existia uma visão unificada a respeito do tratamento a ser dispensado para a escolarização das pessoas com deficiência, remanescendo um modelo centrado na visão bipartida entre educação especial e regular.

Esse modelo, contudo, precisa ser revisto, especialmente a partir do EPD, que incorporou as inovações propostas pela CIDPD, impondo ao Estado, à família e à sociedade o dever de assegurar a educação de qualidade, colocando a pessoa com deficiência a salvo de qualquer forma de violência, negligência e discriminação (arts. 8º[182] 27[183] e seguintes). A discriminação repudiada não está adstrita à recusa de matrícula na escola, abrangendo a omissão na elaboração de projeto pedagógico e a não oferta de atendimento educacional especializado, nos casos em que for necessário. A conduta discriminatória é tipificada penalmente

---

[181] XAVIER, Beatriz Rego. Direito da pessoa autista à educação inclusiva: a incidência do princípio da solidariedade no ordenamento jurídico brasileiro. *In:* MENEZES, Joyceane Bezerra de (org.). *Direitos das pessoas com deficiência psíquica e intelectual nas relações privadas*: convenção sobre os direitos da pessoa com deficiência e Lei Brasileira de Inclusão. Rio de Janeiro: Processo, 2016, p. 841.

[182] "Art. 8º. É dever do Estado, da sociedade e da família assegurar à pessoa com deficiência, com prioridade, a efetivação dos direitos referentes à vida, à saúde, à sexualidade, à paternidade e à maternidade, à alimentação, à habitação, à educação, à profissionalização, ao trabalho, à previdência social, à habilitação e à reabilitação, ao transporte, à acessibilidade, à cultura, ao desporto, ao turismo, ao lazer, à informação, à comunicação, aos avanços científicos e tecnológicos, à dignidade, ao respeito, à liberdade, à convivência familiar e comunitária, entre outros decorrentes da Constituição Federal, da Convenção sobre os Direitos das Pessoas com Deficiência e seu Protocolo Facultativo e das leis e de outras normas que garantam seu bem-estar pessoal, social e econômico" (BRASIL. *Lei nº 13.146, de 06 de julho de 2015.* Estatuto da Pessoa com Deficiência. Brasília: Presidência da República, 2015. Disponível em: http://www.planalto.gov.br/CCIVIL_03/_Ato2015-2018/2015/Lei/L13146.htm. Acesso em: 14 out. 2021).

[183] "Art. 27. A educação constitui direito da pessoa com deficiência, assegurados sistema educacional inclusivo em todos os níveis e aprendizado ao longo de toda a vida, de forma a alcançar o máximo desenvolvimento possível de seus talentos e habilidades físicas, sensoriais, intelectuais e sociais, segundo suas características, interesses e necessidades de aprendizagem. Parágrafo único. É dever do Estado, da família, da comunidade escolar e da sociedade assegurar educação de qualidade à pessoa com deficiência, colocando-a a salvo de toda forma de violência, negligência e discriminação" (BRASIL. *Lei nº 13.146, de 06 de julho de 2015.* Estatuto da Pessoa com Deficiência. Brasília: Presidência da República, 2015. Disponível em: http://www.planalto.gov.br/CCIVIL_03/_Ato2015-2018/2015/Lei/L13146.htm. Acesso em: 14 out. 2021).

(art. 88[184]). Nessa linha, a Lei nº 12.764, de 2012, já havia prescrito que o gestor escolar que recusasse a matrícula de estudante com transtorno do espectro autista, ou qualquer outro tipo de deficiência, seria punido com multa (art. 7º[185]).

Tais atos normativos alteraram substancialmente o regramento legal aplicável às pessoas com deficiência, com a finalidade de promover sua inclusão social, em igualdade de condições com as demais pessoas, e superar uma realidade histórica de marginalização, assegurando-lhes uma convivência digna em uma sociedade justa e solidária.

Conquanto essa modificação indicasse uma superação do sistema bipartido, em 2020, foi editado o Decreto nº 10.502, que instituiu a Política Nacional de Educação Especial: Equitativa, Inclusiva e com Aprendizado ao Longo da Vida, com o objetivo de promover a educação especial, com o atendimento educacional especializado no país, regulamentando a Lei de Diretrizes e Bases da Educação. Prescreveu a criação de escolas e classes especializadas para os estudantes com deficiência. Entretanto, delineou um regramento que, em inúmeros aspectos, está dissociado da política de educação preconizada pela CIDPD.[186]

---

[184] "Art. 88. Praticar, induzir ou incitar discriminação de pessoa em razão de sua deficiência: Pena – reclusão, de 1 (um) a 3 (três) anos, e multa. §1º Aumenta-se a pena em 1/3 (um terço) se a vítima encontrar-se sob cuidado e responsabilidade do agente. §2º Se qualquer dos crimes previstos no *caput* deste artigo é cometido por intermédio de meios de comunicação social ou de publicação de qualquer natureza: Pena – reclusão, de 2 (dois) a 5 (cinco) anos, e multa. §3º Na hipótese do §2º deste artigo, o juiz poderá determinar, ouvido o Ministério Público ou a pedido deste, ainda antes do inquérito policial, sob pena de desobediência: I – recolhimento ou busca e apreensão dos exemplares do material discriminatório; II – interdição das respectivas mensagens ou páginas de informação na internet. §4º Na hipótese do §2º deste artigo, constitui efeito da condenação, após o trânsito em julgado da decisão, a destruição do material apreendido" (BRASIL. *Lei nº 13.146, de 06 de julho de 2015*. Estatuto da Pessoa com Deficiência. Brasília: Presidência da República, 2015. Disponível em: http://www.planalto.gov.br/CCIVIL_03/_Ato2015-2018/2015/Lei/L13146.htm. Acesso em: 14 out. 2021).

[185] "Art. 7º. O gestor escolar, ou autoridade competente, que recusar a matrícula de aluno com transtorno do espectro autista, ou qualquer outro tipo de deficiência, será punido com multa de 3 (três) a 20 (vinte) salários-mínimos. §1º. Em caso de reincidência, apurada por processo administrativo, assegurado o contraditório e a ampla defesa, haverá a perda do cargo. [...]" (BRASIL. *Lei nº 12.764, de 27 de dezembro de 2012*. Institui a Política Nacional de Proteção dos Direitos da Pessoa com Transtorno do Espectro Autista; e altera o §3º do art. 98 da Lei nº 8.112, de 11 de dezembro de 1990. Brasília: Presidência da República, 2012. Disponível em: http://www.planalto.gov.br/ccivil_03/_ato2011-2014/2012/lei/l12764.htm. Acesso em: 2 jan. 2022).

[186] BRASIL. *Decreto nº 10.502, de 30 de setembro de 2020*. Institui a Política Nacional de Educação Especial: equitativa, inclusiva e com aprendizado ao longo da vida. Brasília: Presidência da República, 2020. Disponível em: www.planalto.gov.br/ccivil_03/_ato2019-2022/2020/decreto/D10502.htm. Acesso em: 25 abr. 2021.

Em linhas gerais, o decreto tratou as escolas regulares inclusivas como uma categoria específica, sugerindo a possibilidade de existirem escolas não inclusivas, o que contraria o escopo da educação inclusiva de promover a adaptação de todo o sistema de educação regular, na esteira do compromisso internacional assumido pelo Brasil de banir a segregação. A subversão desse paradigma configurou um retrocesso na garantia de direitos das pessoas com deficiência.

Em geral, a escolarização de crianças com deficiências físicas costuma ocorrer porque, apesar de eventuais limitações – tais como dificuldades relacionadas à infraestrutura da escola –, não envolve alterações ou adaptações substanciais de cunho metodológico, o que é exigível nos casos de deficiências cognitivas. A formação escolar, no entanto, não é destinada somente a uma parcela de estudantes, nem se resume à transmissão de conhecimentos teóricos para a execução de tarefas como ler, escrever, realizar operações matemáticas, entre outras. Envolve um processo dinâmico de troca e compartilhamento de saberes e experiências, voltados à aprendizagem significativa para a vida pessoal, social e profissional. Nas escolas, esse fenômeno ocorre de forma sistemática e intencional, com a organização de atividades (estímulos) que visam a determinados fins.[187]

O desenvolvimento escolar, orientado pelos valores da dignidade, autonomia e igualdade, é uma das principais formas de expansão das capacidades individuais e progresso pessoal, com vistas à efetiva integração e participação social. Para o alcance desse objetivo, é necessário identificar as diferenças entre os indivíduos e sua relevância para a superação de obstáculos decorrentes da interação dessas características com o ambiente, o que pressupõe, entre outras medidas, acessibilidade, comunicação, espaços de atuação, capacitação de profissionais e equipes em todos os níveis de ensino.[188] Todas as pessoas possuem o potencial para se desenvolver de acordo com as suas singularidades, independentemente de suas deficiências ou vulnerabilidades, desde que lhes sejam disponibilizados mecanismos para alcançar essa finalidade.[189]

---

[187] SOUZA, Sandra Freitas; OLIVEIRA. Maria Auxiliadora Monteiro. *Educação profissional inclusiva*: uma oportunidade para pessoas com deficiência. Petrópolis, Rio de Janeiro: Vozes, 2021, p. 55 e 79.

[188] BARBOSA-FOHRMANN, Ana Paula; LANES, Rodrigo de Brito. O direito à educação inclusiva das crianças portadoras de deficiência. *Espaço Jurídico*, Joaçaba, v. 12, n. 1, p. 155-174, jan./jun. 2011, p. 162.

[189] BARBOSA, Fernanda Nunes. Democracia e participação: o direito da pessoa com deficiência à educação e sua inclusão nas instituições de ensino superior. *In*: MENEZES,

Após a apresentação sobre a evolução histórica da educação das pessoas com deficiência e a compilação da plêiade de disposições normativas nacionais e internacionais que regulam o tema, extraem-se do até aqui exposto algumas premissas que orientarão o desenvolvimento deste trabalho nos capítulos seguintes:

1. a educação especial consiste em um processo de cunho educacional, orientado por uma proposta pedagógica, a ser desenvolvida pelos sistemas de ensino, que deve contribuir para a escolarização de estudantes com deficiência, oportunizando-lhes a superação de práticas de exclusão e fracasso acadêmico;
2. esse modelo educacional pode ser implementado em instituições especializadas (natureza segregacionista) ou na rede regular de ensino;
3. a transversalidade[190] da educação especial tem a função de disponibilizar recursos e serviços de acessibilidade e atendimento educacional especializado, organizados institucionalmente para apoiar, complementar, suplementar e, em alguns casos, substituir os serviços educacionais comuns, no processo de formação de estudantes com deficiência, transtornos globais do desenvolvimento e altas habilidades/superdotação;
4. conquanto a concepção sistêmica da transversalidade da educação especial nos diferentes níveis, etapas e modalidades de ensino tenha inspirado a regulamentação normativa, o sistema educacional brasileiro não se estruturou na perspectiva da efetiva inclusão, com o envolvimento da família e da comunidade, o fomento de vínculos de pertencimento, a facilitação da comunicação intersubjetiva e com as instituições, e do atendimento às necessidades educacionais especiais, voltado ao pleno desenvolvimento do potencial humano e do senso de dignidade e autoestima. Ao contrário, limitou-se a cumprir, formalmente, a determinação constitucional de igualdade de condições para o acesso e permanência na escola e a continuidade nos níveis mais elevados de ensino.

Joyceane Bezerra de (org.). *Direito das pessoas com deficiência psíquica e intelectual nas relações privadas:* convenção sobre os direitos da pessoa com deficiência e lei brasileira de inclusão. 2. ed., rev. e ampl. Rio de Janeiro: Processo, 2020, p. 817.

[190] Sobre o conceito de transversalidade, ver nota nº 455 infra.

Isso porque, na experiência prática, não propicia o pleno desenvolvimento das potencialidades dos educandos que apresentam necessidades educacionais especiais, em todas as etapas e modalidades da educação básica;

5. o reconhecimento da necessidade de proteger e assegurar o exercício pleno e equitativo de todos os direitos humanos e liberdades fundamentais por todas as pessoas com deficiência e promover o respeito pela sua dignidade inerente (art. 1º da CIDPD[191]) denota a complexidade desse direito, que compreende não só o acesso e a permanência na escola como também a exigência de um ensino de qualidade, que, concretamente, permita a formação e a preparação dos estudantes e da coletividade em geral para um convívio harmônico e participativo;

6. tais garantias legais e constitucionais envolvem a implementação de um sistema educacional inclusivo em todos os níveis, que, concretamente, propicie o pleno desenvolvimento do potencial humano (aspectos da personalidade, habilidades físicas e intelectuais, criatividade, entre outros) – à semelhança dos demais estudantes (em condições de igualdade não só formal como substancial) – e o senso de dignidade e autoestima, além do robustecimento do respeito pelos direitos humanos, pelas liberdades fundamentais e pela diversidade humana, a partir da conscientização coletiva do valor intrínseco de cada pessoa em uma sociedade livre, solidária e pluralista (arts. 1º e 24[192] da CIDPD);

7. ao prescrever que a educação é um direito de todos e dever do Estado e da família, com a colaboração da sociedade, o artigo 205 da CF/88 prenunciou a finalidade do processo educacional – o "pleno desenvolvimento da pessoa", inclusive aquela com deficiência, o que significa o dever de garantir, na formação escolar, a expansão de suas capacidades individuais, em todos

---

[191] "Art. 1º. O propósito da presente Convenção é promover, proteger e assegurar o exercício pleno e eqüitativo de todos os direitos humanos e liberdades fundamentais por todas as pessoas com deficiência e promover o respeito pela sua dignidade inerente. [...]" (BRASIL. *Decreto nº 6.949, de 25 de agosto de 2009*. Convenção Internacional sobre os Direitos das Pessoas com Deficiência. Brasília: Presidência da República, 2009. Disponível em: www.planalto.gov.br/ccivil_03/_Ato2007-2010/2009/Decreto/D6949.htm. Acesso em: 20 abr. 2021).

[192] Ver nota nº 142 *supra*.

os seus aspectos, a fim de que ela possa se inserir socialmente e exercer plenamente a cidadania e sua autonomia, em condição de igualdade não apenas formal, mas também material, com os demais;

8. o alcance desse desiderato reclama a implementação de meios instrumentais (salas adequadas, acessibilidade física etc.) e, principalmente, mecanismos e técnicas pedagógicas que considerem as limitações e as capacidades individuais que podem ser desenvolvidas;

9. a não inserção da pessoa com deficiência no sistema regular de ensino, com as adequações que se fazem necessárias, é excepcional e deve ser amparada em justificativa plausível, que envolva uma situação de impossibilidade absoluta. Com efeito, as necessidades educativas especiais devem ser atendidas em escolas regulares de ensino, salvo em casos excepcionais, definidos pelo seu melhor interesse (arts. 227[193] e 230,[194] ambos da CF/88);

10. como corolário da igualdade, tem-se o princípio da liberdade para aprender, merecendo a pessoa com deficiência proteção adicional quanto ao seu processo de aprendizagem, pois deve usufruir do sistema educacional em sua integralidade, e não limitado à educação especial, de cunho segregacionista;

12. agrega-se ao referencial da igualdade e da liberdade observância do princípio da dignidade da pessoa humana, consagrado no âmbito jurídico, desde a Declaração dos Direitos do Homem e do Cidadão de 1789, que seguiu as invocações kantianas, estabelecendo que "todos os cidadãos são iguais a seus olhos e igualmente admissíveis a todas as dignidades,

---

[193] "Art. 227. É dever da família, da sociedade e do Estado assegurar à criança, ao adolescente e ao jovem, com absoluta prioridade, o direito à vida, à saúde, à alimentação, à educação, ao lazer, à profissionalização, à cultura, à dignidade, ao respeito, à liberdade e à convivência familiar e comunitária, além de colocá-los a salvo de toda forma de negligência, discriminação, exploração, violência, crueldade e opressão" (BRASIL. *Constituição da República Federativa do Brasil de 1988*. Disponível em: https://www.planalto.gov.br/ccivil_03/Constituicao/Constituicao.htm. Acesso em: 24 jul. 2021).

[194] "Art. 230. A família, a sociedade e o Estado têm o dever de amparar as pessoas idosas, assegurando sua participação na comunidade, defendendo sua dignidade e bem-estar e garantindo-lhes o direito à vida" (BRASIL. *Constituição da República Federativa do Brasil de 1988*. Disponível em: https://www.planalto.gov.br/ccivil_03/Constituicao/Constituicao.htm. Acesso em: 24 jul. 2021).

lugares e empregos".¹⁹⁵ A dignidade pode ser conceituada como o valor intrínseco (em si mesmo) e, sob o viés do coletivo, como a justa repartição dos recursos disponíveis, garantindo que ninguém fique privado de bens e serviços para uma existência digna na sociedade (mínimo existencial). Não significa somente ser livre, mas ter condições materiais básicas para exercer essa liberdade de autodeterminação consciente e responsável da própria vida. Nessa ótica, é um postulado comum a todos os povos e assume o importante papel de denominador comum internacionalmente,¹⁹⁶ que envolve a proteção de direitos e liberdades não só em um sentido negativo, como também positivo, mediante a imposição de obrigações positivas para o Poder Público. Mais que isso, existe um consenso quanto a dignidade humana como alicerce dos direitos fundamentais e pilar básico do desenvolvimento;¹⁹⁷

13. o Estado tem o desafio de estabelecer a forma de viabilizar a dignidade humana no processo de formação educacional das pessoas com deficiência, que, não raras vezes, possuem distintas capacidades latentes, que devem ser estimuladas, para garantir o seu pleno desenvolvimento, observadas as diferenças entre os indivíduos;

14. o modelo de educação escolar atual foi construído sob o paradigma da igualdade (art. 3º, inciso I, Lei nº 9.394, de 1996¹⁹⁸); não obstante, considerando que as deficiências

---

[195] BOTELHO, Catarina Santos. *Os direitos sociais em tempos de crise*. Coimbra: Almedina, 2015, p. 41.

[196] BOTELHO, Catarina Santos. A dignidade da pessoa humana: direito subjetivo ou princípio axial?. *Revista Jurídica Portucalense*, n. 21, p. 256-282, 2017, p. 257, 258, 266.

[197] BOTELHO, Catarina Santos. *Os direitos sociais em tempos de crise*. Coimbra: Almedina, 2015, p. 44-46.

[198] "Art. 3º. O ensino será ministrado com base nos seguintes princípios: I – igualdade de condições para o acesso e permanência na escola; II – liberdade de aprender, ensinar, pesquisar e divulgar a cultura, o pensamento, a arte e o saber; III – pluralismo de idéias e de concepções pedagógicas; IV – respeito à liberdade e apreço à tolerância; V – coexistência de instituições públicas e privadas de ensino; VI – gratuidade do ensino público em estabelecimentos oficiais; VII – valorização do profissional da educação escolar; VIII – gestão democrática do ensino público, na forma desta Lei e da legislação dos sistemas de ensino; IX – garantia de padrão de qualidade; X – valorização da experiência extraescolar; XI – vinculação entre a educação escolar, o trabalho e as práticas sociais; XII – consideração com a diversidade étnico-racial; XIII – garantia do direito à educação e à aprendizagem ao longo da vida" (BRASIL. *Lei nº 9.394, de 20 de dezembro de 1996*. Lei de diretrizes e bases da educação nacional. Brasília: Presidência da República, 1996. Disponível em: http://www.planalto.gov.br/ccivil_03/leis/l9394.htm. Acesso em: 2 jan. 2022).

são múltiplas e ensejam diferentes tipos de obstáculos na interação dos indivíduos com o ambiente, o tratamento igualitário tradicional e restrito ao ingresso no sistema de ensino revela-se insuficiente para assegurar o efetivo e pleno acesso à educação, produzindo, inclusive, efeito inverso, ou seja, a geração de uma desigualdade, a partir da aplicação pura e linear da isonomia;

15. diversas pretensões jurídicas específicas são abarcadas pelo direito fundamental à educação e estão afetas à atuação estatal: a liberdade de aprender e ensinar enquadra-se na função de defesa do Estado Democrático de Direito; o atendimento educacional especializado às pessoas com deficiência é uma prestação fática; a existência de órgãos que ofereçam o serviço público gratuito é função de organização; o acesso igualitário ao estabelecimento de ensino público é uma função de procedimento, e a elaboração de normas que definam padrões de qualidade e a fiscalização de sua aplicação pelo órgão competente consistem em função de proteção (arts. 206[199] e 208[200]);[201]

---

[199] "Art. 206. O ensino será ministrado com base nos seguintes princípios: I – igualdade de condições para o acesso e permanência na escola; II – liberdade de aprender, ensinar, pesquisar e divulgar o pensamento, a arte e o saber; III – pluralismo de ideias e de concepções pedagógicas, e coexistência de instituições públicas e privadas de ensino; IV – gratuidade do ensino público em estabelecimentos oficiais; V – valorização dos profissionais da educação escolar, garantidos, na forma da lei, planos de carreira, com ingresso exclusivamente por concurso público de provas e títulos, aos das redes públicas; VI – gestão democrática do ensino público, na forma da lei; VII – garantia de padrão de qualidade; VIII – piso salarial profissional nacional para os profissionais da educação escolar pública, nos termos de lei federal; IX – garantia do direito à educação e à aprendizagem ao longo da vida. [...]." (BRASIL. *Constituição da República Federativa do Brasil de 1988*. Disponível em: https://www.planalto.gov.br/ccivil_03/Constituicao/Constituicao.htm. Acesso em: 24 jul. 2021).

[200] "Art. 208. O dever do Estado com a educação será efetivado mediante a garantia de: I – educação básica obrigatória e gratuita dos 4 (quatro) aos 17 (dezessete) anos de idade, assegurada inclusive sua oferta gratuita para todos os que a ela não tiveram acesso na idade própria; II – progressiva universalização do ensino médio gratuito; III – atendimento educacional especializado aos portadores de deficiência, preferencialmente na rede regular de ensino; IV – educação infantil, em creche e pré-escola, às crianças até 5 (cinco) anos de idade; V – acesso aos níveis mais elevados do ensino, da pesquisa e da criação artística, segundo a capacidade de cada um; VI – oferta de ensino noturno regular, adequado às condições do educando; VII – atendimento ao educando, em todas as etapas da educação básica, por meio de programas suplementares de material didático escolar, transporte, alimentação e assistência à saúde. §1º. O acesso ao ensino obrigatório e gratuito é direito público subjetivo. §2º. O não-oferecimento do ensino obrigatório pelo Poder Público, ou sua oferta irregular, importa responsabilidade da autoridade competente. §3º. Compete ao Poder Público recensear os educandos no ensino fundamental, fazer-lhes a chamada

16. a educação inclusiva só será viável se os demais direitos inerentes a pessoa com deficiência forem assegurados,[202] tais como a igualdade,[203] o reconhecimento da vulnerabilidade das mulheres[204] e das crianças,[205] a adoção de medidas para o

---

e zelar, junto aos pais ou responsáveis, pela frequência à escola" (BRASIL. *Constituição da República Federativa do Brasil de 1988*. Disponível em: https://www.planalto.gov.br/ccivil_03/Constituicao/Constituicao.htm. Acesso em: 24 jul. 2021).

[201] HACHEM, Daniel Wunder; BONAT, Alan. O ensino médio como parcela do direito ao mínimo existencial. *Revista Opinião Jurídica*, Fortaleza, ano 14, n. 18, p. 144-176, jan./jun. 2016, p. 149.

[202] RODRIGUES, David. Artigo 24 – educação. In: GOMES, Joaquim Correia; NETO, Luísa; VÍTOR, Paula Távora. *Convenção sobre os direitos das pessoas com deficiência*. Lisboa: Imprensa Nacional – Casa da Moeda S.A., 2020, p. 227.

[203] "Art. 5º. Igualdade e não discriminação 1. Os Estados Partes reconhecem que todas as pessoas são iguais perante e sob a lei e que fazem jus, sem qualquer discriminação, a igual proteção e igual benefício da lei. 2. Os Estados Partes proibirão qualquer discriminação baseada na deficiência e garantirão às pessoas com deficiência igual e efetiva proteção legal contra a discriminação por qualquer motivo. 3. A fim de promover a igualdade e eliminar a discriminação, os Estados Partes adotarão todas as medidas apropriadas para garantir que a adaptação razoável seja oferecida. 4. Nos termos da presente Convenção, as medidas específicas que forem necessárias para acelerar ou alcançar a efetiva igualdade das pessoas com deficiência não serão consideradas discriminatórias" (BRASIL. *Decreto nº 6.949, de 25 de agosto de 2009*. Convenção Internacional sobre os Direitos das Pessoas com Deficiência. Brasília: Presidência da República, 2009. Disponível em: www.planalto.gov.br/ccivil_03/_Ato2007-2010/2009/Decreto/D6949.htm. Acesso em: 20 abr. 2021).

[204] "Art. 6º. Mulheres com deficiência. 1. Os Estados Partes reconhecem que as mulheres e meninas com deficiência estão sujeitas a múltiplas formas de discriminação e, portanto, tomarão medidas para assegurar às mulheres e meninas com deficiência o pleno e igual exercício de todos os direitos humanos e liberdades fundamentais. 2. Os Estados Partes tomarão todas as medidas apropriadas para assegurar o pleno desenvolvimento, o avanço e o empoderamento das mulheres, a fim de garantir-lhes o exercício e o gozo dos direitos humanos e liberdades fundamentais estabelecidos na presente Convenção" (BRASIL. *Decreto nº 6.949, de 25 de agosto de 2009*. Convenção Internacional sobre os Direitos das Pessoas com Deficiência. Brasília: Presidência da República, 2009. Disponível em: www.planalto.gov.br/ccivil_03/_Ato2007-2010/2009/Decreto/D6949.htm. Acesso em: 20 abr. 2021).

[205] "Art. 7º. Crianças com deficiência. 1. Os Estados Partes tomarão todas as medidas necessárias para assegurar às crianças com deficiência o pleno exercício de todos os direitos humanos e liberdades fundamentais, em igualdade de oportunidades com as demais crianças. 2. Em todas as ações relativas às crianças com deficiência, o superior interesse da criança receberá consideração primordial. 3. Os Estados Partes assegurarão que as crianças com deficiência tenham o direito de expressar livremente sua opinião sobre todos os assuntos que lhes disserem respeito, tenham a sua opinião devidamente valorizada de acordo com sua idade e maturidade, em igualdade de oportunidades com as demais crianças, e recebam atendimento adequado à sua deficiência e idade, para que possam exercer tal direito (BRASIL. *Decreto nº 6.949, de 25 de agosto de 2009*. Convenção Internacional sobre os Direitos das Pessoas com Deficiência. Brasília: Presidência da República, 2009. Disponível em: www.planalto.gov.br/ccivil_03/_Ato2007-2010/2009/Decreto/D6949.htm. Acesso em: 20 abr. 2021).

combate ao preconceito e aos estereótipos[206] e a acessibilidade de forma ampla.[207] A par disso, o diploma internacional

---

[206] "Art. 8º. Conscientização. 1. Os Estados Partes se comprometem a adotar medidas imediatas, efetivas e apropriadas para: a) Conscientizar toda a sociedade, inclusive as famílias, sobre as condições das pessoas com deficiência e fomentar o respeito pelos direitos e pela dignidade das pessoas com deficiência; b) Combater estereótipos, preconceitos e práticas nocivas em relação a pessoas com deficiência, inclusive aqueles relacionados a sexo e idade, em todas as áreas da vida; c) Promover a conscientização sobre as capacidades e contribuições das pessoas com deficiência. 2.As medidas para esse fim incluem: a) Lançar e dar continuidade a efetivas campanhas de conscientização públicas, destinadas a: i) Favorecer atitude receptiva em relação aos direitos das pessoas com deficiência; ii) Promover percepção positiva e maior consciência social em relação às pessoas com deficiência; iii) Promover o reconhecimento das habilidades, dos méritos e das capacidades das pessoas com deficiência e de sua contribuição ao local de trabalho e ao mercado laboral; b) Fomentar em todos os níveis do sistema educacional, incluindo neles todas as crianças desde tenra idade, uma atitude de respeito para com os direitos das pessoas com deficiência; c) Incentivar todos os órgãos da mídia a retratar as pessoas com deficiência de maneira compatível com o propósito da presente Convenção; d) Promover programas de formação sobre sensibilização a respeito das pessoas com deficiência e sobre os direitos das pessoas com deficiência" (BRASIL. *Decreto nº 6.949, de 25 de agosto de 2009*. Convenção Internacional sobre os Direitos das Pessoas com Deficiência. Brasília: Presidência da República, 2009. Disponível em: www.planalto.gov.br/ccivil_03/_Ato2007-2010/2009/Decreto/D6949.htm. Acesso em: 20 abr. 2021).

[207] "Art. 9º. Acessibilidade. 1. A fim de possibilitar às pessoas com deficiência viver de forma independente e participar plenamente de todos os aspectos da vida, os Estados Partes tomarão as medidas apropriadas para assegurar às pessoas com deficiência o acesso, em igualdade de oportunidades com as demais pessoas, ao meio físico, ao transporte, à informação e comunicação, inclusive aos sistemas e tecnologias da informação e comunicação, bem como a outros serviços e instalações abertos ao público ou de uso público, tanto na zona urbana como na rural. Essas medidas, que incluirão a identificação e a eliminação de obstáculos e barreiras à acessibilidade, serão aplicadas, entre outros, a: a) Edifícios, rodovias, meios de transporte e outras instalações internas e externas, inclusive escolas, residências, instalações médicas e local de trabalho; b) Informações, comunicações e outros serviços, inclusive serviços eletrônicos e serviços de emergência. 2. Os Estados Partes também tomarão medidas apropriadas para: a) Desenvolver, promulgar e monitorar a implementação de normas e diretrizes mínimas para a acessibilidade das instalações e dos serviços abertos ao público ou de uso público; b) Assegurar que as entidades privadas que oferecem instalações e serviços abertos ao público ou de uso público levem em consideração todos os aspectos relativos à acessibilidade para pessoas com deficiência; c) Proporcionar, a todos os atores envolvidos, formação em relação às questões de acessibilidade com as quais as pessoas com deficiência se confrontam; d) Dotar os edifícios e outras instalações abertas ao público ou de uso público de sinalização em braille e em formatos de fácil leitura e compreensão; e) Oferecer formas de assistência humana ou animal e serviços de mediadores, incluindo guias, ledores e intérpretes profissionais da língua de sinais, para facilitar o acesso aos edifícios e outras instalações abertas ao público ou de uso público; f) Promover outras formas apropriadas de assistência e apoio a pessoas com deficiência, a fim de assegurar a essas pessoas o acesso a informações; g) Promover o acesso de pessoas com deficiência a novos sistemas e tecnologias da informação e comunicação, inclusive à Internet; h) Promover, desde a fase inicial, a concepção, o desenvolvimento, a produção e a disseminação de sistemas e tecnologias de informação e comunicação, a fim de que esses sistemas e tecnologias se tornem acessíveis a custo mínimo" (BRASIL. *Decreto nº 6.949, de 25 de agosto de 2009*. Convenção Internacional sobre os Direitos das Pessoas com Deficiência. Brasília:

assegurou a liberdade de expressão e acesso à informação,[208] e a participação na vida cultural em recreação, esporte e lazer,[209] que se reforçam mutuamente;

Presidência da República, 2009. Disponível em: www.planalto.gov.br/ccivil_03/_Ato2007-2010/2009/Decreto/D6949.htm. Acesso em: 20 abr. 2021).

[208] "Art. 21. Liberdade de expressão e de opinião e acesso à informação. Os Estados Partes tomarão todas as medidas apropriadas para assegurar que as pessoas com deficiência possam exercer seu direito à liberdade de expressão e opinião, inclusive à liberdade de buscar, receber e compartilhar informações e idéias, em igualdade de oportunidades com as demais pessoas e por intermédio de todas as formas de comunicação de sua escolha, conforme o disposto no Artigo 2º da presente Convenção, entre as quais: a) Fornecer, prontamente e sem custo adicional, às pessoas com deficiência, todas as informações destinadas ao público em geral, em formatos acessíveis e tecnologias apropriadas aos diferentes tipos de deficiência; b) Aceitar e facilitar, em trâmites oficiais, o uso de línguas de sinais, braille, comunicação aumentativa e alternativa, e de todos os demais meios, modos e formatos acessíveis de comunicação, à escolha das pessoas com deficiência; c) Urgir as entidades privadas que oferecem serviços ao público em geral, inclusive por meio da Internet, a fornecer informações e serviços em formatos acessíveis, que possam ser usados por pessoas com deficiência; d) Incentivar a mídia, inclusive os provedores de informação pela Internet, a tornar seus serviços acessíveis a pessoas com deficiência; e) Reconhecer e promover o uso de línguas de sinais" (BRASIL. *Decreto nº 6.949, de 25 de agosto de 2009*. Convenção Internacional sobre os Direitos das Pessoas com Deficiência. Brasília: Presidência da República, 2009. Disponível em: www.planalto.gov.br/ccivil_03/_Ato2007-2010/2009/Decreto/D6949.htm. Acesso em: 20 abr. 2021).

[209] "Art. 30. Participação na vida cultural e em recreação, lazer e esporte. 1. Os Estados Partes reconhecem o direito das pessoas com deficiência de participar na vida cultural, em igualdade de oportunidades com as demais pessoas, e tomarão todas as medidas apropriadas para que as pessoas com deficiência possam: a) Ter acesso a bens culturais em formatos acessíveis; b) Ter acesso a programas de televisão, cinema, teatro e outras atividades culturais, em formatos acessíveis; e c) Ter acesso a locais que ofereçam serviços ou eventos culturais, tais como teatros, museus, cinemas, bibliotecas e serviços turísticos, bem como, tanto quanto possível, ter acesso a monumentos e locais de importância cultural nacional. 2. Os Estados Partes tomarão medidas apropriadas para que as pessoas com deficiência tenham a oportunidade de desenvolver e utilizar seu potencial criativo, artístico e intelectual, não somente em benefício próprio, mas também para o enriquecimento da sociedade. 3. Os Estados Partes deverão tomar todas as providências, em conformidade com o direito internacional, para assegurar que a legislação de proteção dos direitos de propriedade intelectual não constitua barreira excessiva ou discriminatória ao acesso de pessoas com deficiência a bens culturais. 4. As pessoas com deficiência farão jus, em igualdade de oportunidades com as demais pessoas, a que sua identidade cultural e linguística específica seja reconhecida e apoiada, incluindo as línguas de sinais e a cultura surda. 5. Para que as pessoas com deficiência participem, em igualdade de oportunidades com as demais pessoas, de atividades recreativas, esportivas e de lazer, os Estados Partes tomarão medidas apropriadas para: a) Incentivar e promover a maior participação possível das pessoas com deficiência nas atividades esportivas comuns em todos os níveis; b) Assegurar que as pessoas com deficiência tenham a oportunidade de organizar, desenvolver e participar em atividades esportivas e recreativas específicas às deficiências e, para tanto, incentivar a provisão de instrução, treinamento e recursos adequados, em igualdade de oportunidades com as demais pessoas; c) Assegurar que as pessoas com deficiência tenham acesso a locais de eventos esportivos, recreativos e turísticos; d) Assegurar que as crianças com deficiência possam, em igualdade de condições com as demais crianças, participar de jogos e atividades recreativas, esportivas e de lazer,

17. a referência à Declaração Universal de Direitos Humanos na alínea "a" do artigo 24 da CIDPD – todos nascem livres e com igualdade de direitos, devendo agir em condições de fraternidade – significa a exigência do respeito mútuo e a promoção da diversidade, por meio da educação. A alínea "b" do referido dispositivo preceitua que a educação tem como escopo o máximo desenvolvimento da personalidade do educando, além de suas habilidades físicas e intelectuais. Além disso, deve ser assegurada uma sociedade livre para a participação efetiva das pessoas com deficiência, conforme determina a alínea "c";[210]

18. incumbe à União legislar sobre as diretrizes e bases da educação nacional e, concorrentemente com Estados e o Distrito Federal, os demais aspectos, reservada aos municípios a competência para suplementar a legislação federal e estadual e disciplinar as questões educacionais de interesse local (arts. 22, inciso XXIV, 24, inciso IX, e 30, incisos I e II[211]). Nesse aspecto, é importante ressaltar que não há fundamento jurídico para determinar ao Poder Público que assegure somente o mínimo existencial, estabelecendo, a Constituição, deveres que extrapolam esse núcleo essencial, e

19. tanto a LDB, que traça, em linhas gerais, os parâmetros para a estruturação das redes de ensino pública e privada, a fim de garantir os processos formativos para o desenvolvimento dos estudantes, como o ECA e demais atos normativos antes elencados, preveem a assistência educacional especializada,

---

inclusive no sistema escolar; e) Assegurar que as pessoas com deficiência tenham acesso aos serviços prestados por pessoas ou entidades envolvidas na organização de atividades recreativas, turísticas, esportivas e de lazer" (BRASIL. *Decreto nº 6.949, de 25 de agosto de 2009*. Convenção Internacional sobre os Direitos das Pessoas com Deficiência. Brasília: Presidência da República, 2009. Disponível em: www.planalto.gov.br/ccivil_03/_Ato2007-2010/2009/Decreto/D6949.htm. Acesso em: 20 abr. 2021).

[210] RODRIGUES, David. Artigo 24 – educação. *In*: GOMES, Joaquim Correia; NETO, Luísa; VÍTOR, Paula Távora. *Convenção sobre os direitos das pessoas com deficiência*. Lisboa: Imprensa Nacional – Casa da Moeda S.A., 2020, p. 229.

[211] "Art. 22. Compete privativamente à União legislar sobre: [...] XXIV – diretrizes e bases da educação nacional; [...]"; "Art. 24. Compete à União, aos Estados e ao Distrito Federal legislar concorrentemente sobre: [...]; IX – educação, cultura, ensino, desporto, ciência, tecnologia, pesquisa, desenvolvimento e inovação; [...]"; e "Art. 30. Compete aos Municípios: I – legislar sobre assuntos de interesse local; II – suplementar a legislação federal e a estadual no que couber; [...]" (BRASIL. *Constituição da República Federativa do Brasil de 1988*. Disponível em: https://www.planalto.gov.br/ccivil_03/Constituicao/Constituicao.htm. Acesso em: 24 jul. 2021).

preferencialmente na rede regular de ensino. O principal objetivo das políticas educacionais é garantir a inclusão plena de todas as crianças e adolescentes, com o escopo de garantir a sua independência na vida adulta observando ao máximo os seus potenciais.[212]

É interessante anotar que, segundo Valentina Della Fina, a opção pela educação inclusiva não foi unânime, durante a elaboração da CIDPD, pois diferentes abordagens formam discutidas, desde prover serviços especializados de educação até assegurar a inclusão no sistema de ensino regular. Alguns consideravam que a educação especial e a educação inclusiva poderiam coexistir de forma paralela, e outros entendiam que a educação inclusiva deveria ser a regra e a educação especial a exceção. Ressalte-se que o artigo 24 da CIDPD é a única norma internacional vinculativa que garante o direito à educação inclusiva, de forma explícita, prescrição que contribuiu, positivamente, para a expansão do direito à educação como direito humano fundamental no plano internacional.[213] Embora não tenha definido o conceito de educação inclusiva, o Comitê sobre os Direitos das Pessoas com Deficiência das Nações Unidas, em comentário sobre o referido artigo, fixou o entendimento no sentido de que a educação inclusiva é um direito fundamental de todos os estudantes como resultado de um processo contínuo e proativo, direcionado à eliminação das barreiras à sua concretização.[214]

Apenas para ilustrar como ainda falta muito para eliminar o paradigma discriminatório, mencione-se que a vedação de cobrança de valores diferenciados pelas instituições de ensino privadas, prevista no artigo 27, §1º, e os critérios de seleção para ingresso e permanência nos cursos oferecidos pelas instituições de ensino superior e de educação profissional e tecnológica, públicas e privadas, arrolados no artigo 30, ambos do EPD, foram alvos de Ação Direta de Inconstitucionalidade nº 5.357-DF, perante o Supremo Tribunal Federal. A demanda foi

---

[212] MINISTÉRIO DA EDUCAÇÃO. *Declaração de Salamanca sobre princípios, políticas e práticas na área das necessidades educativas especiais.* Brasília: MEC, 1994. Disponível em: http://portal.mec.gov.br/seesp/arquivos/pdf/salamanca.pdf. Acesso em: 17 fev. 2021.

[213] FINA, Valentina Della. Article 24 [Education]. *In*: DELLA FINA, Valentina; CERA, Rachele; PALMISANO, Giuseppe. *The united nations convention on the rights of person with disability.* Italy: Springer International Publishing AG, 2017, p. 441 e 444.

[214] UNITED NATIONS. Committee on the rights of persons with disabilities. *General Comment*, n. 4, 2016. Disponível em: https://tbinternet.ohchr.org/_layouts/15/treatybodyexternal/Download.aspx?symbolno=CRPD/C/GC/4&Lang=e. Acesso em: 27 fev. 2021.

proposta pela Confederação Nacional dos Estabelecimentos de Ensino (CONFENEN), sob o fundamento de que as normas legais questionadas, ao imporem a oferta obrigatória de atendimento educacional e inclusivo pelas escolas privadas às pessoas com deficiência, violaram, frontalmente, os artigos 5º, *caput*, incisos XXII, XXIII e LIV, 170, incisos II e III, 205, 206, *caput*, incisos II e III, 208, *caput*, inciso III, 209, 227, *caput*, §1º, inciso II, todos da CF/88. Argumentou-se que a educação inclusiva gerava um alto custo para as escolas privadas, que não poderia ser suportado por muitas delas, conduzindo ao encerramento das atividades.

A medida cautelar foi indeferida, monocraticamente, pelo Relator, Ministro Edson Fachin, que ponderou ser necessária a ação positiva do Estado para a inclusão das pessoas com deficiência, e essa atuação é um elemento essencial da democracia, uma vez que todos os cidadãos têm direito de atuar em uma arena democrática plural, com pluralidade de pessoas, credo, ideologias entre outros. Ponderou que a igualdade pressupunha, além do acesso igualitário aos bens jurídicos, a previsão normativa de medidas que assegurassem sua efetivação concreta. Asseverou que o ensino inclusivo em todos os níveis de educação é uma regra explícita tanto na CIDPD como na CF/88.[215]

Em decisão definitiva, o Relator, Ministro Edson Fachin, reafirmou que a inclusão social das pessoas com deficiência não é essencial apenas para elas, mas, de forma inversa, para todos os cidadãos, pois somente assim viverão de forma democrática e plural.[216]

A Ministra Rosa Weber, em sua manifestação, realçou que a sociedade deve empreender esforços, para que as pessoas com deficiência participem da sociedade em condições de igualdades e oportunidades, de forma plena e efetiva.[217]

A Ação Direita de Inconstitucionalidade foi julgada improcedente, por maioria dos votos, ratificando a constitucionalidade das

---

[215] BRASIL. Supremo Tribunal Federal. (Tribunal Pleno). ADI nº 5.357. Relator Ministro Edson Fachin. Julgamento em 09 jun. 2016. *Lex*: jurisprudência do STF, publicação do Processo Eletrônico DJe-240, em 10 nov. 2016. Disponível em: https://jurisprudencia.stf.jus.br/pages/search/sjur359744/false. Acesso em: 7 fev. 2021.

[216] BRASIL. Supremo Tribunal Federal. (Tribunal Pleno). ADI nº 5.357. Relator Ministro Edson Fachin. Julgamento em 09 jun. 2016. *Lex*: jurisprudência do STF, publicação do Processo Eletrônico DJe-240, em 10 nov. 2016. Disponível em: https://jurisprudencia.stf.jus.br/pages/search/sjur359744/false. Acesso em: 7 fev. 2021.

[217] BRASIL. Supremo Tribunal Federal. (Tribunal Pleno). ADI nº 5.357. Relator Ministro Edson Fachin. Julgamento em 09 jun. 2016. *Lex*: jurisprudência do STF, publicação do Processo Eletrônico DJe-240, em 10 nov. 2016. Disponível em: https://jurisprudencia.stf.jus.br/pages/search/sjur359744/false. Acesso em: 7 fev. 2021.

normas legais impugnadas. Os fundamentos do julgado são, basicamente: 1. à luz da CIDPD e da própria CF/88, o ensino inclusivo em todos os níveis de educação constitui um imperativo no ordenamento jurídico pátrio; 2. pluralidade e igualdade são duas faces da mesma moeda; 3. uma leitura estritamente formal não tem o condão de concretizar plenamente o princípio, porque é indispensável a implementação de medidas que viabilize o efetivo acesso igualitário a bens jurídicos; 4. o "enclausuramento em face do diferente furta o colorido da vivência cotidiana, privando-nos da estupefação diante do que se coloca como novo, como diferente"; 5. o convívio com a diferença e o seu acolhimento constituem pressuposto para a construção de uma sociedade livre, justa e solidária, sem preconceitos de origem, raça, sexo, cor, idade e quaisquer outras formas de discriminação, e 6. "não apenas as escolas públicas, mas também as particulares deverão pautar sua atuação educacional a partir de todas as facetas e potencialidades que o direito fundamental à educação possui".[218]

Esse julgado balizou outro pronunciamento do Supremo Tribunal Federal, que, ao examinar o Decreto nº 10.502, de 30 de setembro de 2020 (Política Nacional de Educação Especial: Equitativa, Inclusiva e com Aprendizado ao Longo da Vida), a partir dos parâmetros traçados pelo artigo 208, inciso III, da CF/88, e pela CIDPD, ponderou que o ato regulamentador estabeleceu institutos, serviços e obrigações que, até então, não estavam inseridos na disciplina educacional do país. "O paradigma da educação inclusiva é o resultado de um processo de conquistas sociais que afastaram a ideia de vivência segregada das pessoas com deficiência ou necessidades especiais para inseri-las no contexto da comunidade. Subverter esse paradigma significa, além de grave ofensa à Constituição de 1988, um retrocesso na proteção de direitos desses indivíduos". A educação inclusiva não se coaduna com a mera alternatividade da matrícula no ensino regular, por fragilizar o imperativo de acolhimento dos estudantes com deficiência, transtornos globais do desenvolvimento e altas habilidades ou superdotação na rede regular de ensino.[219]

---

[218] BRASIL. Supremo Tribunal Federal. (Tribunal Pleno). ADI nº 5.357. Relator Ministro Edson Fachin. Julgamento em 09 jun. 2016. *Lex*: jurisprudência do STF, publicação do Processo Eletrônico DJe-240, em 10 nov. 2016. Disponível em: https://jurisprudencia.stf.jus.br/pages/search/sjur359744/false. Acesso em: 7 fev. 2021.

[219] BRASIL. Supremo Tribunal Federal. (Tribunal Pleno). ADI nº 6.590 MC-Ref/DF. Relator Ministro Dias Toffoli. Julgamento em 21 dez. 2020. *Lex*: jurisprudência do STF, publicação do Processo Eletrônico DJe-027 em 12 fev. 2021. Disponível em: http://portal.stf.jus.br/processos/downloadPeca.asp?id=15345649124&ext=.pdf. Acesso em: 15 nov. 2021.

Com as referidas decisões, evidencia-se a utilidade prática desta pesquisa, porque, mesmo após o incremento do acervo normativo, há uma resistência das instituições a promover a inclusão das pessoas com deficiência no ensino regular. A própria edição do Decreto nº 10.502, que instituiu a Política Nacional de Educação Especial: Equitativa, Inclusiva e com Aprendizado ao Longo da Vida, pode ser vista como um retrocesso por dois ângulos distintos: o primeiro é o de reinstituir a educação bipartida – regular e especial – que já deveria estar superada não somente no ordenamento jurídico, mas, principalmente, no sistema educacional brasileiro; o segundo é o de admitir que o sistema de inclusão no ensino regular falhou e foi necessário resgatar o sistema bipartido para garantir a educação das pessoas com deficiência. Sob qualquer um deles, a dignidade dos estudantes foi afetada.

A crítica justifica-se, porque a educação inclusiva tem como objetivo eliminar as barreiras existentes ao pleno desenvolvimento da personalidade do indivíduo, por meio de recursos de acessibilidade que atentem às características de cada um,[220] a fim de promover sua plena autonomia.[221] O meio adequado para garantir a efetividade desse direito é o modelo que permita a construção de solidariedade entre todos que integram a comunidade escolar, independentemente de suas especificidades educacionais.

A delimitação desse modelo inclusivo é tarefa complexa, uma vez que, não raras vezes, incorre-se em confusões conceituais – integração escolar, sistema educacional regular, escolas especiais e atendimento educacional especial.

A integração escolar consiste em uma inserção parcial, que prevê serviços educacionais segregados – o que significa a colocação da pessoa com deficiência no contexto regular, desde que ela consiga se adaptar à situação já posta –, ao passo que a inclusão escolar implica a inserção

---

[220] BARBOSA, Fernanda Nunes. Democracia e participação: o direito da pessoa com deficiência à educação e sua inclusão nas instituições de ensino superior. *In:* MENEZES, Joyceane Bezerra de (org.). *Direito das pessoas com deficiência psíquica e intelectual nas relações privadas:* convenção sobre os direitos da pessoa com deficiência e lei brasileira de inclusão. 2. ed., rev. e ampl. Rio de Janeiro: Processo, 2020, p. 821.

[221] BARBOSA, Fernanda Nunes. Democracia e participação: o direito da pessoa com deficiência à educação e sua inclusão nas instituições de ensino superior. *In:* MENEZES, Joyceane Bezerra de (org.). *Direito das pessoas com deficiência psíquica e intelectual nas relações privadas:* convenção sobre os direitos da pessoa com deficiência e lei brasileira de inclusão. 2. ed., rev. e ampl. Rio de Janeiro: Processo, 2020, p. 821.

completa do estudante[222] – o que envolve uma mudança estrutural para recebê-lo, viabilizando sua participação plena em todas as atividades.[223] Dito de outro modo, não basta a presença física do indivíduo no ambiente existente. É imprescindível a reestruturação de cultura, práticas e políticas escolares,[224] para o seu acolhimento.[225]

Sandra Freitas de Souza e Maria Auxiliadora Monteiro Oliveira anotam, com precisão, que a ideia de integração partia da premissa de que era necessário que a pessoa melhorasse a sua condição de deficiência para usufruir dos bens sociais em igualdade com as demais (enfoque centrado no indivíduo). "Era inerente a essa proposta o conceito de "normalização" que objetivava tornar essas pessoas o mais próximo possível de uma condição considerada "normal" para os padrões da época, não aceitando sua condição de deficiência". Somente no final do século XX, com o advento da Declaração de Joimtien de 1990 e da Declaração de Salamanca de 1994, avançou-se no sentido de que as escolas comuns devem receber todos os estudantes, independentemente de suas condições pessoais (físicas, sensoriais, intelectuais, sociais, linguísticas) e prestar uma educação que viabilize o desenvolvimento de capacidades humanas, "promovendo, assim, suas inserções social e laboral".[226]

A argumentação deduzida no julgamento da Ação Direta de Inconstitucionalidade nº 5.357-DF antes mencionada revela a intenção de alguns de manter o sistema de educação segregado, a menos que os custos da inclusão possam ser repassados. Entretanto, os motivos

---

[222] XAVIER, Beatriz Rego. Direito da pessoa autista à educação inclusiva: a incidência do princípio da solidariedade no ordenamento jurídico brasileiro. In: MENEZES, Joyceane Bezerra de (org.). *Direitos das pessoas com deficiência psíquica e intelectual nas relações privadas*: convenção sobre os direitos da pessoa com deficiência e Lei Brasileira de Inclusão. Rio de Janeiro: Processo, 2016, p. 846 e 849.

[223] RODRIGUES, David. Artigo 24 – educação. In: GOMES, Joaquim Correia; NETO, Luísa; VÍTOR, Paula Távora. *Convenção sobre os direitos das pessoas com deficiência*. Lisboa: Imprensa Nacional – Casa da Moeda S.A., 2020, p. 228.

[224] SILVA NETO, Antenor de Oliveira; ÁVILA, Éverton Gonçalves; SALES, Tamara Regina Reis; AMORIM; Simone Silveira; NUNES, Andréa Karla; SANTOS, Vera Maria. Educação inclusiva: uma escola para todos. *Revista Educação Especial*, v. 31, n. 60, p. 81-92, jan./mar. 2018. Disponível em: https://periodicos.ufsm.br/educacaoespecial. Acesso em: 3 mar. 2021, p. 86.

[225] RODRIGUES, David. Artigo 24 – educação. In: GOMES, Joaquim Correia; NETO, Luísa; VÍTOR, Paula Távora. *Convenção sobre os direitos das pessoas com deficiência*. Lisboa: Imprensa Nacional – Casa da Moeda S.A., 2020, p. 228.

[226] SOUZA, Sandra Freitas; OLIVEIRA, Maria Auxiliadora Monteiro. *Educação profissional inclusiva*: uma oportunidade para pessoas com deficiência. Petrópolis, RJ: Vozes, 2021, p. 19 e 23.

apontados para a falta de inclusão vão além da questão material, na medida em que a disseminação da cultura da inclusão carece de ações mais eficazes. Não será a dispensa de um tratamento especial ao estudante com autismo ou outro tipo de deficiência, em detrimento dos demais, que promoverá o alcance das metas estabelecidas, mas pensar no ser humano no contexto escolar.[227] A matrícula em escolas regulares públicas e particulares de ensino fundamental e médio é, frequentemente, recusada aos estudantes com deficiência, a pretexto de inexistência de vaga ou despreparo da escola para atender às necessidades especiais deles.[228]

Olvidam-se, porém, que o ambiente escolar exerce um importante papel no desenvolvimento cultural, social, intelectual e físico dos estudantes, exercendo um papel fundamental na propagação e promoção de valores indispensáveis para a formação do cidadão.[229] É um meio essencial para as pessoas participarem plenamente da sociedade, saírem da faixa de pobreza e serem protegidas da exploração, como aponta o Comentário General nº 4/2016 produzido pelo Comitê de Direitos das Pessoas com Deficiência das Nações Unidas.[230]

A UNESCO lidera e coordena o movimento global Agenda 2030, com o propósito de erradicar a pobreza mundial até 2030, mediante a consecução de 17 (dezessete) objetivos de Desenvolvimento Sustentável. O objetivo nº 4 é garantir a educação inclusiva de qualidade e de forma equitativa, promovendo a aprendizagem a todos.[231]

---

[227] FERNANDES, George Pimentel; MOURA, Kátia Maria de. Autismo na família: diagnóstico, a vida escolar e o ingresso no mercado de trabalho. In: EVÊNCIO, Kátia Maria de Moura (org.). *Educação inclusiva*: diversos olhares entre teorias e práticas. 1. ed. Curitiba: Appris, 2018, p. 18-19.

[228] XAVIER, Beatriz Rego. Direito da pessoa autista à educação inclusiva: a incidência do princípio da solidariedade no ordenamento jurídico brasileiro. In: MENEZES, Joyceane Bezerra de (org.). *Direitos das pessoas com deficiência psíquica e intelectual nas relações privadas*: convenção sobre os direitos da pessoa com deficiência e Lei Brasileira de Inclusão. Rio de Janeiro: Processo, 2016, p. 836.

[229] SILVA NETO, Antenor de Oliveira; ÁVILA, Éverton Gonçalves; SALES, Tamara Regina Reis; AMORIM; Simone Silveira; NUNES, Andréa Karla; SANTOS, Vera Maria. Educação inclusiva: uma escola para todos. *Revista Educação Especial*, v. 31, n. 60, p. 81-92, jan./mar. 2018. Disponível em: https://periodicos.ufsm.br/educacaoespecial. Acesso em: 3 mar. 2021, p. 87.

[230] RODRIGUES, David. Artigo 24 – educação. In: GOMES, Joaquim Correia; NETO, Luísa; VÍTOR, Paula Távora. *Convenção sobre os direitos das pessoas com deficiência*. Lisboa: Imprensa Nacional – Casa da Moeda S.A., 2020, p. 228.

[231] UNESCO. *Manual para garantir inclusão e equidade na educação*. Brasília: UNESCO, 2019. Disponível em: https://prceu.usp.br/wp-content/uploads/2020/10/2019-Manual-para-garantir-a-inclusao-e-equidade-na-educacao.pdf. Acesso em: 1 maio 2021.

É oportuno salientar que as diferenças são oportunidades para democratizar e enriquecer a aprendizagem. Nos sistemas educacionais, as práticas inclusivas e equitativas são influenciadas por diversos fatores, tais como atitudes e habilidades dos professores, infraestrutura, estratégias pedagógicas e o currículo.[232]

Para uma educação inclusiva de qualidade, é necessária a qualificação dos profissionais escolares e da equipe pedagógica, a fim de desenvolver a sensibilidade e a escola possa trabalhar com as individualidades dos educandos,[233] não bastando a sua matrícula, por força de imposição legal.

Na educação escolar, o currículo é o principal instrumento para a implementação dos princípios de inclusão e equidade, e os sistemas de avaliação devem observar os objetivos estabelecidos nos diplomas internacionais, a serem interpretados de acordo com as circunstâncias locais.[234] Com efeito, garantir o direito à educação inclusiva, independentemente da deficiência, significa assegurá-lo em condições de igualdade,[235] em ambientes que propiciam o desenvolvimento de potencialidades, tendo em vista a promoção de habilidade de integração social.[236]

Uma reflexão sobre as modificações que se fazem necessárias no ambiente escolar e na sociedade inicia com o reconhecimento da importância da alteração do termo pessoa portadora de deficiência – que ainda consta na CF/88 – para pessoa com deficiência pela CIDPD

---

[232] UNESCO. *Manual para garantir inclusão e equidade na educação*. Brasília: UNESCO, 2019. Disponível em: https://prceu.usp.br/wp-content/uploads/2020/10/2019-Manual-para-garantir-a-inclusao-e-equidade-na-educacao.pdf. Acesso em: 1 maio 2021, p. 13.

[233] SILVA NETO, Antenor de Oliveira; ÁVILA, Éverton Gonçalves; SALES, Tamara Regina Reis; AMORIM; Simone Silveira; NUNES, Andréa Karla; SANTOS, Vera Maria. Educação inclusiva: uma escola para todos. *Revista Educação Especial*, v. 31, n. 60, p. 81-92, jan./mar. 2018. Disponível em: https://periodicos.ufsm.br/educacaoespecial. Acesso em: 3 mar. 2021, p. 88.

[234] UNESCO. *Manual para garantir inclusão e equidade na educação*. Brasília: UNESCO, 2019. Disponível em: https://prceu.usp.br/wp-content/uploads/2020/10/2019-Manual-para-garantir-a-inclusao-e-equidade-na-educacao.pdf. Acesso em: 1 maio 2021.

[235] SILVA NETO, Antenor de Oliveira; ÁVILA, Éverton Gonçalves; SALES, Tamara Regina Reis; AMORIM; Simone Silveira; NUNES, Andréa Karla; SANTOS, Vera Maria. Educação inclusiva: uma escola para todos. *Revista Educação Especial*, v. 31, n. 60, p. 81-92, jan./mar. 2018. Disponível em: https://periodicos.ufsm.br/educacaoespecial. Acesso em: 3 mar. 2021, p. 88.

[236] SILVA NETO, Antenor de Oliveira; ÁVILA, Éverton Gonçalves; SALES, Tamara Regina Reis; AMORIM; Simone Silveira; NUNES, Andréa Karla; SANTOS, Vera Maria. Educação inclusiva: uma escola para todos. *Revista Educação Especial*, v. 31, n. 60, p. 81-92, jan./mar. 2018. Disponível em: https://periodicos.ufsm.br/educacaoespecial. Acesso em: 3 mar. 2021, p. 89.

e pelo EPD, por marcar uma nova concepção. O indivíduo não é visto como um enfermo, mas alguém que integra o coletivo.

Outro aspecto relevante a ressaltar é que, ao longo da análise legislativa desenvolvida neste capítulo, não se identificou o enfoque das capacidades básicas, elencadas por Nussbaum na teoria do *capability approach*, as quais são fundamentais para garantir o desenvolvimento de todas as potencialidades humanas. Tampouco há a observância das desvantagens individuais, inclusive entre as pessoas com deficiência, quando é incontroverso que a plena inclusão implica a superação de barreiras.

Para garantir o desenvolvimento humano, é imprescindível que as políticas públicas de educação estejam voltadas para a expansão de capacidades básicas, constituindo a educação básica o grande pilar de sustentação da educação.

Ao definir a Base Nacional Curricular Comum, o MEC não se atentou para a versatilidade do ensino, o que denota que parte do problema da escolarização das pessoas com deficiência está na formulação do currículo mínimo, que impõe determinados modelos educacionais, inclusive, ao tratar sobre a educação inclusiva. É impossível adotar um modelo único para a educação inclusiva, pois o acesso e a permanência dos estudantes com deficiência no ensino regular devem sopesar as suas individualidades. A educação inclusiva não pode ser concebida somente para eles, mas para todos que compõem a sociedade. Apenas o convívio com estudantes com deficiência permitirá que os demais aprendam sobre acessibilidade, inclusão, tecnologia assistiva, empatia, dentre outras habilidades. O comportamento que rejeita o sujeito considerado "diferente", ao se propagar, gera uma discriminação latente.[237]

Repensar o modelo de educação inclusiva, atualmente vigente no Brasil, pressupõe a delimitação dos conceitos de igualdade, igualitarismo e equidade, bem como a identificação das capacidades individuais, a serem expandidas na escolarização do indivíduo, a fim de contribuir para a elaboração e execução de políticas públicas que promovam o desenvolvimento humano e a inclusão dos estudantes com deficiência.

---

[237] SOUZA, Sandra Freitas; OLIVEIRA, Maria Auxiliadora Monteiro. *Educação profissional inclusiva*: uma oportunidade para pessoas com deficiência. Petrópolis, Rio de Janeiro: Vozes, 2021, p. 9-10.

CAPÍTULO 2

O DESENVOLVIMENTO ESCOLAR DA PESSOA COM DEFICIÊNCIA SOB A PERSPECTIVA DA EQUIDADE

O capítulo anterior demonstrou que o arcabouço normativo está voltado principalmente para o indivíduo, sem adequada valoração do ambiente escolar em que está inserido. De um modo geral, as normas mencionadas irradiam princípios ou, no máximo, ostentam um caráter programático, desprovido de eficácia imediata e integral sobre a realidade concreta.

A consolidação dos direitos das pessoas com deficiência, sob o viés da inclusão social, envolve inúmeros desafios, dentre os quais a adequação de concepções clássicas às diretrizes estabelecidas pela CIDPD.

A adoção de um modelo social, centrado na ideia de autonomia como capacidade de autodeterminação consciente e responsável da própria vida,[238] traz em si a necessidade de reconstrução de pilares do

---

[238] A noção de autonomia aqui adotada é aquela relacionada à capacidade de raciocinar, de sentir e de ser livres para tomar decisões e agir – que é comum aos seres humanos –, cujo exercício sujeita-se a limitações decorrentes do convívio com os outros. As raízes dessa concepção estão na concepção kantiana que associa justiça e moralidade à liberdade, em contraposição às abordagens ancoradas na valorização da virtude e na maximização do bem-estar. Para Kant, as pessoas são merecedoras de respeito, porque "somos seres racionais, capazes de pensar" e, também, autônomos, "capazes de agir e escolher livremente" (a que se opõem as situações de heteronomia, quando o agir é pautado por determinações externas), embora nem sempre seja possível agir racionalmente ou fazer escolhas com autonomia. A esse respeito: "Agir livremente não é escolher as melhores formas para atingir determinado fim; é escolher o fim em si – uma escolha que os seres humanos podem fazer [...]" (SANDEL, Michael J. *Justiça:* o que é fazer a coisa certa. Tradução de Heloísa Matias e Maria Alice Máximo. 16. ed. Rio de Janeiro: Civilização Brasileira, 2014, p. 138-139 e 141-142.

sistema normativo dos direitos humanos – ou dos valores da liberdade e dignidade,[239][240] associados às noções de razão e consciência –, a partir da premissa de que todos possuem um valor intrínseco inestimável.[241]

A despeito de sua natureza jurídica – como valor, princípio ou fundamento – e origem – ética, política ou simplesmente jurídica –, o atributo intrínseco ao ser humano (caráter universal), nas dimensões individual e coletiva, deve ser tutelado juridicamente, mediante a garantia de um espaço em que ele possa atuar de forma livre, independente e moralmente autorresponsável. Isso significa, em outros termos, assegurar-lhe uma esfera imune à interferência estatal e de terceiros para exercer sua razão prática, sem submissão à pretensão de poder de outrem ou sua transformação em mero meio de uma finalidade comunitária. O conteúdo desse atributo mantém vínculo incindível com a liberdade e a igualdade, sendo estabelecido, casuística e não ontologicamente, a partir da verificação do que o afeta. No âmbito da dinâmica do indivíduo, envolve o livre desenvolvimento de sua personalidade (do qual resulta a autonomia privada), cujos limites resultam dos direitos dos outros, da ordem constitucional e da lei moral.[242]

---

[239] "A expressão "dignidade" deriva da palavra latina *dignitas* – que, por sua vez, é uma tradução do vocábulo grego *axia* – e é, amiúde, traduzida por "valor" ou "axioma", seguindo a tradição aristotélica, ou então associada à ideia de algo que tem um valor intrínseco, "por si mesmo". A conhecida expressão grega *"anthrôpos zôon logon échon"* acentua a racionalidade como caraterística distintiva dos homens em relação aos animais" (BOTELHO, Catarina dos Santos. A dignidade da pessoa humana: direito subjetivo ou princípio axial? *Revista Jurídica Portucalense*, n. 21, p. 256-282, 2017, p. 258).

[240] Segundo Daniel Sarmento, "o princípio da dignidade da pessoa humana veda a instrumentalização dos indivíduos em prol de metas coletivas ou dos interesses das maiorias. Ele se assenta no reconhecimento do valor intrínseco da pessoa, que é incompatível com compreensões desigualitárias das relações sociais e também com o organicismo e o utilitarismo [...]" (SARMENTO, Daniel. *Dignidade da pessoa humana*: conteúdo, trajetória e metodologia. 2. ed. Belo Horizonte: Fórum, 2016, p. 133).

[241] Declaração Universal dos Direitos Humanos, proclamada pela Assembleia Geral das Nações Unidas (Resolução nº 217 A III) em 10 de dezembro 1948: "Artigo 1. Todos os seres humanos nascem livres e iguais em dignidade e direitos. São dotados de razão e consciência e devem agir em relação uns aos outros com espírito de fraternidade. Artigo 2. 1. Todo ser humano tem capacidade para gozar os direitos e as liberdades estabelecidos nesta Declaração, sem distinção de qualquer espécie, seja de raça, cor, sexo, língua, religião, opinião política ou de outra natureza, origem nacional ou social, riqueza, nascimento, ou qualquer outra condição. [...]" (UNICEF. *Declaração Universal dos Direitos Humanos*. 1948. Disponível em: https://www.unicef.org/brazil/declaracao-universal-dos-direitos-humanos. Acesso em: 25 jul. 2021).

[242] DURING, Günter; NIPPERDEY, Hans Carl; SCHWABE, Jürgen. Direitos fundamentais e direito privado: textos clássicos. Luis Afonso Heck (organizador/revisor). Porto Alegre: Sergio Antonio Fabris Editor, 2012, p. 52 e 72.

Como enfatizado por Bariffi, todos são, em sua essência, iguais quanto a esse valor, independentemente de diferenças sociais, físicas, mentais, intelectuais ou sensoriais.[243]

Nessa perspectiva, a sociedade que respeita a "igualdade"[244] deve se pautar por um critério inclusivo (de natureza ética), para considerar e valorar, positivamente, a diversidade humana,[245] [246] combatendo

---

[243] A CIDPD é fruto de um longo processo de amadurecimento de ideias que resultou em uma mudança de paradigmas, com a universalização do direito de a pessoa com deficiência decidir sobre o exercício de direitos básicos. Segundo Francisco J. Bariffi, a abordagem sobre a deficiência migrou de um modelo médico – que a considerava como um problema individual, decorrente de uma limitação física, sensorial, mental ou intelectual – para um modelo social – que a encara como um problema coletivo, decorrente de uma sociedade que não é estruturada para fazer frente às necessidades de todas as pessoas. Um dos subsídios teóricos para a construção desse modelo (social) é a noção de dignidade humana, sob o enfoque de (i) a impossibilidade de medir o valor das pessoas por sua utilidade social ou econômica, especialmente se esta for aferida em termos de produtividade (porque isso implicaria transformá-la em um meio e não um fim em si mesma), e (ii) a acessibilidade universal dos direitos. Todos têm um papel na sociedade, e o seu efetivo desempenho deve ser assegurado às pessoas com deficiência, mediante mecanismos de assistência e apoio, e não de substituição de sua autonomia. Com efeito, *"el valor del ser humano en sí mismo se encuentra desvinculado y es independiente de cualquier consideración de utilidad social. Es decir, las personas con discapacidad no son igualmente dignas por su capacidad de aporte a la sociedad – medio – sino que son igualmente dignas por su esencia, por ser un fin en sí mismas"* (BARIFFI, Francisco J. El derecho a decidir de las personas con discapacidad: dignidad, igualdad y capacidad. In: MENEZES, Joyceane Bezerra de (org.). *Direito das pessoas com deficiência psíquica e intelectual nas relações privadas*: convenção sobre os direitos da pessoa com deficiência e lei brasileira de inclusão. 2. ed., rev. e ampl. Rio de Janeiro: Processo, 2020, p. 49-56).

[244] Seguindo os ensinamentos de Jorge Miranda, "Não existe historicamente uma conexão necessária entre direitos fundamentais e dignidade da pessoa humana. Aqueles sistemas que funcionalizam os direitos a outros interesses ou fins [...] não assentam na dignidade da pessoa humana. Assim como concepções doutrinárias de dignidade da pessoa humana, de matriz religiosa ou filosófica, podem não ser acompanhadas – e não o foram até o final do século XVIII – de catálogos de direitos fundamentais. A ligação jurídico-positiva entre direitos fundamentais e dignidade da pessoa humana só começa com o Estado social de Direito e, mais rigorosamente, com as Constituições e os grandes textos internacionais subsequentes à segunda guerra mundial [...]". Na perspectiva atual, "Cada pessoa tem de ser compreendida em relação com as demais". E daí emerge a vertente de que "A dignidade determina respeito pela liberdade da pessoa, pela sua autonomia". Em seguida, associa-se à dignidade a dimensões também de caráter material: "A dignidade da pessoa exige condições de vida capazes de assegurar liberdade e bem-estar [...]." E finalmente: "O ser humano não pode ser desinserido das condições de vida que usufrui; e, na nossa época, asseia-se pela sua constante melhoria e, em casos de desníveis e disfunções, pela sua transformação". Por isso que "A dignidade da pessoa humana é um prius perante a vontade popular" (MIRANDA, Jorge. A dignidade da pessoa humana e a unidade valorativa do sistema de direitos fundamentais. In: MIRANDA, Jorge; SILVA, Marco Antonio Marques da (coord.). *Tratado luso-brasileiro da dignidade humana*. 2. ed., atual. e ampl. São Paulo: Quartier Latin, 2009, p. 168 e 173-176).

[245] Pontua, Francisco J. Bariffi, que, em geral, não há espaço para as pessoas com deficiência no processo de generalização dos direitos. "*La accesibilidad universal es un requisito para el ejercicio de derechos de todas las personas, y es un derecho de todas las personas, solo que al*

as desigualdades que geram tratamentos prejudiciais para alguns indivíduos, mediante intervenções compensatórias ou corretivas de vulnerabilidades.[247]

Para melhor compreensão desse enfoque, cumpre tecer considerações acerca da igualdade e no que se diferencia da equidade, ambas facetas do ideal de justiça.

2.1 Da igualdade à equidade: reflexos na educação da pessoa com deficiência

A ideia de que cada pessoa humana tem uma individualidade racional que deve ser respeitada constitui um valor-fonte[248] (dignidade),

---

construir el entorno, las comunicaciones (la sociedad en general) pensando en un tipo de persona, se deja afuera a otro grupo de otras personas, creando de este modo las necesidades especiales", que, em muitos casos, são criações sociais, e não circunstâncias específicas da pessoa (BARIFFI, Francisco J. El derecho a decidir de las personas com discapacidad: dignidad, igualdad y capacidad. In: MENEZES, Joyceane Bezerra de (org.). *Direito das pessoas com deficiência psíquica e intelectual nas relações privadas*: convenção sobre os direitos da pessoa com deficiência e lei brasileira de inclusão. 2. ed., rev. e ampl. Rio de Janeiro: Processo, 2020, p. 55).

[246] Ao discorrerem sobre a igualdade na CF/88, Gabrielle Sales e Ingo Sarlet ressaltam que "a tutela da pessoa não pode se contentar com soluções abstratas, superficiais e tampouco ideologizadas. A deficiência é, geralmente, apontada como um traço característico de minorias, o que prenuncia uma espécie de exclusão. [...] a deficiência se trata de uma espécie de traço identitário, não podendo servir de justificativa para nenhum tipo de discriminação, exceto as de natureza positiva (das assim chamadas ações afirmativas), que, ademais, são inclusive objeto de exigência constitucional e do próprio direito internacional dos direitos humanos" (SALES, Gabrielle Bezerra; SARLET, Ingo Wolfgang. A igualdade na Constituição Federal de 1988: um ensaio acerca do sistema normativo brasileiro face à Convenção Internacional e à Lei Brasileira de Inclusão da Pessoa com Deficiência (Lei nº 13.146/2015). In: MENEZES, Joyceane Bezerra de (org.). *Direitos das pessoas com deficiência psíquica e intelectual nas relações privadas*: convenção sobre os direitos da pessoa com deficiência e Lei Brasileira de Inclusão. 2. ed., rev. e ampl. Rio de Janeiro: Processo, 2020, p. 200).

[247] MORAES, Vânila Cardoso André de. *A igualdade – formal e material – nas demandas repetitivas sobre diretos sociais*. Brasília: Conselho da Justiça Federal, Centro de Estudos Judiciários, 2016. (Série monografias do CEJ, v. 24), p. 30.

[248] Os valores exercem um papel informativo e conformativo na elaboração, interpretação e aplicação das normas jurídicas, indicando os bens que uma coletividade, histórica e espacialmente situada, considera relevantes (preferências compartilhadas). Dentre eles, a dignidade da pessoa humana figura como valor-fonte (ou fundamento dos demais valores como a liberdade, a justiça e a igualdade) e a justiça como valor-fim, ao qual se polariza a realização do próprio Direito. Há que se distinguir, portanto: "Na norma jurídica é possível identificar dupla incidência valorativa: o valor humano e o jurídico – a norma refere-se àquilo que o homem estima, e o faz consagrando valores jurídicos como a igualdade, a justiça e a segurança. A justiça se aproxima de outros valores, mas com eles não se confunde, como acontece com a liberdade. Enquanto a justiça está para o todo, a liberdade está para o indivíduo" (PINHO, Leda de Oliveira. *Princípio da igualdade*: investigação na perspectiva de gênero. Porto Alegre: Sérgio Antonio Fabris Editor, 2005, p. 75 e 85).

do qual emanam outros valores funcionalmente distintos e imbricados entre si. É o fundamento de vários direitos consagrados constitucionalmente (função normogenética); opera como um limite ao exercício de direitos fundamentais e à liberdade de conformação do legislador na sua regulamentação; serve como critério hermenêutico; orienta a atuação criadora da jurisprudência, e funciona como postulado geral *"in dubio pro dignitate".* Comporta uma expressão polissêmica, que abarca dimensões jurídicas, antropológicas, históricas, filosóficas e teológicas, mas, a despeito de certa heterogeneidade conceitual, aplica-se "à generalidade dos seres humanos".[249]

A abordagem do tema proposto perpassa pela noção de justiça como valor-fim – um fim a ser perseguido pela coletividade – e igualdade como valor-meio –, um bem desejável e instrumental para a realização daquele fim.[250]

O princípio da igualdade, explicitado, pela primeira vez, na Declaração dos Direitos do Homem e do Cidadão, em 26 de agosto de 1789, é uma das bases dos ordenamentos jurídicos em geral, inclusive no plano internacional, até a atualidade.[251]

Na Declaração Universal dos Direitos Humanos, proclamada pela Assembleia Geral das Nações Unidas em 1948, estava consagrado em enunciados que prescreviam que todos os seres humanos,

---

[249] Anota, Catarina Santos Botelho, que: "Para a interpretação constitucional do conceito da dignidade da pessoa humana têm contribuído várias construções teóricas, a salientar: (i) o conceito axiológico de GÜNTER DÜRIG que, inspirado na corrente ontológica kantiana, criou a conhecida "fórmula do objeto", segundo a qual a dignidade será violada quando o homem for convertido num mero objeto ou meio para conseguir um fim; (ii) o conceito sociológico de dignidade, da autoria de NIKLAS LUHMANN, que recusa o carácter ontológico da dignidade e defende que esta é uma aspiração das pessoas, devendo os direitos fundamentais contribuir para assegurar as condições da sua prestação; (iii) por sua vez, HASSO HOFMANN propõe um conceito relacional de dignidade, que acentua a dimensão social da dignidade e desvaloriza a dimensão subjetiva". Em última análise, "é um conceito relacional e complementa-se, numa contínua interdependência, com os demais princípios e valores fundamentais", ou seja, um princípio englobante (de cariz multifuncional) "que confere "unidade e coerência de sentido" ao sistema constitucional de direitos fundamentais"; um conceito de "natureza *autorreferencial*, porquanto a dignidade de um ser humano é precisamente aquilo que faz desse ser um ser humano, é a humanidade que lhe subjaz" (BOTELHO, Catarina dos Santos. A dignidade da pessoa humana: direito subjetivo ou princípio axial?. *Revista Jurídica Portucalense*, n. 21, p. 256-282, 2017, p. 257-258, 261, 263-265 e 272-275.

[250] "A justiça é o bem supremo do todo, ao passo que a liberdade é o valor supremo do indivíduo em face do todo" (PINHO, Leda de Oliveira. *Princípio da igualdade*: investigação na perspectiva de gênero. Porto Alegre: Sérgio Antonio Fabris Editor, 2005, p. 85).

[251] BOTELHO, Catarina Santos. Algumas reflexões sobre o princípio da paridade retributiva. *In: Estudos dedicados ao professor Mário Fernando de Campos Pinto, liberdade e compromisso*, Universidade Católica Editora, Lisboa, v. II, 2009. Disponível em: https://papers.ssrn.com/sol3/papers.cfm?abstract_id=2911063. Acesso em: 12 out. 2021, p. 134-135.

dotados de razão e consciência, "nascem livres e iguais em dignidade e direitos" (artigo 1º), têm capacidade para exercer os direitos e liberdades, sem qualquer distinção (artigo 2º), e são iguais perante a lei (artigo 7º).[252] A concepção adotada pela Declaração estava voltada às demandas surgidas na Segunda Guerra Mundial, sendo pouco crível que contemplasse um pensamento que englobasse todas as pessoas com deficiência. Naquele momento, as deficiências físicas, causadas por sequelas da guerra, exigiam um novo olhar sobre o problema. Entretanto, conforme o resgate histórico antes realizado, ainda vigia um sistema excludente para as deficiências de natureza intelectual. Tanto é assim que era necessário ter razão e consciência para o ser humano nascer livre e igual, proposição que não impediu a ocorrência de uma série de discriminações após a sua edição.[253]

No ordenamento jurídico brasileiro vigente, a igualdade é positivada como valor supremo da sociedade,[254] vinculado, dentre outros, à garantia de direitos sociais e individuais, ao desenvolvimento e à justiça,[255] e como princípio estruturante do Estado Democrático de Direito[256] e direito fundamental em suas feições formal e material[257] (igualdade perante e na lei[258 259]).

---

[252] UNICEF. *Declaração Universal dos Direitos Humanos*. 1948. Disponível em: https://www.unicef.org/brazil/declaracao-universal-dos-direitos-humanos. Acesso em: 23 abr. 2021.

[253] Na Austrália vigorou, até aproximadamente a década de 1970, um sistema que separava as crianças aborígenes e as entregava para serem "educadas" por famílias brancas. Outro exemplo é a Argélia que permaneceu sobre o controle colonial da França até 1962, ou de Portugal com suas guerras coloniais em Angola (1961), Guiné-Bissau (1963) e Moçambique (1964). Ainda é possível citar outros exemplos, como a política segregacional da África do Sul que findou em 1992 e dos Estados Unidos que manteve a segregação institucional até 1962 com o direito ao voto para os negros. Os exemplos acima indicam que, apesar da Declaração Universal dos Direitos Humanos de 1948, a passagem do discurso à prática envolve um longo e doloroso processo.

[254] A igualdade é um valor supremo, mas não absoluto, por comportar restrições, desde que legítimas e devidamente justificadas (PINHO, Leda de Oliveira. *Princípio da igualdade*: investigação na perspectiva de gênero. Porto Alegre: Sérgio Antonio Fabris Editor, 2005, p. 87).

[255] Preâmbulo da Constituição da República Federativa do Brasil (BRASIL. *Constituição da República Federativa do Brasil de 1988*. Disponível em: https://www.planalto.gov.br/ccivil_03/Constituicao/Constituicao.htm. Acesso em: 24 jul. 2021).

[256] "Art. 3º Constituem objetivos fundamentais da República Federativa do Brasil: I – construir uma sociedade livre, justa e solidária; II – garantir o desenvolvimento nacional; III – erradicar a pobreza e a marginalização e reduzir as desigualdades sociais e regionais; IV – promover o bem de todos, sem preconceitos de origem, raça, sexo, cor, idade e quaisquer outras formas de discriminação". (BRASIL. *Constituição da República Federativa do Brasil de 1988*. Disponível em: https://www.planalto.gov.br/ccivil_03/Constituicao/Constituicao.htm. Acesso em: 24 jul. 2021).

[257] "Art. 5º. Todos são iguais perante a lei, sem distinção de qualquer natureza, garantindo-se aos brasileiros e aos estrangeiros residentes no País a inviolabilidade do direito à

A igualdade perante a lei (igualdade formal), em sua acepção original, consiste na exigência de que a lei seja aplicada a todos (postulado de racionalidade prática e universal), independentemente de seu conteúdo ou de condições ou circunstâncias pessoais (generalidade e prevalência da lei), o que, isoladamente considerada, não tem o condão de eliminar as causas de desigualdades reais (de cunho social e econômico) na sociedade. Em complementação, a igualdade na e por meio da lei (igualdade material ou substancial) reclama o deferimento de idêntico tratamento jurídico a todos que se encontram em igual situação, significando proibição de discriminação arbitrária. Em outros termos, veda a "utilização, para o efeito de estabelecer as relações de igualdade e desigualdade, de critérios intrinsecamente injustos e violadores da dignidade da pessoa humana". Com efeito, só são admissíveis critérios razoáveis e justos para determinados tratamentos desiguais, constituindo dever estatal promover a igualdade de oportunidades e permanência. Como direito subjetivo, "opera como fundamento de posições individuais e mesmo coletivas que tem por objeto, na perspectiva negativa (defensiva), a proibição de tratamentos (encargos) em desacordo com as exigências da igualdade". Na perspectiva positiva, atua como fundamento do igual acesso às prestações (bens, serviços, subvenções etc.), o que reclama medidas normativas e concretas que eliminem desigualdades de fato e promovam a sua compensação.[260]

Ao longo do texto da CF/88, inúmeras disposições impositivas contemplam a exigência de tratamento igualitário, a proibição de

---

vida, à liberdade, à igualdade, à segurança e à propriedade, nos termos seguintes: I – homens e mulheres são iguais em direitos e obrigações, nos termos desta Constituição; [...]". (BRASIL. *Constituição da República Federativa do Brasil de 1988*. Disponível em: https://www.planalto.gov.br/ccivil_03/Constituicao/Constituicao.htm. Acesso em: 24 jul. 2021).

[258] BOTELHO, Catarina Santos. Algumas reflexões sobre o princípio da paridade retributiva. *In: Estudos dedicados ao professor Mário Fernando de Campos Pinto, liberdade e compromisso*, Universidade Católica Editora, Lisboa, v. II, 2009. Disponível em: https://papers.ssrn.com/sol3/papers.cfm?abstract_id=2911063. Acesso em: 12 out. 2021, p. 156 e 162.

[259] Para Piovesan, a proteção dos direitos humanos foi marcada por duas fases: a primeira garantiu a igualdade formal, por meio de uma tutela geral, genérica e abstrata, e a segunda teve como objetivo eliminar as formas de discriminação que afetavam alguns grupos, de forma desproporcional, mediante uma tutela protetiva específica e especial (PIOVESAN, Flávia. *Temas de direitos humanos*. 10. ed., rev., ampl. e atual. São Paulo: Saraiva, 2017, p. 354).

[260] SALES, Gabrielle Bezerra; SARLET, Ingo Wolfgang. A igualdade na Constituição Federal de 1988: um ensaio acerca do sistema normativo brasileiro face à Convenção Internacional e à Lei Brasileira de Inclusão da Pessoa com Deficiência (Lei nº 13.146/2015). *In*: MENEZES, Joyceane Bezerra de (org.). *Direitos das pessoas com deficiência psíquica e intelectual nas relações privadas: convenção sobre os direitos da pessoa com deficiência e Lei Brasileira de Inclusão*. 2. ed., rev. e ampl. Rio de Janeiro: Processo, 2020, p. 203-204 e 208.

discriminação negativa e o dever de promoção de políticas de ações afirmativas,[261] para assegurar a igualdade de oportunidades[262] (e não de resultados, que dependem da atuação de cada um e suas circunstâncias e opções pessoais), com vistas ao surgimento de relações justas e equilibradas entre as pessoas.

Como uma das vertentes do constitucionalismo moderno, que congrega, dialeticamente, as dimensões liberais, democráticas e sociais inerentes ao Estado de Direito democrático e social, a igualdade está vinculada ao conceito de justiça[263] – a cuja realização deve se orientar, não como mera exigência de racionalidade, mas um fim em si. A sua matriz filosófica remonta ao pensamento grego clássico, do qual se extraem os fundamentos para o aforismo "os iguais devem ser tratados de modo igual, e os diferentes, de modo desigual".[264]

A igualdade é um conceito relacional – pressupõe, ao menos, dois termos –, comumente, sintetizado como a exigência de assegurar a todos os indivíduos iguais condições (de vida) para realização de

---

[261] Afora o artigo 5º, *caput* e incisos I, XLI e XLII, citem-se o artigo 7º, incisos XXX, XXXI, XXXII e XXXIV, 37, inciso VIII, 196, *caput*, 206, inciso I, 226, §5º, e 227, §6º, entre outros. Ao lado da cláusula geral de igualdade, há "suas manifestações especiais, que dizem respeito a determinados grupos de pessoas, determinadas circunstâncias, entre outros [...]" (SALES, Gabrielle Bezerra; SARLET, Ingo Wolfgang. A igualdade na Constituição Federal de 1988: um ensaio acerca do sistema normativo brasileiro face à Convenção Internacional e à Lei Brasileira de Inclusão da Pessoa com Deficiência (Lei nº 13.146/2015). *In*: MENEZES, Joyceane Bezerra de (org.). *Direitos das pessoas com deficiência psíquica e intelectual nas relações privadas*: convenção sobre os direitos da pessoa com deficiência e Lei Brasileira de Inclusão. 2. ed., rev. e ampl. Rio de Janeiro: Processo, 2020, p. 206).

[262] Para Daniel Wunder Hachem, a redução das desigualdades sociais permite uma maior mobilidade social e a igualdade de posições ocorre quando há uma redução entre as distâncias de posições sociais em conjunto com a garantia dessas posições (HACHEM, Daniel Wunder. A maximização dos direitos fundamentais econômicos e sociais pela via administrativa e a promoção do desenvolvimento. *Revista de Direitos Fundamentais e Democracia*, Curitiba, v. 13, n. 13, p. 340-399, jan./jun. 2013, p. 373).

[263] A justiça "é sempre algo que o indivíduo vivencia, em primeira linha, de forma intersubjetiva e relativa, ou seja, na sua relação com outros indivíduos e na forma como ele próprio e os demais são tratados". Nessa perspectiva, guarda uma relação íntima com a igualdade, enquanto conceito igualmente relacional (SALES, Gabrielle Bezerra; SARLET, Ingo Wolfgang. A igualdade na Constituição Federal de 1988: um ensaio acerca do sistema normativo brasileiro face à Convenção Internacional e à Lei Brasileira de Inclusão da Pessoa com Deficiência (Lei nº 13.146/2015). *In*: MENEZES, Joyceane Bezerra de (org.). *Direitos das pessoas com deficiência psíquica e intelectual nas relações privadas*: convenção sobre os direitos da pessoa com deficiência e Lei Brasileira de Inclusão. 2. ed., rev. e ampl. Rio de Janeiro: Processo, 2020, p. 199).

[264] Na obra Ética a Nicômaco, Aristóteles afirma que "se as pessoas não forem iguais não terão uma participação igual nas coisas" (ARISTÓTELES. Ética a *Nicômaco*. Tradução de Antônio de Castro Caeiro. 2. ed., rev. e atual. Rio de Janeiro: Forense, 2017, p. 96).

uma vida digna,²⁶⁵ mediante a garantia de um mínimo indispensável à expansão de aptidões pessoais e ao agir com autonomia.²⁶⁶ No modelo jurídico adotado no ordenamento jurídico pátrio, ser igual não significa ter a mesma identidade,²⁶⁷ mas ter acesso a idênticas oportunidades para se desenvolver e não ser alvo de discriminações (negativas) ou distinções destituídas de fundamento material.

Sob esse prisma, não se confunde com igualitarismo – que, em sua acepção mais radical, implica uniformidade em todas as coisas, com prejuízo à liberdade individual –, justamente pela necessidade de respeito às diferenças e correção das diferenciações não objetivamente justificadas.²⁶⁸

A igualdade significa que situações, cujas distinções sejam irrelevantes para o exercício de determinados direitos ou para a aplicação das normas, merecem tratamento isonômico e envolve o tratamento diferenciado de situações que se distinguem em aspectos relevantes (discriminação direta). Entretanto, há a discriminação indireta quando normas ou arranjos sociais formalmente neutros incidem negativamente sobre um grupo ou classe de sujeitos, o que também deve ser combatido.

Além disso, somente o tratamento diferenciado (e não o isonômico) é, normalmente, justificado, em face da ideia de igualdade formal inerente ao próprio conceito de Direito, quando tanto a diferenciação negativa como a positiva comportam um juízo de relevância e

---

²⁶⁵ Nem sempre há consenso social quanto ao conteúdo da igualdade – que é variável historicamente, conforme a realidade social –, especialmente em relação ao que se afigura mais adequado: a igualdade de oportunidades ou de tratamento, a igualdade de distribuição ou sua desigual distribuição, fundada na desigualdade (MORAES, Vânila Cardoso André de. *A igualdade – formal e material – nas demandas repetitivas sobre diretos sociais.* Brasília: Conselho da Justiça Federal, Centro de Estudos Judiciários, 2016. (Série monografias do CEJ, v.24), p. 28-29).

²⁶⁶ Desigualdade social não se confunde com pluralismo social, porque este diz respeito às diferenças naturais entre os homens e suas escolhas pessoais (típico de uma sociedade estratificada), ao passo que aquela está vinculada às condições existenciais mínimas para o indivíduo viver na coletividade (MORAES, Vânila Cardoso André de. *A igualdade – formal e material – nas demandas repetitivas sobre diretos sociais.* Brasília: Conselho da Justiça Federal, Centro de Estudos Judiciários, 2016. (Série monografias do CEJ, v. 24), p. 29).

²⁶⁷ CAMPLIN, Troy. Our University-Culture Chapter 7: equality vs. egalitarianism. *Our University-Culture*, 22 set. 2017. Disponível em: https://medium.com/our-university-culture/our-university-culture-chapter-7-equality-vs-egalitarianism-b71e05cc75f9. Acesso em: 1 abr. 2021.

²⁶⁸ BOTELHO, Catarina Santos. Algumas reflexões sobre o princípio da paridade retributiva. *In: Estudos dedicados ao professor Mário Fernando de Campos Pinto, liberdade e compromisso,* Universidade Católica Editora, Lisboa, v. II, 2009. Disponível em: https://papers.ssrn.com/sol3/papers.cfm?abstract_id=2911063. Acesso em: 12 out. 2021, p. 155-156.

razoabilidade.[269] Nesse sentido, Daniel Wunder Hachem defende que o reconhecimento da igualdade no desenvolvimento deve ser realizado por meio de uma concepção material, incumbindo ao Poder Público garanti-la e agir de forma ativa, a fim de proporcionar a redução das desigualdades.[270]

Outro aspecto relevante é que a proteção jurídica da igualdade não é predefinida no plano constitucional, por envolver um juízo relacional e comparativo – "toda afirmação de uma igualdade ou desigualdade pressupõe uma comparação" e é afetada por fatores variáveis e contingenciais –, exceto quanto à noção geral de tratamento igual em situações essencialmente iguais, vedadas discriminações subjetivas e arbitrárias.[271] Sob essa ótica, distingue-se do direito de liberdade, estruturado conceitualmente como faculdade de agir ou não agir e de não ser impedido de exercê-la, salvo nos limites delineados pela Constituição,[272] justamente por reclamar um ônus argumentativo de justificação do tratamento desigual.[273]

---

[269] ASÍS, Rafael de. Derechos humanos y discapacidad: algunas reflexiones derivadas del análisis de la discapacidad desde la teoría de los derechos. In: MENEZES, Joyceane Bezerra de (org.). *Direitos das pessoas com deficiência psíquica e intelectual nas relações privadas:* convenção sobre os direitos da pessoa com deficiência e Lei Brasileira de Inclusão. 2. ed., rev. e ampl. Rio de Janeiro: Processo, 2020, p. 5-6.

[270] HACHEM, Daniel Wunder, *Tutela administrativa efetiva dos direitos fundamentais sociais: por uma implementação espontânea, integral e igualitária.* 625 f. Tese (Doutorado em Direito) – Setor de Ciências Jurídicas, UFPR, Curitiba, 2014. Disponível em: https://acervodigital. ufpr.br/bitstream/handle/1884/35104/R%20-%20T%20-%20DANIEL%20WUNDER%20 HACHEM.pdf?sequence=1 Acesso em: 12 out. 2021, p. 125.

[271] "Nessa perspectiva, mas considerando a arquitetura constitucional positiva brasileira, já delineada, é possível afirmar que também no Brasil o princípio (e direito) da igualdade abrange pelo menos três dimensões: a) proibição do arbítrio, de modo que tanto se encontram vedadas diferenciações destituídas de justificação razoável com base na pauta de valores constitucional [sic], quanto proibido tratamento igual para situações manifestamente desiguais; b) proibição de discriminação, portanto, de diferenciações que tenham por base categorias meramente subjetivas; c) obrigação de tratamento diferenciado com vistas à compensação de uma desigualdade de oportunidades, o que pressupõe a eliminação, pelo poder público, de desigualdades de natureza social, econômica e cultural" (SALES, Gabrielle Bezerra; SARLET, Ingo Wolfgang. A igualdade na Constituição Federal de 1988: um ensaio acerca do sistema normativo brasileiro face à Convenção Internacional e à Lei Brasileira de Inclusão da Pessoa com Deficiência (Lei nº 13.146/2015). In: MENEZES, Joyceane Bezerra de (org.). *Direitos das pessoas com deficiência psíquica e intelectual nas relações privadas:* convenção sobre os direitos da pessoa com deficiência e Lei Brasileira de Inclusão. 2. ed., rev. e ampl. Rio de Janeiro: Processo, 2020, p. 206-207, 209-210).

[272] A despeito de ambas serem reconduzidas à pessoa humana, a liberdade "é indicativa de um estado e pode ser aferível no ser humano ou num grupo isoladamente identificável", ao passo que a igualdade manifesta-se em relação a alguém e com relação a algo (caráter relacional), pressupondo sempre uma pluralidade subjetiva. A "igualdade toma em consideração o ser humano como pessoa, coloca em relevo o ser social e diz respeito à sua

Não bastassem essas dificuldades no enfrentamento do tema, o ideal de igualdade, assim como a própria concepção de dignidade humana, está, invariavelmente, atrelado a um modelo de pessoa (único e estático), apoiado em padrões estéticos e éticos de perfeição[274] predominantes na coletividade,[275] sem uma adequada valoração do pluralismo, da diversidade e da dinâmica social.[276] Rafael de Asís anota que a vinculação a um protótipo de ser humano – caracterizado, "principalmente, por su 'capacidad' para razonar, por su 'capacidad' para sentir y por su 'capacidad' para comunicarse" e pelo desempenho de

---

relação com os demais indivíduos [...]" (PINHO, Leda de Oliveira. *Princípio da igualdade*: investigação na perspectiva de gênero. Porto Alegre: Sérgio Antonio Fabris Editor, 2005, p. 87).

[273] O direito geral de igualdade e as cláusulas especiais de igualdade (que já antecipam a proibição de discriminação de alguns grupos sociais) vinculam os órgãos estatais em diferentes intensidades, sendo mais reduzida a liberdade de conformação legislativa quanto a essas últimas. E "[...] o elemento discriminatório (como em geral se dá na metódica de aplicação da igualdade) não é autônomo em face da finalidade do ato (finalidade que deve ser sempre constitucionalmente legítima e justificada) do qual resulta um tratamento desigual, de modo que se deverá guardar uma relação lógica e racional com a finalidade [...]" (SALES, Gabrielle Bezerra; SARLET, Ingo Wolfgang. A igualdade na Constituição Federal de 1988: um ensaio acerca do sistema normativo brasileiro face à Convenção Internacional e à Lei Brasileira de Inclusão da Pessoa com Deficiência (Lei nº 13.146/2015). *In*: MENEZES, Joyceane Bezerra de (org.). *Direitos das pessoas com deficiência psíquica e intelectual nas relações privadas*: convenção sobre os direitos da pessoa com deficiência e Lei Brasileira de Inclusão. 2. ed., rev. e ampl. Rio de Janeiro: Processo, 2020, p. 210-211).

[274] ASÍS, Rafael de. Derechos humanos y discapacidad: algunas reflexiones derivadas del análisis de la discapacidad desde la teoría de los derechos. *In*: MENEZES, Joyceane Bezerra de (org.). *Direitos das pessoas com deficiência psíquica e intelectual nas relações privadas*: convenção sobre os direitos da pessoa com deficiência e Lei Brasileira de Inclusão. 2. ed., rev. e ampl. Rio de Janeiro: Processo, 2020, p. 16.

[275] "[...] a ideologia da normalidade é tão perversa e tão insidiosa que a discriminação advinda dela é silente [...]. Notória é a dificuldade de se combater uma discriminação dessa ordem, vez que apela para sentimentos íntimos e até inconscientes, que, por meio de ações equivocadas, supostamente estariam buscando o bem daquelas pessoas, na medida em que evocam atitudes que mesclam desde a violência propriamente dita até ao paternalismo extremo" (SALES, Gabrielle Bezerra; SARLET, Ingo Wolfgang. A igualdade na Constituição Federal de 1988: um ensaio acerca do sistema normativo brasileiro face à Convenção Internacional e à Lei Brasileira de Inclusão da Pessoa com Deficiência (Lei nº 13.146/2015). *In*: MENEZES, Joyceane Bezerra de (org.). *Direitos das pessoas com deficiência psíquica e intelectual nas relações privadas*: convenção sobre os direitos da pessoa com deficiência e Lei Brasileira de Inclusão. 2. ed., rev. e ampl. Rio de Janeiro: Processo, 2020, p. 221).

[276] A "diversidade não desqualifica a universalidade do ser humano, antes a confirma, e nem mesmo se conforma com o simples nivelamento [...]". O conceito de igualdade "não pode pender para o igualitarismo absoluto, nos termos em que pretendido pelos idealistas, nem pode descambar para a negação da igualdade na universalidade, como sustentado pelos nominalistas [...]". Ao contrário, impõe o respeito à diversidade e às necessidades fundamentais (proporcionalidade) (PINHO, Leda de Oliveira. *Princípio da igualdade*: investigação na perspectiva de gênero. Porto Alegre: Sérgio Antonio Fabris Editor, 2005, p. 91-95).

um determinado papel social[277] – é inadequada, pois o padrão adotado como referencial pode não corresponder, fielmente, à realidade fática. Com efeito, qualquer definição de igualdade, assentada num estereótipo do ser humano, será equivocada, na medida em que se baseará em um perfil idealizado, desconsiderando nuances relevantes no mundo real, notadamente em relação às pessoas com deficiência.

No campo da educação, observa-se que o modelo curricular é baseado essencialmente nesse estereótipo, em um perfil idealizado de estudante, dotado de plena capacidade cognitiva para assimilar conhecimentos em diversas áreas, sem qualquer versatilidade ou atenção à sua individualidade (impedimentos, barreiras etc.).

Por tais razões, o escopo das teorias dos direitos humanos deve ser ampliado, porque, embora tenham produzido efeitos positivos, especialmente em questões relacionadas a políticas afirmativas de gênero e raça, não contemplam, integralmente, a tutela dos interesses daqueles que não foram alcançados pelos mecanismos de generalização e padronização já incorporados nos sistemas jurídicos em geral.[278] Para garantir a igualdade, é imprescindível sopesar uma pluralidade de elementos.

Afora essa distorção genética em sua formulação teórica, os referenciais da igualdade – como exigência de generalidade e prevalência da lei, proibição de discriminação de qualquer natureza e dever de compensação de desigualdades sociais, econômicas e culturais reais (igualdade social ou de fato) – têm se revelado insuficientes para o propósito de promover a efetiva inclusão social das pessoas com deficiência, mediante a redução ou eliminação de barreiras para o exercício de direitos. Em que pese contemplem a diversidade do ser humano, vedando diferenciações racionalmente injustificáveis e propondo medidas compensatórias, e visem a uma generalização, padronização e homogeneização de objetivos e tratamentos jurídicos (dimensões universalizáveis), carecem de uma modelagem flexível e adaptável à imensa variabilidade dos contextos fáticos que reclamam a intervenção do Direito.

---

[277] ASÍS, Rafael de. Derechos humanos y discapacidad: algunas reflexiones derivadas del análisis de la discapacidad desde la teoría de los derechos. *In*: MENEZES, Joyceane Bezerra de (org.). *Direitos das pessoas com deficiência psíquica e intelectual nas relações privadas*: convenção sobre os direitos da pessoa com deficiência e Lei Brasileira de Inclusão. 2. ed., rev. e ampl. Rio de Janeiro: Processo, 2020, p. 16.

[278] ASÍS, Rafael de. Derechos humanos y discapacidad: algunas reflexiones derivadas del análisis de la discapacidad desde la teoría de los derechos. *In*: MENEZES, Joyceane Bezerra de (org.). *Direitos das pessoas com deficiência psíquica e intelectual nas relações privadas*: convenção sobre os direitos da pessoa com deficiência e Lei Brasileira de Inclusão. 2. ed., rev. e ampl. Rio de Janeiro: Processo, 2020, p. 16-17.

A despeito do relevante papel desempenhado pelas ações afirmativas na compensação de desvantagens vivenciadas por certos grupos sociais, em virtude de uma realidade histórica de marginalização ou de hipossuficiência gerada por outros fatores, as estratégias e medidas comumente implementadas no seu bojo são concebidas com base na avaliação da situação global dos integrantes daqueles segmentos em face da coletividade.

Essa abordagem pode ser eficaz em relação a algumas minorias vulneráveis, cujas desvantagens assemelham-se (mulheres, crianças e adolescentes, indígenas, negros, dentre outras), mas não é para as pessoas com deficiência, porque, dada a heterogeneidade do grupo, a concretização, ainda que potencial, de uma igualdade de oportunidades com os demais não é alcançada pela simples adoção de providências compensatórias padronizadas. Conquanto a exclusão social constitua realidade comum a todos, existem condições pessoais, vulnerabilidades, necessidades particulares e distintas barreiras ambientais que interferem nesse processo, que é complexo, por envolver não só a compreensão formal do direito a tratamento igualitário como a percepção de que os indivíduos são diferentes e suas singularidades devem ser consideradas na garantia da igualdade. A harmonia do coletivo reclama a conjugação das diferenças e a valorização das especificidades de cada um sempre que forem significativas para o exercício de direitos básicos.

Para demonstrar essa assertiva, recorre-se à Base Nacional Comum Curricular (BNCC), disponibilizada pelo MEC, cujos objetivos são:

> Conforme definido na Lei de Diretrizes e Bases da Educação Nacional (LDB, Lei nº 9.394/1996), a Base deve nortear os currículos dos sistemas e redes de ensino das Unidades Federativas, como também as propostas pedagógicas de todas as escolas públicas e privadas de Educação Infantil, Ensino Fundamental e Ensino Médio, em todo o Brasil.
>
> A Base estabelece conhecimentos, competências e habilidades que se espera que todos os estudantes desenvolvam ao longo da escolaridade básica. Orientada pelos princípios éticos, políticos e estéticos traçados pelas Diretrizes Curriculares Nacionais da Educação Básica, a Base soma-se aos propósitos que direcionam a educação brasileira para a formação humana integral e para a construção de uma sociedade justa, democrática e inclusiva.[279]

---

[279] MINISTÉRIO DA EDUCAÇÃO. *Base Nacional Comum Curricular*: educação é a base. Brasília: MEC, 2021. Disponível em: http://basenacionalcomum.mec.gov.br/images/BNCC_EI_EF_110518_versaofinal_site.pdf. Acesso em: 6 jan. 2022.

A BNCC da Educação Básica anuncia seis direitos de aprendizagem e desenvolvimento, entre os quais conviver "com outras crianças e adultos, em pequenos e grandes grupos, utilizando diferentes linguagens, ampliando o conhecimento de si e do outro, o respeito em relação à cultura e às diferenças entre as pessoas".[280] Esse primeiro direito é violado quando se institui um sistema de educação composto de um ensino regular e outro especial, uma vez que priva as crianças com deficiência e as sem deficiência do convívio e da compreensão da existência de outras realidades, dificultando o incremento da empatia e do respeito do outro e de sua própria dimensão.

Não há dúvida de que a tarefa de identificar os bens a serem partilhados em uma sociedade plural, em que coexistem diferentes visões sobre o mundo, é complexa. Essa circunstância, contudo, não legitima a afirmação de direitos, a partir de um modelo ideal de pessoa humana, porquanto indispensável, para a realização da justiça, um procedimento de inclusão formal e material da igualdade nas narrativas de justificação e na aplicação das normas jurídicas, nos seguintes termos: as pessoas são, naturalmente, diferentes em suas especificidades e perspectivas de vida, e iguais na sua essência (ser racional com valor intrínseco), nas necessidades fundamentais.[281] Essa dimensão do ser humano deve ser sopesada em qualquer política pública tendente à promoção da liberdade e da igualdade.

A proposta de ponderação do individual não antagoniza a exigência de tratamento isonômico a todos naquilo que for comum ao gênero humano.[282] Ainda que se admita que a pessoa humana tenha

---

[280] MINISTÉRIO DA EDUCAÇÃO. *Base Nacional Comum Curricular*: educação é a base. Brasília: MEC, 2021. Disponível em: http://basenacionalcomum.mec.gov.br/images/BNCC_EI_EF_110518_versaofinal_site.pdf. Acesso em: 6 jan. 2022.

[281] "No processo de participação democrática, cada pessoa deve ser vista como aritmeticamente igual. De modo que todos possam ter acesso aos mesmos argumentos e posições e todos possam aportar seus próprios argumentos e posições, ainda que por meio de um veículo comum, como, por exemplo, um partido político. É essencial que todos tenham neste processo as mesmas chances de ter a mesma importância e o mesmo peso, de modo a legitimar o resultado obtido neste processo, seja ele a eleição de um representante do povo, seja ele a produção de uma lei". (PINHO, Leda de Oliveira. *Princípio da igualdade*: investigação na perspectiva de gênero. Porto Alegre: Sérgio Antonio Fabris Editor, 2005, p. 95-97).

[282] "As regras de igualdade cortam diferenças e dão ensejo a desigualdades personalíssimas. Um dos grandes erros dos críticos é o de atribuírem à técnica constitucional da igualdade nivelar e fazer homogênea, sem sabor, a vida em comum. [...] Em princípio geral, o bem de todos, a uniformidade do que é necessário e iguais possibilidades abertas ao homem comum, são meio para a proporcionalidade, isto é, para se dar a cada um segundo o seu mérito e as suas necessidades. A política da igualdade é, pois, eminentemente prática.

seu valor no reconhecimento de direitos, é indubitável a necessidade de políticas públicas relacionadas às pessoas com deficiência mais flexíveis (ou adaptáveis), com a superação da ideia de grupo com direitos especiais, a que se defere um tratamento diferenciado homogêneo.

Uma opção dogmaticamente viável, para esse fim, é a noção de equidade (*epieikeia* em grego ou *aequitas* em latim).[283] Nos sistemas jurídicos codificados, identificam-se duas espécies de justiça: uma predefinida na lei, de aplicação geral e obrigatória para todos, que atende às exigências de igualdade e segurança jurídica, e outra, de natureza secundária, voltada à valoração do singular na construção das soluções jurídicas para os casos concretos, sempre que a norma legal for insuficiente ou não conduzir à realização do justo.[284]

A própria lei – enquanto generalização que ordena comportamentos futuros, com base no que é previsível e ocorre comumente – é, por natureza, incapaz de prever em abstrato todas as particularidades do mundo real. Não é por outra razão que o ordenamento jurídico pretensamente sistemático não aspira à completude normativa, mas

---

Atende às semelhanças, à identidade humana, sem desatender às diferenças. [...] A desigualdade existe, entre os homens, como existe a igualdade. O que é preciso é que aquela não invada, não devore, o domínio dessa; nem essa, aquela. Se pomos de parte a atuação maléfica dos regressivos, que influem através do ato, do mito, ou do pensamento – ainda a linha de evolução consiste em destruir-se a desigualdade, no que havia de ser igual, e a igualação, no que havia de ser desigual" (MIRANDA, Francisco Pontes de. *Democracia, liberdade e igualdade*: os três caminhos. 2. ed. São Paulo: Saraiva, 1979, p. 548).

[283] O termo *epieikeia*, que, etimologicamente, está vinculado à ideia de equilíbrio, retidão; a expressão *aequitas* (latim) é associada à igualdade, proporção, simetria. Embora não sejam sinônimos, ambos designam "o mesmo comportamento prático do jurista e do juiz, ao formularem uma regra ou uma sentença". "Enquanto a *epieikeia* grega, aristotélica, criava a norma como princípio ético que se identificava com a justiça, a *aequitas* romana não criava a norma, apenas adaptava o *ius* aos fatos concretos. Não era superior ao *ius*, estava nele" (AMARAL NETO, Francisco dos Santos. A equidade no Código Civil brasileiro. In: AMARAL NETO, Francisco dos Santos. *Aspectos controvertidos do novo Código Civil*: escritos em homenagem ao Ministro José Carlos Moreira Alves. São Paulo: Revista dos Tribunais, 2003, p. 200-202).

[284] Desde a Antiguidade, a justiça é o referencial que permite aferir a legitimidade ou não do direito. Opera "como uma espécie de código de ordem superior, cujo desrespeito ou violação produz resistência e cuja ausência conduz à desorientação e ao sem-sentido das regras de convivência". De outro lado, não pode ser generalizado: "Como princípio da justiça, a igualdade aparece, pois, como um código identificador do equilíbrio na distribuição de bens nas relações sociais. Como código, porém, admite diferentes decodificações. [...] A equidade não deixa de ser fiel ao princípio da igualdade, mas como senso de equilíbrio e conforme as circunstâncias concretas, os juízos equitativos não podem ser generalizados para todos os casos. Se o forem, geram desigualdade, posto que o que é equitativo numa situação não o é, necessariamente, em outra" (FERRAZ JÚNIOR, Tércio Sampaio. *Introdução ao estudo do direito*: técnica, decisão, dominação. 6. ed. rev. ampl. São Paulo: Atlas, 2008, p. 327-328 e 330).

à qualidade de ser completável, por meios reconhecidamente idôneos para esse fim.[285]

Nesse contexto, a impossibilidade de o legislador antever todas as circunstâncias relevantes para a regulamentação do relacionamento entre os indivíduos, apontando, desde logo, o que é mais justo, deve ser superada pela atuação do operador do Direito, que, no momento de aplicação da lei, pode adaptar o enunciado abstrato à realidade fática (interpretação), preencher vazios normativos involuntários (supressão de lacunas), criar a norma individual quando autorizado tal proceder e adaptar a literalidade da lei às peculiaridades do caso concreto, segundo os parâmetros estabelecidos pelo ordenamento jurídico. Tais atuações asseguram a funcionalização da própria justiça, que se impõe, em face da natureza complexa, particular e contingencial dos atos humanos juridicamente relevantes.

Com origem filosófica na Antiguidade,[286] o conceito de equidade sempre esteve atrelado ao de justiça.

Para Aristóteles, significava uma justa retificação do direito estrito, "como regra proporcional da justiça", mais consentânea com a vivência humana naturalmente cambiante, que coexistia com a justiça legal, incompleta, dado o caráter geral e abstrato da lei.[287] [288]

---

[285] BOBBIO, Norberto. *Teoria do ordenamento jurídico*. Brasília: Universidade de Brasília, 1990, p. 71-74.

[286] A definição filosófica de equidade remonta à tradição aristotélica e perpassa pela tradição agostiniana, pela versão tomista, pela mistura escocesa de agostinismo calvinista e aristotelismo renascentista e pelo liberalismo, com o repudio a tradição em nome dos princípios universais e abstratos da razão. No "liberalismo, uma sucessão de concepções ressoantes da justiça continua num debate que se tornou inconclusivo, em parte, devido à visão da racionalidade prática que a acompanha" (MACINTYRE, Alasdair. *Justiça de quem? Qual racionalidade?* Tradução de Marcelo Pimenta Marques. 3. ed. São Paulo: Loyola, 2008, p. 375-376).

[287] Em sua obra Ética a Nicômaco (Livro V), Aristóteles diz que disposição justa é, "por um lado, a observância da lei e o respeito pela igualdade; disposição injusta, por outro, é a transgressão da lei e o desrespeito à igualdade". E, "[...] se o que estiver disposto na lei tiver sido corretamente disposto pelo legislador, a lei é justa, caso seja extemporânea poderá não ser tão justa. A própria justiça é, então, uma excelência completa, não de uma forma absoluta, mas na relação com outrem." A equidade é uma forma de justiça, cuja função é retificar a justiça legal (de caráter universal), diante de "casos a respeito dos quais não é possível enunciar de modo correto um princípio universal" e "nos casos em que é necessário enunciar um princípio universal, mas aos quais não é possível aplicá-lo na sua totalidade de modo correto." Por isso: "A natureza da equidade é, então, ser retificadora do defeito da lei, defeito que resulta da sua característica universal" (ARISTÓTELES. Ética a *Nicômaco*. Tradução de Antônio de Castro Caeiro. 2. ed., rev. e atual. Rio de Janeiro: Forense, 2017, p. 96-97 e 115).

[288] AMARAL NETO, Francisco dos Santos. A equidade no Código Civil brasileiro. *In: Aspectos controvertidos do novo Código Civil:* escritos em homenagem ao Ministro José Carlos Moreira Alves. São Paulo: Revista dos Tribunais, 2003, p. 201.

Se o legislador não contemplasse determinado fato que continha algo excepcional, o intérprete deveria agir em conformidade com aquilo que teria dito, se tivesse tido conhecimento daquela particularidade.[289] No Direito Romano,[290] nas fases arcaica e pré-clássica, a *aequitas* como modelo ideal de justiça atenuava a rigidez das normas de direito; com Cícero, foi empregada no sentido de igual tratamento dos sujeitos (regra moral do direito), e, na fase pós-clássica, foi identificada com o direito natural, "e este com os preceitos fundamentais do cristianismo, pelo menos no plano teórico", sendo-lhe atribuída, na prática, certa elasticidade e imprecisão conceitual.[291]

Em uma sinuosa evolução histórica,[292] desde sua vinculação ao Direito Natural (Direito Romano antigo) até o recente ressurgimento na dogmática jurídica, após um período de ostracismo provocado pelo pensamento jusracionalista e pelo positivismo jurídico,[293] a equidade adquiriu novos contornos, sob o influxo do reconhecimento de inovadoras concepções hermenêuticas e técnicas de decisão. O espaço

---

[289] Para os clássicos, a justiça não era um fenômeno social "neutro", nem simples, pois o direito era concebido, a partir de uma virtude que norteava os padrões racionais de relacionamento humano na coletividade (dimensão política), e a definição da ação justa não era redutível à aplicação da lei, dependendo da prudência (BARZOTTO, Luis Fernando. O direito ou o justo: o direito como objeto da ética no pensamento clássico. *Anuário do Programa de Pós-Graduação em Direito/Unisinos*, São Leopoldo, 2000, p. 159-161 e 174.

[290] Segundo Francisco Amaral, a concepção atual de equidade tem sua origem no pensamento romano, sendo que, "no campo jurídico, a *aequitas* romana precede a *epieikeia* grega" (AMARAL NETO, Francisco dos Santos. A equidade no Código Civil brasileiro. *In*: AMARAL NETO, Francisco dos Santos. *Aspectos controvertidos do novo Código Civil*: escritos em homenagem ao Ministro José Carlos Moreira Alves. São Paulo: Revista dos Tribunais, 2003, p. 201).

[291] AMARAL NETO, Francisco dos Santos. A equidade no Código Civil brasileiro. *In*: AMARAL NETO, Francisco dos Santos. *Aspectos controvertidos do novo Código Civil*: escritos em homenagem ao Ministro José Carlos Moreira Alves. São Paulo: Revista dos Tribunais, 2003, p. 202-203.

[292] Sobre a relação entre equidade (*equity*) e *common law*, ver: AMARAL NETO, Francisco dos Santos. A equidade no Código Civil brasileiro. *In*: AMARAL NETO, Francisco dos Santos. *Aspectos controvertidos do novo Código Civil*: escritos em homenagem ao Ministro José Carlos Moreira Alves. São Paulo: Revista dos Tribunais, 2003, p. 204-205.

[293] O pensamento jusracionalista, calcado nos dogmas da matemática, da evidência e do conceito de sistema, expungiu do direito qualquer elemento, fator ou mecanismo que pudesse comprometer o seu caráter universal, abstrato e estável (primazia da ordem legal). Acreditava-se que a estruturação de um sistema axiomático-dedutivo, cuja aplicação dependia de um raciocínio lógico-formal (subsuntivo), sem espaço para o poder criativo dos juízes, melhor atendia aos anseios sociais por segurança, objetividade e inviolabilidade do direito, essenciais à estabilidade das relações sociais e econômicas (PRODI, Paolo. *Uma história da justiça*. Tradução de Karina Jannini. São Paulo: Martins Fontes, 2005, p. 469-470).

conquistado na aplicação do Direito é fruto da frustração dos ideais universais da modernidade, afetados pela expansão do pluralismo, do multiculturalismo e da tecnologia, que expuseram as insuficiências de um ordenamento jurídico, pautado por uma plenitude lógica irreal.[294] O florescimento de uma nova era – a pós-modernidade[295] – foi determinante para a ressignificação da equidade.[296] Se, na modernidade, dominou a ética do individualismo, da razão abstrata, da competição, da homogeneização social; no contexto pós-moderno, há a relativização dos universais, com ênfase na diversidade humana. A "[...] a ruptura com

---

[294] Para Vicente de Paula Barretto, o modo de pensar o direito, cultuado no século XX, fundava-se em uma ordem jurídica "que se pretendia, no seu limite liberal, asseguradora de direitos e garantias, através do estado liberal de direito; ou então, no seu limite transgressor autoritário, como um sistema de controle realizado por um sistema de leis expressão da vontade autoritária, sob as suas diversas formas [...]. O universo abalado pela física de Newton foi o universo da lógica aristotélica, no qual as conclusões eram deduzidas como resultado da subsunção de "menor" ao maior. Essa lógica nos princípios da identidade (A=A) e da diferença (A não é não-A) produziu um sistema binário, que desenhou o quadro normativo da cultura liberal-burguesa, voltado para normatizar os três pilares do direito dessa sociedade: um fator social básico, a propriedade; um agente social, que garantisse esse fator social, a família; e, um instrumento jurídico, o contrato, que regulasse as relações entre os cidadãos. O sistema normativo originava-se, assim de considerações da realidade social objetiva nela não se considerando valores, como o da dignidade da pessoa, como fundamentais na estrutura da sociedade e na aplicação do sistema jurídico. Esse foi o modelo político e jurídico consagrado como hegemônico, até o início do século XXI" (ENGELMANN, Wilson. *Sistemas jurídicos contemporâneos e constitucionalização do direito*: releituras do princípio da dignidade humana. Prefácio de Vicente de Paula Barretto. Curitiba: Juruá, 2013, p. 7-9).

[295] Para Erik Jayme, a pós-modernidade caracteriza-se por alguns elementos culturais específicos: o pluralismo de formas e estilos – que decorre da ideia de autonomia para escolher o próprio modo de vida, do direito à diferença –, a comunicação – que está vinculada aos meios tecnológicos, à vontade e ao desejo das pessoas de se comunicarem –, a valoração da narração e o retorno aos sentimentos. Esses elementos projetados no campo jurídico explicam a coexistência de microssistemas, o pluralismo de fontes, sujeitos e valores, a exigência de proteção de grupos e a valorização da linguagem, da comunicação e da dignidade humana como eixo principal do discurso jurídico (JAYME, Erik. Direito internacional privado e cultura pós-moderna. *Cadernos do Programa de Pós-graduação em Direito – PPGDir/UFRGS*, Porto Alegre, v. 1, n. 1, mar. 2003, p. 60-61).

[296] Paulo Hamilton Siqueira Jr. anota que as notas típicas da pós-modernidade são o efêmero, o volátil e o relativo. Além disso, a sociedade apresenta algumas características específicas: "1. sociedade de massa; 2. individualismo; 3. Era da Informática com tratamento computadorizado das informações e intensificação da linguagem por signos; 4. sociedade de consumo; 5. hedonismo; 6. apego à filosofia niilista, que nega a existência de valores absolutos como verdade e preceito ético." No campo jurídico, destacam-se a tolerância como respeito à diversidade (diálogo), o bom senso, voltado aos fundamentos da ética (amor, justiça e verdade), com a valorização dos princípios e da hermenêutica na aplicação do direito, e cidadania como o exercício de direitos (o direito de ter direitos) (SIQUEIRA JR., Paulo Hamilton. A dignidade da pessoa humana no contexto da pós-modernidade. *In*: MIRANDA, Jorge; SILVA, Marco Antonio Marques (coord.). *Tratado luso-brasileiro da dignidade humana*. 2. ed., atual. e ampl. São Paulo: Quartier Latin, 2009, p. 261-262, 266-269 e 273).

o passado moderno trouxe uma avalanche de tendências reprimidas, onde as minorias se manifestam com intensidade, os comportamentos estão favoravelmente pluralizados, os padrões morais estão difusos e desconcentrados". Embora haja mais espaço para a liberdade, o processo de socialização centrado na diversidade gera alguns riscos, na medida em que a perda dos universais que homogeneízam tende à fragmentação do sujeito.[297]

É o que o sociólogo Zygmunt Bauman designa "modernidade líquida", em que a fluidez dos valores, instituições, relações, contrasta com a homogeneidade da modernidade. A liquidez opõe-se à estabilidade e à segurança no sentido de que o que não pode ser desfeito e transformado deve ser evitado. A despeito da busca pelos ideais dos modernos (a beleza, a limpeza e a ordem), os métodos são distintos. Para aqueles, a espontaneidade, inspirada no princípio do prazer, é capaz de instaurar o estado de coisas desejado para a civilização (soluções individuais para problemas coletivos). Adverte, porém que aqueles que pretendem assegurar a todos os membros de uma sociedade o direito à diferença usurpam para si o direito à indiferença – o direito de abster-se de julgar.[298]

Diante desse cenário, em que o conteúdo da equidade remanesce controvertido, Troy Camplin defende que existe uma diferença entre igualdade e equidade;[299] outros autores sustentam que os conceitos são intercambiáveis.

A equidade é apontada ora como um princípio, "no sentido de postulado ético que deve inspirar todo o sistema jurídico", na busca de um equilíbrio entre a segurança e a justiça; ora como valor, "nos binômios equidade/direito, *ius/equum*, justiça formal/material", ou, ainda, cláusula geral,[300] "no sentido de regra flexível, de maior elasticidade

---

[297] BITTAR, Eduardo C. B. *Curso de ética jurídica:* ética geral e profissional. 14. ed. São Paulo: Saraiva, 2018, p. 97-98.
[298] BAUMAN, Zygmunt. *Globalização: as consequências humanas.* Tradução de Marcus Penchel. São Paulo: Jorge Zahar, 2009.
[299] CAMPLIN, Troy. Our University-Culture Chapter 7: equality vs. Egalitarianism. *Our University-Culture*, 22 set. 2017. Disponível em: https://medium.com/our-university-culture/our-university-culture-chapter-7-equality-vs-egalitarianism-b71e05cc75f9. Acesso em: 1 abr. 2021.
[300] Sobre o conceito de cláusula geral, ver: MARTINS-COSTA, Judith. *A boa-fé no direito privado:* sistema e tópica no processo obrigacional. São Paulo: Revista dos Tribunais, 1999, p. 274-377.

interpretativa, e como sistema de regras paralelo ao sistema legal".[301] Há autores que preferem apontá-la como fonte de direito, de natureza mediata, cuja força vinculante resulta, em última análise, da lei que a ela faz remissão.[302]

As divergências são menos evidentes na identificação das funções desempenhadas pela equidade no ordenamento jurídico,[303] assim sintetizadas:

1. como referencial hermenêutico, opera na delimitação do conteúdo da norma jurídica, com base em fundamentação orientada pelas particularidades do problema, argumentação que é exigível no procedimento (racional e controlável) de interpretação jurídica. A resolução dos conflitos de interesses, historicamente situados, é alcançada pela valorização dos aspectos fáticos que os singularizam, mediante a adequação da lei (de cunho geral e abstrato) aos contornos do caso concreto. Com tal proceder, atende-se à finalidade da própria lei[304] (restaurando o equilíbrio afetado pela sua generalidade), sem se afastar de uma pré-compreensão da linguagem vertida no enunciado normativo;[305]

---

[301] AMARAL NETO, Francisco dos Santos. A equidade no Código Civil brasileiro. *In:* AMARAL NETO, Francisco dos Santos. *Aspectos controvertidos do novo Código Civil:* escritos em homenagem ao Ministro José Carlos Moreira Alves. São Paulo: Revista dos Tribunais, 2003, p. 204.

[302] Sobre o tema, ver: MACHADO, João Baptista. *Introdução ao direito e ao discurso legitimador.* 10. reimp. Coimbra: Almedina, 1997; MARTINS-COSTA, Judith. O método da concreção e a interpretação dos contratos: primeiras notas de uma leitura suscitada pelo Código Civil. *In:* DELGADO, Mário Luiz; ALVES, Jones Figueiredo (coord.). *Questões controvertidas no novo Código Civil.* São Paulo: Método, 2005; GADAMER, Hans-Georg. *Verdade e método I:* traços fundamentais de uma hermenêutica filosófica. Tradução de Flávio Paulo Meurer. Revisão da tradução por Enio Paulo Giachini. 8. ed. Petrópolis: Vozes; Bragança Paulista, SP: Universitária São Francisco, 2007.

[303] Sobre o tema, ver: CAMINHA, Vivian Josete Pantaleão. *A equidade no direito contratual*: uma contribuição para o debate sobre o tema. 214 f. Tese (Doutorado em Direito) – Faculdade de Direito, Universidade Federal do Rio Grande do Sul, Porto Alegre, 2010. Disponível em: http://www.bibliotecadigital.ufrgs.br/da.php?nrb=000772831&loc=2019&l=995da1ea48570a4e. Acesso em: 14 out. 2021.

[304] Segundo Eros Roberto Grau, a norma jurídica não está substancialmente concluída, pois o texto normativo (como ato de comunicação, emprega uma linguagem inteligível para o operador do direito) completa-se com os elementos da realidade social (GRAU, Eros Roberto. *Ensaio e discurso sobre a interpretação*: aplicação do direito. 2. ed. São Paulo: Malheiros, 2003, p. 71-72, 84 e 86).

[305] Embora o processo interpretativo inicie com uma prévia seleção de conteúdos e definição de prioridades, que implicam determinadas escolhas e atitudes axiológicas, ele não se limita à descoberta ou à identificação de um sentido e alcance definíveis a priori. A busca pela universalidade exige a consciência da natureza inacabada e provisória de todas as formas de conhecimento. A interpretação como atividade intelectual é informada por métodos,

2. no preenchimento de lacunas involuntárias do ordenamento jurídico ou na integração de enunciado normativo aberto, permite a elaboração da norma aplicável ao caso concreto, que não foi regulado pela lei, a partir da ponderação de suas especificidades e de elementos metajurídicos.[306] No ordenamento jurídico pátrio, o recurso à equidade é admitido residualmente, após o esgotamento de outros métodos de integração enumerados pelo legislador,[307] dado o seu caráter assistemático;

---

técnicas e parâmetros que lhe conferem legitimidade, racionalidade e controlabilidade. A aplicação é o momento culminante (final) desse processo, consubstanciado na incidência da norma sobre os fatos relevantes. Na dogmática contemporânea, a atribuição de sentidos aos enunciados normativos – ou a outras fontes reconhecidas pelo sistema jurídico – faz-se em conexão com os fatos relevantes e a realidade subjacente. Daí a crescente utilização, pela doutrina, das terminologias enunciado normativo (texto em abstrato), norma jurídica (tese a ser aplicada ao caso concreto, fruto da interação texto/realidade) e norma de decisão (regra concreta que decide a questão) (BARROSO, Luís Roberto. *Curso de direito constitucional contemporâneo*: os conceitos fundamentais e a construção do novo modelo. 8. ed. São Paulo: Saraiva, 2019, p. 270).

[306] "O ordenamento jurídico mantém relação de pertinência com os valores que lhe são imanentes e a realidade que lhe serve de modelo e substrato para aplicação. Nesse sentido, se tomado como termo-de-referência o mundo real (natural), o direito positivo é inexoravelmente incompleto, porque há fatos da natureza que não estão normativamente qualificados; se adotado como parâmetro o homem enquanto sujeito que se projeta em conduta (fato relacional de sentido, de sujeito para sujeito), é completável, porque tem a potencialidade de abranger qualquer conduta possível como decorrência de sua natureza deontológica, de sua estrutura lógica e ontológica. [...] O direito positivo é incapaz de abranger a multiplicidade quantitativa e qualitativa que a realidade social comporta (atualmente ou em momento historicamente superveniente); mas ele é completável [...]" (CAMINHA, Vivian Josete Pantaleão. *A equidade no direito contratual*: uma contribuição para o debate sobre o tema. 214 f. Tese (Doutorado em Direito) – Faculdade de Direito, Universidade Federal do Rio Grande do Sul, Porto Alegre, 2010. Disponível em: http://www.bibliotecadigital.ufrgs.br/da.php?nrb=000772831&loc=2019&l=995da1ea 48570a4e. Acesso em: 14 out. 2021, p. 76-77).

[307] "Art. 4º. Quando a lei for omissa, o juiz decidirá o caso de acordo com a analogia, os costumes e os princípios gerais de direito" (BRASIL. *Decreto-Lei nº 4.657, de 4 de setembro de 1942*. Lei de Introdução às normas do Direito Brasileiro. Disponível em: http://www.planalto.gov.br/ccivil_03/Decreto-Lei/Del4657compilado.htm. Acesso em: 28 ago. 2021). "Art. 7º. Os direitos previstos neste código não excluem outros decorrentes de tratados ou convenções internacionais de que o Brasil seja signatário, da legislação interna ordinária, de regulamentos expedidos pelas autoridades administrativas competentes, bem como dos que derivem dos princípios gerais do direito, analogia, costumes e eqüidade" (BRASIL. *Lei nº 8.078, de 11 de setembro de 1990*. Código de Defesa do Consumidor. Disponível em: http://www.planalto.gov.br/ccivil_03/leis/L8078compilado.htm. Acesso em: 28 ago. 2021). "Art. 8º. As autoridades administrativas e a Justiça do Trabalho, na falta de disposições legais ou contratuais, decidirão, conforme o caso, pela jurisprudência, por analogia, por eqüidade e outros princípios e normas gerais de direito, principalmente do direito do trabalho, e, ainda, de acordo com os usos e costumes, o direito comparado, mas sempre de maneira que nenhum interesse de classe ou particular prevaleça sobre o interesse público" (BRASIL. *Decreto-Lei nº 5.452, de 1º de maio de 1943*. Consolidação das Leis do Trabalho. Disponível em: https://www.planalto.gov.br/ccivil_03/Decreto-Lei/Del5452.htm. Acesso em: 28 ago. 2021).

3. como fonte do Direito na composição patrocinada (mediação, conciliação e arbitragem) ou em hipóteses legalmente autorizadas,[308] substitui o regramento legal por outro particular, construído com base em elementos metajurídicos. Em se tratando de solução jurídica singular que não integra – como norma geral e abstrata – o ordenamento jurídico em definitivo, consiste em atuação permitida, pontualmente, pelo legislador brasileiro (art. 6º da Lei nº 9.099, de 1995,[309] e art. 2º da Lei nº 9.307, de 1996[310]), e
4. em sua função corretiva, viabiliza a adaptação da norma legal, formulada em bases genéricas, a uma situação fática existente, em busca de um ponto de equilíbrio no conflito de interesses. Do cotejo das peculiaridades do caso concreto com o enunciado normativo, evidencia-se a impossibilidade de sua aplicação *in concreto* e fundamenta-se o seu afastamento nas especificidades daquele,[311] em prol da realização da justiça,[312] sem modificação do texto da lei em si.[313]

---

[308] "Art. 140. [...] Parágrafo único. O juiz só decidirá por equidade nos casos previstos em lei" (BRASIL. *Lei nº 13.105, de 16 de março de 2015*. Código de Processo Civil. Disponível em: http://www.planalto.gov.br/ccivil_03/_Ato2015-2018/2015/Lei/L13105.htm. Acesso em: 28 ago. 2021).

[309] "Art. 6º. O Juiz adotará em cada caso a decisão que reputar mais justa e equânime, atendendo aos fins sociais da lei e às exigências do bem comum" (BRASIL. *Lei nº 9.099, de 26 de setembro de 1995*. Dispõe sobre os Juizados Especiais Cíveis e Criminais e dá outras providências. Disponível em: https://www.planalto.gov.br/ccivil_03/Leis/L9099.htm. Acesso em: 28 ago. 2021).

[310] "Art. 2º. A arbitragem poderá ser de direito ou de eqüidade, a critério das partes" (BRASIL. *Lei nº 9.307, de 23 de setembro de 1996*. Dispõe sobre a arbitragem. Disponível em: https://www.planalto.gov.br/ccivil_03/LEIS/L9307.htm. Acesso em: 28 ago. 2021).

[311] "Art. 413. A penalidade deve ser reduzida eqüitativamente pelo juiz se a obrigação principal tiver sido cumprida em parte, ou se o montante da penalidade for manifestamente excessivo, tendo-se em vista a natureza e a finalidade do negócio." (BRASIL. *Lei nº 10.406, de 10 de janeiro de 2002*. Código Civil. Disponível em: http://www.planalto.gov.br/ccivil_03/leis/2002/L10406compilada.htm. Acesso em: 14 out. 2021). Na hipótese de redução de cláusula penal, a eqüidade é integrada por elementos axiológicos (p.ex. a utilidade efetiva do adimplemento parcial para o credor) e teleológicos (como a finalidade econômica e social do contrato). Nessa apreciação, têm relevância a racionalidade econômica do contrato, o interesse do sinalagma e as expectativas do credor (utilidade). (MARTINS-COSTA, Judith. A dupla face do princípio da equidade na redução da cláusula penal. *In*: ASSIS, Araken de (org.). *Direito civil e processo*: estudos em homenagem ao Professor Arruda Alvim. São Paulo: Revista dos Tribunais, 2007, p. 62).

[312] "Art. 5º. Na aplicação da lei, o juiz atenderá aos fins sociais a que ela se dirige e às exigências do bem comum" (BRASIL. *Decreto-Lei nº 4.657, de 4 de setembro de 1942*. Lei de Introdução às normas do Direito Brasileiro. Disponível em: http://www.planalto.gov.br/ccivil_03/Decreto-Lei/Del4657compilado.htm. Acesso em: 28 ago. 2021).

[313] "O caráter assistemático da eqüidade impede que uma norma particular – com base nela construída – implique a correção do legal, inclusive porque é desarrazoado, e até ilegítimo

Essas funções estão ancoradas na noção de justiça social como um dos objetivos fundamentais da sociedade brasileira, positivado pela CF/88,[314] a qual combina o justo legal prefigurado pelo legislador e a exigência de colaboração de todos os integrantes da coletividade para a obtenção do bem comum.[315]

Transpostas essas noções à realidade das pessoas com deficiência, percebe-se que a equidade – como referencial de valoração do singular – desponta como o parâmetro mais adequado à construção de soluções pragmáticas para a sua inclusão social, haja vista a impossibilidade de realização da justiça concreta, a partir de uma concepção unitária de bem comum, pautada pelo ideal de igualdade.

Especificamente no campo da educação, o princípio da igualdade não é suficiente para abarcar a infinita gama de singularidades envolvidas na relação indivíduo e ambiente. Isso porque qualquer regra que, pautada pela lógica da isonomia universal, determine a inserção das pessoas com deficiência no sistema de ensino formal, sem a

---

e arbitrário, valer-se, o juiz, do critério da "singularidade relevante" e excepcional para opor-se à lei, democraticamente concebida. Nesse aspecto, o seu *modus operandi* difere daquele adotado na aplicação dos postulados da proporcionalidade, da razoabilidade ou da proibição de excesso, que resultam na invalidação da norma legal" (CAMINHA, Vivian Josete Pantaleão. *A equidade no direito contratual: uma contribuição para o debate sobre o tema*. 214 f. Tese (Doutorado em Direito) – Faculdade de Direito, Universidade Federal do Rio Grande do Sul, Porto Alegre, 2010. Disponível em: http://www.bibliotecadigital.ufrgs.br/da.php?nrb=000772831&loc=2019&l=995da1ea48570a4e. Acesso em: 14 out. 2021, p. 60.

[314] "Art. 3º. Constituem objetivos fundamentais da República Federativa do Brasil: I – construir uma sociedade livre, justa e solidária; [...]"; "Art. 170. A ordem econômica, fundada na valorização do trabalho humano e na livre iniciativa, tem por fim assegurar a todos existência digna, conforme os ditames da justiça social, observados os seguintes princípios: [...]", e "Art. 193. A ordem social tem como base o primado do trabalho, e como objetivo o bem-estar e justiça sociais" (BRASIL. *Constituição da República Federativa do Brasil de 1988*. Disponível em: https://www.planalto.gov.br/ccivil_03/Constituicao/Constituicao.htm. Acesso em: 24 jul. 2021).

[315] Como a lei impõe direitos e deveres iguais para todos, a justiça legal torna-se justiça social, aquela em que todo membro da sociedade vale tanto como qualquer outro, e todo ato em conformidade com a lei beneficia igualmente a todos. Na sociedade democrática, desloca-se a ênfase do meio utilizado para alcançar o bem comum – a lei – para o sujeito do bem comum – a sociedade em seus membros –, justificando a mudança de denominação, de justiça legal para justiça social. No direito constitucional brasileiro, a existência digna, mencionada no texto constitucional, corresponde à 'vida boa' dos clássicos, e o seu alcance por todos constitui a concretização do bem comum. O objetivo de atribuir a todos os bens necessários ao pleno desenvolvimento de sua personalidade pode ser implementado por mecanismos típicos da justiça social – reconhecer o mesmo direito a todos, em virtude de sua condição humana, independentemente de suas características particulares – ou por mecanismos de justiça distributiva – qualificando o sujeito de direito, tendo em vista um aspecto relevante (criança, idoso, trabalhador, etc.) (BARZOTTO, Luis Fernando. Justiça social: gênese, estrutura e aplicação de um conceito. *Revista da Procuradoria-Geral do Município de Porto Alegre*, Porto Alegre, v. 17, p. 17-53, 2003, p. 18, 23-24 e 27-28).

ponderação das peculiaridades de suas situações individuais, tornará letra morta o objetivo igualitário, provocando a evasão daquelas que não se adaptarem ao modelo-padrão. Ressalta-se que não ser suficiente não significa dizer que não deverá ser utilizado como critério, mas, sim, que a equidade deve complementar a igualdade.

Essa realidade reflete-se na formatação do currículo do curso de Pedagogia, que, de regra, contempla somente três disciplinas de educação inclusiva, sem projetá-la em todas as restantes, como se verifica na análise do curso de graduação em Pedagogia da PUCPR. O profissional aprende a trabalhar de forma isolada com a educação inclusiva e com o estudante com deficiência, e não com a inclusão em todas as esferas do ensino. Na matriz curricular do curso de Pedagogia da PUCPR, por exemplo, constam as disciplinas de Língua Brasileira de Sinais (LIBRAS) e de educação especial.[316] Ambas são ministradas separadamente, sem vínculos de interconexão.

É importante destacar que o problema não é a instituição em si, mas o currículo obrigatório básico, estabelecido pelo MEC, para todos os cursos de graduação no país. No documento disponível no seu portal, que se refere às diretrizes nacionais, não há qualquer item dispondo sobre educação inclusiva e estudantes com deficiência. Existe somente um parecer consultivo, em que a Universidade Paulista Júlio de Mesquita Filho apresentou questionamentos sobre as Diretrizes Curriculares Nacionais: os encaminhamentos que deveriam ser realizados para a formação dos professores para as diversas áreas de deficiência e se era possível manter as habilitações em educação especial de forma complementar ao curso básico. Em resposta, o MEC manifestou-se:

> [...] os sistemas de ensino estão a requerer profissionais que já tenham experiência docente geral prévia e se capacitem para as funções de coordenação pedagógica de projetos de Educação Inclusiva, assim como para o atendimento complementar ou de base aos escolares com necessidades educacionais especiais. Para estes casos, é mais razoável que esta capacitação se dê em nível de pós-graduação, conforme preconizam as Diretrizes Curriculares para o Curso de Pedagogia.[317]

---

[316] PUCPR. *Matriz curricular do curso de pedagogia*. Curitiba: PUCPR, 2021. Disponível em: https://static.pucpr.br/pucpr/2021/09/re-300-2021-consun-mc-pedagogia-lic-eeh-2022.pdf. Acesso em: 6 jan. 2022.

[317] MINISTÉRIO DA EDUCAÇÃO E CULTURA. *Parecer CNE/CP nº 3/2007, de 17 de abril de 2007*. Disponível em: http://portal.mec.gov.br/cne/arquivos/pdf/pcp003_07.pdf. Acesso em: 6 jan. 2022.

E concluiu afirmando que a Universidade Estadual Paulista (UNESP) poderia aprofundar o tema de forma complementar.

O próprio MEC orientou no sentido de que a formação em educação especial deveria ser realizada de forma complementar e em pós-graduação, e não incluída no currículo de formação obrigatória. Em sendo a formação em nível de pós-graduação opcional e seletiva, é possível supor que a maioria dos professores formados em Pedagogia não estão preparados para trabalhar com pessoas com deficiência.[318]

Além disso, mesmo após a edição do EPD e a obrigatoriedade da educação inclusiva, as normativas ministeriais disciplinam a educação especial.

A capacidade de aprender é inerente ao ser humano racional. O "desafio está em trabalhar as singularidades de modo a obter o mais amplo desenvolvimento de cada um a partir de suas potencialidades", a fim de que o processo ensino-aprendizagem – que se dá de forma contextualizada, com interações e relações intersubjetivas e com o meio – efetivamente alcance seus objetivos.[319] Assim, a falta de formação dos professores para as diversas áreas de deficiência acaba por impedir que as singularidades sejam observadas e trabalhadas durante o ensino básico, o que acarretará um inegável prejuízo à formação de estudantes com deficiências de natureza cognitiva.

Na BNCC, foi determinado que o foco principal das instituições de ensino deve ser a equidade, reconhecendo que os estudantes possuem diferentes necessidades, com o compromisso de utilizar práticas pedagógicas inclusivas e a diferenciação curricular como determina o EPD.[320] Todavia, somente em um pequeno trecho, o documento faz menção aos estudantes com deficiência, sem implementar uma alteração substancial na educação básica.

Até este ponto, a conclusão possível é a de que há uma falha curricular na formação pedagógica que impede a adequada preparação de

---

[318] MINISTÉRIO DA EDUCAÇÃO E CULTURA. *Parecer CNE/CP nº 3/2007, de 17 de abril de 2007*. Disponível em: http://portal.mec.gov.br/cne/arquivos/pdf/pcp003_07.pdf. Acesso em: 6 jan. 2022.

[319] BARBOSA, Fernanda Nunes. Democracia e participação: o direito da pessoa com deficiência à educação e sua inclusão nas instituições de ensino superior. In: *Direito das Pessoas com Deficiência Psíquica e Intelectual nas Relações Privadas. Convenção sobre os Direitos da Pessoa com Deficiência e Lei Brasileira de Inclusão*. 2. ed. revista e ampliada/Joyceane Bezerra de Menezes (organizadora). Rio de Janeiro: Processo, 2020, p. 948.

[320] MINISTÉRIO DA EDUCAÇÃO. *Base Nacional Comum Curricular*: educação é a base. Brasília: MEC, 2021. Disponível em: http://basenacionalcomum.mec.gov.br/images/BNCC_EI_EF_110518_versaofinal_site.pdf. Acesso em: 6 jan. 2022, p. 15.

profissionais para o enfrentamento de situações envolvendo estudantes com deficiência no ensino básico.

Relativamente ao tema, é oportuna a análise de Asís, que, após discorrer sobre os processos históricos de consolidação dos direitos – a positivação, a generalização, a internacionalização e a especificação (esta caracterizada pela vinculação a determinados grupos ou sujeitos que se encontram em certas circunstâncias) –, adverte que a abordagem dos direitos das pessoas com deficiência sob o enfoque de uma especificação, decorrente de uma definição heterônoma do grupo, perpetua a ideia de que são especiais ou fora do normal, devendo ser redirecionada para a perspectiva de generalização dos direitos, ainda que, para tanto, sejam necessárias medidas específicas.[321] Vale dizer, o reconhecimento de direitos não deve se apoiar na atribuição especial de direitos, fundada na especificidade dos sujeitos, mas, sim, na necessidade de assegurar o exercício dos direitos por quem não os tem realizado concretamente (generalização),[322] o que demanda, em certa medida, a consideração do individual. Uma igualdade que ignore as diferenças individuais não é uma igualdade perfeita, de excelência.[323] Nas hipóteses em que o tratamento despendido é igual, apesar de ser distinta a situação de cada um, há uma discriminação que pode ser prejudicial a quem é destinada a proteção jurídica.

---

[321] ASÍS, Rafael de. Derechos humanos y discapacidad: algunas reflexiones derivadas del análisis de la discapacidad desde la teoría de los derechos. *In:* MENEZES, Joyceane Bezerra de (org.). *Direitos das pessoas com deficiência psíquica e intelectual nas relações privadas:* convenção sobre os direitos da pessoa com deficiência e Lei Brasileira de Inclusão. 2. ed., rev. e ampl. Rio de Janeiro: Processo, 2020, p. 17.

[322] "El proceso de generalización se el intento de compaginar la idea de igualdad formal con la de la universalidad, y con ello extender la satisfacción de los derechos a todos los sujetos. Pues bien, este es el enfoque adecuado de la discapacidad. El reconocimiento de los derechos de las personas con discapacidad no se apoya en el reconocimiento de la especificidad de unos sujetos desde la que se justifica la atribución especial de derechos, sino en la necesidad de generalizar la satisfacción de los derechos a aquellos que no los tienen satisfechos." ASIS, Rafael de. *Derechos humanos y discapacidad:* algunas reflexiones derivadas del análisis de la discapacidad desde la teoría de los derechos (ASÍS, Rafael de. Derechos humanos y discapacidad: algunas reflexiones derivadas del análisis de la discapacidad desde la teoría de los derechos. *In:* MENEZES, Joyceane Bezerra de (org.). *Direitos das pessoas com deficiência psíquica e intelectual nas relações privadas:* convenção sobre os direitos da pessoa com deficiência e Lei Brasileira de Inclusão. 2. ed., rev. e ampl. Rio de Janeiro: Processo, 2020, p. 17).

[323] CAMPLIN, Troy. Our University-Culture Chapter 7: equality vs. Egalitarianism. *Our University-Culture*, 22 set. 2017. Disponível em: https://medium.com/our-university-culture/our-university-culture-chapter-7-equality-vs-egalitarianism-b71e05cc75f9. Acesso em: 1 abr. 2021.

Sob esse prisma, é relevante notar que, ao definir seu propósito precípuo, a CIDPD identifica-o com a promoção, proteção e garantia do exercício pleno e *equitativo* – e não meramente igualitário – de todos os direitos humanos e liberdades fundamentais por todas as pessoas com deficiência, bem como do respeito pela sua dignidade (art. 1º), e, ao anunciar seus princípios gerais, enumera, ao lado da igualdade de oportunidades e da não discriminação, o respeito pela dignidade inerente, a autonomia e a plena e efetiva participação e inclusão na sociedade, dentre outros (art. 3º), o que reclama a consideração do referencial da equidade em complemento ao da igualdade. O extenso e heterogêneo rol de impedimentos de longo prazo de natureza física, mental, intelectual ou sensorial, que, em interação com uma ou mais barreiras ambientais, tem o potencial de comprometer a participação do indivíduo na sociedade em igualdade de condições com os demais, torna inviável estabelecer, *a priori*, o justo em todas as hipóteses potencialmente concretizáveis.

A igualdade como não discriminação – ou, no plano das relações sociais, a não materialização de atitudes arbitrárias (ação ou omissão) que, fundadas em preconceito, implicam violação de direitos contra pessoas ou grupos estigmatizados – visa a impedir qualquer distinção, exclusão, restrição ou preferência (intencionais ou não) que possa anular ou prejudicar o reconhecimento ou o exercício de direitos em condições igualitárias, considerado o segmento social como um todo.[324]

A equidade como valoração das diferenças na perspectiva do indivíduo, e não do grupo, torna viável a promoção de uma efetiva inclusão que permita (ou ao menos oportunize) o desenvolvimento pessoal e da autoestima e crie o sentimento de pertencimento[325] – o

---

[324] A Convenção Internacional sobre os Direitos das Pessoas com Deficiência define, em seu artigo 2º, discriminação por motivo de deficiência como "qualquer diferenciação, exclusão ou restrição baseada em deficiência, com o propósito ou efeito de impedir ou impossibilitar o reconhecimento, o desfrute ou o exercício, em igualdade de oportunidades com as demais pessoas, de todos os direitos humanos e liberdades fundamentais nos âmbitos político, econômico, social, cultural, civil ou qualquer outro. Abrange todas as formas de discriminação, inclusive a recusa de adaptação razoável" (BRASIL. *Decreto nº 6.949, de 25 de agosto de 2009*. Convenção Internacional sobre os Direitos das Pessoas com Deficiência. Brasília: Presidência da República, 2009. Disponível em: www.planalto.gov.br/ccivil_03/_Ato2007-2010/2009/Decreto/D6949.htm. Acesso em: 9 ago. 2021).

[325] Segundo John Rawls, "Avaliamos nossas perspectivas de vida segundo nosso lugar na sociedade e formulamos nossos objetivos à luz dos meios e oportunidades de que podemos esperar dispor de forma realista. Assim, o fato de sermos esperançosos e otimistas em relação ao nosso futuro, ou resignados e apáticos, depende tanto de desigualdades associadas à nossa posição social como dos princípios públicos de justiça que a sociedade não apenas professa, mas, de modo mais ou menos efetivo, usa para

que é mais do que mera integração, por demandar a compreensão do "Homem cotidiano, circunstanciado, dentre outras, pelas medidas de igualdade, de estigma, de inclusão e de discriminação que formatam a sua esfera de atuação existencial. [...] a tutela da pessoa não pode se contentar com soluções abstratas, superficiais e tampouco ideologizadas".[326] O respeito à diversidade, preconizada por todos os textos normativos, pressupõe a consideração do singular.[327]

Entretanto, a partir da análise dos currículos do curso de Pedagogia, e das próprias orientações do Poder Público, constata-se que a ausência de uma abordagem integral, ou seja, um enfoque de como se deve trabalhar a educação básica da pessoa com deficiência em todas as disciplinas, implica a pressuposição equivocada de um ser humano ideal, perfeito, que é incompatível com a realidade.

A deficiência é, de regra, associada a um grupo classificado como minoria, o que já contém em si a ideia de exclusão, a ser superada. Contribuiu, significativamente, para essa segregação, a conceituação de deficiência (outrora preponderante) na perspectiva biomédica e individual (e até religiosa em momento anterior), em uma abordagem extremamente estigmatizante e fulcrada na necessidade de reabilitação ou modelagem a um ideal de normalidade social, mental e físico. Essa realidade tende a mudar, a partir da percepção da deficiência em um

---

regular as instituições da justiça de fundo. Portanto, a estrutura básica enquanto regime social e econômico não é apenas um arranjo que satisfaz desejos e aspirações já dados, mas também um arranjo que suscita outros desejos e aspirações no futuro. Faz isso por meio das expectativas e ambições que estimula no presente, e, na verdade, a vida toda" (RAWLS, John. *Justiça como equidade:* uma reformulação. Tradução de Claudia Berliner. Revisão técnica e de tradução de Álvaro de Vita. São Paulo: Martins Fontes, 2003, p. 79-80).

[326] SALES, Gabrielle Bezerra; SARLET, Ingo Wolfgang. A igualdade na Constituição Federal de 1988: um ensaio acerca do sistema normativo brasileiro face à Convenção Internacional e à Lei Brasileira de Inclusão da Pessoa com Deficiência (Lei nº 13.146/2015). In: MENEZES, Joyceane Bezerra de (org.). *Direitos das pessoas com deficiência psíquica e intelectual nas relações privadas:* convenção sobre os direitos da pessoa com deficiência e Lei Brasileira de Inclusão. 2. ed., rev. e ampl. Rio de Janeiro: Processo, 2020, p. 198.

[327] Como já dito, a valoração do singular não afasta os referenciais da igualdade; antes, complementa-os. Tampouco se opõe ao que Rafael Asís denomina "processo de generalização dos direitos", pois o que se pretende é assegurar a todos, inclusive as pessoas com deficiência, o exercício dos direitos fundamentais, de que todos são titulares – ou seja, direitos que não são específicos de um ou outro grupo ou sujeito que se encontra em determinada circunstância. "El proceso de generalización en lo básico, supone la extensión de la satisfacción de los derechos a sujetos y colectivos que no los poseían" (ASÍS, Rafael de. Derechos humanos y discapacidad: algunas reflexiones derivadas del análisis de la discapacidad desde la teoría de los derechos. *In:* MENEZES, Joyceane Bezerra de (org.). *Direitos das pessoas com deficiência psíquica e intelectual nas relações privadas:* convenção sobre os direitos da pessoa com deficiência e Lei Brasileira de Inclusão. 2. ed., rev. e ampl. Rio de Janeiro: Processo, 2020, p. 17).

viés sociológico e político, pautado pela ideia de inclusão e adaptação do cotidiano às necessidades de todos.[328] O artigo 2º da DUDH[329] dispõe que "a deficiência se trata de uma espécie de traço identitário, não podendo servir de justificativa para nenhum tipo de discriminação, exceto as de natureza positiva (das assim chamadas ações afirmativas)".[330] Nessa esteira, o princípio da igualdade – que se baseia na premissa de que ninguém deve ter menos chances, em razão da forma como nasceu, do lugar de onde vem, de suas crenças e convicções ou outro fator desse tipo[331] – é complementado

---

[328] "A ideia central do modelo social, portanto, é pautada preponderantemente em dois pontos: 1 – A deficiência em si não poder justificar a desigualdade e a exclusão que ainda se verifica em relação aos deficientes, condizendo, nesse sentido, com a proposta de separação entre os conceitos de lesão e deficiência; 2 – Uma vez que se trata de um conceito sociológico e igualmente político, a abordagem deixaria de ser individual, personalizada e biomédica no sentido de uma tragédia pessoal ou de castigo divino para ser pensado na forma de objeto para a criação de políticas públicas que visem a transformação de todas as espécies de padrões sociais excludentes, transferindo a responsabilidade acerca da inclusão para o Estado em parceria com a Sociedade civil" (SALES, Gabrielle Bezerra; SARLET, Ingo Wolfgang. A igualdade na Constituição Federal de 1988: um ensaio acerca do sistema normativo brasileiro face à Convenção Internacional e à Lei Brasileira de Inclusão da Pessoa com Deficiência (Lei nº 13.146/2015). *In*: MENEZES, Joyceane Bezerra de (org.). *Direitos das pessoas com deficiência psíquica e intelectual nas relações privadas*: convenção sobre os direitos da pessoa com deficiência e Lei Brasileira de Inclusão. 2. ed., rev. e ampl. Rio de Janeiro: Processo, 2020, p. 214-215).

[329] "Art. 2º. 1. Todo ser humano tem capacidade para gozar os direitos e as liberdades estabelecidos nesta Declaração, sem distinção de qualquer espécie, seja de raça, cor, sexo, língua, religião, opinião política ou de outra natureza, origem nacional ou social, riqueza, nascimento, ou qualquer outra condição. 2. Não será também feita nenhuma distinção fundada na condição política, jurídica ou internacional do país ou território a que pertença uma pessoa, quer se trate de um território independente, sob tutela, sem governo próprio, quer sujeito a qualquer outra limitação de soberania" (UNICEF. *Declaração Universal dos Direitos Humanos*. Proclamada pela Assembleia Geral das Nações Unidas (Resolução nº 217 A III) em 10 de dezembro 1948. Disponível em: https://www.unicef.org/brazil/declaracao-universal-dos-direitos-humanos. Acesso em: 29 ago. 2021).

[330] SALES, Gabrielle Bezerra; SARLET, Ingo Wolfgang. A igualdade na Constituição Federal de 1988: um ensaio acerca do sistema normativo brasileiro face à Convenção Internacional e à Lei Brasileira de Inclusão da Pessoa com Deficiência (Lei nº 13.146/2015). *In*: MENEZES, Joyceane Bezerra de (org.). *Direitos das pessoas com deficiência psíquica e intelectual nas relações privadas*: convenção sobre os direitos da pessoa com deficiência e Lei Brasileira de Inclusão. 2. ed., rev. e ampl. Rio de Janeiro: Processo, 2020, p. 198.

[331] Há quem sustente que "uma abordagem coletiva que se projeta para a pluralidade, para a igualdade, para a tolerância e para a diversidade", ao lado da "consciência de que cabe a todos, solidariamente, a retirada das barreiras sociais, intelectuais, culturais e arquitetônicas que separam todas as pessoas, deficientes ou não" são os dois legados do modelo social de deficiência, neutralizando o aspecto estigmatizante (SALES, Gabrielle Bezerra; SARLET, Ingo Wolfgang. A igualdade na Constituição Federal de 1988: um ensaio acerca do sistema normativo brasileiro face à Convenção Internacional e à Lei Brasileira de Inclusão da Pessoa com Deficiência (Lei nº 13.146/2015). *In*: MENEZES, Joyceane Bezerra de (org.). *Direitos das pessoas com deficiência psíquica e intelectual nas relações privadas*: convenção sobre os direitos da pessoa com deficiência e Lei Brasileira de Inclusão. 2. ed., rev. e ampl. Rio de Janeiro: Processo, 2020, p. 216).

pela equidade, que, a partir do reconhecimento de que não somos todos iguais e estamos sujeitos a diferentes tipos de barreiras socioambientais, orienta o modo de ajustar esse "desequilíbrio". Relacionada à ideia de que é necessário dar a cada indivíduo o que ele realmente precisa, para que tenha acesso às mesmas oportunidades dos demais (igualdade), significa, em outros termos, dar mais para quem mais necessita, de forma proporcional e adequada às suas circunstâncias pessoais.

Embora ambas tenham o objetivo de promover a justiça, igualdade e equidade constituem projeções distintas desse valor-fim: a primeira preconiza o tratamento isonômico para todos, em uma dimensão universalizável (a própria discriminação positiva visa a esse fim, levando em consideração a situação de certos grupos sociais vulneráveis, e não a singularidade de cada indivíduo), preservada a autonomia privada, ao passo que a segunda propõe o tratamento diferenciado em determinadas circunstâncias, tendo em vista o que a pessoa, efetiva e concretamente, necessita. Oportunizar a todos as mesmas condições atende ao ideal de igualdade, porém não corresponde à realização do justo quando desconsideradas diferenças individuais relevantes (a singularidade do ser humano) que, em interação com o ambiente, repercutem nesse resultado. A garantia de acesso a idênticos recursos materiais nem sempre redunda na superação das desigualdades sociais, porquanto nem todos conseguirão se desenvolver plenamente ou terão uma chance concreta de alcançar esse desiderato.

Dito de outro modo, o diferente deve ser tratado de forma diferente, não no sentido da máxima da igualdade (tratamento desigual aos desiguais para evitar a discriminação intolerável ou tratamento indiferenciado a todos os indivíduos pertencentes a um determinado grupo), mas de assegurar o equilíbrio dos desiguais, identificar as características e necessidades pessoais de cada um e promover oportunidades iguais, considerando essas diferenças.

Diversidade e inclusão são complementares: uma é pluralidade e a outra é a criação de um ambiente em que os diferentes possam não só nele ingressar (acesso) como se sentirem parte do todo (pertencimento), posicionarem-se, criar e desenvolver a sua personalidade.[332]

---

[332] A importância do vínculo do indivíduo à coletividade (pertencimento) tem suas razões filosóficas no pensamento aristotélico, que exalta a incompletude do ser humano e sua natureza essencialmente política. Como destacado por Nuno Manuel Morgadinho dos Santos Coelho (Introdução à edição brasileira), a incompletude humana é compreendida em diferentes sentidos: "(a) incompletude como o não bastar-se a si mesmo do humano isolado, sendo levado, por esta sua natureza, a associar-se; (b) incompletude do humano

César Augusto Bridi Filho observa, com absoluta pertinência, que "incluir" possui uma dimensão mais profunda do que "integrar", pois envolve uma nova visão da sociedade, pressupondo mais do que inserir o estudante em uma sala de aula e acompanhar ativamente suas atividades. É enxergá-lo, antes de qualquer movimento, em um processo complexo de gradativa e mútua aproximação com os demais[333] e com o próprio professor, tornando-o parte do todo. Essa perspectiva – que, do ponto de vista ético, importa em abandonar medidas aparentemente neutras que possam redundar, na prática, em efeitos negativos para o propósito inclusivo – abrange as pessoas com deficiência, transtornos globais de desenvolvimento e altas habilidades em situação de desigualdade.[334]

A educação, compreendida como o processo formal desenvolvido no âmbito institucional (em escolas e faculdades) ou como processo que transcende a formalidade, abrangendo o nível de civilidade, urbanidade e cortesia, incluídos na subjetividade individual,[335] constitui uma

---

como ser inacabado: a tensão entre o desejo e a razão institui nele a possibilidade-necessidade de concluir-se, de finalizar-se como caráter e como inteligência; (c) incompletude do universo no horizonte prático. Todas estas acepções encontram-se ligadas, esclarecendo-se e requisitando-se mutuamente" (ARISTÓTELES. Ética a Nicômaco. Tradução de Antônio de Castro Caeiro. 2. ed., rev. e atual. Rio de Janeiro: Forense, 2017, p. 11.

[333] BRIDI FILHO, César Augusto. Deficiência, handicap e alguns demônios da inclusão. *Revista Educação Especial*, n. 18, 2001. Disponível em: https://periodicos.ufsm.br/educacaoespecial/article/view/5184. Acesso em: 12 out. 2018.

[334] A Declaração de Salamanca (1994), fruto de uma tendência mundial de expansão dos direitos humanos e do movimento de desinstitucionalização manicomial, consiste em um dos principais documentos internacionais que, ao lado da Convenção de Direitos da Criança (1988) e da Declaração sobre Educação para Todos (1990), inovaram na área da educação, com a inserção da educação dita especial dentro da estrutura da educação para todos e a discussão sobre a prática de inclusão das pessoas com necessidades educacionais especiais em uma "sociedade de aprendizagem". Dentre as alterações propostas, ampliou o conceito de necessidades especiais, que alcança as pessoas com deficiência e aquelas que experimentam dificuldades temporárias ou permanentes de aprendizagem na escola, por outros fatores. Essa ideia é sintetizada em seu item 7, no qual se anuncia que o princípio fundamental da escola inclusiva "é o de que todas as crianças deveriam aprender juntas, independentemente de quaisquer dificuldades ou diferenças que possam ter. Escolas inclusivas devem reconhecer e responder às necessidades diversas de seus alunos, acomodando ambos os estilos e ritmos de aprendizagem e assegurando uma educação de qualidade a todos através de um currículo apropriado, arranjos organizacionais, estratégias de ensino, uso de recurso e parceria com as comunidades. Na verdade, deveria existir uma continuidade de serviços e apoio proporcional ao contínuo de necessidades especiais encontradas dentro da escola" (MENEZES, Ebenezer Takuno de. Verbete Declaração de Salamanca. *In: Dicionário Interativo da Educação Brasileira – EducaBrasil*. São Paulo: Midiamix, 2001. Disponível em: https://www.educabrasil.com.br/declaracao-de-salamanca/. Acesso em: 1 set. 2021).

[335] ECCO, Idanir; NOGARO, Arnaldo. A educação em Paulo Freire como processo de humanização. *Educere*, PUCPR, p. 3.523-3.535, 26-29 out. 2015. ISSN 2176-1396. Disponível

das mais importantes formas de inclusão social, pois permite assegurar às pessoas com deficiência o acesso a oportunidades, voltadas não só à preparação profissional, para atuar no mercado de trabalho, como à expansão de sua personalidade, com o desenvolvimento de capacidades pessoais (autonomia), o que implica o fortalecimento dos direitos humanos, da compreensão, da tolerância e da solidariedade.[336]

Na esfera do ensino formal – que pressupõe não só a garantia de acesso e permanência na escola, como também a existência de condições mínimas para o aprendizado adequado às suas singularidades (qualidade) e o desenvolvimento de sentimento de pertencimento ao coletivo –, a igualdade de oportunidades e a participação ativa na sociedade só são alcançadas, com a oferta e a provisão de recursos de forma diferenciada e individualizada, o que não significa dar a todas as pessoas idêntico tratamento, mas, sim, assegurar a todos um ambiente propício para se desenvolverem plenamente,[337] com a superação de barreiras e obstáculos (artigo 3º da Declaração Mundial sobre Educação para todos, de 1990[338]), afora as dificuldades de natureza socioeconômica, motivacional, intelectual, dentre outras.

---

em: https://educere.bruc.com.br/arquivo/pdf2015/18184_7792.pdf. Acesso em: 14 maio 2021, p. 3.525.

[336] "Para que os cidadãos de uma sociedade bem-ordenada reconheçam uns aos outros como livres e iguais, as instituições básicas devem educá-los para essa concepção de si mesmos, assim como expor e estimular publicamente esse ideal de justiça política. Essa tarefa de educação cabe ao que poderíamos chamar de função ampla de uma concepção política. Com tal função, essa concepção faz parte da cultura política pública: seus princípios primeiros estão incorporados nas instituições da estrutura básica e a eles se recorre para interpretá-las. Familiarizar-se com a cultura pública e participar dela é uma das maneiras que os cidadãos têm de aprender a se conceberem como livres e iguais, concepção esta que provavelmente jamais formariam se dependessem apenas de suas próprias reflexões, e que tampouco aceitariam ou desejariam realizar" (RAWLS, John. *Justiça como equidade*: uma reformulação. Tradução de Claudia Berliner. Revisão técnica e de tradução de Álvaro de Vita. São Paulo: Martins Fontes, 2003, p. 79).

[337] RODRIGUES, David. Artigo 24 – educação. *In*: GOMES, Joaquim Correia; NETO, Luísa; VÍTOR, Paula Távora. *Convenção sobre os direitos das pessoas com deficiência*. Lisboa: Imprensa Nacional – Casa da Moeda S.A., 2020, p. 227.

[338] "Art. 3º. UNIVERZALIZAR O ACESSO À EDUCAÇÃO E PROMOVER A EQÜIDADE. 1. A educação básica deve ser proporcionada a todas as crianças, jovens e adultos. Para tanto, é necessário universalizá-la e melhorar sua qualidade, bem como tomar medidas efetivas para reduzir as desigualdades. 2. Para que a educação básica se torne eqüitativa, é mister oferecer a todas as crianças, jovens e adultos, a oportunidade de alcançar e manter um padrão mínimo de qualidade da aprendizagem. 3. A prioridade mais urgente é melhorar a qualidade e garantir o acesso à educação para meninas e mulheres, e superar todos os obstáculos que impedem sua participação ativa no processo educativo. Os preconceitos e estereótipos de qualquer natureza devem ser eliminados da educação. 4. Um compromisso efetivo para superar as disparidades educacionais deve ser assumido. Os grupos excluídos – os pobres; os meninos e meninas de rua ou trabalhadores; as populações das periferias

Nessa linha, aliás, trilhou a CIDPD, que, ao definir a expressão "adaptação razoável", empregada em seu texto, incorporou a perspectiva do individual, do casuístico, do concreto, ressaltando a necessidade de as modificações e os ajustes necessários serem adequados a cada caso, "a fim de assegurar que as pessoas com deficiência possam gozar ou exercer, em igualdade de oportunidades com as demais pessoas, todos os direitos humanos e liberdades fundamentais".[339]

Com foco na concretização do direito das pessoas com deficiência à educação, visando à redução de uma desvantagem que tende a acentuar a sua exclusão do mercado de trabalho e da vida social, gerando mais pobreza, a ONU propôs algumas ações específicas: fortalecer as políticas nacionais e o sistema legal para assegurar o acesso ao ensino de qualidade; desenvolver a capacidade de formular políticas eficazes daqueles que detêm o poder de tomar decisões, tanto em nível regional como em nível nacional, com o objetivo de identificar as necessidades e as estratégias adequadas como uma educação de qualidade; tornar a escola um ambiente mais acessível, inclusive em ambiente virtual; promover a capacitação adequada de professores e demais educadores, para assegurar a implementação da inclusão escolar; adotar um meio pedagógico que reconheça as diferentes necessidades que sejam atendidas por um meio de ensino contínuo; engajar a sociedade na educação inclusiva; estabelecer mecanismos de monitoramento para avaliar a implementação das leis e políticas públicas inclusivas; aprimorar a coleta, compilação e análise de dados educacionais das pessoas com deficiência, e explorar os aplicativos de *crowdsourcing*, ou seja, de

---

urbanas e zonas rurais; os nômades e os trabalhadores migrantes; os povos indígenas; as minorias étnicas, raciais e lingüísticas; os refugiados; os deslocados pela guerra; e os povos submetidos a um regime de ocupação – não devem sofrer qualquer tipo de discriminação no acesso às oportunidades educacionais. 5. As necessidades básicas de aprendizagem das pessoas portadoras de deficiências requerem atenção especial. É preciso tomar medidas que garantam a igualdade de acesso à educação aos portadores de todo e qualquer tipo de deficiência, como parte integrante do sistema educativo" (UNICEF. *Declaração Mundial sobre Educação para Todos*. Tailândia, 1990. Disponível em: https://www.unicef.org/brazil/declaracao-mundial-sobre-educacao-para-todos-conferencia-de-jomtien-1990. Acesso em: 24 abr. 2021).

[339] Para os propósitos da presente Convenção: "[...] 'Adaptação razoável' significa as modificações e os ajustes necessários e adequados que não acarretem ônus desproporcional ou indevido, quando requeridos em cada caso, a fim de assegurar que as pessoas com deficiência possam gozar ou exercer, em igualdade de oportunidades com as demais pessoas, todos os direitos humanos e liberdades fundamentais; [...]" (BRASIL. *Decreto nº 6.949, de 25 de agosto de 2009*. Convenção Internacional sobre os Direitos das Pessoas com Deficiência. Brasília: Presidência da República, 2009. Disponível em: www.planalto.gov.br/ccivil_03/_Ato2007-2010/2009/Decreto/D6949.htm. Acesso em: 20 abr. 2021).

contribuição colaborativa para obter informações sobre acessibilidade e utilizá-las nas políticas de acessibilidade.[340]

Paradoxalmente, a legislação que regula a política pública na área da educação centra-se, basicamente, no princípio da igualdade, olvidando-se do referencial da equidade (valoração do singular), e estabelece diretrizes às escolas na relação com as pessoas com deficiência, sem a devida atenção aos outros protagonistas do processo de inclusão social, especialmente os professores e profissionais da educação, os demais estudantes, as famílias e a coletividade em geral. Ressalta-se que nas diretrizes curriculares da BNCC o critério utilizado é apenas a igualdade. O convívio com as diferenças, inclusive nas salas de aula, enseja o incremento da tolerância, da empatia, do diálogo e da sensibilidade.

Veja-se, nesse ponto, que a BNCC, no caso do ensino fundamental, elenca como um dos direitos dos estudantes o de conviver. No entanto, as perspectivas trazidas pela ONU estão circunscritas a aspectos programáticos e abrangentes, porquanto pautados na igualdade no sentido de generalização, consideração a realidade concreta, em que esse direito é violado.

Com o convívio de todos os estudantes em um espaço escolar comum, torna-se possível "perceber e reconhecer que, apesar das limitações inerentes a esses sujeitos, existem sempre competências a serem por eles aprendidas".[341] De nada adianta a capacitação para um contexto distinto que não fomenta a convivência, condição primária e *sine qua non* para as demais iniciativas que visem realmente a inclusão.

O sistema de ensino brasileiro preocupa-se em garantir o ingresso dos estudantes na escola, com base na máxima de que "todos são iguais perante a lei, no limite das suas desigualdades". Tal postura normativa frustra a realização do propósito da CIDPD de "promover, proteger e assegurar o exercício pleno e equitativo de todos os direitos humanos e liberdades fundamentais por todas as pessoas com deficiência e promover o respeito pela sua dignidade inerente" (art. 1º), de acordo com suas necessidades individuais.

---

[340] UNITED NATIONS, *Disability and development report —realizing the sustainable development goals by, for and with persons with disabilities*. New York: United Nations, 2018. Disponível em: https://social.un.org/publications/UN-Flagship-Report-Disability-Final.pdf Acesso em: 17 mar. 2021, p. 94.

[341] SOUZA, Sandra Freitas; OLIVEIRA, Maria Auxiliadora Monteiro. *Educação profissional inclusiva*: uma oportunidade para pessoas com deficiência. Petrópolis, Rio de Janeiro: Vozes, 2021, p. 22.

A aplicação linear do critério da igualdade a todos os estudantes, sem a consideração de suas singularidades, é inidônea para garantir a efetiva expansão das capacidades individuais das pessoas com deficiência. Essa insuficiência decorre da constatação de que a igualdade pode servir à equiparação de pessoas em situações individuais potencialmente distintas, sem a ponderação de diferenças reais que são relevantes à formação plena do ser humano. Se, por um lado, a igualdade é condição essencial ao desenvolvimento pessoal; por outro, ela própria gera uma desigualdade, ao presumir uma simetria de situações que, na prática, pode não existir. Para alcançar a inclusão em sua plenitude, é preciso ponderar não as diferenças em uma perspectiva abstrata de isonomia, mas, sim, a diversidade que decorre da significativa variedade de deficiências (quanto à natureza – física, psíquica, sensorial ou intelectual – e intensidade) e barreiras ambientais que podem comprometer a participação na sociedade em igualdade de condições com as demais pessoas. É dizer, o tratamento a ser deferido aos estudantes deve distingui-los, a partir de suas realidades individuais, para, somente então, criar uma ambiência adequada, para que possam se posicionar e atuar em efetiva igualdade em face dos que não possuem qualquer deficiência. De modo geral, a regra tem sido promover a adaptação da estrutura curricular e não a de desenvolver, desde o início, bases curriculares voltadas à ampla gama de pessoas com deficiência. Parte-se de um ser humano idealizado em um mundo sem deficiência para a criação dessa estrutura curricular, olvidando que o caminho deveria ser o inverso.

É intuitiva a percepção de que as pessoas em geral possuem, naturalmente, diferentes capacidades que devem ser cultivadas e estimuladas na sociedade, por representarem, em seu conjunto, a sua liberdade.[342] Ao serem oferecidas oportunidades para o indivíduo alcançar a situação desejada, ele tem a chance de exercer o poder de conduzir a própria vida (autodeterminação), justamente na linha de um dos princípios cardeais da CIDPD – o respeito pela dignidade inerente à autonomia individual, inclusive a liberdade de fazer as próprias escolhas e sua independência.

Em um ensaio mental, é possível imaginar que, em uma sala de aula (universo do ensino formal), poderão existir estudantes que não precisam de qualquer recurso especial para assimilar um determinado conteúdo, e outros que necessitarão de um aparato ou estratégia

---

[342] NUSSBAUM, Martha. *Fronteiras da justiça:* deficiência, nacionalidade, pertencimento à espécie. Tradução Susana de Castro. São Paulo: WMF Martins Fontes, 2013, p. 91.

pedagógica diferente, informações compartimentadas ou apoio individualizado para tanto, de modo que, se esses recursos não lhes forem garantidos, não lograrão o aprendizado pretendido. Apesar de estarem presentes (integração) e não serem discriminados em razão da deficiência (igualdade), não dispõem de todas as condições de acesso ao conhecimento, o que não se confunde com índices de êxito ou a obtenção de resultados concretos.[343] O que a inclusão reclama é a oportunidade, a materialização das condições de acesso e participação ativa, considerada a realidade de cada um (diversidade), e a superação de todas as espécies de barreiras e impedimentos ao pleno desenvolvimento de capacidades pessoais e à autonomia[344] – função não só da escola como também da família e da coletividade (fraternidade, solidariedade) –, resultado que, certamente, não se alcançará com a padronização das formas de acesso e da atividade de ensino em si.

Dois exemplos simples podem ilustrar o conteúdo da argumentação acima desenvolvida. Durante o período mais agudo da pandemia, as aulas migraram para o regime remoto com ampla utilização de recursos gráficos como apresentações em PowerPoint e vídeos que, de regra, não possuíam os requisitos mínimos para uma pessoa com deficiência poder acompanhá-los, eis que não estavam adaptados a pessoas com deficiência visual (sistema de cores de fundo do PowerPoint) ou

---

[343] O foco no oferecimento de oportunidades concretas de desenvolvimento infere-se não só da literalidade do texto da Convenção Internacional e do Estatuto da Pessoa com Deficiência (Lei nº 13.146, de 2015) como da regra prescrita no artigo 4º, §2º, deste último, segundo a qual "A pessoa com deficiência não está obrigada à fruição de benefícios decorrentes de ação afirmativa" (BRASIL. *Lei nº 13.146, de 06 de julho de 2015*. Estatuto da Pessoa com Deficiência. Brasília: Presidência da República, 2015. Disponível em: http://www.planalto. gov.br/CCIVIL_03/_Ato2015-2018/2015/Lei/L13146.htm. Acesso em: 14 out. 2021).

[344] Convém lembrar que, afora a questão patrimonial, o Estatuto da Pessoa com Deficiência (Lei nº 13.146, de 2015) "reforçou a valorização do âmbito da autonomia existencial em uma perspectiva na qual a pessoa autônoma é, sobretudo, alguém que consegue a qualquer momento reinventar sua história, reconhecendo o ponto de partida e resignificando os pontos de chegada". Essa autonomia "não se restringe a uma competência para a tomada de decisões que siga o padrão social em vigor, o que esse diploma legal enfatiza é a busca pela percepção da pessoa humana como protagonista, na medida em que a apreensão do fruto do seu discernimento traduza com a máxima fidelidade possível a singularidade e a subjetividade própria de cada um no esteio do princípio da presunção da capacidade e da autonomia" (SALES, Gabrielle Bezerra; SARLET, Ingo Wolfgang. A igualdade na Constituição Federal de 1988: um ensaio acerca do sistema normativo brasileiro face à Convenção Internacional e à Lei Brasileira de Inclusão da Pessoa com Deficiência (Lei nº 13.146/2015). In: MENEZES, Joyceane Bezerra de (org.). *Direitos das pessoas com deficiência psíquica e intelectual nas relações privadas*: convenção sobre os direitos da pessoa com deficiência e Lei Brasileira de Inclusão. 2. ed., rev. e ampl. Rio de Janeiro: Processo, 2020, p. 219).

auditiva (com legendas), embora a Microsoft disponibilize os mecanismos para essa finalidade.[345]

Também é relevante ressaltar que, na definição de políticas públicas inclusivas, é necessário o letramento, a sensibilização e a ampla conscientização de toda a coletividade – como agentes ativos no processo de inclusão social das pessoas com deficiência –, o que exige conhecimento, compreensão histórica e análise crítica do *status quo*, a fim de evitar a reprodução automática de padrões socioculturais opressores e contribuir para a promoção da solidariedade e a percepção do outro como parte integrante do todo (ajustamento inclusivo).

O atingimento das metas estabelecidas pela CIDPD é afetado também pela falta de professores e profissionais da educação capacitados para atenderem às necessidades das pessoas com deficiência e lidarem com a diversidade, pela ausência de plena acessibilidade às escolas e aos materiais escolares, e pela escassez de dados e pesquisas para subsidiarem a definição e execução de ações específicas.[346] Ou seja, falta de condições materiais como número de alunos excessivo, espaço físico precário, falta de auxiliares de ensino, entre outros.

O viés da equidade é importante para a concretização dos objetivos elencados pelo legislador, porque a inclusão real só se conquista com a equalização dos recursos relevantes[347] e a consideração de individualidades. A "vulnerabilidade" da pessoa com deficiência constitui fator legitimador da atuação do legislador na prescrição de normas protetivas diferenciadas, em busca do equilíbrio nas relações jurídicas.[348]

As experiências vivenciadas formam e modificam a percepção e o modo como nos relacionamos com o outro, e essa interação adquire proporções relevantes no ambiente escolar, na medida em que a instituição de ensino retrata a organização social vigente e as concepções de mundo predominantes na coletividade. Apesar de a diversidade

---

[345] MICROSOFT. *Tornar as suas apresentações acessíveis para pessoas com deficiência*. 2021. Disponível em: https://support.microsoft.com/pt-br/office/tornar-suas-apresenta%C3%A7%C3%B5es-do-powerpoint-acess%C3%ADveis-para-pessoas-com-defici%C3%AAncias-6f7772b2-2f33-4bd2-8ca7-dae3b2b3ef25. Acesso em: 6 jan. 2022.

[346] UNITED NATIONS. *Disability and development report –realizing the sustainable development goals by, for and with persons with disabilities*. New York: United Nations, 2018. Disponível em: https://social.un.org/publications/UN-Flagship-Report-Disability-Final.pdf. Acesso em: 17 mar. 2021, p. 73.

[347] NUSSBAUM, Martha. The capabilities of people with cognitive disabilities. *Metaphilosophy*, United States, v. 40, n. 3-4, p. 331-351, jul. 2009, p. 332. Disponível em: https://doi.org/10.1111/j.1467-9973.2009.01606.x. Acesso em: 12 out. 2018.

[348] MARQUES, Claudia Lima; MIRAGEM, Bruno. *O novo direito privado e a proteção dos vulneráveis*. 2. ed., rev., atual. e ampl. São Paulo: Revista dos Tribunais, 2014, p. 120.

já constituir uma realidade nesse universo, dada a multiplicidade de raças, crenças, condições econômicas e níveis intelectuais de nossos estudantes, ainda hoje, surpreende encontrar alguém com algum tipo de deficiência na sala de aula.

No desenvolvimento das pessoas com deficiência, é necessário equacionar a busca pela autonomia, com o suporte e apoio necessários,[349] o que, em alguns casos específicos, faz-se necessário dispensar aos estudantes tratamento escolar diferenciado e singular, a fim de lhes garantir recursos de acessibilidade, permanência, participação e aprendizagem que, concretamente, eliminem os obstáculos ao aprendizado e promovam sua inclusão plena.[350] A persistência de dificuldades, ainda que pontuais, pode repercutir negativamente no resultado no processo de aquisição de conhecimento, nos relacionamentos interpessoais e na própria autoestima, contribuindo para o incremento da evasão escolar e a frustração de expectativas pessoais e sociais. Por essa razão, somente integrar é insuficiente para promover a igualdade; é preciso incluir no seu sentido mais profundo, para que a igualdade venha acompanhada da equidade (aqui compreendida como a exigência de valoração do particular na concretização do ideal de justiça). Para assegurar o tratamento igual e a dignidade da pessoa humana pela não discriminação, é necessária, em algumas hipóteses, a diferenciação.[351]

Outro ponto importante é o efeito supostamente positivo da aplicação da lei de modo neutro, por atender ao princípio da isonomia relativamente aos seus destinatários. Todavia, não existem normas neutras, na medida em que toda prescrição normativa funciona como um "preço", ao qual os indivíduos reagem, realizando avaliações de custo e benefício que condicionam o seu comportamento.

---

[349] FIETZ, Helena Moura; MELLO, Anahi Guedes de. A multiplicidade do cuidado na experiência da deficiência. *Revista Anthropológicas*, ano 22, v. 29, n. 2, p. 114-141, 2018.

[350] "Art. 28. Incumbe ao poder público assegurar, criar, desenvolver, implementar, incentivar, acompanhar e avaliar: I – sistema educacional inclusivo em todos os níveis e modalidades, bem como o aprendizado ao longo de toda a vida; II – aprimoramento dos sistemas educacionais, visando a garantir condições de acesso, permanência, participação e aprendizagem, por meio da oferta de serviços e de recursos de acessibilidade que eliminem as barreiras e promovam a inclusão plena; [...]" (BRASIL. *Lei nº 13.146, de 06 de julho de 2015*. Estatuto da Pessoa com Deficiência. Brasília: Presidência da República, 2015. Disponível em: http://www.planalto.gov.br/CCIVIL_03/_Ato2015-2018/2015/Lei/L13146.htm. Acesso em: 14 out. 2021).

[351] BOTELHO, Catarina Santos. Algumas reflexões sobre o princípio da paridade retributiva. In: *Estudos dedicados ao professor Mário Fernando de Campos Pinto, liberdade e compromisso*, Universidade Católica Editora, Lisboa, v. II, 2009. Disponível em: https://papers.ssrn.com/sol3/papers.cfm?abstract_id=2911063. Acesso em: 12 out. 2021, p. 156.

Com relação às pessoas com deficiência, a neutralidade normativa pode ser negativa, uma vez que desconsidera justamente as singularidades que lhes são inerentes. Essa circunstância reforça a impossibilidade de assegurar a igualdade, a partir de soluções padronizadas, em face do imensurável conjunto de deficiências e particularidades dos indivíduos envolvidos, especialmente os que possuem alguma dificuldade cognitiva. A realidade desses estudantes difere, substancialmente, daquela vivenciada pelas pessoas sem deficiência, que, a princípio, podem viver em um mundo pautadas pela igualdade neutra, em que "todos" ouvem, "todos" enxergam, "todos" sentem e "todos" compreendem. A extensão pura e simples da lei dita neutra a todas as situações potencialmente aplicáveis pode gerar um efeito discriminatório, em decorrência de condições particulares de cada indivíduo,[352] e não apenas do grupo. Para a inserção e a inclusão social de segmentos vulneráveis, é insuficiente a proibição genérica de exclusão,[353] sendo indispensável proteção específica.[354]

O respeito às singularidades dos estudantes é uma das necessidades básicas da abordagem inclusiva.[355] A vedação a tratamento discriminatório, por si só, não gera a aproximação entre os diferentes grupos da sociedade. Para tanto, é necessária a instituição de medidas especiais no ambiente escolar, que contribuam para a superação de barreiras, com o fomento do sentimento de pertencimento e tolerância. A discriminação ocorre quando ele é tratado de maneira desigual e desfavorável, de forma deliberada, porém algumas condutas aparentemente neutras também podem gerar esse efeito.[356]

---

[352] BOTELHO, Catarina Santos. Algumas reflexões sobre o princípio da paridade retributiva. In: *Estudos dedicados ao professor Mário Fernando de Campos Pinto, liberdade e compromisso*, Universidade Católica Editora, Lisboa, v. II, 2009. Disponível em: https://papers.ssrn.com/sol3/papers.cfm?abstract_id=2911063. Acesso em: 12 out. 2021, p. 135.

[353] PIOVESAN, Flávia. *Temas de direitos humanos*. 10. ed., rev., ampl. e atual. São Paulo: Saraiva, 2017, p. 355 e 358.

[354] SPAREMBERGER, Raquel Fabiana Lopes; ROSA, Marina de Almeida. Together and Equal? Da necessária fundamentação do direito à igualdade para além do caso Brown V. Board of education. *Revista Eletrônica do Curso de Direito da UFSM*, v. 15, n. 3, 2020, p. 5.

[355] PERUZZO, Pedro Pulzato; LOPES, Lucas Silva. Afirmação e promoção do direito às diferenças das pessoas com deficiência e as contribuições do sistema interamericano de direitos humanos. *Revista Eletrônica do Curso de Direito da UFSM*, v. 14, n. 3, p. 1-29, 2019, p. 12 e 17.

[356] SPAREMBERGER, Raquel Fabiana Lopes; ROSA, Marina de Almeida. Together and Equal? Da necessária fundamentação do direito à igualdade para além do caso Brown V. Board of education. *Revista Eletrônica do Curso de Direito da UFSM*, v. 15, n. 3, 2020, p. 6-7 e 20-21.

A situação particular de cada um e suas possibilidades variam conforme o meio em que está inserido e o modo como esse meio interage com ele. Essa variação decorre não da deficiência em si, mas de sua relação com o ambiente. Atitudes, sentimentos e percepções podem tanto contribuir como dificultar (impedir) a interação da pessoa com o coletivo, o que deve ser avaliado, sopesado e valorado, individualmente, no processo de inclusão social.

As políticas governamentais, de regra, transitam em um cenário de tensão entre universalidade e particularidade, e, para a superação desse dualismo, é indispensável a formação de consensos em torno da "igualdade" almejada pela coletividade, da qualidade do ensino e dos modos de concretização do objetivo de inclusão social, com ênfase na aprendizagem, na socialização e na formação para o exercício da cidadania e a inserção no mercado de trabalho, mediante políticas sistêmicas de acessibilidade arquitetônica, pedagógica, de comunicação e informação.

A educação inclusiva exige que as escolas desenvolvam práticas pedagógicas que atentem às diferenças individuais, beneficiando todos os estudantes;[357] estimulem uma atitude positiva em relação àqueles que, na visão do coletivo, são "diferentes", contribuindo para a construção de uma sociedade justa sem discriminação (negativa), e tornem viável, do ponto de vista econômico, o acesso e a permanência dos estudantes, sem perda da qualidade do ensino e da especialização no atendimento aos diferentes grupos (indispensável para o rendimento acadêmico compatível com os variados níveis cognitivos).

Reconhecida a necessidade de o processo de inclusão social da pessoa com deficiência incorporar a perspectiva da equidade, para que reste assegurado o efetivo desenvolvimento de sua personalidade, com a expansão de aptidões e o preparo para o exercício de sua liberdade, impõe-se a identificação das capacidades humanas, a serem desenvolvidas em um projeto educacional, com o objetivo de assegurá-las a todos.

---

[357] A experiência prática corrobora a necessidade de (1) investimentos na infraestrutura e recursos humanos nas escolas, a fim de propiciar aos alunos com deficiência o suporte necessário ao processo de educação formal (inclusive serviços de reabilitação ou manutenção funcional), evitando sua segregação; (2) participação da família e da comunidade na definição e execução de políticas educacionais inclusivas, e (3) aproximação das escolas aos demais serviços públicos e privados nas áreas do ensino, saúde, reabilitação e transporte, para a eliminação de barreiras visíveis e invisíveis (cooperação interinstitucional e intersetorial) (SÃO PAULO. Índice de programas. São Paulo: Secretaria de Estado dos Direitos da Pessoa com Deficiência, 2020. Disponível em: https://www.pessoacomdeficiencia.sp.gov.br. Acesso em: 12 ago. 2020).

2.2 A teoria do *capability approach*

O critério axiológico da inclusão social das pessoas com deficiência, adotado em todo arcabouço normativo, é a capacidade. O principal objetivo é habilitá-las para o seu exercício, em condições equânimes às demais pessoas, de modo a permitir que, com autonomia, construam, vivam e realizem o seu próprio projeto vital. É o que se infere da CIDPD e legislação nacional correlata (Decreto nº 6.949, de 2009, e EPD), que estabelecem três linhas de ação que se complementam – criação de infraestrutura de adaptabilidade e acessibilidade, combate à discriminação e desenvolvimento das habilidades[358] –, e reclamam a implementação de políticas de supressão de estereótipos e discriminação.[359]

No campo específico da educação, as políticas públicas devem se atentar para a existência de capacidades individuais, a serem desenvolvidas, uma vez que é o processo pelo qual se assegura a liberdade do ser humano.

O enfoque das capacidades humanas – que é universal e reclama uma abordagem similar a dos direitos humanos internacionais, dada sua importância para a formação do indivíduo[360] – viabilizará a elaboração de um modelo de educação idôneo a garantir a eliminação de barreiras ao pleno desenvolvimento das pessoas com deficiência e sua efetiva participação na coletividade. Com uma definição objetiva das potencialidades humanas básicas, eventual risco de subjetivismo indesejável na consideração e valoração de singularidades (sob viés

---

[358] Segundo Natércia Sampaio Siqueira, a "capacidade" é o parâmetro de justiça que inspirou a elaboração da Convenção Internacional dos Direito das Pessoas com Deficiência (2007) e, posteriormente, a Lei nº 13.146, de 2015 (Estatuto da Pessoa Com Deficiência) no Brasil (SIQUEIRA, Natércia Sampaio. A capacidade nas democracias contemporâneas: fundamento axiológico da Convenção de Nova York. *In:* MENEZES, Joyceane Bezerra de (org.). *Direitos das pessoas com deficiência psíquica e intelectual nas relações privadas.* Convenção sobre os direitos da pessoa com deficiência e Lei Brasileira de Inclusão. 2. ed., rev. e ampl. Rio de Janeiro: Processo, 2020, p. 114, 127 e 131.

[359] Nos dizeres de Francisco J. Bariffi, a condição de pessoa humana "es la puerta de acceso a la titularidad de los derechos, y la capacidad jurídica, es la puerta de acceso al ejercicio de los miesmos". Não obstante, a conexão entre capacidade jurídica e direitos humanos envolve a questão das condições mínimas para o exercício de direitos, a serem estipuladas em normas universais (BARIFFI, Francisco J. El derecho a decidir de las personas con discapacidad: dignidad, igualdad y capacidad. *In:* MENEZES, Joyceane Bezerra de (org.). *Direito das pessoas com deficiência psíquica e intelectual nas relações privadas:* convenção sobre os direitos da pessoa com deficiência e lei brasileira de inclusão. 2. ed., rev. e ampl. Rio de Janeiro: Processo, 2020, p. 48-49).

[360] NUSSBAUM, Martha. *Fronteiras da justiça: deficiência, nacionalidade, pertencimento à espécie.* Tradução Susana de Castro. São Paulo: WMF Martins Fontes, 2013, p. 94-103.

da equidade) que repercutem no acesso e permanência na escola, na garantia de condições mínimas para o aprendizado adequado e de qualidade, no desenvolvimento do sentimento de pertencimento ao coletivo, na igualdade de oportunidades e a participação ativa na sociedade, é afastado, legitimando-se a ação diferenciada e particularizada.

Como pressuposto lógico à análise a ser empreendida, cumpre resgatar a noção de dignidade como referencial teórico para a definição dessas capacidades, desvinculada de qualquer modelo ideal de ser humano preestabelecido[361] ou concepções historicamente superadas.

Em elucidativo retrospecto, Natércia Sampaio Siqueira discorre sobre as diferentes concepções de pessoa humana, desde a Grécia (em que "o homem pensava em si não como ser cuja finalidade última era a si e cuja dignidade residia na liberdade", mas em uma perspectiva teleológica: "a virtude implicava a sua perfeita realização, que ocorria na dinâmica de participação, sujeição e dedicação ao público") até a atualidade, com destaque à filosofia medieval ("que contextualizou o pensamento grego à doutrina cristã", incorporando a ideia de uma ordem superior "à qual o homem devia enquadrar-se para atingir sua perfeição"), às experiências absolutistas dos séculos XV a XVIII (que desvirtuaram o pensamento medieval, introduzindo o componente da arbitrariedade na "equação teleológica" e provocando a dicotomia entre fé e razão), às teorias contratualistas liberais (fundadas na ideia do homem como titular de direitos e deveres, enquanto detentor de uma razão adequada), à ética kantiana (para a qual o "homem seria livre e autônomo ao apropriar-se da aptidão para pensar, de forma coerente, o certo", sem a intervenção do Estado e de terceiros), à psicanálise freudiana (em que o homem é definido "não por uma metafísica ou ideologia abstrata e hipotética, mas pelas suas identificações primárias, pela sua história familiar, pelos seus afetos cotidianos") e à figura humana como elemento axiológico do direito (a partir da premissa de que "a capacidade do homem de perscrutar o que, efetivamente, valoriza, para, com base neste conhecimento, construir um projeto de vida que lhe seja pertinente, é o que se revela como de maior importância à existência humana").[362]

---

[361] A dignidade da pessoa humana é um princípio aberto (com plasticidade), "não consubstanciando de forma alguma qualquer imposição de um determinado modelo de homem ou de modelos de comportamento" (BOTELHO, Catarina dos Santos. A dignidade da pessoa humana: direito subjetivo ou princípio axial?. *Revista Jurídica Portucalense*, n. 21, p. 256-282, 2017, p. 264).

[362] SIQUEIRA, Natércia Sampaio. A capacidade nas democracias contemporâneas: fundamento axiológico da Convenção de Nova York. *In*: MENEZES, Joyceane Bezerra de (org.).

A ideia de que a existência de direitos justifica-se como mecanismo vocacionado à proteção do desenvolvimento das capacidades que compõem uma dignidade da pessoa humana idealizada, "limitando, restringiendo o eliminando las barreras" ao seu exercício,[363] redunda na atribuição de direitos a quem não possui essas capacidades, não com fundamento na dignidade em si, mas "como fruto de la decisión de los sujetos capaces al considerarlos como merecedores de dicha atribuición".[364] Consequentemente, esses indivíduos são alijados do processo decisório,[365] e a afirmação de seus direitos se dá no bojo de um processo de especificação, e não de generalização.[366]

Corrobora esse posicionamento a constatação de que, em geral, as teorias contemporâneas sobre a justiça não se debruçam sobre a situação específica das pessoas com deficiência, em suas formulações. Essa omissão é fruto de uma postura histórica de ocultação desse importante segmento social, excluídos das preocupações centrais da coletividade.

Direitos das pessoas com deficiência psíquica e intelectual nas relações privadas. Convenção sobre os direitos da pessoa com deficiência e Lei Brasileira de Inclusão. 2. ed., rev. e ampl. Rio de Janeiro: Processo, 2020, p. 114-123.

[363] ASÍS, Rafael de. Derechos humanos y discapacidad: algunas reflexiones derivadas del análisis de la discapacidad desde la teoría de los derechos. *In*: MENEZES, Joyceane Bezerra de (org.). *Direitos das pessoas com deficiência psíquica e intelectual nas relações privadas*: convenção sobre os direitos da pessoa com deficiência e Lei Brasileira de Inclusão. 2. ed., rev. e ampl. Rio de Janeiro: Processo, 2020, p. 16.

[364] ASÍS, Rafael de. Derechos humanos y discapacidad: algunas reflexiones derivadas del análisis de la discapacidad desde la teoría de los derechos. *In*: MENEZES, Joyceane Bezerra de (org.). *Direitos das pessoas com deficiência psíquica e intelectual nas relações privadas*: convenção sobre os direitos da pessoa com deficiência e Lei Brasileira de Inclusão. 2. ed., rev. e ampl. Rio de Janeiro: Processo, 2020, p. 18.

[365] Em sociedades democráticas, a justa medida de limitação das liberdades é a reciprocidade, o que exige o esforço direcionado, prioritariamente, a "garantir às pessoas – que são aptas à razoabilidade e à racionalidade – livres – no exercício da racionalidade – e iguais – sujeitas a limitações recíprocas da racionalidade – condições equânimes na cooperação social" (SIQUEIRA, Natércia Sampaio. A capacidade nas democracias contemporâneas: fundamento axiológico da Convenção de Nova York. *In*: MENEZES, Joyceane Bezerra de (org.). *Direitos das pessoas com deficiência psíquica e intelectual nas relações privadas*. Convenção sobre os direitos da pessoa com deficiência e Lei Brasileira de Inclusão. 2. ed., rev. e ampl. Rio de Janeiro: Processo, 2020, p. 124).

[366] A questão da participação no processo de deliberação social é relevante, do ponto de vista filosófico, especialmente no mundo pós-moderno, em que predomina uma "ética dialogante", vinculada à "noção de um consenso ideal que, produzido dentro de um procedimento dialógico, poderá ser racionalmente avalizado por todo ser humano racional e comunicante" (FERREIRA NETO, Arthur Maria. *Justiça como realização de capacidades humanas básicas*: é viável uma teoria de justiça aristotélica-rawlsiana? Porto Alegre: EDIPUCRS, 2009, p. 329).

Na realidade, a dignidade e o valor dos indivíduos estão acima do papel que se lhes atribua ou que exercem no seio da coletividade,[367] e, a despeito de sua plasticidade e alargamento do campo de incidência, a sua salvaguarda não se insere no espaço do livre arbítrio do legislador nem do juiz, por estar relacionada à liberdade para as escolhas existenciais e à possibilidade concreta de orientar a própria vida na consecução de planos pessoais, embora encontre limitações no meio social (incluída a liberdade dos outros), cultural e histórico.[368] Sarmento ressalta os riscos do "uso inflacionado e sem critério do princípio da dignidade", propondo, afora uma delimitação de um conteúdo material, a partir de seus contornos normativos e da moralidade pública, a observância de uma metodologia mais rigorosa, para esse fim.[369]

---

[367] Não se desconhece as dificuldades de estabelecer um significado unívoco de justiça, vida boa ou bem-estar em uma sociedade pluralista. Na elaboração de suas teorias sobre a justiça, tanto Kant como John Rawls observaram que "as escolhas que fazemos com frequência refletem contingências moralmente arbitrárias" A partir dessa percepção, conceberam o agente moral independente de seus objetivos e vinculações particulares (Kant, com sua noção de vontade autônoma; Rawls, com a decisão hipotética sob um véu de ignorância). Não obstante, pondera Sandel que "a liberdade de escolha – mesmo a liberdade de escolha em condições justa" – não é uma base adequada para uma sociedade justa, porque "Nem sempre é possível definir nossos direitos e deveres sem se aprofundar em alguns questionamentos morais; e mesmo quando isso é possível, pode não ser desejável". Após a análise de três abordagens distintas – a utilitarista ("justiça significa maximizar a utilidade ou o bem-estar – a máxima felicidade para o maior número de pessoas"), a liberal ("justiça significa respeitar a liberdade de escolha – tanto as escolhas reais que as pessoas fazem em um livre mercado (visão libertária) quanto as escolhas hipotéticas que as pessoas deveriam fazer na posição original de equanimidade (visão igualitária liberal)" e a política ("justiça envolve o cultivo da virtude e a preocupação com o bem comum") –, ele defende a terceira vertente, porque "Não se pode alcançar uma sociedade justa simplesmente maximizando a utilidade ou garantido a liberdade de escolha. [...] precisamos raciocinar juntos sobre o significado da vida boa e criar uma cultura pública que aceite as divergências que inevitavelmente ocorrerão. É tentador procurar um princípio ou procedimento capaz de justificar, de uma vez por todas, qualquer distribuição de renda, poder ou oportunidade dele resultante. [...] No entanto, é impossível evitar essas discussões. A justiça é invariavelmente crítica. [...] Justiça não é apenas a forma certa de distribuir as coisas. Ela também diz respeito à forma certa de avaliar as coisas" (SANDEL, Michael J. *Justiça:* o que é fazer a coisa certa. Tradução de Heloísa Matias e Maria Alice Máximo. 16. ed. Rio de Janeiro: Civilização Brasileira, 2014, p. 266, 272 e 321-323).

[368] Em princípio, não cabe estabelecer diferenças entre os indivíduos quanto a essa liberdade, aqui referida em seu aspecto formal, sem um conteúdo específico ou com todos os conteúdos possíveis (ASÍS, Rafael de. Derechos humanos y discapacidad: algunas reflexiones derivadas del análisis de la discapacidad desde la teoría de los derechos. *In:* MENEZES, Joyceane Bezerra de (org.). *Direitos das pessoas com deficiência psíquica e intelectual nas relações privadas:* convenção sobre os direitos da pessoa com deficiência e Lei Brasileira de Inclusão. 2. ed., rev. e ampl. Rio de Janeiro: Processo, 2020, p. 18-19).

[369] "Neste capítulo, apresento quatro propostas metodológicas singelas referentes à aplicação do princípio da dignidade humana. A primeira é concebê-lo como um princípio que atua como norte hermenêutico, mas que não atropela, em sua incidência, direitos fundamentais

O poder de autodeterminação envolve o reconhecimento da realidade do sujeito e da viabilidade de sua existência (integridade física), e, paralelamente, a valoração do exercício dessa liberdade.[370] Em se tratando de liberdade humana socialmente situada, e não isolada, deve ser "vivenciada no convívio com os outros núcleos de liberdade, na realidade da alteridade, à qual a escassez é imanente e as limitações também o são".[371]

Em um contexto de desigualdades de fato quanto à qualidade e ao exercício de capacidades, parece razoável a diferenciação que visa a satisfazer as necessidades básicas dos indivíduos[372] – que podem variar conforme a sua situação real – e assegurar o livre desenvolvimento de sua personalidade, situá-los em idênticas condições no plano do discurso moral e político e atender à realidade em que os diferentes

---

mais específicos. Trata-se de uma aplicação do *critério da especialidade*, empregado para lidar com o fenômeno da *concorrência* de direitos fundamentais. A segunda ideia é exigir maior *rigor na fundamentação* do uso da dignidade em cada caso. O intérprete, quando invoca um princípio tão vago e aberto, deve ter o ônus de fundamentar a ligação entre o caso concreto e a dignidade, bem como a diretriz que o princípio proporciona para equacionamento do problema. A terceira é exigir que esses fundamentos se conformem às exigências convergentes da *laicidade estatal* e do uso de *razões públicas* para o exercício do poder político. A dignidade não pode se tornar disfarce para a imposição heterônoma de valores religiosos ou cosmovisões particulares às pessoas. A quarta diz respeito à defesa de um relativo *minimalismo judicial* no emprego do princípio da dignidade da pessoa humana. O intérprete judicial não deve enveredar na busca dos "fundamentos últimos" para a dignidade, penetrando em querelas filosóficas difíceis e divisivas, a não ser quando isso seja realmente necessário para o equacionamento do caso que tem de resolver" (SARMENTO, Daniel. *Dignidade da pessoa humana:* conteúdo, trajetória e metodologia. 2. ed. Belo Horizonte: Fórum, 2016, p. 303-304).

[370] ASÍS, Rafael de. Derechos humanos y discapacidad: algunas reflexiones derivadas del análisis de la discapacidad desde la teoría de los derechos. *In:* MENEZES, Joyceane Bezerra de (org.). *Direitos das pessoas com deficiência psíquica e intelectual nas relações privadas:* convenção sobre os direitos da pessoa com deficiência e Lei Brasileira de Inclusão. 2. ed., rev. e ampl. Rio de Janeiro: Processo, 2020, p. 20.

[371] SIQUEIRA, Natércia Sampaio. A capacidade nas democracias contemporâneas: fundamento axiológico da Convenção de Nova York. *In:* MENEZES, Joyceane Bezerra de (org.). *Direitos das pessoas com deficiência psíquica e intelectual nas relações privadas.* Convenção sobre os direitos da pessoa com deficiência e Lei Brasileira de Inclusão. 2. ed., rev. e ampl. Rio de Janeiro: Processo, 2020, p. 123-124.

[372] "[...] o reconhecimento da racionalidade como dado elementar da democracia, como denominador comum na construção das instituições basilares a uma sociedade, não se realiza pela perspectiva negativa do que se poderia chamar de liberdade. Ou seja: a estruturação da sociedade pelo parâmetro do livre exercício da racionalidade humana não se dá pela mera abstenção do Estado em intervir nas relações humanas. Antes, também demanda a equidade" (SIQUEIRA, Natércia Sampaio. A capacidade nas democracias contemporâneas: fundamento axiológico da Convenção de Nova York. *In:* MENEZES, Joyceane Bezerra de (org.). *Direitos das pessoas com deficiência psíquica e intelectual nas relações privadas.* Convenção sobre os direitos da pessoa com deficiência e Lei Brasileira de Inclusão. 2. ed., rev. e ampl. Rio de Janeiro: Processo, 2020, p. 123).

tipos de desigualdades ocorrem e aos critérios de distribuição aceitos pela maioria dos sujeitos racionais implicados.[373] [374] Ainda que se reconheça inadequada a tendência de as discussões políticas centrarem-se nas ideias de bem-estar e de liberdade (desenvolvimento econômico e respeito aos direitos do indivíduo), desconectadas de questões morais e espirituais, é imprescindível a construção de uma política do bem-comum, calcada na preocupação de cada um com o todo (sentimento de comunidade), em limites morais, na solidariedade e no engajamento moral baseado no respeito mútuo.[375] Desse modo, garante-se a possibilidade de participação de todos no debate público, desde que existam condições reais para tanto (ou seja, a capacitação básica de todos os indivíduos para agirem com liberdade e autonomia).

Evidentemente, nem todos os indivíduos têm o mesmo talento para desenvolver e exercer as capacidades que lhes permita alcançar uma vida digna. Como ressalta Asís, "los talentos se proyectan en capacidades concretas pero es difícil que tengan una proyección en todas y cada una de las capacidades. [...] No obstante, es difícil mantener que unas capacidades valgan más que otras en un contexto general y, sobre todo, que eso implique una mayor dignidad". [376]

---

[373] ASÍS, Rafael de. Derechos humanos y discapacidad: algunas reflexiones derivadas del análisis de la discapacidad desde la teoría de los derechos. *In*: MENEZES, Joyceane Bezerra de (org.). *Direitos das pessoas com deficiência psíquica e intelectual nas relações privadas*: convenção sobre os direitos da pessoa com deficiência e Lei Brasileira de Inclusão. 2. ed., rev. e ampl. Rio de Janeiro: Processo, 2020, p. 23-24.

[374] Após salientar que a natureza principiológica e, consequentemente, indeterminada da dignidade humana redunda em entraves à sua exequibilidade, Catarina Santos Botelho defende que há um mínimo existencial que deve ser, invariavelmente, tutelado e está assentado "na justa repartição dos recursos disponíveis através de um 'modelo de desenvolvimento econômico e social'". Com efeito, "a dignidade do ser humano não significa apenas que este seja livre, porquanto essa liberdade apenas será real se assentar em condições materiais básicas de subsistência" (BOTELHO, Catarina dos Santos. A dignidade da pessoa humana: direito subjetivo ou princípio axial? *Revista Jurídica Portucalense*, n. 21, p. 256-282, 2017, p. 265-266).

[375] SANDEL, Michael J. *Justiça*: o que é fazer a coisa certa. Tradução de Heloísa Matias e Maria Alice Máximo. 16. ed. Rio de Janeiro: Civilização Brasileira, 2014, p. 323-330.

[376] O fato de possuir maior ou menor talento para exercer capacidades (pensar, sentir e comunicar-se) pode resultar em uma vida mais ou menos digna, mas não implica uma maior ou menor dignidade como valor intrínseco do ser humano. Para Rafael Asis, "La dignidad será la misma y, en todo caso, si tanto la dignidad como el logro de una vida humana digna se valoran positivamente, lo que habrá que hacer es potenciar la posibilid de adquirir y perfeccionar esos rasgos y con ello remover los obstáculos que dificultan su logro". (ASÍS, Rafael de. Derechos humanos y discapacidad: algunas reflexiones derivadas del análisis de la discapacidad desde la teoría de los derechos. *In*: MENEZES, Joyceane Bezerra de (org.). *Direitos das pessoas com deficiência psíquica e intelectual nas relações privadas*: convenção sobre os direitos da pessoa com deficiência e Lei Brasileira de Inclusão. 2. ed., rev. e ampl. Rio de Janeiro: Processo, 2020, p. 24 e 25).

Nada infirma a noção de dignidade como algo comum a todos os seres humanos, mesmo que a consecução de planos de vida ou a efetiva participação na coletividade possam se frustrar,[377] por fatores variados. Não é por outra razão que uma das funções do Direito é, justamente, assegurar igual desenvolvimento dos indivíduos (igualdade de oportunidades), independentemente de suas escolhas concretas ou de resultados reais ou potenciais (autonomia), e constitui um dos pressupostos para tanto garantir a satisfação de necessidades básicas relacionadas à integridade física (exigência objetiva), à qual se somam o exercício de capacidades orientado a escolha de um projeto de vida e seu alcance, "limitados por el respeto a la integridad física y moral del resto de los sujetos (por el respeto a la libertad de elección de los otros)".[378]

Há, inclusive, quem sustente que os talentos naturais (inteligência e aptidões) "não são qualidades naturais fixas e constantes", mas meros recursos potenciais que podem ser desenvolvidos ao longo da vida.[379]

Ressalve-se, contudo, que a determinação do que pode constituir um plano de vida aceitável em uma sociedade pluralista, a partir do pressuposto da liberdade de escolha e das exigências dela derivadas,

---

[377] Uma coisa é ter capacidade de pensar, sentir e comunicar-se e outra é ter a possibilidade de exercê-las (ASÍS, Rafael de. Derechos humanos y discapacidad: algunas reflexiones derivadas del análisis de la discapacidad desde la teoría de los derechos. *In*: MENEZES, Joyceane Bezerra de (org.). *Direitos das pessoas com deficiência psíquica e intelectual nas relações privadas:* convenção sobre os direitos da pessoa com deficiência e Lei Brasileira de Inclusão. 2. ed., rev. e ampl. Rio de Janeiro: Processo, 2020, p. 26).

[378] Para Rafael de Asís, existe um núcleo básico dos direitos, de relevância ética, que é composto pela liberdade de escolha, autonomia individual, independência, satisfação de necessidades básicas e realização de planos de vida. "Se logra una vida humana digna cuando el ejercicio de esas capacidades orientado hacia el logro de un plan de vida se lleva a cabo de una forma satisfactoria para el agente en cuestión". Com efeito, é contrário à dignidade humana aquilo que impede o sujeito de verem atendidas suas necessidades básicas ou de manter sua capacidade de escolha (sentido mínimo e negativo) (ASÍS, Rafael de. Derechos humanos y discapacidad: algunas reflexiones derivadas del análisis de la discapacidad desde la teoría de los derechos. *In*: MENEZES, Joyceane Bezerra de (org.). *Direitos das pessoas com deficiência psíquica e intelectual nas relações privadas:* convenção sobre os direitos da pessoa com deficiência e Lei Brasileira de Inclusão. 2. ed., rev. e ampl. Rio de Janeiro: Processo, 2020, p. 21).

[379] Os talentos naturais são recursos potenciais, "e sua fruição só se torna possível dentro de condições sociais; quando realizados, esses talentos adotam apenas uma ou poucas das muitas formas possíveis. Aptidões educadas e treinadas são sempre uma seleção, e uma pequena seleção, ademais, de uma ampla gama de possibilidades. Entre os fatores que afetam sua realização estão atitudes sociais de estímulo e apoio, e instituições voltadas para seu treinamento e uso precoce" (RAWLS, John. *Justiça como equidade*: uma reformulação. Tradução de Claudia Berliner. Revisão técnica e de tradução de Álvaro de Vita. São Paulo: Martins Fontes, 2003, p. 80).

reclama uma discussão que exige uma estrutura que serve de justificação dos direitos, a adoção de procedimentos para a deliberação e a tomada de decisões, apoiadas em um consenso dinâmico e aberto, com a consideração dos sujeitos morais no discurso dos direitos. O respeito à liberdade de escolha pressupõe que se situe todos os indivíduos em iguais condições para definir os instrumentos que permitam obter uma vida digna, daí a importância de inserir, nesse debate político, as pessoas com deficiência.

Ao abordar o tema, Asís define o sujeito moral como aquele que tem a possibilidade – atual ou potencial, em grau mínimo ou máximo, de um modo ou de outro – de raciocinar (pensar), sentir e comunicar-se e de orientar o exercício dessas capacidades em busca da concretização de um determinado plano de vida. Observa, contudo, que o reconhecimento de direitos instrumentais para o alcance de uma vida digna pressupõe o desapego a certos padrões ideais – que, comumente, projetamos nesse conceito, convertendo em indigna ou especial a situação de certos sujeitos que têm reduzidas essas capacidades –, com ênfase no valor da autonomia e independência individual. Além disso, a transgressão dos direitos ou as barreiras para sua fruição nem sempre decorrem do poder político (ou estatal), podendo advir da sociedade, de particulares ou, ainda, da própria natureza (por exemplo, a escassez de recursos). Não raras vezes, "la incapacidad (revestida como imposibilidad), es fruto de la manera en la que hemos construido nuestro entorno, no solo físico sino también intelectual".[380]

A despeito de a escolha do projeto vital e sua realização estarem permeados por um certo subjetivismo, existem exigências que podem ser, objetivamente, estabelecidas, tais como "la obligación de respectar esas capacidades y posibilidades y la obligación de favorecer su mantenimiento (obligación ésta que puede presentarse como la exigencia de satisfacer las necesidades básicas de los agentes morales)", pois uma vida humana digna pode ser alcançada "cuando se respetan los rasgos definitorios de la dignidad y su ejercicio; cuando se alcanza una satisfacción razonable de un plan de vida".[381]

---

[380] ASÍS, Rafael de. Derechos humanos y discapacidad: algunas reflexiones derivadas del análisis de la discapacidad desde la teoría de los derechos. *In*: MENEZES, Joyceane Bezerra de (org.). *Direitos das pessoas com deficiência psíquica e intelectual nas relações privadas*: convenção sobre os direitos da pessoa com deficiência e Lei Brasileira de Inclusão. 2. ed., rev. e ampl. Rio de Janeiro: Processo, 2020, p. 23 e 27-28.

[381] ASÍS, Rafael de. Derechos humanos y discapacidad: algunas reflexiones derivadas del análisis de la discapacidad desde la teoría de los derechos. *In*: MENEZES, Joyceane

Nessa perspectiva, a superação da situação de desvantagem social das pessoas com deficiência pode ser buscada pela: 1. proibição de discriminação negativa, impedindo toda ação ou omissão que resulte, direta ou indiretamente, no não atendimento de direitos fundamentais, motivada pela deficiência, ainda que, para tanto, possam concorrer outros fatores; 2. justificação da diferenciação positiva, com a definição e aplicação de políticas direcionadas à satisfação de suas necessidades e à inclusão nos âmbitos de poder jurídico e político; e 3. adoção de um modelo de educação, que promova a conscientização da importância da dignidade humana e do valor dos seres humanos. As duas primeiras medidas não são, por si só, suficientes para eliminar o problema da marginalização do grupo, devendo ser complementados pelo último, que, em longo prazo, pode produzir frutos mais consistentes e perenes.[382]

A DUDH anuncia que a educação deve visar ao pleno desenvolvimento da personalidade humana e ao fortalecimento do respeito aos direitos humanos e liberdades fundamentais, fomentando a compreensão, a tolerância e a amizade entre as nações e todos os grupos. Dentro desse objetivo, os direitos devem estar amparados por valores que sejam suscetíveis de justificação e explicação e envolver a interiorização das ideias de dignidade e vida humana digna não só nas pessoas com deficiência como nos demais integrantes da coletividade.[383]

Nesse ponto, há que se perquirir se a capacidade[384] a que se refere a CIDPD é a de natureza civil, associada ao conceito de personalidade

---

Bezerra de (org.). *Direitos das pessoas com deficiência psíquica e intelectual nas relações privadas:* convenção sobre os direitos da pessoa com deficiência e Lei Brasileira de Inclusão. 2. ed., rev. e ampl. Rio de Janeiro: Processo, 2020, p. 28.

[382] ASÍS, Rafael de. Derechos humanos y discapacidad: algunas reflexiones derivadas del análisis de la discapacidad desde la teoría de los derechos. *In*: MENEZES, Joyceane Bezerra de (org.). *Direitos das pessoas com deficiência psíquica e intelectual nas relações privadas:* convenção sobre os direitos da pessoa com deficiência e Lei Brasileira de Inclusão. 2. ed., rev. e ampl. Rio de Janeiro: Processo, 2020, p. 28-29.

[383] A melhor forma de proteção de direitos humanos é o respaldo em argumentos idôneos para fundamentá-los, delimitá-los e defendê-los, com a disseminação de uma cultura baseada na liberdade, igualdade e solidariedade que possa responder aos grandes problemas da humanidade (ASÍS, Rafael de. Derechos humanos y discapacidad: algunas reflexiones derivadas del análisis de la discapacidad desde la teoría de los derechos. *In*: MENEZES, Joyceane Bezerra de (org.). *Direitos das pessoas com deficiência psíquica e intelectual nas relações privadas:* convenção sobre os direitos da pessoa com deficiência e Lei Brasileira de Inclusão. 2. ed., rev. e ampl. Rio de Janeiro: Processo, 2020, p. 30).

[384] Para Aristóteles, são três os fenômenos que ocorrem com a alma humana: afecções (*pathê*), capacidades (*dinamis*) e disposições (*hexis*). As afecções são "o desejo, a ira, o medo, a audácia, a inveja, a alegria, a amizade, o ódio, a saudade, o ciúme, a compaixão e tudo o que se acompanha do prazer ou sofrimento, as paixões que nos movem e que na parte

jurídica,³⁸⁵ ou engloba outras espécies igualmente relevantes para a plenitude do ser humano. A indagação é pertinente, porque a elucidação dessa questão permitirá aquilatar o alcance dos objetivos prefigurados naquele documento internacional.

Conceitualmente, a condição de sujeito de direito consiste, do ponto de vista subjetivo, na aptidão genérica para ser titular de relações jurídicas na ordem civil (personalidade jurídica ou capacidade de direito)³⁸⁶ e, objetivamente, na proteção jurídica ao conjunto de atributos humanos.³⁸⁷ No ordenamento jurídico brasileiro, essa qualificação é conferida também a associações de indivíduos e a acervos patrimoniais afetados a um certo fim.³⁸⁸

Já a capacidade de exercício ou de fato corresponde à possibilidade de exercer, pessoalmente, direitos e contrair obrigações, de acordo com os critérios estabelecidos pelo legislador.³⁸⁹

---

sensitiva da alma a sua sede"; as capacidades "são as condições de possibilidade de o homem ser afetado por afecções, como capacidade de ter afecções, de se emocionar", e as disposições ou hábitos "são aquilo de acordo com que o homem se comporta bem ou mal relativamente às afecções" (ARISTÓTELES. Ética a *Nicômaco*. Tradução de Antônio de Castro Caeiro. 2. ed., rev. e atual. Rio de Janeiro: Forense, 2017, p. 9-10).

³⁸⁵ "[...] o conceito de pessoa, no direito, não é o mesmo da linguagem social. Em termos jurídicos, pessoa não é sinônimo de ser humano; não é o conjunto formado por cabeça, tronco e membros. Pessoa é o ente ao qual o ordenamento confere a possibilidade de ser sujeito de direitos e deveres jurídicos [...]. [...] o direito constrói sua própria realidade. Pode ele tomar como pessoa o que bem entender, excluindo desse conceito determinado ser humano, ou, ao contrário, nele incluído outras entidades, não coincidentes com o homem" (CARVALHO, Paulo de Barros. A "dignidade da pessoa humana" na ordem jurídica brasileira. *In*: MIRANDA, Jorge; SILVA, Marco Antonio Marques da (coord.). *Tratado luso-brasileiro da dignidade humana*. 2. ed., atual. e ampl. São Paulo: Quartier Latin, 2009, p. 1.138-1.139).

³⁸⁶ "Art. 2º. A personalidade civil da pessoa começa do nascimento com vida; mas a lei põe a salvo, desde a concepção, os direitos do nascituro" (BRASIL. *Lei nº 10.406, de 10 de janeiro de 2002*. Código Civil. Disponível em: http://www.planalto.gov.br/ccivil_03/leis/2002/L10406compilada.htm. Acesso em: 20 out. 2021).

³⁸⁷ SOUZA, Iara Antunes. *Estatuto da Pessoa com Deficiência*: curatela e saúde mental conforme a Lei 13.146/215 – estatuto da pessoa com deficiência/13.146/2015 – novo código de processo civil. Belo Horizonte: D'Plácido, 2016, p. 152-153.

³⁸⁸ Artigos 40 a 69 (BRASIL. *Lei nº 10.406, de 10 de janeiro de 2002*. Código Civil. Disponível em: http://www.planalto.gov.br/ccivil_03/leis/2002/L10406compilada.htm. Acesso em: 20 out. 2021).

³⁸⁹ "Art. 3º. São absolutamente incapazes de exercer pessoalmente os atos da vida civil os menores de 16 (dezesseis) anos". "Art. 4º. São incapazes, relativamente a certos atos ou à maneira de os exercer: I – os maiores de dezesseis e menores de dezoito anos; II – os ébrios habituais e os viciados em tóxico; III – aqueles que, por causa transitória ou permanente, não puderem exprimir sua vontade; IV – os pródigos. Parágrafo único. A capacidade dos indígenas será regulada por legislação especial" (BRASIL. *Lei nº 10.406, de 10 de janeiro de 2002*. Código Civil. Disponível em: http://www.planalto.gov.br/ccivil_03/leis/2002/L10406compilada.htm. Acesso em: 20 out. 2021).

Para Maria Celina Bodin de Moraes, a "capacidade civil sempre esteve intimamente ligada ao discernimento", ou seja, a capacidade de compreensão e análise que "provém de uma característica da condição humana, se não a mais importante, a que melhor define a nossa espécie: a racionalidade. Quando há discernimento, há autonomia para decidir o que se quer".[390]

Com efeito, o grau de compreensão da realidade é fator determinante para a aferição da capacidade civil e, consequentemente, à autonomia individual. Se a ação humana tem o potencial de repercutir na esfera jurídica do indivíduo ou de terceiros, essa capacidade de exercício deve ser avaliada juridicamente e, eventualmente, receber um regramento especial.[391]

Com o advento do EPD, o ordenamento jurídico brasileiro inovou as regras sobre capacidade civil,[392] a partir da premissa de que

> [...] nem todos os transtornos comportamentais são mentais e nem todas as enfermidades mentais afetam o discernimento e impedem a manifestação volitiva [sobretudo a tomada de decisões existenciais relacionadas a valores e afetividade], sendo indispensável à concretização da igualdade, além do reconhecimento do direito a uma educação inclusiva, a garantia de uma vida independente e a inserção social efetiva.[393]

---

[390] MORAES, Maria Celina Bodin de. Prefácio. *In*: MENEZES, Joyceane Bezerra de (org.). *Direito das pessoas com deficiência psíquica e intelectual nas relações privadas*: convenção sobre os direitos da pessoa com deficiência e lei brasileira de inclusão. 2. ed., rev. e ampl. Rio de Janeiro: Processo, 2020.

[391] MENEZES, Joyceane Bezerra de. O direito protetivo no Brasil após a convenção sobre a proteção da pessoa com deficiência: impactos do novo CPC e do Estatuto da Pessoa com Deficiência. *Revista Eletrônica Civilística*, ano 4, n. 1, p. 1-34, 2015. Disponível em: http://civilistica.com/wp-content/uploads/2016/01/Menezes-civilistica.com-a.4.n.1.2015.pdf. Acesso em: 24 out. 2021, p. 7.

[392] O "discernimento necessário" (que comporta graduação) foi mantido como critério para a definição das capacidades jurídicas e o impacto da deficiência mental ou intelectual nelas deve ser avaliado por equipe multiprofissional e interdisciplinar (biopsicossocial), não bastando mero diagnóstico médico (artigo 2º da Lei nº 13.146, de 2015). (MENEZES, Joyceane Bezerra de. O direito protetivo no Brasil após a convenção sobre a proteção da pessoa com deficiência: impactos do novo CPC e do Estatuto da Pessoa com Deficiência. *Revista Eletrônica Civilística*, ano 4, n. 1, p. 1-34, 2015. Disponível em: http://civilistica.com/wp-content/uploads/2016/01/Menezes-civilistica.com-a.4.n.1.2015.pdf. Acesso em: 24 out. 2021, p. 7).

[393] CAMINHA, Anelize Pantaleão Puccini. *O casamento da pessoa com deficiência*: o Estatuto da Pessoa com Deficiência e seus reflexos no casamento à luz do ordenamento jurídico brasileiro. Porto Alegre: Livraria do Advogado, 2019, p. 47.

Segundo Tartuce, essa alteração legislativa deslocou o parâmetro da "dignidade-vulnerabilidade" para o de "dignidade-igualdade" ou "dignidade-inclusão", com fundamento na concepção kantiana de proteção da liberdade da pessoa humana e na equalização de seus direitos na sociedade.[394]

Não obstante, a mera exclusão dos "enfermos mentais" do rol de incapazes, previsto no CC/02, é insuficiente para o atingimento dos objetivos inclusivos da CIDPD e do EPD,[395] tendo em vista o referencial axiológico da "dignidade-inclusão". Se todo ser humano tem um valor intrínseco que veda sua instrumentalização em face de objetivos alheios e ele só se realiza plenamente no convívio com o outro,[396] não há dúvida de que deve lhe ser assegurada autonomia para fazer suas próprias escolhas, viver de acordo com suas decisões existenciais, respeitados os direitos alheios, e participar da tomada de decisões de sua comunidade política, obtendo o reconhecimento individual e coletivo dos demais nas práticas sociais e nas relações intersubjetivas.[397] Ainda que tenha sido incorporada à legislação pátria uma nova abordagem da deficiência – que deixou de ser compreendida como uma característica intrínseca à pessoa, para ser o "produto da interação entre as suas

---

[394] TARTUCE, Flávio. O Estatuto da Pessoa com Deficiência e a capacidade testamentária ativa. *Revista Jurídica Luso-Brasileira*, ano 2, n. 6, p. 521-561, 2016, p. 522.

[395] De acordo com o artigo 1º da Lei nº 13.146/2015 (Estatuto da Pessoa com Deficiência), as suas disposições têm por objetivo "assegurar e a promover, em condições de igualdade, o exercício dos direitos e das liberdades fundamentais por pessoa com deficiência, visando à sua inclusão social e cidadania" (BRASIL. *Lei nº 13.146, de 06 de julho de 2015.* Estatuto da Pessoa com Deficiência. Brasília: Presidência da República, 2015. Disponível em: http://www.planalto.gov.br/CCIVIL_03/_Ato2015-2018/2015/Lei/L13146.htm. Acesso em: 14 out. 2021).

[396] "Ser gente é preciso do outro. [...] Carecemos não só do suporte material que a vida em sociedade proporciona, mas também de relações intersubjetivas que se pautem pelo respeito recíproco. [...] O reconhecimento completa o conteúdo material do princípio da dignidade da pessoa humana, colorindo-o com as tintas de intersubjetividade. Ele demanda que as instituições e práticas sociais tratem com igual respeito a identidade de todas as pessoas. Exige a inclusão dos que são diferentes do *mainstream*, dos que pertencem a grupos estigmatizados, que não podem ser humilhados pela sua identidade, invisibilizados por conta dela, nem assimilados à sociedade, mas devem ser respeitados e valorizados em sua diferença. [...] O reconhecimento, em outras palavras, deve se articular com o valor intrínseco da pessoa, com a autonomia e com a proteção do mínimo existencial, de modo a proporcionar uma robusta proteção aos aspectos mais caros à personalidade humana" (SARMENTO, Daniel. *Dignidade da pessoa humana: conteúdo, trajetória e metodologia*. 2. ed. Belo Horizonte: Fórum, 2016, p. 133, 188 e 239-240 e 297-298).

[397] SARMENTO, Daniel. *Dignidade da pessoa humana: conteúdo, trajetória e metodologia*. 2. ed. Belo Horizonte: Fórum, 2016, p. 133.

limitações naturais e as barreiras sociais",[398] sem afetar a sua capacidade civil[399] –, é exigível algo mais do que a mera possibilidade legal de exercer, pessoalmente, direitos, tal como já assegurado na legislação brasileira, com a atribuição de capacidades de direito e de fato, sendo necessário viabilizar o efetivo exercício destes. As necessidades materiais básicas de vida (ou condições materiais para viver e não apenas sobreviver) devem ser minimamente atendidas e o desenvolvimento das potencialidades inerentes à personalidade humana em todas as suas dimensões, oportunizado concretamente.

Não se perca de vista que

> [...] o mundo do 'ser' é disciplinado pela causalidade natural, em que há relações de implicação exprimindo um nexo formalmente necessário entre os fatos naturais e seus efeitos. Já no universo jurídico, inexiste necessidade lógica ou factualmente fundada de a hipótese implicar a consequência, sendo a própria norma quem estatui o vínculo implicacional, por meio do 'dever-ser'.[400]

Ressalta-se que, se o objetivo é proteger os que não possuem o seu discernimento completo, não há tratar igualmente pessoas com diferentes deficiências, visto que tal solução não é consentânea com as realidades e as necessidades individuais. Entretanto, no Brasil, não há uma graduação conforme ao discernimento das pessoas com deficiência mental e cognitiva.[401]

---

[398] MORAES, Maria Celina Bodin de. Prefácio. In: MENEZES, Joyceane Bezerra de (org.). *Direito das pessoas com deficiência psíquica e intelectual nas relações privadas:* convenção sobre os direitos da pessoa com deficiência e lei brasileira de inclusão. 2. ed., rev. e ampl. Rio de Janeiro: Processo, 2020.

[399] "Art. 6º. A deficiência não afeta a plena capacidade civil da pessoa, inclusive para: I – casar-se e constituir união estável; II – exercer direitos sexuais e reprodutivos; III – exercer o direito de decidir sobre o número de filhos e de ter acesso a informações adequadas sobre reprodução e planejamento familiar; IV – conservar sua fertilidade, sendo vedada a esterilização compulsória; V – exercer o direito à família e à convivência familiar e comunitária; e VI – exercer o direito à guarda, à tutela, à curatela e à adoção, como adotante ou adotando, em igualdade de oportunidades com as demais pessoas" (BRASIL. *Lei nº 13.146, de 06 de julho de 2015*. Estatuto da Pessoa com Deficiência. Brasília: Presidência da República, 2015. Disponível em: http://www.planalto.gov.br/CCIVIL_03/_Ato2015-2018/2015/Lei/L13146.htm. Acesso em: 14 out. 2021).

[400] CARVALHO, Paulo de Barros. A "dignidade da pessoa humana" na ordem jurídica brasileira. In: MIRANDA, Jorge; SILVA, Marco Antonio Marques da (coord.). *Tratado luso-brasileiro da dignidade humana*. 2. ed., atual. e ampl. São Paulo: Quartier Latin, 2009, p. 1.138.

[401] FLEISCHMANN, Simone Tassinari Cardoso; FONTANA, Andressa Tonetto, A capacidade civil e o modelo de proteção das pessoas com deficiência mental e cognitiva: estágio atual da discussão. *Civilistica.com*, ano 9, n. 2, 2020, p. 9.

Com o intuito de definir, de modo mais específico, as capacidades que são indispensáveis à autonomia do ser humano, a fim de estabelecer uma proposta de ação educacional em relação às pessoas com deficiência, adotar-se-á como marco teórico a teoria do *capability approach*, idealizada por Martha Nussbaum, porque: 1. contempla as potencialidades centrais em uma visão integral e contextualizada do indivíduo no mundo globalizado; e 2. é utilizada como fundamento conceitual subjacente do Índice de Desenvolvimento Humano (IDH), incorporado no Programa das Nações Unidas para o Desenvolvimento Humano e no Relatório de Desenvolvimento Humano, o qual avalia o índice de desenvolvimento de cada país, com base não só na expectativa de vida e no Produto Interno Bruto (PIB) como também nos anos médios de estudo e naqueles esperados de escolaridade.[402] Conquanto a sua teoria da justiça não seja imune a críticas,[403] a identificação de um rol de capacidades humanas mínimas, fundado em um consenso social amplo (e não a partir de uma visão unilateral de justiça),[404]

---

[402] Em sua obra "Fronteiras da Justiça: deficiência, nacionalidade, pertencimento à espécie", Nussbaum esboça uma nova teoria de justiça social, combinando "elementos relevantes da tradição contratualista, em especial da corrente desenvolvida por John RAWLS (a mais aprimorada e evoluída na opinião da autora), com elementos supostamente extraídos da tradição ética inaugurada por ARISTÓTELES". Sob um único esquema teórico, a autora conjuga "o realismo aristotélico e o construtivismo rawlsiano" (FERREIRA NETO, Arthur Maria. *Justiça como realização de capacidades humanas básicas*: é viável uma teoria de justiça aristotélica-rawlsiana? Porto Alegre: EDIPUCRS, 2009, p. 36-38).

[403] Embora pretenda seguir uma linha contratualista no procedimento de escolha do justo, "a proposta de NUSSBAUM acabará por delimitar qualitativamente as opções de vida que poderão ser justificadas como dignas de serem perseguidas em sociedade, já que as capacidades humanas centrais, ao estabelecer substancialmente os objetivos indispensáveis para o florescimento humanos, fixarão, em contrapartida, as opções individuais e políticas que não se mostrarão como justificáveis e compartilháveis a partir dessa teoria da justiça contratualista." Segundo Arthur Maria Ferreira Neto, Nussbaum não explicita qualquer argumento que pudesse justificar o valor intrínseco das capacidades centrais como algo a ser buscado por todos, nem os motivos para considerá-las como formadoras de uma vida humana digna. Adverte o autor: "Na verdade, a justificação da tese das capacidades centrais não se escore em argumentos que definam as capacidades como um princípio/ponto de partida para um raciocínio prático qualquer, mas são elas conceituadas e caracterizadas com base nas consequências que NUSBAUM deseja alcançar. Com isso, estrutura-se uma teoria da justiça que define capacidades centrais não pelo que elas são materialmente ou pelo espaço que devam ocupar na explicação do agir humano, mas simplesmente pelos efeitos políticos que se deseja por meio delas produzir" (FERREIRA NETO, Arthur Maria. *Justiça como realização de capacidades humanas básicas*: é viável uma teoria de justiça aristotélica-rawlsiana? Porto Alegre: EDIPUCRS, 2009, p. 58 e 66).

[404] Para superar as deficiências da teoria de Rawls, especialmente em relação ao ponto de partida procedimental proposto, com a neutralização de "todo o conteúdo moral controvertido", Nussbaum defende "um procedimento materialmente orientado a partir de uma concepção intuitiva de "qualidade de vida humana"". As dez capacidades básicas inerentes aos seres humanos, identificadas por ela, "representariam um elenco substancial

é relevante para o propósito desse estudo – que tem em vista uma sociedade pluralista –, uma vez que não basta ser formalmente livre para a plena realização como pessoa humana, sendo imprescindível a existência de condições mínimas que permitam o exercício concreto da liberdade. Nessa linha, a tese das capacidades humanas centrais pode ser compreendida como objetivos políticos materiais, que podem ser amplamente compartilhados, na construção de um conceito de vida digna,[405] superando a fluidez, a heterogeneidade e o relativismo que marcam a contemporaneidade.[406]

---

de potencialidades ou habilidades humanas que se prestariam a indicar princípios de justiça por todos compartilhados". Com base na ética de Aristóteles, "assume como ponto de partida antropológico, não mais a ideia de "seres livres, iguais e independentes" adotada na visão rawlsiana, mas a concepção aristotélica do ser humano como um animal político/social por natureza, cuja racionalidade não é derivada de uma concepção idealizada de independência", estando os seus interesses relacionados e subordinados aos interesses e objetivos dos demais (relações assimétricas de dependência). A correlação entre capacidades humanas e vida digna evoca o argumento aristotélico de que o conteúdo nuclear de uma vida feliz está relacionado à função própria do ser humano (atividade racional), constituindo motivação para a cooperação social a justiça como um fim em si mesmo (não a vantagem mútua dos contratantes). "(...) o bem individual somente poderia ser compreendido dentro do esquema de objetivos compartilhados pelos outros cidadãos". A premissa de que o ser humano é um ser politicamente orientado (dimensão necessária de dependência em relação aos outros) é incompatível com a ideia de "seres livres, iguais e independentes, interessados prioritariamente na promoção dos seus projetos privados e individuais" (FERREIRA NETO, Arthur Maria. *Justiça como realização de capacidades humanas básicas*: é viável uma teoria de justiça aristotélica-rawlsiana? Porto Alegre: EDIPUCRS, 2009, p. 58-59, 71-73 e 196).

[405] Além de abarcar considerações substanciais sobre habilidades e oportunidades, uma concepção material de vida digna opera como "critério objetivo e cogente que permitiria, em primeiro lugar, analisar, negativamente, quais ações individuais e coletivas não poderiam ser perseguidas sob pena de formação de uma vida indigna e, em segundo lugar, aferir, positivamente, o sucesso de uma comunidade política em concretizar e estender a todos os elementos indispensáveis à formação dessa vida digna, de modo a produzir uma sociedade integralmente justa" (FERREIRA NETO, Arthur Maria. *Justiça como realização de capacidades humanas básicas*: é viável uma teoria de justiça aristotélica-rawlsiana? Porto Alegre: EDIPUCRS, 2009, p. 175).

[406] "Entre o moderno e o pós-moderno, o que se percebe é que a cultura moderna do universal absoluto – radical, impessoal, total e radicada numa ideia de razão total – foi responsável por abusos, que já foram identificados e criticados pela cultura filosófica ocidental [...]. Ao projeto da razão total, deve-se contrapor o estado atual da ética, marcada sem dúvida pelo pluralismo, mas cuja indefinição, relativização e individualismo tornaram impossível qualquer parâmetro de conduta, ruindo por completo do projeto da razão. Nesta medida, nem à razão total, nem à ausência de razão, deve-se assumir a possibilidade de afirmação de valores comuns (solidariedade, justiça social, diálogo, igualdade, diversidade) na base de um universalismo moderado, ou seja, na base de um universalismo que parte do diálogo entre as diferenças para construir parâmetros universais comuns, que atingem e, por isso, devem beneficiar a todos, considerando e respeitando o lugar de cada um" (BITTAR, Eduardo C. B. *Curso de ética jurídica*: ética geral e profissional. 14. ed. São Paulo: Saraiva, 2018, p. 99).

No esforço de incluir no debate filosófico-político temas contemporâneos – tais como a efetiva participação de pessoas com deficiência mental ou física na formulação de princípios de justiça, a extensão da pretensão de justiça a todos os cidadãos do mundo e o tratamento justo a animais não humanos –, observa que, no mundo real, nem todos são seres livres, iguais e independentes para agir e realizar a escolha racional dos princípios de justiça que estruturam a sociedade. Segundo a doutrinadora, as pessoas possuem capacidades naturalmente diferentes[407] e o seu desenvolvimento, enquanto exigências centrais para uma vida digna, é essencial à promoção de sua liberdade[408] e à justiça social. Ao priorizar uma capacidade, negligenciando outra, a coletividade ilude seus cidadãos, falhando na realização do justo. As doutrinas do contrato social em geral não incluem, na sua formulação, as pessoas com impedimentos mentais e físicos, sérios e incomuns ou restrições fáticas para se manifestarem, nem lhes asseguram efetiva representatividade no processo de escolhas políticas da coletividade. Essa exclusão compromete toda a teoria da justiça, sobretudo se considerada a sua característica estrutural: os sujeitos primários escolhem os princípios básicos que regulam suas negociações uns com os outros, para o que são exigidas certas habilidades (racionalidade, linguagem, capacidades mental e física) como pré-requisito. Os seres humanos devem ser concebidos como seres sociais e políticos em um espaço social concreto e real, e não a partir de características e contextos idealizados, sob pena de frustração da aspiração à igualdade de cidadania.[409]

Nessa perspectiva, Nussbaum elenca dez capacidades básicas ou centrais inerentes à pessoa humana, que são essenciais para uma vida minimamente digna (conteúdo mínimo não exaustivo da justiça social):[410]

---

[407] NUSSBAUM, Martha. *Fronteiras da justiça*: deficiência, nacionalidade, pertencimento à espécie. Tradução Susana de Castro. São Paulo: WMF Martins Fontes, 2013, p. 90 e 93.

[408] SEN, Amartya. *O desenvolvimento como liberdade*. Tradução de Laura Teixeira Motta. Revisão técnica de Ricardo Doninelli Mendes. São Paulo: Companhia das Letras, 2010, p. 105.

[409] NUSSBAUM, Martha. *Fronteiras da justiça*: deficiência, nacionalidade, pertencimento à espécie. Tradução Susana de Castro. São Paulo: WMF Martins Fontes, 2013, p. 19-20, 22-23 e 90-91.

[410] Para Arthur Maria Ferreira Neto, esse rol de capacidades centrais assemelha-se ao elenco de bens básicos indicados por John Finnis em sua obra "Natural Law and Natural Rights", como substrato de todos os juízos morais. Nesse ponto, ambos aproximam-se da "tradição aristotélica no que diz respeito à compreensão teleológica de fins objetivos que definem a vida humana plenamente realizada". Entretanto, distanciam-se quanto aos demais

i – vida (viver a vida em seu curso natural ou até o momento que valha a pena);
ii – saúde corporal (ter as condições adequadas para desenvolver uma boa saúde, inclusive a reprodutiva);
iii – integridade corporal (ser livre para se movimentar livremente em segurança);
iv – sensações, imaginação e pensamento (capacidade de sentir, imaginar e pensar livremente, incluída a possibilidade de se manifestar intelectual, artística e religiosamente);
v – emoções (ter condições de formar e manter vínculos afetivos com pessoas e coisas e não ter o desenvolvimento emocional bloqueado);
vi – racionalidade prática (ter condições de formular uma concepção própria de bem e vida boa);
vii – afiliação (conviver com outras pessoas, interagir socialmente, mediante livre associação e liberdade de discurso político, desenvolver autorrespeito e reconhecimento, sem humilhação, ter proteção contra discriminação e ser capaz de ter empatia pela situação do outro);
viii –relacionamento respeitoso com outras espécies (animais, plantas e a natureza em geral);
ix – lúdico (ser capaz de rir, divertir-se e aproveitar atividades recreativas); e
x – controle sobre o próprio ambiente (participar ativamente das escolhas políticas que orientarão a própria vida e ter garantido o direito de propriedade não apenas formal, mas em igualdade de oportunidades).[411]

Na sua visão, esse elenco de habilidades humanas é fundamental para assegurar oportunidades mínimas a todos os indivíduos,[412]

---

aspectos, inclusive a forma de justificação dos conceitos. (FERREIRA NETO, Arthur Maria. *Justiça como realização de capacidades humanas básicas*: é viável uma teoria de justiça aristotélica-rawlsiana? Porto Alegre: EDIPUCRS, 2009, p. 60-61 e 184-185).

[411] NUSSBAUM, Martha. *Women and human development:* the capabilities approach. New York: Cambridge University Press, 2000, p. 78-80.

[412] Nessa linha, defende John Rawls que a estrutura básica da sociedade compreende instituições "no interior das quais os seres humanos podem desenvolver suas faculdades morais e tornar-se membros plenamente cooperativos de uma sociedade de cidadãos livres e iguais. E, na qualidade de uma estrutura que preserva a justiça de fundo ao longo do tempo de uma geração para a outra, realiza a ideia (fundamental para a justiça como equidade) da justiça procedimental pura de fundo como processo social ideal [...]. A estrutura básica também cumpre a função pública de educar os cidadãos para uma concepção deles mesmos como livres e iguais; e, sempre que adequadamente regulada,

servindo como critérios comparativos de qualidade de vida e subsidiando a conceituação de dignidade e vida humana funcionalmente digna.[413]

Em defesa de valores pretensamente universais, Nussbaum apresenta três argumentos para sustentar a sua teoria: cultura, diversidade e paternalismo. Nem todas as pessoas concordam com as mesmas coisas, e a objeção não determina quais são os valores universais. Destarte, mesmo as pessoas com plena capacidade cognitiva não compartilham valores comuns. Por essa razão, a ideia de um mínimo social básico concentrada nas capacidades – essenciais à dignidade humana –, associada à de um nível mínimo para cada uma delas, é a melhor abordagem, uma vez que permite que se construa um consenso sobreposto entre pessoas que possuem concepções amplas e diferentes de bem, ou, como dito anteriormente, a determinação do que pode constituir um plano de vida aceitável em uma coletividade.

Argumenta que é perigoso usar uma lista diferente de capacidades ou mesmo um limite mínimo distinto para pessoas com deficiência. É necessário manter um rol único como direitos sociais não negociáveis e trabalhar ao máximo para que todas as pessoas atinjam esses limites mínimos de capacidade, ressalvando que os tratamentos e programas sociais devem ser individualizados.

Nussbaum também defende a priorização do indivíduo – que deverá ter acesso ao exercício das capacidades centrais elencadas – sobre a coletividade.[414]

---

ela estimula neles atitudes de otimismo e confiança no futuro, e o senso de ser tratado equitativamente tendo-se em vista os princípios públicos, que são tidos como regulando efetivamente as desigualdades econômicas e sociais [...]" (RAWLS, John. *Justiça como equidade*: uma reformulação. Tradução de Claudia Berliner. Revisão técnica e de tradução de Álvaro de Vita. São Paulo: Martins Fontes, 2003, p. 80-81).

[413] Observa Arthur Maria Ferreira Neto que, ao enumerar as vantagens de sua lista de capacidades, Nussbaum admite, além de sua revisão e complementação, eventual supressão de uma ou outra habilidade, o que parece contradizer a ideia de sua universalização. De qualquer sorte, também são salientados como pontos positivos (i) um certo grau de abstração e generalidade que permite espaço para especificação e deliberação dos cidadãos, do Parlamento e do Judiciário; (ii) o ponto de partida imparcial (sem fundamento metafísico, cultural ou religioso); (iii) a finalidade de viabilizar o acesso amplo e igualitário às capacidades centrais, sem impor seu efetivo exercício, de modo a proteger o pluralismo nas concepções particulares de vida digna; (iv) a projeção das liberdades garantidoras do pluralismo a uma posição de destaque (inegociável), e (v) a separação entre questões de justificação e de implementação das capacidades, a deslegitimar qualquer espécie de intervenção militar ou sanção econômica para garantir sua concretização (FERREIRA NETO, Arthur Maria. *Justiça como realização de capacidades humanas básicas*: é viável uma teoria de justiça aristotélica-rawlsiana? Porto Alegre: EDIPUCRS, 2009, p. 69).

[414] NUSSBAUM, Martha. *Fronteiras da justiça*: deficiência, nacionalidade, pertencimento à espécie. Tradução de Susana de Castro. São Paulo: WMF Martins Fontes, 2013, p. 41, 50, 84-85, 216 e 233.

Complementa essa visão a doutrina de Amartya Sen, apresentada em sua obra *Development as freedom*, que permite compreender a perspectiva do desenvolvimento como fator de liberdade, tendo em vista que a simples dimensão da riqueza (por exemplo, Produto Interno Bruto e a renda *per capita*) não é um indicador preciso do desenvolvimento econômico e social de um país.[415] Sen propôs novas dimensões de avaliação, criando, colaborando com Mahbub ul Haq, o Índice de Desenvolvimento Humano (IDH), que não somente quantifica o desenvolvimento, como também o qualifica, a partir da avaliação de outros aspectos, como a educação, a expectativa de vida, entre outros. O pleno domínio das liberdades não depende apenas do incremento de rendas pessoais, mas também de disposições sociais e econômicas e dos direitos civis que resultem na diminuição das desigualdades sociais.

O desenvolvimento é uma forma de expansão das liberdades, e as suas fontes exercem um papel central para esse fim.[416] A dimensão que permite ao ser humano refletir, valorar e deliberar sobre as suas ações é o *agency* (aptidão), conceito que considera sua autonomia e liberdade, inclusive para não observar o seu próprio bem-estar, que é individualizado.[417] [418] O conjunto de "fazer" e "ser" é considerado

---

[415] Segundo Flávio Pansieri, Amartya Sen reintroduziu o tema da ética no campo da economia – até então influenciada pelo positivismo, com enfoque mais nas ciências matemáticas do que nas humanas –, ao abordar a questão econômica do bem-estar. Embora a economia moderna – que floresceu com a Revolução Industrial – tenha origem na "conjugação de duas vertentes opostas e complementares: uma voltada para a ética e outra voltada para a engenharia", percebe-se uma dissociação desses elementos no sistema econômico atual. A partir desse cenário, Sen defende a possibilidade de "utilização da economia como um dos atributos hábeis à conquista da liberdade", desvencilhando-a "do seu caráter eficiente, puramente produtivo e individualista para lhe lançar em uma fórmula pública e política" (PANSIERI, Flávio. *A liberdade no pensamento ocidental*: liberdade como justiça e desenvolvimento. Tomo IV. Belo Horizonte: Fórum Conhecimento Jurídico, 2018, p. 17-18).

[416] SEN, Amartya. *Desenvolvimento como liberdade*. Tradução de Laura Teixeira Motta. Revisão técnica de Ricardo Doninelli Mendes. São Paulo: Companhia das Letras, 2010, p. 9.

[417] SEN, Amartya. Introduction; the perspective of freedom; the ends and means of development. *In*: SEN, Amartya. *Development as freedom*. New York: Knoph, 2000, p. 6.

[418] Ao discorrer sobre esse ponto, Flávio Pansieri ressalta que, para Sen, "o êxito de alguém não pode ser julgado tendo como enfoque tão somente o seu próprio bem-estar, uma vez que os indivíduos podem simplesmente valorar a promoção de determinadas causas ou eventos ainda que tais situações não venham a lhe beneficiar diretamente. Segundo seu ponto de vista, no cálculo ético uma pessoa pode ser contemplada tanto sob a dicotomia do agente, ao estabelecer objetivos que transcendem a sua esfera puramente privada, como do bem-estar, na qual o que se está em questão se relaciona às suas preferenciais pessoais" Além de desmitificar a visão utilitarista da economia de bem-estar, afirmou não ser contraditória "a busca de vantagens pessoais dos indivíduos (bem-estar) somada às vantagens sociais (perpetrada por sua condição de agente)" (PANSIERI, Flávio. *A liberdade no pensamento ocidental*: liberdade como justiça e desenvolvimento. Tomo IV. Belo Horizonte: Fórum Conhecimento Jurídico, 2018, p. 24 e 27).

como as funções da pessoa, enquanto as liberdades ou aptidões para ser ou fazer alguma coisa são as capacidades que as pessoas possuem.

A transformação de coisas, recursos ou direitos em funcionamentos varia conforme o indivíduo. As capacidades – tudo o que pode ser ou fazer – são os funcionamentos escolhidos para obter o bem-estar, e a liberdade para realizá-las é representada pelo conjunto capacitatório. Quanto mais capacidade a pessoa tem, maior é a sua liberdade, pois terá oportunidades reais para realizar as coisas que valoriza e ser livre para conduzir a própria vida.[419]

Com efeito, o bem-estar do indivíduo não pode ser aferido, com base exclusivamente em recursos financeiros, pois a possibilidade de transformar um bem em funcionalidade também depende de outros fatores. Portanto, assegurar a capacidade significa dizer que a pessoa terá liberdade de escolha.[420] Nesse sentido, ainda que a pessoa com deficiência possua recursos financeiros, se a instituição de ensino não estiver adequada para incluí-la, não será possível o desenvolvimento de suas capacidades.

Além disso, avaliação do bem-estar deve levar em consideração os funcionamentos e as capacidades das pessoas em geral, e não apenas aqueles que desejam desenvolver. Em contrapartida, o fato de ser membro de uma sociedade não oculta a sua individualidade, que deve ser preservada. A liberdade só existe quando a pessoa é capaz de formar sua concepção sobre o que é certo ou errado. Logo, uma sociedade que não assegura um grau mínimo de capacidades não é justa.

Oportunas, nesse ponto, as ponderações de André Parmo Folloni no sentido de que o desenvolvimento social, elencado na CF/88, possui dois significados interligados: o primeiro, mais amplo, diz com um dos aspectos da sociedade (um valor que vai além do indivíduo em si), o segundo é relativo aos direitos sociais reconhecidos a todas as pessoas.[421] O conceito de bem-estar de Sen leva em consideração os funcionamentos e a condição de agente das pessoas, o que depende do contexto cultural e socioeconômico, além das características pessoais e

---

[419] SEN, Amartya. *A ideia de justiça*. Tradução de Denise Bottmann e Ricardo Doninelli Mendes. São Paulo: Companhia das Letras, 2011, p. 266.

[420] FOLLONI, André Parmo. Liberdade como capacidade em Amartya Sen desde sua crítica ao utilitarismo. *A&C – Revista de Direito Administrativo Constitucional*, Belo Horizonte, ano 20, n. 80, p. 103-124, abr./jun. 2020.

[421] FOLLONI, André Parmo. A complexidade ideológica, jurídica e política do desenvolvimento sustentável e a necessidade de compreensão interdisciplinar do problema. *Revista de Direitos Humanos Fundamentais*, ano 14, n. 1, p. 63-91, jan./jun. 2014.

dos valores individuais e coletivos. Nesse delineamento, quanto maior o conjunto de capacidades das pessoas, melhor é a sociedade em que vivem, tendo em vista não apenas o bem-estar individual – pois nem sempre as pessoas agem em prol deste –, mas também outros objetivos que não podem ser desprezados.

Para Anna Paula Bagetti Zeifert e Janaína Machado Sturza, Sen e Nussbaum convergem, uma vez que, na visão delas, a garantia de capacidades mínimas aos cidadãos é uma forma de alcançar a justiça. A principal divergência se dá em relação à concepção de ser humano: para Sen, ele deve ser compreendido no seu contexto social, político, econômico e cultural, ao passo que Nussbaum reconhece que as capacidades estão ligadas às condições em que o indivíduo está inserido, além da abordagem da renda e da riqueza, inexistindo uma única medida quantitativa padrão.[422]

Essa ótica é reforçada por Oksandro Gonçalves, que salienta que a ideia do *capability approach* assegura um nível mínimo de capacidades humanas centrais para cada indivíduo, porque, para a ampla fruição e contribuição para o processo de desenvolvimento, é indispensável o equilíbrio entre todos os seres humanos no atendimento de suas demandas, com liberdade para realizar as próprias escolhas, incumbindo ao Estado remover as barreiras que possam impedir ou reduzir essas capacidades. Enfatiza que, com lastro em um conjunto de direitos básicos essenciais, Nussbaum pretende criar uma teoria da justiça, superando as lacunas das doutrinas tradicionais que, fundadas na noção de contrato social, pregam o tratamento da igualdade do bem comum, sem consideração do nível de discernimento para o pleno exercício dessas liberdades individuais.[423]

A solução para o problema da não participação desse segmento expressivo da população no procedimento de deliberação política levado a efeito na coletividade não advirá, automaticamente, da racionalidade humana, porque nem todo comportamento é racional e, na prática, nem sempre as pessoas agem de forma irracional, existindo diferentes padrões de racionalidade. Nessa linha, a visão do interesse

---

[422] ZEIFERT, Anna Paula Bagetti; STURZA, Janaína Machado. As políticas públicas e a promoção da dignidade: uma abordagem norteada pelas capacidades (capabilities approach) propostas por Martha Nussbaum. *Revista Brasileira de Políticas Públicas*, v. 9, n. 1, abr., 2019. DOI: https://doi.org/10.5102/rbpp.v9i1.5894, p. 117.

[423] GONÇALVES, Oksandro. A ordem econômica no estado democrático de direito e a teoria de Martha Nussbaum: entre o crescimento econômico e o desenvolvimento humano. *RJLB*, ano 4, n. 5, 2018, p. 225-226.

próprio projetado socialmente importa em uma rejeição à ética relacionada à motivação, na medida em que o comportamento real guia-se pelo autointeresse maximizado, e utilizar a racionalidade é inadequado.[424]

Para que o indivíduo tenha o potencial de alcançar uma vida digna, deve ter a oportunidade de desenvolver as capacidades humanas que o habilitem para o exercício de sua liberdade, o que reclama a intervenção pública em diversos setores da sociedade, tais como educação, saúde, vida familiar, entre outros.[425]

Funções e capacidades são dois aspectos importantes para o bem-estar individual,[426] desempenhando, a sociedade e o Estado, importante papel na promoção de condições econômicas, sociais e políticas que as potencializem.[427] O papel das políticas públicas é justamente conferir proteção específica às pessoas que não possuem as capacidades humanas centrais básicas, especialmente aos que têm discernimento reduzido e não conseguem perceber, dimensionar e sopesar todos os aspectos da vida da pessoa.

No campo específico da educação, um dos setores básicos da vida dos indivíduos,[428] a adoção de um modelo, orientado pelo paradigma do desenvolvimento humano (educação para a cidadania inclusiva),

---

[424] Embora a teoria de justiça de Rawls seja inovadora, por delinear princípios políticos básicos, a partir de um número reduzido de pressuposições, construir uma concepção de "justiça procedimental pura", em que o procedimento correto define o resultado correto, afastada a concepção de direitos naturais, e atribuir um papel distinto para os elementos morais na elaboração do contrato social, não resolve três problemas cruciais: deficiência e impedimento, a nacionalidade e o pertencimento à espécie. Além disso, a noção de véu da ignorância, adotada por Rawls, para delimitar a assimetria informativa entre os indivíduos é inócua em relação às pessoas com deficiência, uma vez que, porque as partes são designadas, com base em princípios estabelecidos por seres humanos sem qualquer impedimento físico ou mental sério, não alcançando os que têm discernimento reduzido (NUSSBAUM, Martha. *Fronteiras da justiça*: deficiência, nacionalidade, pertencimento à espécie. Tradução de Susana de Castro. São Paulo: WMF Martins Fontes, 2013, p. 14-15 e 21-23).

[425] SIQUEIRA, Natércia Sampaio. A capacidade nas democracias contemporâneas: fundamento axiológico da Convenção de Nova York. *In*: MENEZES, Joyceane Bezerra de (org.). *Direitos das pessoas com deficiência psíquica e intelectual nas relações privadas*. Convenção sobre os direitos da pessoa com deficiência e Lei Brasileira de Inclusão. 2. ed., rev. e ampl. Rio de Janeiro: Processo, 2020, p. 130.

[426] KARIMI, Milad; BRAZIER, John; BASARIR, Hasan. The capability approach: a critical review of its application in health economics. *Value in Heath*, v. 19, 2016. Disponível em: https://www.sciencedirect.com. Acesso em: 20 jan. 2020.

[427] REYMÃO, Ana Elizabeth Neirão; CEBOLÃO, Karla Azevedo. Amartya Sen e o direito a educação para o desenvolvimento. *Revista de Direito Sociais e Políticas Públicas*, Maranhão, v. 3, n. 2, p. 88-104, jul./dez. 2017, p. 93.

[428] NUSSBAUM, Martha. *Sem fins lucrativos*. Tradução de Fernando Santos. São Paulo: WMF Martins Fontes, 2015, p. 25.

é o que melhor promove a expansão das potencialidades das pessoas com deficiência, pois, no ambiente escolar, elas têm condições de prosperarem e encontrarem oportunidades para se tornarem o que aspiram e valorizam,[429] e nem sempre o crescimento econômico contribui para a adequada qualidade de vida dos indivíduos, sendo necessária a valorização da liberdade de pensamento.

O êxito na tarefa de prepará-los para a gestão de seus próprios interesses, a tomada de decisões e o exercício da liberdade de agir, garantindo sua emancipação como indivíduo e o exercício da cidadania,[430] depende da implementação de um modelo de ensino que contemple uma metodologia educacional (em certa medida) flexível e adaptável ao perfil de cada estudante e às suas reais necessidades, pois não basta declarar a titularidade de direitos e dar-lhes acesso à escola, sem assegurar sua permanência e participação na escola, as condições indispensáveis a um aprendizado consentâneo com suas singularidades (equidade), o fomento do sentimento de pertencimento ao coletivo e a aproximação das pessoas com deficiência com as que não têm deficiência, a fim de incrementar a tolerância com a diversidade em toda coletividade. A própria inclusão é um tipo de respeito adquirido e compreendido.[431]

Nessa linha, Fernando Araújo defende a necessidade de tratamento diferenciado às pessoas com deficiência, porque, para lidar com conflitos existenciais, situações dilemáticas e paradoxais, nem sempre o direito dispõe de sutileza e ductilidade.[432]

Para André Franco Montoro, o sentimento que cada um tem de seu próprio bem-estar ou felicidade não é a justiça. Ao contrário, é o respeito ao bem e a dignidade dos outros que cada um deve ter para si. A justiça para com os outros exige uma atitude de dar ou deixar aquilo que tenham o direito de receber ou conservar. É a busca pela construção do bem comum, por meio da medida adequada entre o público e o privado. Nesse aspecto, o cristianismo influenciou o desenvolvimento

---

[429] HART, Caroline Sarojini; BRANDO, Nicolás. A capability approach to childrens wellbeing, agency and participatory rights in education. *European Journal of Education*, v. 53, n. 3, p. 293-309, 2018, p. 294.

[430] REYMÃO, Ana Elizabeth Neirão; CEBOLÃO, Karla Azevedo. Amartya Sen e o direito a educação para o desenvolvimento. *Revista de Direito Sociais e Políticas Públicas*, Maranhão, v. 3, n. 2, p. 88-104, jul./dez. 2017, p. 99.

[431] NUSSBAUM, Martha. *Fronteiras da justiça*: deficiência, nacionalidade, pertencimento à espécie. Tradução de Susana de Castro. São Paulo: WMF Martins Fontes, 2013, p. 255.

[432] ARAÚJO, Fernando. O contrato de Ulisses – I: o pacto antipsicótico. *Revista Jurídica Luso-Brasileira*, ano 3, n. 2, p. 165-217, 2017. Disponível em: https://www.cidp.pt/revistas/rjlb/2017/2/2017_02_0165_0217.pdf. Acesso em: 12 jul. 2019.

da noção de justiça, semeando a ideia de igualdade fundamental e universal de todos os homens, que são dotados de inteligência e vontade livre. Conquanto essa concepção persista até a atualidade, em alguns casos é necessário um tratamento diferenciado, porque, reitere-se, a despeito de serem fundamentalmente (ou na sua essência) iguais, os homens são subjetivamente diferentes, inclusive no que tange ao discernimento, e a alteridade torna cada pessoa uma existência singular da espécie humana.[433]

Para esse fim, Fernando Rodrigues Martins propõe a elaboração de uma "escala de valores" pela coletividade, em que se pondere a existência de vários aspectos relevantes, indicando-se aqueles a serem priorizados, segundo critérios comparativos e com a aplicação da norma de tratamento da igualdade. Esses valores devem ser comuns e importantes para todas as pessoas, inclusive as que não possuem ampla capacidade cognitiva. Em um espectro mais amplo, o justo deve ser compreendido, na relação do indivíduo com a coletividade, na sua participação no bem comum de modo proporcional, e, na relação entre particulares, o que é devido como direito de cada um.[434] Em ambos os casos, o fundamento é a igualdade, porém nem sempre a igualdade será a forma adequada para atingir a justiça, sendo, por vezes, indispensável uma proteção específica para uma das partes.[435]

Para que um país garanta a democracia humana e sensível ao povo é "necessário que seja assegurada as oportunidades de vida, liberdade e busca da felicidade", o que envolve o desenvolvimento da capacidade de raciocinar adequadamente sobre temas políticos, de reconhecer direitos iguais e oportunidades, ainda que sejam pessoas diferentes.[436]

A experiência prática demonstra que as instituições de ensino em geral não estão preparadas para lidar com as diferenças cognitivas entre os estudantes. Mesmo após a edição do EPD, muitas famílias optam por escolas especializadas (educação especial), que, geralmente, estão habituadas e dominam as técnicas pedagógicas para o desenvolvimento

---

[433] MONTORO, André Franco. *Introdução à ciência do direito*. 27. ed., rev. e atual. São Paulo: Revista dos Tribunais, 2008, p. 163, 165-170 e 173.
[434] MARTINS, Fernando Rodrigues. *Princípio da justiça contratual*. São Paulo: Saraiva, 2009, p. 28 e 396-397.
[435] MONTORO, André Franco. *Introdução à ciência do direito*. 27. ed., rev. e atual. São Paulo: Revista dos Tribunais, 2008, p. 173.
[436] NUSSBAUM, Martha. *Sem fins lucrativos*. Tradução de Fernando Santos. São Paulo: WMF Martins Fontes, 2015, p. 26.

de capacidades pessoais. Entretanto, essa alternativa não se afigura a mais adequada, porquanto deve ser assegurado o seu acesso a qualquer escola, não como uma integração neutra, mas dotada de singularidade que leve em consideração a situação particular de cada um no processo de desenvolvimento de capacidades básicas, a partir da premissa da inclusão efetiva em contraposição à integração neutra.

A proposta pode parecer demasiadamente complexa, por implicar um ensino individualizado em uma sociedade de massa. Todavia, é uma dimensão imprescindível para a evolução social, que só será alcançada pela valoração de aspectos cognitivos e contextuais individuais (equalização e adaptação curricular) e criação de um ambiente educacional em que seja natural a convivência com as diferenças. Não só os estudantes com deficiência como todos que integram a comunidade escolar devem aprender a lidar com a realidade e agir inclusivamente.

À vista desse desafio, a teoria do *capability approach* constitui um referencial idôneo para o direcionamento da ação educacional. Além de fornecer uma base filosófica idônea a justificar políticas públicas específicas, identifica as potencialidades humanas a serem desenvolvidas, independentemente de convicções pessoais de cunho ideológico, metafísico ou religioso. Evidentemente, a definição de estratégias, metas e procedimentos que direcionem a ação estatal implica uma escolha racional e coletiva de prioridades, por meio de um processo ou conjunto de processos.[437] Essa escolha, contudo, será legítima se direcionada ao pleno desenvolvimento da personalidade humana (capacidades básicas), à concretização dos direitos fundamentais[438] e à superação dos óbices ao pleno exercício da autonomia por todas as pessoas.[439]

---

[437] A despeito da impossibilidade de encontrar uma forma de julgar e de agir que atenda aos interesses de todos, a sociedade é justa quando permite a participação de seus integrantes na escolha dos "valores e princípios que hão de balizar a vida boa", criando "uma cultura pública que aceite as divergências que inevitavelmente ocorrerão, pois, a justiça é invariavelmente crítica" (uma questão de decisão e de reconhecimento social). Para tanto, é fundamental oportunizar a todos o desenvolvimento de suas potencialidades, o que vai além da transmissão de conhecimento, alcançando também a consciência (que "se edifica na realidade e na convivência social"), a internalização de valores, incluído o respeito à dignidade humana (SERRANO, Plablo Jiménez. *O direito à educação*: fundamentos, dimensões e perspectivas da educação moderna. 1. ed. Rio de Janeiro: Jurismestre, 2017, p. 113-114 e 135).

[438] ZEIFERT, Anna Paula Bagetti; STURZA, Janaína Machado. As políticas públicas e a promoção da dignidade: uma abordagem norteada pelas capacidades (capabilities approach) propostas por Martha Nussbaum. *Revista Brasileira de Políticas Públicas*, v. 9, n. 1, abr., 2019. DOI: https://doi.org/10.5102/rbpp.v9i1.5894, p. 123.

[439] ZAMBAM, Neuro José; KUJAWA, Henrique Aniceto. As políticas públicas em Amartya Sen: condição de agente e liberdade social. *Revista Brasileira de Direito Passo Fundo*, v. 13, n. 1, p. 60-85, jan./abr. 2017, p. 65.

Sob esse viés, a ingerência estatal deve se ater às influências sociais, para determinar o alcance das liberdades individuais e assegurar sua expansão. Os indivíduos são influenciados, de um lado, pela garantia de liberdades, tolerância e possibilidade de troca e transações, e, de outro, pelo apoio nos serviços básicos com o fornecimento de facilidades para o desenvolvimento das capacidades humanas (como saúde e educação).[440] A atuação do Estado é essencial para a consecução desse desiderato, desde que não iniba ou cerceie a liberdade dos indivíduos de realizarem as próprias escolhas, nos limites do que é consensualmente admissível.

Seguindo a lógica das ações afirmativas em relação às minorias raciais,[441] é de se almejar o fortalecimento da consciência da população frente às diferenças, o incremento do número de pessoas com deficiência no ensino regular e no mercado de trabalho (potencial emancipatório).

A via legislativa opera como um importante instrumento para garantir uma igualdade proporcional às desigualdades fáticas existentes.[442]

Não obstante, a garantia de uma dignidade meramente formal ou a promoção de ações superficialmente desiguais será insuficiente, se não houver condições adequadas para o pleno desenvolvimento da pessoa.

Algumas capacidades individuais devem ser asseguradas, juridicamente, com base na igualdade; outras exigem uma abordagem que sirva como um limiar de adequação, diante da grande assimetria informativa entre pessoas com alguma deficiência cognitiva e pessoas sem deficiências.[443] O melhor interesse da criança e do adolescente é um dos limites da ingerência do Estado no processo educacional daqueles que ainda estão em desenvolvimento.

---

[440] SEN, Amartya. *O desenvolvimento como liberdade*. Tradução de Laura Teixeira Motta; revisão técnica Ricardo Doninelli Mendes. São Paulo: Companhia das Letras, 2010, p. 62-63.

[441] SPAREMBERGER, Raquel Fabiana Lopes; ROSA, Marina de Almeida. Together and Equal? Da necessária fundamentação do direito à igualdade para além do caso Brown V. Board of education. *Revista Eletrônica do Curso de Direito da UFSM*, v. 15, n. 3, 2020, p. 23.

[442] BOTELHO, Catarina Santos. Algumas reflexões sobre o princípio da paridade retributiva. In: *Estudos dedicados ao professor Mário Fernando de Campos Pinto, liberdade e compromisso*, Universidade Católica Editora, Lisboa, v. II, 2009. Disponível em: https://papers.ssrn.com/sol3/papers.cfm?abstract_id=2911063. Acesso em: 12 out. 2021, p. 79-130; p. 152-153.

[443] NUSSBAUM. Martha. The capabilities of people with cognitive disabilities. *Metaphilosophy*, United States, v. 40, n. 3-4, p. 331-351, jul. 2009. Disponível em: https://doi.org/10.1111/j.1467-9973.2009.01606.x. Acesso em: 12 out. 2018, p. 337-338.

Afora esses objetivos, devem ser implementados mecanismos de combate à violência doméstica (física ou psíquica),[444] que, não raras vezes, é praticada contra pessoas com reduzido discernimento no ambiente familiar, a fim de coibir o abuso de poder. Se, por um lado, a ingerência externa (do Estado ou de terceiros) no âmbito familiar deve ser evitada em situações em que não há violência ou assimetria informativa entre as pessoas envolvidas, isso porque a autonomia privada só é efetivamente assegurada quando há liberdade para os indivíduos autorregularem suas relações privadas como fato social, definindo, inclusive, como desenvolverão o seu benefício econômico e exclusivo;[445] por outro, a vulnerabilidade das pessoas com deficiência, especialmente as acometidas por doenças mentais graves, impõe medidas protetivas, de responsabilidade tanto do Estado como da coletividade.

A fim de garantir a igualdade de oportunidades e assegurar a autonomia nas escolhas, é necessário emancipar o indivíduo, por meio de um processo de educação inclusiva, que se inicia com o professor, com atitudes adequadas à diversidade no universo de estudantes, por exemplo, com materiais como o PowerPoint acessível. Para tanto, é imprescindível uma formação pedagógica não só quanto ao domínio de conhecimentos específicos como no tocante às relações humanas, tendo em vista a sua importância para a efetividade da educação.[446]

Também é importante repensar alguns modelos de educação e debater sobre a flexibilização curricular, alternativas para a avaliação, entre outros. O que se observa na realidade brasileira atual é a transformação dos estudantes em dados estatísticos de ingresso, dissociada de uma estrutura material e de pessoal eficiente para o atendimento efetivo de suas necessidades, sobretudo as que decorrem de alguma deficiência mental ou intelectual, ao longo do curso. Na maior parte das vezes, os colegas de sala de aula percebem, antes dos professores, as dificuldades que a deficiência do estudante pode ocasionar e rejeitam-no, com o receio de que o seu baixo rendimento escolar possa prejudicar os demais, ou, ainda, a retratação deste frente ao grupo.

---

[444] "Art. 226. [...] §8º O Estado assegurará a assistência à família na pessoa de cada um dos que a integram, criando mecanismos para coibir a violência no âmbito de suas relações" (BRASIL. *Constituição da República Federativa do Brasil de 1988*. Disponível em: https://www.planalto.gov.br/ccivil_03/Constituicao/Constituicao.htm. Acesso em: 24 jul. 2021).

[445] MAILLART, Adriana da Silva; SANCHES, Smyraa Dal Farra Nasponini. Os limites à liberdade na autonomia privada. *Pensar*, Fortaleza, v. 16, n. 1, p. 9-34, jan./jun. 2011, p. 12.

[446] FERRARI, Marian A.L. Dias; SEKKEL, Marie Claire. Educação inclusiva no ensino superior: um novo desafio. *Psicologia Ciência e Profissão*, v. 27, n. 4, p. 636-647, 2007, p. 642.

Uma das principais críticas ao modo de lidar com as pessoas com deficiência é encará-los como uma categoria infantilizada, recorrendo a medidas substitutivas que geram exclusão, marginalização, e não promovem a autonomia e a independência. Nesse contexto, o cuidado tende a ser sempre visto com algo ligado à inferioridade, acentuando a visão de desigualdade na relação, com o cerceamento de potencialidades.[447] As relações de cuidado não podem ignorar a voz e as necessidades das pessoas com deficiência, que devem exercer um papel ativo. O cuidado deve ser construído de forma cotidiana, sendo um processo aberto de interações e intervenções diárias, com o objetivo de garantir o bem-estar de todos. Ao presumir a vulnerabilidade das pessoas com deficiências, sem promover a inclusão, estar-se-á contribuindo para a sua invisibilidade social e, em alguns casos, para situações de abuso.[448]

Sem dúvida, a proteção especial de vulneráveis, com a superação da desigualdade derivada da diferença, da fragilidade de certos grupos sociais, é um dos fins do direito, e a tutela qualificada desponta como "o caminho adequado para o atingimento do ideal de igualdade, com a ponderação da multiplicidade e fugacidade dos papéis sociais".[449] Todavia, essa tutela especial não pode acarretar segregação social. Ao contrário, deve se proteger, "respeitando as diferenças e assegurando o acesso, sem discriminação".[450] É necessário atribuir valor à liberdade de bem-estar, à liberdade de agência e à realização de agência, ou seja, aquela liberdade que todo indivíduo tem – ou deveria ter – visando à busca e realização de seus objetivos segundo valores que ele próprio define como prioritários. As liberdades pessoais não se relacionam diretamente com o seu bem-estar e isso é tão estrutural quanto o fato de estar bem nutrido e saudável, sendo comum o sistema político intervir nas escolhas individuais dos indivíduos. Hart e Brando defendem que a coletividade tem o papel de assegurar as condições, as proteções e os

---

[447] FIETZ, Helena Moura; MELLO, Anahi Guedes de. A multiplicidade do cuidado na experiência da deficiência. *Revista Anthropológicas*, ano 22, v. 29, n. 2, p. 114-141, 2018, p. 118.

[448] FIETZ, Helena Moura; MELLO, Anahi Guedes de. A multiplicidade do cuidado na experiência da deficiência. *Revista Anthropológicas*, ano 22, v. 29, n. 2, p. 114-141, 2018, p. 134.

[449] CAMINHA, Anelize Pantaleão Puccini. *O casamento da pessoa com deficiência*: o Estatuto da Pessoa com Deficiência e seus reflexos no casamento à luz do ordenamento jurídico brasileiro. Porto Alegre: Livraria do Advogado, 2019, p. 40.

[450] MARQUES, Claudia Lima; MIRAGEM, Bruno. *O novo direito privado e a proteção dos vulneráveis*. 2. ed., rev., atual. e ampl. São Paulo: Revista dos Tribunais, 2014, p. 113 e 115.

espaços, para que as pessoas possam realizar as suas próprias escolhas, e evitar os possíveis danos a terceiros.[451]

Delineados esses pressupostos teóricos, será apresentada, no capítulo seguinte, uma proposta educacional que se amolda aos objetivos inclusivos aqui estabelecidos.

---

[451] HART, Caroline Sarojini; BRANDO, Nicolás. A capability approach to childrens well-being, agency and participatory rights in education. *European Journal of Education*, v. 53, n. 3, p. 293-309, 2018, p. 295.

CAPÍTULO 3

UM MODELO DE EDUCAÇÃO PARA O DESENVOLVIMENTO ESCOLAR DA PESSOA COM DEFICIÊNCIA: A EQUIDADE COMO DIRETRIZ NORTEADORA

Para a construção de um modelo educacional inclusivo, adotar-se-á como referencial a educação formal das pessoas com deficiência[452] nas instituições de educação básica (infantil, fundamental e médio).[453] A opção por esse recorte temático é justificada pelo fato de (i) a educação escolar integrar o processo formativo do ser humano,

---

[452] As políticas públicas no campo da educação inclusiva abrangem também os estudantes que pertencem a minorias linguísticas, raciais e étnicas, vivenciam uma situação de vulnerabilidade econômica ou cultural ou apresentem necessidades especiais decorrentes de condições atípicas, ou seja, os segmentos sociais historicamente excluídos do sistema de ensino. Na criação e aplicação de normas tendentes a garantir o direito à educação para todos, devem atuar todas as instâncias estatais (legislativa, executiva e judiciária). Contudo, a sua efetiva implementação pressupõe o aporte de recursos financeiros, para a formação de educadores, acessibilidade, serviços de apoio e outros fatores que interferem no atendimento às necessidades dos estudantes, e uma estratégia de gestão que implique a articulação de diferentes áreas (intersetorialidade) integrantes do Poder Público (educação, saúde, assistência social, transporte, segurança, entre outras) (DIVERSA. *Políticas públicas*. 2021. Disponível em: https://diversa.org.br/educacao-inclusiva/como-transformar-escola-redes-ensino/politicas-publicas/. Acesso: 26 dez. 2021).

[453] "Art. 1º. A educação abrange os processos formativos que se desenvolvem na vida familiar, na convivência humana, no trabalho, nas instituições de ensino e pesquisa, nos movimentos sociais e organizações da sociedade civil e nas manifestações culturais. §1º. Esta Lei disciplina a educação escolar, que se desenvolve, predominantemente, por meio do ensino, em instituições próprias. §2º A educação escolar deverá vincular-se ao mundo do trabalho e à prática social" (BRASIL. *Lei nº 9.394, de 20 de dezembro de 1996*. Lei de diretrizes e bases da educação nacional. Brasília: Presidência da República, 1996. Disponível em: http://www.planalto.gov.br/ccivil_03/leis/l9394.htm. Acesso em: 2 jan. 2022).

ao lado da educação comunitária, realizada no seio da família e da coletividade,[454] e constituir uma das mais importantes formas de inclusão social, na medida em que permite assegurar às pessoas com deficiência o acesso a oportunidades voltadas ao desenvolvimento de suas capacidades pessoais (autonomia) e do sentimento de pertencimento ao coletivo, e o convívio em condições de igualdade com todos (é uma das primeiras experiências de socialização na vida do indivíduo[455]); (ii) ser viável, nesse ambiente coletivo, a implementação de políticas públicas com objetivos eminentemente inclusivos – tais como a disseminação da ideia da diferença como realidade (sensibilização e conscientização), o estímulo à cultura da tolerância e do acolhimento na comunidade acadêmica, o estreitamento dos vínculos entre as escolas e a coletividade, o fomento de diálogos interdisciplinares e da transversalidade[456] (uma alternativa eficiente em face da diversidade, complexidade e dinâmica do mundo atual[457]) e o incremento do nível de civilidade, urbanidade e cortesia na convivência social (cidadania), com a eliminação de preconceitos, estigmas e estereótipos –, os quais, se atingidos, projetarão seus efeitos nas etapas subsequentes (ensinos superior, profissionalizante e tecnológico), (iii) o pensar coletivo e inclusivo, nesse estágio do desenvolvimento humano, ser determinante para a formação ética do ser cidadão e profissional – os ensinos infantil, fundamental e médio

---

[454] De acordo com o artigo 5 da Declaração Mundial sobre Educação para Todos, de 1990, a aprendizagem inicia com o nascimento (cuidados básicos e educação inicial na infância), o que justifica a implementação de estratégias que envolvam as famílias e a comunidade ou programas institucionais (UNICEF. *Declaração Mundial sobre Educação para Todos*. Tailândia, 1990. Disponível em: https://www.unicef.org/brazil/declaracao-mundial-sobre-educacao-para-todos-conferencia-de-jomtien-1990. Acesso em: 24 abr. 2021).

[455] Segundo Pablo Jiménez Serrano, uma existência digna "pressupõe ter garantido o direito ao desenvolvimento moral e intelectual que permite a inclusão social", constituindo, a educação, um instrumento decisivo para esse desenvolvimento, na medida em que "permite difundir valores e projetar a convivência social". Nessa perspectiva, a educação inclusiva deve ser emancipadora (SERRANO, Plablo Jiménez. *O direito à educação*: fundamentos, dimensões e perspectivas da educação moderna. 1. ed. Rio de Janeiro: Jurismestre, 2017, p. 62-63, 65 e 149).

[456] De acordo com a Lei de Diretrizes e Bases da Educação (LDB), de 1996, foram definidos Parâmetros Curriculares Nacionais (PCNs) que orientam para a aplicação da *transvalidade* – a inserção nos conhecimentos sistematizados a serem ministrados de conteúdos relacionados aos fatos e características da vida real e à sua transformação (uma nova compreensão dos diferentes objetos de conhecimento, permitindo sua construção na realidade dos estudantes). Não se confunde com a *interdisciplinaridade*, que, a despeito de também questionar a visão compartimentada e estática da realidade, opera considerando as disciplinas em busca de sua intercomunicação.

[457] SILVA, Fabrícia Gomes da. Projeto Café Inclusivo: um relato de experiência a partir de diálogos interdisciplinares. *In*: EVÊNCIO, Kátia Maria de Moura (org.) *Educação inclusiva*: diversos olhares entre teorias e práticas. Curitiba: Appris Editora, 2018, p. 177-178.

compõem a base para a aprendizagem e o progresso pessoal, sobre a qual podem ser construídos níveis mais avançados de educação e capacitação –, (iv) a CIDPD proclamar o sistema educacional inclusivo em todos os níveis, com ênfase nos ensinos primário e secundário,[458] e (v) ser impossível abarcar, neste trabalho, todas as situações fáticas relacionadas à educação inclusiva, tendo em vista as premissas teóricas e o acervo normativo que embasaram a pesquisa.

3.1 O modelo equitativo de educação da pessoa com deficiência

A preocupação com a educação formal está plasmada em várias normas da CF/88, destacando-se o artigo 24, incisos IX e XIV,[459] que atribui competência concorrente à União, aos Estados e ao Distrito Federal, para legislar sobre educação e proteção e integração social das pessoas com deficiência, e o artigo 208, inciso III,[460] que prescreve o dever do Poder Público de garantir atendimento educacional especializado, preferencialmente na rede regular de ensino, inclusive de forma gratuita (art. 206, inciso IV[461]).

---

[458] "Art. 24. [...] 2. Para a realização desse direito, os Estados Partes assegurarão que: a) As pessoas com deficiência não sejam excluídas do sistema educacional geral sob alegação de deficiência e que as crianças com deficiência não sejam excluídas do ensino primário gratuito e compulsório ou do ensino secundário, sob alegação de deficiência; b) As pessoas com deficiência possam ter acesso ao ensino primário inclusivo, de qualidade e gratuito, e ao ensino secundário, em igualdade de condições com as demais pessoas na comunidade em que vivem; c) Adaptações razoáveis de acordo com as necessidades individuais sejam providenciadas; d) As pessoas com deficiência recebam o apoio necessário, no âmbito do sistema educacional geral, com vistas a facilitar sua efetiva educação; e) Medidas de apoio individualizadas e efetivas sejam adotadas em ambientes que maximizem o desenvolvimento acadêmico e social, de acordo com a meta de inclusão plena. [...]" (BRASIL. *Decreto nº 6.949, de 25 de agosto de 2009*. Convenção Internacional sobre os Direitos das Pessoas com Deficiência. Brasília: Presidência da República, 2009. Disponível em: www.planalto.gov.br/ccivil_03/_Ato2007-2010/2009/Decreto/D6949.htm. Acesso em: 20 abr. 2021).

[459] "Art. 24. Compete à União, aos Estados e ao Distrito Federal legislar concorrentemente sobre: [...] IX – educação, cultura, ensino, desporto, ciência, tecnologia, pesquisa, desenvolvimento e inovação; [...] XIV – proteção e integração social das pessoas portadoras de deficiência; [...]" (BRASIL. *Constituição da República Federativa do Brasil de 1988*. Disponível em: https://www.planalto.gov.br/ccivil_03/Constituicao/Constituicao.htm. Acesso em: 14 nov. 2021).

[460] "Art. 208. O dever do Estado com a educação será efetivado mediante a garantia de: [...] III – atendimento educacional especializado aos portadores de deficiência, preferencialmente na rede regular de ensino; [...]" (BRASIL. *Constituição da República Federativa do Brasil de 1988*. Disponível em: https://www.planalto.gov.br/ccivil_03/Constituicao/Constituicao.htm. Acesso em: 14 nov. 2021).

[461] "Art. 206. O ensino será ministrado com base nos seguintes princípios: [...] IV – gratuidade do ensino público em estabelecimentos oficiais; [...]" (BRASIL. *Constituição da República*

Essas prescrições normativas estão em consonância com a CIDPD, que, no seu artigo 24,[462] dispõe que a educação baseada na não discriminação e na igualdade de oportunidades deve ser assegurada por meio de um sistema inclusivo em todos os níveis e ao longo de toda a vida, de modo a viabilizar o pleno e máximo desenvolvimento do potencial humano, incluídos a personalidade, os talentos, a criatividade e as habilidades físicas e intelectuais, o senso de dignidade e autoestima, o respeito pelos direitos humanos e a participação ativa em uma sociedade livre. O alcance desse desiderato pressupõe a não exclusão da pessoa do sistema educacional regular, em razão da deficiência (ou seja, a igualdade como universalização do direito de acesso ao ensino), e adaptações razoáveis e medidas de apoio, de acordo com as necessidades reais e "individuais" (sob o viés da singularidade ou equidade), em ambientes que otimizem o desenvolvimento acadêmico e social (ou seja, a aquisição de competências práticas e sociais que facilitem a plena participação na rede institucional de ensino e na vida em comunidade).

Segundo Sassaki, a inclusão escolar consiste em um processo de adequação da escola à realidade de cada estudante, para que possa oferecer "respostas educativas compatíveis com as suas habilidades, necessidades e expectativas". Nesse aspecto, distingue-se do processo tradicional de integração escolar, que envolve a adequação do estudante às estruturas físicas, administrativa, curricular, pedagógica e política da escola (é dizer, "todos os alunos precisam ser capazes de aprender no nível pré-estabelecido").[463]

Em síntese, o sistema inclusivo consiste em uma educação para todos juntos na e para a diversidade. Compreende princípios e procedimentos para a modelagem da escola sob um novo enfoque pedagógico: perceber cada estudante como um ser único e ajudá-lo "a aprender como

---

    Federativa do Brasil de 1988. Disponível em: https://www.planalto.gov.br/ccivil_03/Constituicao/Constituicao.htm. Acesso em: 14 nov. 2021.

[462] BRASIL. *Decreto nº 6.949, de 25 de agosto de 2009.* Convenção Internacional sobre os Direitos das Pessoas com Deficiência. Brasília: Presidência da República, 2009. Disponível em: www.planalto.gov.br/ccivil_03/_Ato2007-2010/2009/Decreto/D6949.htm. Acesso em: 14 nov. 2021.

[463] No modelo de integração escolar, "a escola comum condicionava a matrícula [de estudantes com deficiência] a uma certa prontidão que somente as escolas especiais (e, em alguns casos, as classes especiais) conseguiriam produzir" (SASSAKU, Romeu Kazumi. Comentários à Convenção Internacional sobre Direitos da Pessoa com Deficiência – Artigo 24/Ana Paula Crosara de Resende e Flavia Maria de Paiva Vital (organizadoras). Brasília: CORDE, 2008, p. 84. Disponível em: https://www.gov.br/governodigital/pt-br/acessibilidade-digital/convencao-direitos-pessoas-deficiencia-comentada.pdf. Acesso em: 14 nov. 2021.

uma pessoa por inteiro",⁴⁶⁴ contribuindo para o pleno desenvolvimento de seu potencial, do senso de dignidade e da autoestima (art. 14, item 1, alínea "a", da CIPD).

A inclusão do estudante com deficiência pressupõe uma inversão da lógica atualmente empregada nas políticas públicas, a qual parte do geral para o especial. A proposta é partir do singular para o geral, mediante a combinação de ações que envolvem a construção de uma estrutura organizacional e curricular mais versátil e capaz de abranger as pessoas com deficiência. Parte-se da premissa de que elas estão presentes, e não de que elas devem ser previamente identificadas, para que, então, sejam executadas mudanças tendentes a integrá-las no sistema. Substitui-se, assim, a integração pela inclusão, na medida em que envolve práticas pedagógicas compatíveis com a heterogeneidade e adaptação a diferentes estilos e modos de aprendizagem.

Para melhor compreensão dessa perspectiva, convém rememorar que a CIDPD é fruto de uma longa discussão sobre o tema, com a pactuação de diversos compromissos internacionais nas últimas décadas.

A título exemplificativo, na Conferência Mundial sobre Educação para Todos, realizada em Jomtien, na Tailândia, em 1990, foram elencadas metas para o aprimoramento do sistema educacional, dentre as quais a melhoria da educação de crianças e jovens com necessidades educativas especiais, bem como definidas as necessidades básicas de aprendizagem quanto aos instrumentos essenciais (a leitura e a escrita,⁴⁶⁵ a expressão oral, o cálculo e a solução de problemas) e aos conteúdos básicos (conhecimentos, habilidades [capacidades cognitivas], valores e atitudes), a fim de "que os seres humanos possam sobreviver, desenvolver plenamente suas potencialidades, viver e trabalhar com dignidade,

---

⁴⁶⁴ SASSAKU, Romeu Kazumi. Artigo 24: educação. In: RESENDE, Ana Paula Crosara de; VITAL, Flavia Maria de Paiva (orgs). *Comentários à Convenção Internacional sobre Direitos da Pessoa com Deficiência*. Brasília: CORDE, 2008, p. 83-85. Disponível em: https://www.gov.br/governodigital/pt-br/acessibilidade-digital/convencao-direitos-pessoas-deficiencia-comentada.pdf. Acesso em: 14 nov. 2021, p. 85.

⁴⁶⁵ "Art. 5º. [...] Os programas de alfabetização são indispensáveis, dado que saber ler e escrever constitui-se uma capacidade necessária em si mesma, sendo ainda o fundamento de outras habilidades vitais. A alfabetização na língua materna fortalece a identidade e a herança cultural. Outras necessidades podem ser satisfeitas mediante a capacitação técnica, a aprendizagem de ofícios e os programas de educação formal e não formal em matérias como saúde, nutrição, população, técnicas agrícolas, meio-ambiente, ciência, tecnologia, vida familiar – incluindo-se aí a questão da natalidade – e outros problemas sociais. [...]" (UNICEF. *Declaração Mundial sobre Educação para Todos*. Tailândia, 1990. Disponível em: https://www.unicef.org/brazil/declaracao-mundial-sobre-educacao-para-todos-conferencia-de-jomtien-1990. Acesso em: 13 nov. 2021).

participar plenamente do desenvolvimento, melhorar a qualidade de vida, tomar decisões fundamentadas e continuar aprendendo" (artigo 1º). Pontuou-se a importância de a educação básica centrar-se nos resultados efetivos de aprendizagem, por meio de programas educacionais que estabeleçam os níveis desejáveis de aquisição de conhecimentos e os sistemas de avaliação de desempenho (artigo 4º), com a utilização de todos os instrumentos disponíveis e canais de informação, comunicação e ações sociais para a transmissão de conhecimentos essenciais (artigo 5º).[466] Entretanto, como já visto, nem mesmo o primeiro objetivo para o desenvolvimento do estudante, previsto no BNCC da educação fundamental, é plenamente atendido, pois o convívio é impedido, de imediato, pela segmentação entre educação regular e especial. Suprime-se, de plano, no modelo atual, uma importante capacidade básica, elencada por Nussbaum, que é a capacidade de afiliação, ou seja, de conviver com outras pessoas e ser capaz de ter empatia pela situação do outro. A ausência de convívio de estudantes com e sem deficiência no mesmo ambiente faz com que estes últimos não tenham capacidade, no futuro, de sentir empatia pela situação do estudante com deficiência, e vice-versa.

Na Conferência Mundial sobre Necessidades Educacionais Especiais: Acesso e Qualidade, promovida pelo Governo espanhol e pela ONU para Educação, Ciência e Cultura (UNESCO), em Salamanca, na Espanha, em 1994, foram intensificados os debates sobre as teorias e práticas inclusivas na área da educação, sob o influxo da expansão dos direitos humanos e do movimento de desconstrução da feição manicomial. Dela resultou a Declaração de Salamanca, que consolidou princípios, políticas e práticas na área das necessidades educativas especiais, cujos enunciados proclamaram a essencialidade da inclusão e da participação para a dignidade e o exercício dos direitos humanos, o que, na área da educação (ensino inclusivo), implica (i) o desenvolvimento de estratégias para promover a equalização de oportunidades e efetiva participação, mobilizando professores, profissionais do ensino, estudantes, pais, famílias e voluntários; (ii) o atendimento integral e contínuo a todos os tipos de necessidades dos estudantes, com a conciliação de estilos e ritmos distintos de aprendizagem, e (iii) uma educação de qualidade para todos, mediante a adoção de um currículo

---

[466] UNICEF. *Declaração Mundial sobre Educação para Todos*. Tailândia, 1990. Disponível em: https://www.unicef.org/brazil/declaracao-mundial-sobre-educacao-para-todos-conferencia-de-jomtien-1990. Acesso em: 13 nov. 2021.

apropriado (o que significa aprendizados significativos que atendam às reais necessidades dos educandos, tendo em vista a finalidade de prepará-los para a vida social e profissional), arranjos organizacionais, estratégias de ensino, recursos pedagógicos e materiais, e parcerias com a comunidade. Ao empregar a expressão "necessidades especiais", ampliou o espectro do processo inclusivo, para alcançar não só os estudantes com deficiência como também todos que vivenciam dificuldades temporárias ou permanentes de aprendizagem na escola, por outros fatores, ou apresentam necessidades individuais específicas decorrentes de condições atípicas.[467] Consagrou como princípio fundamental da educação inclusiva a ideia de que todos devem aprender juntos, independentemente de quaisquer dificuldades ou diferenças, impondo às instituições de ensino a exigência de reconhecimento e atendimento às diversas necessidades dos estudantes.[468]

Após a aprovação da CIDPD no plano internacional, o Brasil implementou, em 2008, uma Política Nacional de Educação Especial sob um viés inclusivo, cujo objetivo principal era a inclusão escolar dos estudantes com deficiência, transtornos globais de desenvolvimento[469] e

---

[467] "A maioria das pessoas com deficiência pode apresentar necessidades especiais (na escola, no trabalho, no transporte etc.), mas nem todas as pessoas com necessidades especiais têm deficiência. As necessidades especiais são decorrentes de condições atípicas como, por exemplo: deficiências, insuficiências orgânicas, transtornos mentais, altas habilidades, experiências de vida marcantes etc. Estas condições podem ser agravadas e/ou resultantes de situações socialmente excludentes (trabalho infantil, prostituição, pobreza ou miséria, desnutrição, saneamento básico precário, abuso sexual, falta de estímulo do ambiente e de escolaridade). Na integração escolar, os alunos com deficiência eram o foco da atenção. Na inclusão escolar, o foco se amplia para os alunos com necessidades especiais (dos quais alguns têm deficiência), já que a inclusão traz para dentro da escola toda a diversidade humana" (SASSAKU, Romeu Kazumi. Artigo 24: educação. In: RESENDE, Ana Paula Crosara de; VITAL, Flavia Maria de Paiva (org.). *Comentários à Convenção Internacional sobre Direitos da Pessoa com Deficiência*. Brasília: CORDE, 2008, p. 83-85. Disponível em: https://www.gov.br/governodigital/pt-br/acessibilidade-digital/convencao-direitos-pessoas-deficiencia-comentada.pdf. Acesso em: 14 nov. 2021, p. 84-85).

[468] MENEZES, Ebenezer Takuno de. Verbete Declaração de Salamanca. In: *Dicionário Interativo da Educação Brasileira – EducaBrasil*. São Paulo: Midiamix, 2001. Disponível em: https://www.educabrasil.com.br/declaracao-de-salamanca/. Acesso em: 1 set. 2021.

[469] Os estudantes com transtornos globais de desenvolvimento "são aqueles que apresentam alterações qualitativas das interações sociais recíprocas e na comunicação, um repertório de interesses e atividades restrito, estereotipado e repetitivo. Incluem-se nesse grupo alunos com autismo, síndromes do espectro do autismo e psicose infantil." Existem, ainda, os transtornos funcionais específicos, tais como dislexia, disortografia, disgrafia, discalculia, transtorno de atenção e hiperatividade, entre outros. (MINISTÉRIO DA EDUCAÇÃO. *Política nacional de educação especial na perspectiva da educação inclusiva*. Brasília: MEC, 2008. Disponível em: http://portal.mec.gov.br/arquivos/pdf/politicaeducespecial.pdf. Acesso em: 14 nov. 2021, p. 14).

altas habilidades/superdotação.[470] Na formatação dessa política pública, a Declaração de Salamanca foi um dos instrumentos que mais influenciou a orientação dos sistemas de ensino,[471] com a finalidade de garantir:

> [...] acesso ao ensino regular, com participação, aprendizagem e continuidade nos níveis mais elevados do ensino; transversalidade da modalidade de educação especial desde a educação infantil até a educação superior; oferta do atendimento educacional especializado; formação de professores para o atendimento educacional especializado e demais profissionais da educação para a inclusão; participação da família e da comunidade; acessibilidade arquitetônica, nos transportes, nos mobiliários, nas comunicações e informação; e articulação intersetorial na implementação das políticas públicas.[472]

Com a aprovação do EPD, foi explicitado o conteúdo do direito à educação inclusiva das pessoas com deficiência, com a prescrição de normas de proteção e de sua independização.[473]

Na Agenda de Desenvolvimento Sustentável 2030, elaborada em 2015, a educação de qualidade foi inserida como um dos objetivos (o de nº 4), a ser atingido com a instalação de acessibilidade adequada para as crianças e adolescentes com deficiência no ambiente de

---

[470] Os estudantes com altas habilidade/superdotação são aqueles que "demonstram potencial elevado em qualquer uma das seguintes áreas, isoladas ou combinadas: intelectual, acadêmica, liderança, psicomotricidade e artes. Também apresentam elevada criatividade, grande envolvimento na aprendizagem e realização de tarefas em áreas de seu interesse" (MINISTÉRIO DA EDUCAÇÃO. *Política nacional de educação especial na perspectiva da educação inclusiva*. Brasília: MEC, 2008. Disponível em: http://portal.mec.gov.br/arquivos/pdf/politica educespecial.pdf. Acesso em: 14 nov. 2021, p. 14).

[471] BREITENCACH, Fabiane Vanessa; HONNEF, Cláucia; COSTAS, Fabiane Adela Tonetto. Educação inclusiva: as implicações das traduções e das interpretações da Declaração de Salamanca no Brasil. *Ensaio: Aval. Pol. Públ. Educ.*, Rio de Janeiro, v. 24, n. 90, p. 359-379, abr./jun. 2016, p. 361.

[472] MINISTÉRIO DA EDUCAÇÃO. *Política nacional de educação especial na perspectiva da educação inclusiva*. Brasília: MEC, 2008. Disponível em: http://portal.mec.gov.br/arquivos/pdf/politica educespecial.pdf. Acesso em: 14 nov. 2021, p. 14.

[473] "Art. 27. A educação constitui direito da pessoa com deficiência, assegurados sistema educacional inclusivo em todos os níveis e aprendizado ao longo de toda a vida, de forma a alcançar o máximo desenvolvimento possível de seus talentos e habilidades físicas, sensoriais, intelectuais e sociais, segundo suas características, interesses e necessidades de aprendizagem. Parágrafo único. É dever do Estado, da família, da comunidade escolar e da sociedade assegurar educação de qualidade à pessoa com deficiência, colocando-a a salvo de toda forma de violência, negligência e discriminação" (BRASIL. *Lei nº 13.146, de 06 de julho de 2015*. Estatuto da Pessoa com Deficiência. Brasília: Presidência da República, 2015. Disponível em: http://www.planalto.gov.br/CCIVIL_03/_Ato2015-2018/2015/Lei/L13146.htm. Acesso em: 29 dez. 2021).

aprendizagem, a ampliação do número de bolsas de estudos, principalmente nos países em desenvolvimento, até 2020, e o incremento do contingente de professores qualificados. Ainda no tocante a esse objetivo, houve a determinação de que, até 2030, deverá ser garantido o acesso equitativo e de qualidade nos ensinos primário e secundário; o acesso ao desenvolvimento de qualidade na primeira infância, com cuidados e educação pré-escolar; a igualdade de acesso à educação técnica, profissional e superior de qualidade e com preço acessível; o aumento do número de jovens e adultos com habilidades relevantes, com o propósito de garantir um trabalho adequado; a alfabetização de todos os jovens e a maioria dos adultos, bem como o acesso ao conhecimento básico de matemática, e, por fim, o conhecimento e habilidades necessários para promover o desenvolvimento sustentável e a garantia dos direitos humanos.[474]

Em 2020, o Brasil editou o Decreto nº 10.502, que, a pretexto de regulamentar a Lei de Diretrizes e Bases da Educação Nacional (Lei nº 9.394, de 1996), instituiu uma nova Política Nacional de Educação Especial: Equitativa, Inclusiva e com Aprendizado ao Longo da Vida.[475] A sua execução, contudo, foi obstada judicialmente, ao fundamento de que contrariava o paradigma da educação inclusiva – qual seja, a ideia de inserção das pessoas com deficiências ou necessidades especiais no convívio comunitário em substituição à vivência segregada –, transformando a matrícula no ensino regular em mera alternativa dentro do sistema de educação especial. Na ocasião, prevaleceu o entendimento no sentido de que a criação de escolas e classes específicas para atendimento de estudantes da educação especial, "em contexto de aprendizagem separado dos demais educandos",[476] vinha de encontro ao compromisso de promover uma educação livre de discriminação e com base na igualdade de oportunidades.

---

[474] NAÇÕES UNIDAS BRASIL. *Agenda de desenvolvimento sustentável 2030*: objetivo 4. 2015. Disponível em: https://brasil.un.org/pt-br/sdgs/4. Acesso em: 27 nov. 2021.

[475] BRASIL. *Decreto nº 10.502, de 30 de setembro de 2020*. Institui a política nacional de educação especial: equitativa, inclusiva e com aprendizado ao longo da vida. Brasília: Presidência da República, 2020. Disponível em: https://www.in.gov.br/en/web/dou/-/decreto-n-10.502-de-30-de-setembro-de-2020-280529948. Acesso em 27 nov. 2021.

[476] BRASIL. Supremo Tribunal Federal. (Tribunal Pleno). ADI nº 6590 MC-Ref. Relator Dias Toffoli. Julgamento em 21 de dezembro de 2020. *Lex*: jurisprudência do STF, publicado no Processo Eletrônico DJe-027 em 12 fev. 2021. Disponível em: https://jurisprudencia.stf.jus.br/pages/search/sjur440259/false. Acesso em: 24 dez. 2021.

O acesso a uma educação de qualidade compreende a garantia de que o indivíduo frequente a escola e relacione-se com a comunidade escolar (convívio), o que abrange procedimentos intrínsecos e extrínsecos ao sistema educativo, a começar pelo acolhimento em qualquer instituição de ensino.

Insta registrar que, no último relatório sobre o desenvolvimento das pessoas com deficiência, apresentado pela Organização das Nações Unidas, antes da pandemia de covid-19, constou que, em relação ao objetivo de garantir sua efetiva inclusão e uma educação equitativa de qualidade, inúmeros são os desafios. Em alguns países, a diferença entre as pessoas da faixa etária de 15 (quinze) a 29 (vinte e nove) anos, com e sem deficiências, que, em algum momento, frequentou a escola, é superior a 15% (quinze por cento), o que revela uma exclusão significativa de jovens na área da educação. Muitas crianças com deficiências também estão fora da escola, principalmente em países em desenvolvimento, como o Camboja (mais de 50% delas), e a probabilidade de concluírem os ensinos médio, fundamental e superior é mais reduzida. Tais dados estatísticos reforçam a percepção de que persistem barreiras não só ao acesso como à permanência no sistema de ensino regular, impactando o desenvolvimento de habilidades básicas de educação e, consequentemente, o seu preparo para uma participação ativa na comunidade em que vivem.[477]

Delimitado o objeto de análise à educação formal das pessoas com deficiência em instituições de ensino, no início do processo de formação educacional (educação básica), percebe-se, desde logo, a inadequação de um modelo de ensino rígido e padronizado para o pleno desenvolvimento dos estudantes, ainda que complementado ou suplementado por atendimentos especializados, em face da imensa gama de impedimentos de longo prazo de natureza física, mental, intelectual ou sensorial, que, em interação com barreiras ambientais, afetam a aprendizagem dos estudantes. As deficiências são múltiplas e impactam de diferentes formas e intensidades o desenvolvimento do potencial humano – heterogeneidade que deve ser ponderada na elaboração de diretrizes, metodologias e estratégias pedagógicas, currículos e arranjos organizacionais, bem como na definição dos recursos

---

[477] UNITED NATIONS. *Disability and development report –realizing the sustainable development goals by, for and with persons with disabilities.* New York: United Nations, 2018. Disponível em: https://social.un.org/publications/UN-Flagship-Report-Disability-Final.pdf Acesso em: 17 mar. 2021.

materiais, humanos e tecnológicos necessários e das parcerias com a comunidade –, e o modelo de educação especial, concebido para o processo de integração escolar tradicional, não promove, em sua plenitude, a inclusão de todos que compõem esse universo,[478] justamente por (i) não sopesar, adequadamente, a diversidade de necessidades educativas, expectativas e interesses (dada a rigidez dos padrões adotados), (ii) não alcançar, integralmente, todos os estudantes (falta ou dificuldade de acesso e evasão escolar), (iii) fomentar, em certa medida, a segregação, e (iv) impor a adaptação do estudante à escola, quando é a educação especial que deve ser incorporada na estrutura do ensino formal regular, em todos os sentidos.

É imprescindível a adoção de projetos pedagógicos, metodologias, currículos, materiais de trabalho e avaliação que propiciem uma real capacitação de todos os estudantes (com ou sem deficiência). Uma proposta aberta e flexível capaz de receber e acolher indivíduos com perfis variados, com a superação do monopólio do conhecimento técnico, do modelo meritocrático, consumista e competitivo. A educação na e para a diversidade implica aprender o que é fundamental na perspectiva da inclusão ou inserção social e laboral, promovendo a autoestima e melhorando a qualidade de vida de todos.

A existência de um Plano Nacional de Educação (que não se reduz a um plano de ensino, sendo mais abrangente), tal como determinado pela CF/88,[479] não inviabiliza uma mudança de paradigma nessa área, pois não afasta a necessidade de estabelecer diretrizes, objetivos, metas e estratégias nacionais, para assegurar o desenvolvimento do ensino em seus diversos níveis, etapas e modalidades.

---

[478] BREITENCACH, Fabiane Vanessa; HONNEF, Cláucia; COSTAS, Fabiane Adela Tonetto. Educação inclusiva: as implicações das traduções e das interpretações da Declaração de Salamanca no Brasil. *Ensaio: Aval. Pol. Públ. Educ.*, Rio de Janeiro, v. 24, n. 90, p. 359-379, abr./jun. 2016, p. 368.

[479] "Art. 214. A lei estabelecerá o plano nacional de educação, de duração decenal, com o objetivo de articular o sistema nacional de educação em regime de colaboração e definir diretrizes, objetivos, metas e estratégias de implementação para assegurar a manutenção e desenvolvimento do ensino em seus diversos níveis, etapas e modalidades por meio de ações integradas dos poderes públicos das diferentes esferas federativas que conduzam a: I – erradicação do analfabetismo; II – universalização do atendimento escolar; III – melhoria da qualidade do ensino; IV – formação para o trabalho; V – promoção humanística, científica e tecnológica do País. VI – estabelecimento de meta de aplicação de recursos públicos em educação como proporção do produto interno bruto" (BRASIL. *Constituição da República Federativa do Brasil de 1988*. Disponível em: https://www.planalto.gov.br/ccivil_03/Constituicao/Constituicao.htm. Acesso em: 8 dez. 2021).

Os protagonistas do processo inclusivo são todos os estudantes, professores, profissionais da educação, familiares, membros da comunidade e autoridades públicas,[480] que devem estar preparados para lidar com a diversidade, e não somente os especialistas contratados para atendimentos especiais.

Oportuno referir que, em relação aos estudantes com impedimentos de ordem sensorial (relacionados aos cinco sentidos: visão, audição, tato, olfato e paladar) e física (motora),[481] a legislação nacional já contempla alguns meios de enfrentamento de obstáculos (acessibilidade, comunicação), cuja implementação exige modificações e ajustes pontuais no funcionamento das escolas (por exemplo, adaptações urbanísticas e arquitetônicas, instalação de equipamentos anatômicos

---

[480] "Art. 205. A educação, direito de todos e dever do Estado e da família, será promovida e incentivada com a colaboração da sociedade, visando ao pleno desenvolvimento da pessoa, seu preparo para o exercício da cidadania e sua qualificação para o trabalho" (grifo nosso) (BRASIL. *Constituição da República Federativa do Brasil de 1988*. Disponível em: https://www.planalto.gov.br/ccivil_03/Constituicao/Constituicao.htm. Acesso em: 14 nov. 2021).

[481] "Art. 3º. Para os efeitos deste Decreto, considera-se: I – deficiência – toda perda ou anormalidade de uma estrutura ou função psicológica, fisiológica ou anatômica que gere incapacidade para o desempenho de atividade, dentro do padrão considerado normal para o ser humano; II – deficiência permanente – aquela que ocorreu ou se estabilizou durante um período de tempo suficiente para não permitir recuperação ou ter probabilidade de que se altere, apesar de novos tratamentos; e III – incapacidade – uma redução efetiva e acentuada da capacidade de integração social, com necessidade de equipamentos, adaptações, meios ou recursos especiais para que a pessoa portadora de deficiência possa receber ou transmitir informações necessárias ao seu bem-estar pessoal e ao desempenho de função ou atividade a ser exercida. [...] Art. 4º. É considerada pessoa portadora de deficiência a que se enquadra nas seguintes categorias: I – deficiência física – alteração completa ou parcial de um ou mais segmentos do corpo humano, acarretando o comprometimento da função física, apresentando-se sob a forma de paraplegia, paraparesia, monoplegia, monoparesia, tetraplegia, tetraparesia, triplegia, triparesia, hemiplegia, hemiparesia, ostomia, amputação ou ausência de membro, paralisia cerebral, nanismo, membros com deformidade congênita ou adquirida, exceto as deformidades estéticas e as que não produzam dificuldades para o desempenho de funções; II – deficiência auditiva – perda bilateral, parcial ou total, de quarenta e um decibéis (dB) ou mais, aferida por audiograma nas freqüências de 500HZ, 1.000HZ, 2.000Hz e 3.000Hz; III – deficiência visual – cegueira, na qual a acuidade visual é igual ou menor que 0,05 no melhor olho, com a melhor correção óptica; a baixa visão, que significa acuidade visual entre 0,3 e 0,05 no melhor olho, com a melhor correção óptica; os casos nos quais a somatória da medida do campo visual em ambos os olhos for igual ou menor que 60º; ou a ocorrência simultânea de quaisquer das condições anteriores; IV – deficiência mental – funcionamento intelectual significativamente inferior à média, com manifestação antes dos dezoito anos e limitações associadas a duas ou mais áreas de habilidades adaptativas, tais como: a) comunicação; b) cuidado pessoal; c) habilidades sociais; d) utilização da comunidade; d) utilização dos recursos da comunidade; e) saúde e segurança; f) habilidades acadêmicas; g) lazer; e h) trabalho; V – deficiência múltipla – associação de duas ou mais deficiências" (BRASIL. *Decreto nº 3.298, de 20 de dezembro de 1999*. Disponível em: http://www.planalto.gov.br/ccivil_03/decreto/D3298.htm Acesso em: 13 nov. 2021).

ou funcionais, implantação de sistemas de comunicação específicos (libras, braile), métodos, técnicas e teorias inovadoras, uso de recursos de tecnologia assistiva e materiais didáticos adequados, entre outros[482][483]), sem provocar mudanças de paradigmas pedagógicos.

---

[482] BRASIL. *Decreto nº 6.949, de 25 de agosto de 2009.* Convenção Internacional sobre os Direitos das Pessoas com Deficiência. Brasília: Presidência da República, 2009. Disponível em: www.planalto.gov.br/ccivil_03/_Ato2007-2010/2009/Decreto/D6949.htm. Acesso em: 14 nov. 2021.

[483] "Art. 28. Incumbe ao poder público assegurar, criar, desenvolver, implementar, incentivar, acompanhar e avaliar: I – sistema educacional inclusivo em todos os níveis e modalidades, bem como o aprendizado ao longo de toda a vida; II – aprimoramento dos sistemas educacionais, visando a garantir condições de acesso, permanência, participação e aprendizagem, por meio da oferta de serviços e de recursos de acessibilidade que eliminem as barreiras e promovam a inclusão plena; III – projeto pedagógico que institucionalize o atendimento educacional especializado, assim como os demais serviços e adaptações razoáveis, para atender às características dos estudantes com deficiência e garantir o seu pleno acesso ao currículo em condições de igualdade, promovendo a conquista e o exercício de sua autonomia; IV – oferta de educação bilíngue, em Libras como primeira língua e na modalidade escrita da língua portuguesa como segunda língua, em escolas e classes bilíngues e em escolas inclusivas; V – adoção de medidas individualizadas e coletivas em ambientes que maximizem o desenvolvimento acadêmico e social dos estudantes com deficiência, favorecendo o acesso, a permanência, a participação e a aprendizagem em instituições de ensino; VI – pesquisas voltadas para o desenvolvimento de novos métodos e técnicas pedagógicas, de materiais didáticos, de equipamentos e de recursos de tecnologia assistiva; VII – planejamento de estudo de caso, de elaboração de plano de atendimento educacional especializado, de organização de recursos e serviços de acessibilidade e de disponibilização e usabilidade pedagógica de recursos de tecnologia assistiva; VIII – participação dos estudantes com deficiência e de suas famílias nas diversas instâncias de atuação da comunidade escolar; IX – adoção de medidas de apoio que favoreçam o desenvolvimento dos aspectos linguísticos, culturais, vocacionais e profissionais, levando-se em conta o talento, a criatividade, as habilidades e os interesses do estudante com deficiência; X – adoção de práticas pedagógicas inclusivas pelos programas de formação inicial e continuada de professores e oferta de formação continuada para o atendimento educacional especializado; XI – formação e disponibilização de professores para o atendimento educacional especializado, de tradutores e intérpretes da Libras, de guias intérpretes e de profissionais de apoio; XII – oferta de ensino da Libras, do Sistema Braille e de uso de recursos de tecnologia assistiva, de forma a ampliar habilidades funcionais dos estudantes, promovendo sua autonomia e participação; XIII – acesso à educação superior e à educação profissional e tecnológica em igualdade de oportunidades e condições com as demais pessoas; XIV – inclusão em conteúdos curriculares, em cursos de nível superior e de educação profissional técnica e tecnológica, de temas relacionados à pessoa com deficiência nos respectivos campos de conhecimento; XV – acesso da pessoa com deficiência, em igualdade de condições, a jogos e a atividades recreativas, esportivas e de lazer, no sistema escolar; XVI – acessibilidade para todos os estudantes, trabalhadores da educação e demais integrantes da comunidade escolar às edificações, aos ambientes e às atividades concernentes a todas as modalidades, etapas e níveis de ensino; XVII – oferta de profissionais de apoio escolar; XVIII – articulação intersetorial na implementação de políticas públicas. §1º. Às instituições privadas, de qualquer nível e modalidade de ensino, aplica-se obrigatoriamente o disposto nos incisos I, II, III, V, VII, VIII, IX, X, XI, XII, XIII, XIV, XV, XVI, XVII e XVIII do caput deste artigo, sendo vedada a cobrança de valores adicionais de qualquer natureza em suas mensalidades, anuidades e matrículas no cumprimento dessas determinações. [...]" (BRASIL. *Lei nº 13.146, de 06 de julho de 2015.*

Não obstante, as barreiras à aprendizagem não se restringem a entraves ou obstáculos físicos ou tecnológicos, abarcando atitudes e comportamentos. Não é por outra razão que a Convenção Internacional sobre os Direitos das Pessoas com Deficiência e o Estatuto da Pessoa com Deficiência, ao elencar os obstáculos ambientais a serem superados, menciona não só os urbanísticos, os arquitetônicos, os tecnológicos, os de transporte, comunicações e informação, como também os atitudinais.[484]

A promoção do pleno desenvolvimento do potencial humano e do senso de dignidade e autoestima — como objetivo principal — perpassa pela expansão de capacidades básicas relativas a personalidade, talentos, criatividade, habilidades físicas, sensoriais, intelectuais e sociais, segundo suas características, interesses e necessidades de aprendizagem.[485] Essas capacidades correspondem àquelas elencadas por Nussbaum, na teoria do *capability approach*, que, de forma geral, podem ser desenvolvidas também (e não exclusivamente) na escola: vida (viver com uma vida normal e digna); saúde física (ter uma boa saúde, incluindo saúde reprodutiva); integridade corporal (ser livre

---

Estatuto da Pessoa com Deficiência. Brasília: Presidência da República, 2015. Disponível em: http://www.planalto.gov.br/CCIVIL_03/_Ato2015-2018/2015/Lei/L13146.htm. Acesso em: 14 nov. 2021).

[484] "Art. 3º. Para fins de aplicação desta Lei, consideram-se: [...] IV – barreiras: qualquer entrave, obstáculo, atitude ou comportamento que limite ou impeça a participação social da pessoa, bem como o gozo, a fruição e o exercício de seus direitos à acessibilidade, à liberdade de movimento e de expressão, à comunicação, ao acesso à informação, à compreensão, à circulação com segurança, entre outros, classificadas em: a) barreiras urbanísticas: as existentes nas vias e nos espaços públicos e privados abertos ao público ou de uso coletivo; b) barreiras arquitetônicas: as existentes nos edifícios públicos e privados; c) barreiras nos transportes: as existentes nos sistemas e meios de transportes; d) barreiras nas comunicações e na informação: qualquer entrave, obstáculo, atitude ou comportamento que dificulte ou impossibilite a expressão ou o recebimento de mensagens e de informações por intermédio de sistemas de comunicação e de tecnologia da informação; e) barreiras atitudinais: atitudes ou comportamentos que impeçam ou prejudiquem a participação social da pessoa com deficiência em igualdade de condições e oportunidades com as demais pessoas; f) barreiras tecnológicas: as que dificultam ou impedem o acesso da pessoa com deficiência às tecnologias; [...]" (BRASIL. *Lei nº 13.146, de 06 de julho de 2015*. Estatuto da Pessoa com Deficiência. Brasília: Presidência da República, 2015. Disponível em: http://www.planalto.gov. br/CCIVIL_03/_Ato2015-2018/2015/Lei/L13146.htm. Acesso em: 14 out. 2021).

[485] "Art. 27. A educação constitui direito da pessoa com deficiência, assegurados sistema educacional inclusivo em todos os níveis e aprendizado ao longo de toda a vida, de forma a alcançar o máximo desenvolvimento possível de seus talentos e habilidades físicas, sensoriais, intelectuais e sociais, segundo suas características, interesses e necessidades de aprendizagem. [...]" (BRASIL. *Lei nº 13.146, de 06 de julho de 2015*. Estatuto da Pessoa com Deficiência. Brasília: Presidência da República, 2015. Disponível em: http://www.planalto. gov.br/CCIVIL_03/_Ato2015-2018/2015/Lei/L13146.htm. Acesso em: 14 out. 2021).

para se mover livremente em segurança); sensações, imaginação e pensamento (usar estas capacidades para pensar, imaginar); emoções (ser capaz de expressar as emoções, como amar e cuidar); razão prática (ter a capacidade crítica); afiliação (A. viver com outras pessoas, ter interação social, B. respeito e não humilhação, proteção contra discriminação); outras espécies (se relacionar com outras espécies, animais, plantas, etc.), lazer (rir, jogar e aproveitas atividades recreativas), e controle sobre o próprio ambiente (A. político: participar das escolhas políticas, B. material: ter garantido o direito de propriedade não apenas formal, mas em igualdade de oportunidades). Disso decorre a necessidade de as escolas não só transmitirem conhecimentos teóricos e prepararem os estudantes para o desempenho profissional como também desenvolverem atividades lúdicas, esportivas e de estímulos nos aspectos físicos, emocionais, cognitivos, psicomotores e sociais, a fim de favorecer a convivência com as diferenças e fortalecer o respeito e as relações interpessoais.[486]

Embora o desenvolvimento de algumas as capacidades referenciadas anteriormente seja de responsabilidade direta da família e do Estado – como, por exemplo, as que dizem respeito à saúde –, a escola desempenha um importante papel na transmissão de informações, no treinamento, no desenvolvimento de hábitos, na preparação para a vida e na identificação de núcleos familiares disfuncionais e acionamento dos mecanismos estatais pertinentes. Adverte, ainda, a autora, que o simples fato de a sociedade garantir a liberdade, no plano jurídico, não assegura relações sociais justas, pois o apoio àquela não pode ser genérico e vago.[487]

Em uma sociedade justa e pretensamente inclusiva, os estudantes com deficiência devem contar com o apoio no seu desenvolvimento, por meio da saúde, educação, participação na vida social e política, observadas as suas singularidades, o que significa dizer que não basta reconhecer o direito de acesso à escola,[488] porquanto indispensável assegurá-lo efetivamente e viabilizar sua permanência e participação nas atividades educativas. Assim, é necessário observar o indivíduo em

---

[486] NUSSBAUM, Martha C. *Educação e justiça social*. Tradução de Graça Lami. Portugal: Edições Pedago, 2016, p. 52.
[487] NUSSBAUM, Martha C. *Educação e justiça social*. Tradução de Graça Lami. Portugal: Edições Pedago, 2016, p. 52.
[488] VALLE, Ione Ribeiro. Uma escola justa contra o sistema de multiplicação das desigualdades sociais. *Educar em Revista*, UFPR, Curitiba, n. 48, p. 289-307, abr./jun. 2013, p. 298.

conjunto com as suas características pessoais e, apenas dessa forma, será assegurada a educação inclusiva de forma eficaz.

Nessa perspectiva, o perfil da educação não pode estar vinculado a um modelo econômico de ensino, massificado e utilitarista de saberes,[489] sob pena de não preparar o indivíduo para a vida e o convívio com a diversidade.[490] Essa percepção alinha-se à ideia de que o progresso de um país, mensurado exclusivamente pelo aumento de seu PIB *per capita*, não gera, por si só, saúde, educação, igualdade econômica e social, democracia, sendo imprescindível, dentre outras iniciativas, a eliminação de estereótipos, o incremento da capacidade de empatia e a participação efetiva de todos na comunidade. Para alcançar esse desiderato, a educação não deve privilegiar a instrução (conhecer, saber e saber fazer), com o intuito exclusivo de formar pessoas competentes, "considerando como elementos (indicadores) componentes desse conceito ('competência'): o conhecimento, as habilidades e as atitudes", mas também dedicar atenção ao saber ser,[491] como condição para a convivência social.

---

[489] "Se o modelo é o do imperialismo dos conhecimentos calculadores e quantitativos em detrimento dos conhecimentos reflexivos e qualitativos, esperando-se do estudante o máximo desempenho segundo critérios de rentabilidade do mundo dos negócios, então a educação inclusive – e a própria educação – correm sérios riscos. A educação [...] deve ser para todos, na medida em que ela é fundamental para a própria compreensão humana; uma necessidade vital para que as relações intersubjetivas saiam de seu estado bárbaro" (BARBOSA, Fernanda Nunes. Democracia e participação: o direito da pessoa com deficiência à educação e sua inclusão nas instituições de ensino superior. *In*: MENEZES, Joyceane Bezerra de (org.). *Direito das pessoas com deficiência psíquica e intelectual nas relações privadas*: convenção sobre os direitos da pessoa com deficiência e lei brasileira de inclusão. 2. ed., rev. e ampl. Rio de Janeiro: Processo, 2020, p. 952-953).

[490] Ao discorrer sobre a educação íntegra ou transformadora (ou seja, aquela que "supera a ideia da instrução, para também privilegiar a edificação da consciência social: jurídica e moral"), Pablo Jiménez Serrano destaca que, de acordo com o Relatório elaborado pela Comissão Internacional sobre Educação para o Século XXI, a educação deve (i) transmitir, de forma maciça e eficaz, "cada vez mais saberes e saber-fazer evolutivos, adaptados à civilização cognitiva, pois são as bases das competências do futuro"; (ii) "fornecer, de algum modo, os mapas de um mundo complexo e constantemente agitados e, ao mesmo tempo, a bússola que permita navegar através dele", e (iii) "organizar-se em torno de quatro aprendizagens fundamentais que, ao longo de toda vida, serão, de algum modo, para cada indivíduo, os pilares do conhecimento: aprender a conhecer, isto é, adquirir os instrumentos da compreensão; aprender a fazer, para poder agir sobre o meio envolvente; aprender a viver juntos, a fim de participar e cooperar com os outros em todas as atividades humanas; finalmente aprender a ser, via essencial que integra as três precedentes". Essa concepção transcende a visão puramente instrumental da educação (SERRANO, Plablo Jiménez. *O direito à educação*: fundamentos, dimensões e perspectivas da educação moderna. 1. ed. Rio de Janeiro: Jurismestre, 2017, p. 150).

[491] SERRANO, Plablo Jiménez. *O direito à educação*: fundamentos, dimensões e perspectivas da educação moderna. 1. ed. Rio de Janeiro: Jurismestre, 2017, p. 151.

Também é relevante considerar que o objetivo da educação inclusiva é educar todos os estudantes em conjunto.[492] Isso significa que deve ser estabelecida uma relação entre a apreensão de conhecimentos teoricamente sistematizados (aprender sobre a realidade) e as questões da vida prática e sua transformação, incluída a realidade das pessoas com deficiência (aprender na e da realidade).

Diante do desafio de garantir aos estudantes com deficiência o acesso, a permanência e a qualidade do ensino,[493] segundo a lógica da adaptação da escola a eles e do atendimento de suas reais necessidades (atenção individualizada), em face de metas globais de educação, a alternativa pedagógica mais adequada é a reestruturação gradual do sistema de ensino, que se assenta em três pilares:

1. flexibilização de conteúdos programáticos, cargas horárias e metodologias de ensino,[494] com certa margem de liberdade para o professor adequá-los às potencialidades de cada um e modificá-lo ao longo do tempo, dado o dinamismo da aprendizagem e do contexto (diversidade);[495]
2. avaliação de desempenho individualizada e
3. objetivos gerais e específicos adequados ao desenvolvimento de capacidades básicas. Para promover a inclusão social, é exigível a combinação de ações, desde a concepção de um novo modelo (organizacional, curricular e metodológico[496]) até programas e instituições que visem à sua concretização.

---

[492] SILVA NETO, Antenor de Oliveira; ÁVILA, Éverton Gonçalves; SALES, Tamara Regina Reis; AMORIM; Simone Silveira; NUNES, Andréa Karla; SANTOS, Vera Maria. Educação inclusiva: uma escola para todos. *Revista Educação Especial*, v. 31, n. 60, p. 81-92, jan./mar. 2018. Disponível em: https://periodicos.ufsm.br/educacaoespecial. Acesso em: 3 mar. 2021, p. 88.

[493] BREITENCACH, Fabiane Vanessa; HONNEF, Cláucia; COSTAS, Fabiane Adela Tonetto. Educação inclusiva: as implicações das traduções e das interpretações da Declaração de Salamanca no Brasil. *Ensaio: Aval. Pol. Públ. Educ.*, Rio de Janeiro, v. 24, n. 90, p. 359-379, abr./jun. 2016, p. 374.

[494] O plano de ensino é o registro escrito e sistematizado do ensino-aprendizagem a ser desenvolvido em sala de aula (o que fazer, como fazer, quando fazer, com o que fazer e com quem fazer), sendo justificadas as decisões tomadas pelo professor.

[495] Essa liberdade de cátedra tem respaldo no artigo 206, inciso II, da Constituição da República Federativa do Brasil de 1988 ("Art. 206. O ensino será ministrado com base nos seguintes princípios: [...] II – liberdade de aprender, ensinar, pesquisar e divulgar o pensamento, a arte e o saber; [...]") (BRASIL. *Constituição da República Federativa do Brasil de 1988*. Disponível em: https://www.planalto.gov.br/ccivil_03/Constituicao/Constituicao. htm. Acesso em: 15 nov. 2021).

[496] "Atualmente, a Educação, que, em tese, deveria proporcionar um sentido emancipatório para a sociedade, encontra-se eclipsada e independente desta, sobrepõe-se hegemonicamente, os projetos educativos que se orientam pela racionalidade cognitivo-instrumental,

A educação inclusiva deve observar as individualidades, para que, efetivamente, possa auxiliar o estudante a superar os obstáculos que encontra diante do impedimento que possui. É preciso evoluir de um arranjo escolar típico, que é praticado há décadas, para outro inovador e equitativo, adequado ao perfil de cada estudante inserido no sistema de ensino regular, inclusive porque, no processo de aprendizagem, nem todos estão em idêntico estágio de desenvolvimento de suas capacidades, nem se desenvolvem de forma semelhante. Afora as características humanas naturalmente distintas, a imensa variedade de deficiências em interação com diversos ambientes gera diferentes situações (e condições) individuais, que não podem ser desconsideradas, por se refletirem na aprendizagem.

Para Inmaculada Vivas-Tesón, as inovações normativas operadas pela CIDPD tornaram a "acessibilidade" um direito de personalidade, e a sua não concretização constitui afronta à dignidade da pessoa humana, visto que impede que o sujeito desfrute plenamente uma vida digna.[497]

O sucesso de qualquer proposta inclusiva depende da concretização de objetivos previamente fixados no projeto educativo pela escola (sem prejuízo de uma predefinição de metas em nível nacional, desde que comporte certa flexibilidade) e pelo professor, por meio de um plano curricular que considere potencialidades e necessidades específicas e o ambiente (avaliação diagnóstica).

A adoção de um plano de ensino apropriado para todos os estudantes, com estratégias e linhas de ação específicas, demanda certa maleabilidade tanto na definição de carga horária e dos conteúdos – que, atualmente, são padronizados[498] – como no seu sequenciamento e execução, a fim de adequá-los às habilidades (características), às necessidades, aos interesses e às expectativas de cada um. Se algum estudante não consegue frequentar uma disciplina específica em determinado nível, ele poderá cursá-la em um nível anterior; se outro possui habilidades em ciências exatas, mas não consegue se desenvolver adequadamente

---

e que, ao invés de promover a emancipação, conduz a sociedade cada vez mais à alienação e à barbárie" (SERRANO, Plablo Jiménez. *O direito à educação*: fundamentos, dimensões e perspectivas da educação moderna. 1. ed. Rio de Janeiro: Jurismestre, 2017, p. 66).

[497] VIVAS-TESÓN, Inmaculada. La reciente humanización del Derecho Civil español: necesidades y retos en materia de discapacidad. *Derecho Global*. Estudios sobre Derecho y Justicia. vol. 14, Marzo – Junio, 2020, p. 194

[498] Essa padronização é acentuada pelo atual sistema de avaliação nacional de desempenho, que induz a uma certa homogeneidade na disseminação do conhecimento.

em humanas, poderá concluir o nível naquelas disciplinas e permanecer nestas no nível em que possa acompanhar. Em última análise, o estudante poderá transitar em diferentes níveis e modalidades, de acordo com as áreas de seu interesse e habilidades. Esse mecanismo é mais eficaz à sua formação cognitiva, potencializa o seu aproveitamento escolar e permite o ingresso no mercado de trabalho conforme as suas habilidades, tanto as *hard skills* como as *soft skills*.[499] Como resultado disso, ele apresentará ao seu futuro empregador o certificado de conclusão de cada habilidade e respectivo nível. Desse modo, é possível potencializar as habilidades do estudante, algo extremamente importante para a própria economia do país ao permitir o efeito ingresso da pessoa com deficiência como pessoa economicamente ativa.

Apenas exemplificativamente, é possível imaginar um estudante, com um melhor desempenho nas disciplinas relacionadas a matemática, trabalhando no setor financeiro de uma empresa ou em um escritório de contabilidade; outro, que, a despeito de ter discalculia, possui habilidade para a interação social, exercendo a função de auxiliar de produção de eventos ou cursando a graduação em relações públicas; e aquele que tem dislexia e encontra dificuldades no emprego da língua portuguesa, poderá desenvolver os conhecimentos de matemática e, ao final da educação básica, desempenhar funções que exijam conhecimento de matemática mais avançado do que em outras áreas. Dessa forma, será possível potencializar as capacidades individuais da pessoa com deficiência. Qualquer um pode crescer no ambiente escolar, desde que tenha espaço para experiências multidisciplinares e acredite que é agente ativo no processo de aprendizagem.[500]

Em pesquisa realizada por Mônica Silveira Beretta e Marlise Geller, apurou-se, com base em relatos de professores, que o trabalho na educação inclusiva exige a adaptação de atividades e tempo despendidos pelo estudante com deficiência, dentro da sala de aula.[501]

---

[499] As *hard skills* são habilidades técnicas ou qualificações, como o domínio de um idioma, que, via de regra, integram os currículos escolares; as *soft skills* correspondem às competências relativas à personalidade e ao comportamento, envolvendo aptidões mentais, emocionais e sociais, como criatividade e liderança, que estão ligadas à forma de relacionamento entre as pessoas (habilidades interpessoais).

[500] SOUZA, Sandra Freitas; OLIVEIRA, Maria Auxiliadora Monteiro. *Educação profissional inclusiva:* uma oportunidade para pessoas com deficiência. Petrópolis, Rio de Janeiro: Vozes, 2021, p. 82.

[501] BERETA, Mônica Silveira; GELLER, Marlise. Adaptação curricular no ensino de ciências: reflexões de professores de escolas inclusivas. *Revista Educação Especial*, Santa Maria, v. 34, 2021. Disponível em: https://periodicos.ufsm.br/educacaoespecial. Acesso em: 12 out. 2021, p. 16-17.

Em relação aos tempos de aprendizagens distintos ou pluritemporalidade, cada um deve ter à sua disposição o tempo necessário, para que os conteúdos transmitidos consolidem-se em conhecimento.[502] Esse é o significado do aprender de acordo com suas especificidades, de modo a proporcionar o desenvolvimento de competências e habilidades individuais que lhe assegure autonomia e independência.

Toda a sociedade ganha com essa mudança de paradigma, pois as pessoas tornam-se produtivas, gerando renda, movimentando a economia e demandando menos assistência estatal.

A flexibilização de conteúdos programáticos, cargas horárias e metodologias de ensino, contudo, exigem a participação de todos os agentes, uma estratégia de aula adequada e o apoio institucional e da família. A atuação em sala de aula deve ser definida pelo corpo docente e demais profissionais de ensino,[503] a partir da identificação de competências e habilidades que poderão ser desenvolvidas pelos estudantes e as práticas educacionais mais eficazes para esse fim, inclusive com intervenções específicas conforme as necessidades individuais[504] (por exemplo, assistência especializada, recursos de acessibilidade e de tecnologia assistiva, material didático em formato acessível, dilação de tempo, dentre outros).

Para aquilatar as necessidades, habilidades (características), interesses e expectativas individuais e estabelecer os meios adequados para atendê-las, a escola poderá utilizar como ferramenta a realização de avaliações biopsicossociais[505] periódicas, por equipe multiprofissional e interdisciplinar, com enfoque pedagógico (diagnóstico). Com tal procedimento, será possível elencar os impedimentos, os fatores socioambientais, psicológicos e pessoais, as limitações e restrições de participação que interferem no desenvolvimento de cada um, com vistas à elaboração de um plano de curricularização específico, de acordo com as individualidades de cada um.

---

[502] SOUZA, Sandra Freitas; OLIVEIRA, Maria Auxiliadora Monteiro. *Educação profissional inclusiva*: uma oportunidade para pessoas com deficiência. Petrópolis, Rio de Janeiro: Vozes, 2021, p. 79-80.

[503] FERRARI, Marian A.L. Dias; SEKKEL, Marie Claire. Educação inclusiva no ensino superior: um novo desafio. *Psicologia Ciência e Profissão*, v. 27, n. 4, p. 636-647, 2007, p. 644.

[504] SILVA, Deziane Costa da; MIGUEL, Joelson Rodrigues. Práticas pedagógicas inclusivas no âmbito escolar. *Id on Line Rev.Mult.Psic.*, v.14, n. 51, p. 880-894, jul. 2020, p. 890.

[505] O artigo 2º, §1º, da Lei nº 13.146, de 2015 (EPD), prevê uma avaliação semelhante, porém aqui ela deve ser adequada ao enfoque pedagógico (BRASIL. *Lei nº 13.146, de 06 de julho de 2015*. Estatuto da Pessoa com Deficiência. Brasília: Presidência da República, 2015. Disponível em: http://www.planalto.gov.br/CCIVIL_03/_Ato2015-2018/2015/Lei/L13146.htm. Acesso em: 14 nov. 2021).

O foco das ações educativas migra da noção de déficit (que restringe) para a de potencial (que pode ser desenvolvido), "da incapacidade para as possibilidades", com a eliminação do estigma da incompetência.[506]

O protótipo, calcado na igualdade (linear) entre os estudantes, não atende a essa finalidade, porquanto, ainda que se façam ajustes pontuais na infraestrutura da escola, na qualificação do corpo docente e nos materiais didáticos, equipamentos e recursos tecnológicos, a pluralidade de deficiências e barreiras ambientais reclama uma nova concepção da própria aprendizagem. Não há como um modelo de ensino unitário ser funcionalmente eficiente para promover as capacidades básicas de todos os estudantes, ainda que se articule um atendimento educacional especializado (mediante a atuação de profissionais com conhecimentos específicos – instrutor, tradutor, intérprete, monitor ou cuidador) com uma proposta pedagógica do ensino comum, durante todo o processo de escolarização. A despeito de a igualdade ser um critério base para a inclusão social – todos devem ter acesso à educação e em iguais condições (vetor da democratização do conhecimento e aprendizagem) –, esse resultado só é, de fato, alcançável se houver a consideração das singularidades de cada estudante (critério da equidade), o que não se coaduna com uma padronização procedimental na educação inclusiva.

Como já dito no capítulo anterior, a efetiva expansão das capacidades individuais das pessoas com deficiência pressupõe a ponderação não das desigualdades em uma perspectiva abstrata de isonomia, mas da diversidade que decorre de inúmeros e variáveis impedimentos e barreiras que podem frustrar a participação na coletividade em igualdade de condições com as demais pessoas. Alguém que possui um impedimento intelectual e necessita de uma atenção específica pode não ter superada a dificuldade cognitiva pela simples utilização da tecnologia assistiva. De outro lado, quem tem um impedimento físico terá mais condições de acompanhar o ensino regular, bastando a adaptação da escola para eliminar barreiras arquitetônicas.

A escola inclusiva deve ter uma adequada gestão de cursos e programas voltados ao direito à individualização (eixo igualdade/diversidade) e à construção do sujeito democrático. Com efeito, devem ser consideradas "as subjetividades dos sujeitos aprendizes, valorizando

---

[506] SOUZA, Sandra Freitas; OLIVEIRA, Maria Auxiliadora Monteiro. *Educação profissional inclusiva*: uma oportunidade para pessoas com deficiência. Petrópolis, Rio de Janeiro: Vozes, 2021, p. 90.

seus saberes e individualidades" (potencialidades, competências, habilidades), independentemente da deficiência (que é uma característica, e não condição para exclusão).[507]

Atualmente, o currículo básico do ensino regular é comum e definido pelo MEC, na LDB.[508] Essa formatação – que, formalmente, assegura o acesso igualitário e democrático ao conhecimento – peca pela

---

[507] SOUZA, Sandra Freitas; OLIVEIRA, Maria Auxiliadora Monteiro. Educação profissional inclusiva: uma oportunidade para pessoas com deficiência. Petrópolis, Rio de Janeiro: Vozes, 2021, p. 80-81.

[508] "Art. 26. Os currículos da educação infantil, do ensino fundamental e do ensino médio devem ter base nacional comum, a ser complementada, em cada sistema de ensino e em cada estabelecimento escolar, por uma parte diversificada, exigida pelas características regionais e locais da sociedade, da cultura, da economia e dos educandos. §1º. Os currículos a que se refere o *caput* devem abranger, obrigatoriamente, o estudo da língua portuguesa e da matemática, o conhecimento do mundo físico e natural e da realidade social e política, especialmente do Brasil. §2º. O ensino da arte, especialmente em suas expressões regionais, constituirá componente curricular obrigatório da educação básica. §3º. A educação física, integrada à proposta pedagógica da escola, é componente curricular obrigatório da educação básica, sendo sua prática facultativa ao aluno: I – que cumpra jornada de trabalho igual ou superior a seis horas; II – maior de trinta anos de idade; III – que estiver prestando serviço militar inicial ou que, em situação similar, estiver obrigado à prática da educação física; IV – amparado pelo Decreto-Lei nº 1.044, de 21 de outubro de 1969; V – (VETADO); VI – que tenha prole. §4º. O ensino da História do Brasil levará em conta as contribuições das diferentes culturas e etnias para a formação do povo brasileiro, especialmente das matrizes indígena, africana e européia. §5º. No currículo do ensino fundamental, a partir do sexto ano, será ofertada a língua inglesa. §6º. As artes visuais, a dança, a música e o teatro são as linguagens que constituirão o componente curricular de que trata o §2º deste artigo. §7º. A integralização curricular poderá incluir, a critério dos sistemas de ensino, projetos e pesquisas envolvendo os temas transversais de que trata o *caput*. §8º. A exibição de filmes de produção nacional constituirá componente curricular complementar integrado à proposta pedagógica da escola, sendo a sua exibição obrigatória por, no mínimo, 2 (duas) horas mensais. §9º. Conteúdos relativos aos direitos humanos e à prevenção de todas as formas de violência contra a criança, o adolescente e a mulher serão incluídos, como temas transversais, nos currículos de que trata o *caput* deste artigo, observadas as diretrizes da legislação correspondente e a produção e distribuição de material didático adequado a cada nível de ensino. §9º-A. A educação alimentar e nutricional será incluída entre os temas transversais de que trata o *caput*. §10. A inclusão de novos componentes curriculares de caráter obrigatório na Base Nacional Comum Curricular dependerá de aprovação do Conselho Nacional de Educação e de homologação pelo Ministro de Estado da Educação." "Art. 26-A. Nos estabelecimentos de ensino fundamental e de ensino médio, públicos e privados, torna-se obrigatório o estudo da história e cultura afro-brasileira e indígena. §1º. O conteúdo programático a que se refere este artigo incluirá diversos aspectos da história e da cultura que caracterizam a formação da população brasileira, a partir desses dois grupos étnicos, tais como o estudo da história da África e dos africanos, a luta dos negros e dos povos indígenas no Brasil, a cultura negra e indígena brasileira e o negro e o índio na formação da sociedade nacional, resgatando as suas contribuições nas áreas social, econômica e política, pertinentes à história do Brasil. §2º. Os conteúdos referentes à história e cultura afro-brasileira e dos povos indígenas brasileiros serão ministrados no âmbito de todo o currículo escolar, em especial nas áreas de educação artística e de literatura e história brasileiras" (BRASIL. *Lei nº 9.394, de 20 de dezembro de 1996*. Lei de diretrizes e bases da educação nacional. Brasília: Presidência da República, 1996. Disponível em: http://www.planalto.gov.br/ccivil_03/leis/l9394.htm. Acesso em: 2 jan. 2022).

desconsideração da singularidade do ser humano, especialmente suas habilidades (características), necessidades, interesses e expectativas. Ainda que a utilização de recursos de tecnologia assistiva, sistema braille e educação bilíngue (libras e língua portuguesa) facilite a assimilação de informações por alguns estudantes, a padronização de conteúdos, cargas horárias, metodologias e avaliação, em um contexto altamente heterogêneo, pode comprometer a sua efetiva participação, aprendizagem e permanência na escola, contrariando, inclusive, a determinação legal de adoção de "medidas individualizadas", que maximizem o desenvolvimento acadêmico e social, ao lado do atendimento educacional especializado.[509] A oferta de serviços e de recursos de acessibilidade só será eficaz na promoção da inclusão plena, se adequada às infinitas barreiras que devem ser eliminadas, não se esgotando na mera categorização e especificação de deficiências, transtornos, distúrbios e aptidões.

O atendimento educacional especializado, previsto em caráter complementar ou suplementar à formação dos estudantes na escola regular (de regra, no turno inverso),[510] é, indubitavelmente, um importante mecanismo de qualificação do ensino,[511] uma vez que objetiva a promoção de capacidades e potencialidades pessoais,[512] mediante

---

[509] "Art. 28. Incumbe ao poder público assegurar, criar, desenvolver, implementar, incentivar, acompanhar e avaliar: [...] III – projeto pedagógico que institucionalize o atendimento educacional especializado, assim como os demais serviços e adaptações razoáveis, para atender às características dos estudantes com deficiência e garantir o seu pleno acesso ao currículo em condições de igualdade, promovendo a conquista e o exercício de sua autonomia; [...] V – adoção de medidas individualizadas e coletivas em ambientes que maximizem o desenvolvimento acadêmico e social dos estudantes com deficiência, favorecendo o acesso, a permanência, a participação e a aprendizagem em instituições de ensino; [...] VII – planejamento de estudo de caso, de elaboração de plano de atendimento educacional especializado, de organização de recursos e serviços de acessibilidade e de disponibilização e usabilidade pedagógica de recursos de tecnologia assistiva; [...]" (grifo nosso) (BRASIL. *Lei nº 13.146, de 06 de julho de 2015*. Estatuto da Pessoa com Deficiência. Brasília: Presidência da República, 2015. Disponível em: http://www.planalto.gov.br/CCIVIL_03/_Ato2015-2018/2015/Lei/L13146.htm. Acesso em: 14 nov. 2021).

[510] MINISTÉRIO DA EDUCAÇÃO. *Diretrizes Operacionais da Educação Especial para o atendimento educacional especializado na educação básica*. Brasília: Secretaria de Educação Especial, 2008. Disponível em: http://portal.mec.gov.br/index.php?option=com_docman&view=download&alias=428-diretrizes-publicacao&Itemid=30192. Acesso em: 11 jan. 2022.

[511] KASSAR, Mônica de Carvalho Magalhães. Educação especial na perspectiva da educação inclusiva: desafios da implementação de uma política nacional. *Educar em Revista*, UFPR, Curitiba, n. 41, p. 61-79, jul./set. 2011. p. 76.

[512] "Art. 2º. A educação especial deve garantir os serviços de apoio especializado voltado a eliminar as barreiras que possam obstruir o processo de escolarização de estudantes com deficiência, transtornos globais do desenvolvimento e altas habilidades ou superdotação.

um conjunto de atividades, recursos de acessibilidade e pedagógicos organizados institucional e continuamente, com vistas ao desenvolvimento cognitivo, motor e afetivo.[513] Entretanto, esse suporte ou serviço de apoio especializado – que é temporário e específico no processo de escolarização do estudante, ou, quando em caráter permanente, excepcional (artigos 4º, inciso III, e 58, §2º, da Lei nº 9.394, 1996[514]), exclusivamente para os casos em que "a educação na classe regular seja incapaz de atender às necessidades educacionais ou sociais da criança ou quando sejam requisitados em nome do bem-estar da criança ou de outras crianças"[515] – é insuficiente e, sob certo

---

§1º. Para fins deste Decreto, os serviços de que trata o *caput* serão denominados atendimento educacional especializado, compreendido como o conjunto de atividades, recursos de acessibilidade e pedagógicos organizados institucional e continuamente, prestado das seguintes formas: I – complementar à formação dos estudantes com deficiência, transtornos globais do desenvolvimento, como apoio permanente e limitado no tempo e na frequência dos estudantes às salas de recursos multifuncionais; ou II – suplementar à formação de estudantes com altas habilidades ou superdotação. §2º. O atendimento educacional especializado deve integrar a proposta pedagógica da escola, envolver a participação da família para garantir pleno acesso e participação dos estudantes, atender às necessidades específicas das pessoas público-alvo da educação especial, e ser realizado em articulação com as demais políticas públicas" (BRASIL. *Decreto nº 7.611, de 17 de novembro de 2011*. Disponível em: http://www.planalto.gov.br/ccivil_03/_Ato2011-2014/2011/Decreto/D7611.htm. Acesso em: 15 nov. 2021).

[513] "Art. 3º. São objetivos do atendimento educacional especializado: I – prover condições de acesso, participação e aprendizagem no ensino regular e garantir serviços de apoio especializados de acordo com as necessidades individuais dos estudantes; II – garantir a transversalidade das ações da educação especial no ensino regular; III – fomentar o desenvolvimento de recursos didáticos e pedagógicos que eliminem as barreiras no processo de ensino e aprendizagem; e IV – assegurar condições para a continuidade de estudos nos demais níveis, etapas e modalidades de ensino" (BRASIL. *Decreto nº 7.611, de 17 de novembro de 2011*. Disponível em: http://www.planalto.gov.br/ccivil_03/_Ato2011-2014/2011/Decreto/D7611.htm. Acesso em: 15 nov. 2021).

[514] "Art. 4º. O dever do Estado com educação escolar pública será efetivado mediante a garantia de: [...] III – atendimento educacional especializado gratuito aos educandos com deficiência, transtornos globais do desenvolvimento e altas habilidades ou superdotação, transversal a todos os níveis, etapas e modalidades, preferencialmente na rede regular de ensino; [...]". "Art. 58. Entende-se por educação especial, para os efeitos desta Lei, a modalidade de educação escolar oferecida preferencialmente na rede regular de ensino, para educandos com deficiência, transtornos globais do desenvolvimento e altas habilidades ou superdotação. [...] §2º. O atendimento educacional será feito em classes, escolas ou serviços especializados, sempre que, em função das condições específicas dos alunos, não for possível a sua integração nas classes comuns de ensino regular. [...]" (BRASIL. *Lei nº 9.394, de 20 de dezembro de 1996*. Lei de diretrizes e bases da educação nacional. Brasília: Presidência da República, 1996. Disponível em: http://www.planalto.gov.br/ccivil_03/leis/l9394.htm. Acesso em: 15 nov. 2021).

[515] BRASIL. Supremo Tribunal Federal. (Tribunal Pleno). ADI nº 6.590 MC-Ref/DF. Relator Ministro Dias Toffoli. Julgamento em 21 dez. 2020. *Lex*: jurisprudência do STF, publicação do Processo Eletrônico DJe-027 em 12 fev. 2021. Disponível em: http://portal.stf.jus.br/processos/downloadPeca.asp?id=15345649124&ext=.pdf. Acesso em: 15 nov. 2021.

aspecto, tende a retroalimentar o sistema segregacionista, dificultando o convívio com a diferença. A manutenção de estudantes com deficiência em instituições especializadas impede não só o convívio (delas e dos demais estudantes) com a diversidade como inibe o seu processo de escolarização, haja vista a adoção de programas de alfabetização limitados (voltadas ao ensino da leitura, da escrita e dos cálculos) e, por vezes, repetitivos e pouco desafiadores, sem propostas alternativas, e com enfoque predominante clínico, desconectado de uma dimensão pedagógica. Antes se acreditava que, "se não progredirem nos pressupostos básicos da alfabetização, eles não poderiam se desenvolver em outras áreas", em completo descrédito às suas potencialidades. Às vezes, as próprias famílias, por desconhecimento, aceitam essa realidade segregadora, "pois as únicas instituições que conhecem e que, ao longo do tempo, aceitaram esses sujeitos foram as escolas especiais".[516]

A educação inclusiva reclama a adaptação de todo o sistema de educação regular, com o intuito de congregar estudantes com e sem deficiência, a partir de uma proposta de ensino adequada às suas especificidades,[517] o que vai além da prestação de serviços "complementares", "suplementares" ou em classes, escolas ou serviços especializados. Na prática, a assistência escolar complementar, para os estudantes com deficiência ou transtornos globais de desenvolvimento, e suplementar, para os com altas habilidades ou superdotação (Decreto nº 7.611/2011), consiste em programas de enriquecimento curricular somente para estes últimos, sendo reservado para aqueles apenas o ensino de linguagens e códigos específicos de comunicação, bem como de sinalização e tecnologia assistiva. Conquanto essa complementação ou suplementação à formação educacional seja necessária, ela não tem o condão de, por si, assegurar a efetiva inclusão dos estudantes com

---

[516] SOUZA, Sandra Freitas; OLIVEIRA, Maria Auxiliadora Monteiro. *Educação profissional inclusiva*: uma oportunidade para pessoas com deficiência. Petrópolis, RJ: Vozes, 2021, p. 29 e 32.

[517] Como já salientado em precedente paradigma pelo Supremo Tribunal Federal, "O enclausuramento em face do diferente furta o colorido da vivência cotidiana, privando-nos da estupefação diante do que se coloca como novo, como diferente. [...] É somente com o convívio com a diferença e com o seu necessário acolhimento que pode haver a construção de uma sociedade livre, justa e solidária, em que o bem de todos seja promovido sem preconceitos de origem, raça, sexo, cor, idade e quaisquer outras formas de discriminação (Art. 3º, I e IV, CRFB)" (BRASIL. Supremo Tribunal Federal. (Tribunal Pleno). ADI nº 5.357. Relator Ministro Edson Fachin. Julgamento em 09 jun. 2016. *Lex*: jurisprudência do STF, publicação do Processo Eletrônico DJe-240, em 10 nov. 2016. Disponível em: https://jurisprudencia.stf.jus.br/pages/search/sjur359744/false. Acesso em: 15 nov. 2021).

deficiência, na medida em que dela não participam os demais estudantes e a sua implementação não enseja a modificação das estruturas tradicionais de ensino, nem permite a superação de todas as barreiras de aprendizagem.[518] A utilização de recursos para ampliar a fonte da prova, sistema braille, assistência de mecanismo que verbaliza o texto em voz alta e da língua dos sinais (libras) auxiliam somente os que têm deficiência visual e auditiva, sem contemplar os que possuem déficit cognitivo, e exclui do processo de inclusão os outros estudantes e demais membros da comunidade escolar.

Não se está aqui a defender a eliminação do sistema de assistência educacional especializada, cujas finalidades são garantir o pleno acesso e o engajamento dos estudantes, atender às suas necessidades específicas e envolver a participação da família em articulação com as demais políticas públicas (art. 2º, §2º, do Decreto nº 7.611, de 2011[519]), mas demonstrar que, tal como concebido normativamente, não cumpre os propósitos de uma educação inclusiva.

É importante frisar que o MEC implementou ações políticas diretas, com o objetivo de apoio ao ensino regular, porém o auxílio técnico e financeiro pelo Poder Público está previsto para as instituições privadas sem fins lucrativos especializadas e com atuação exclusiva em educação especial[520] (ensino segregado[521]), o que, concretamente, acentua as desigualdades no âmbito escolar.[522]

---

[518] BUENO, José Geraldo Silveira. O Atendimento Educacional Especializado (AEE) como programa nuclear das políticas de educação especial para a inclusão escolar. *Tópicos Educacionais*, Recife, v. 22, n. 1, p. 68-86, jan./jun. 2016, p. 82.

[519] Ver nota nº 512 supra.

[520] "Art. 1º. O dever do Estado com a educação das pessoas público-alvo da educação especial será efetivado de acordo com as seguintes diretrizes: I – garantia de um sistema educacional inclusivo em todos os níveis, sem discriminação e com base na igualdade de oportunidades; II – aprendizado ao longo de toda a vida; III – não exclusão do sistema educacional geral sob alegação de deficiência; IV – garantia de ensino fundamental gratuito e compulsório, asseguradas adaptações razoáveis de acordo com as necessidades individuais; V – oferta de apoio necessário, no âmbito do sistema educacional geral, com vistas a facilitar sua efetiva educação; VI – adoção de medidas de apoio individualizadas e efetivas, em ambientes que maximizem o desenvolvimento acadêmico e social, de acordo com a meta de inclusão plena; VII – oferta de educação especial preferencialmente na rede regular de ensino; e VIII – apoio técnico e financeiro pelo Poder Público às instituições privadas sem fins lucrativos, especializadas e com atuação exclusiva em educação especial. [...]". (grifo nosso) (BRASIL. *Decreto nº 7.611, de 17 de novembro de 2011*. Disponível em: http://www.planalto.gov.br/ccivil_03/_Ato2011-2014/2011/Decreto/D7611.htm. Acesso em: 15 nov. 2021.

[521] BUENO, José Geraldo Silveira. O Atendimento Educacional Especializado (AEE) como programa nuclear das políticas de educação especial para a inclusão escolar. *Tópicos Educacionais*, Recife, v. 22, n. 1, p. 68-86, jan./jun. 2016, p. 70.

[522] VALLE, Ione Ribeiro. Uma escola justa contra o sistema de multiplicação das desigualdades sociais. *Educar em Revista*, UFPR, Curitiba, n. 48, p. 289-307, abr./jun. 2013, p. 296.

No enfrentamento desse problema, a maior dificuldade consiste na ideia – largamente difundida ainda hoje – de que a solução para os casos que fogem de um padrão idealizado é o encaminhamento para classes especiais, porque as dificuldades de aprendizagem das pessoas com deficiência geram problemas para a escolarização de todos os demais estudantes. Na realidade, as limitações enfrentadas por eles decorrem da interação de suas características pessoais com o contexto (ou ambiente) em que se encontram, que pode intensificar ou minimizar a percepção do impedimento.[523] Constitui dever de todos – e não só do Estado – promover o "pleno desenvolvimento da pessoa, seu preparo para o exercício da cidadania e sua qualificação para o trabalho" (art. 205 CF/88[524]).

Além disso, a demanda de professores auxiliares com formação em 'educação especial' envolve uma polarização – uma parcela dos pais teme pela criação de um vínculo de dependência negativa na criança, sem qualquer contribuição para o processo de inclusão social, e outra acredita que o auxílio pode promover a sua autonomia e independência[525] –, que só será suplantado pela percepção de que a intervenção de um profissional especializado deve estar atrelada às necessidades específicas de cada estudante, com o propósito de desenvolver suas potencialidades.[526]

No campo da capacitação profissional, voltada à inserção no mercado de trabalho, observa-se, ainda hoje, um forte caráter assistencialista que limita a preparação das pessoas com deficiência, a partir da premissa de que só teriam condições de desempenhar tarefas menos qualificadas, normalmente repetitivas e pouco complexas, as quais não exigem habilidades criativas ou "modificação daquilo que estava estabelecido". Essa concepção é equivocada, na medida em que a educação profissional não constitui mero instrumento de política assistencialista ou de ajustamento às demandas do mercado. Ao contrário, é relevante

---

[523] BAPTISTA, Claudio Roberto. Política pública, educação especial e escolarização no Brasil. *Educ. Pesqui.*, São Paulo, v. 45, e217423, 2019, p. 7.
[524] BRASIL. *Constituição da República Federativa do Brasil de 1988*. Disponível em: https://www.planalto.gov.br/ccivil_03/Constituicao/Constituicao.htm. Acesso em: 28 dez. 2021.
[525] Autonomia como capacidade de querer, decidir e expressar-se; independência como capacidade de agir por si, sem subordinação ou dependência de outrem.
[526] FIETZ, Helena Moura; MELLO, Anahi Guedes de. A multiplicidade do cuidado na experiência da deficiência. *Revista Anthropológicas*, ano 22, v. 29, n. 2, p. 114-141, 2018, p. 125.

estratégia no processo de inclusão social, pois envolve o desenvolvimento de aptidões para a vida produtiva.[527] [528]

Outro ponto sensível é o enfoque da política nacional de educação, centrado no acesso da pessoa com deficiência à rede de escolas regulares, sem mecanismos eficazes para assegurar sua permanência e efetiva participação no meio escolar. Embora o número de estudantes matriculados estivesse crescendo nos últimos anos, excepcionando o último Censo Escolar de 2021, que demonstra que o ingresso de estudantes com deficiência foi inferior ao ano de 2020 nos anos iniciais do ensino fundamental,[529] verifica-se que o sistema não favorece a continuidade do ensino e, tampouco, a expansão das capacidades básicas.

A noção de escola justa não se confunde com a de escola perfeita. É imprescindível superar o ideal trans-histórico e transcultural de justiça escolar, combinando diferentes princípios, a fim de garantir a um maior número de estudantes, incluídos os mais vulneráveis, autonomia e dignidade, em proveito da própria coletividade.[530] O "sentido primeiro da educação está na promoção da pessoa, por meio da facilitação de seu pleno desenvolvimento" – o que é mais do que "preparar profissionais habilitados para o mercado de trabalho" –, a partir da premissa de que a capacidade de aprender, "ainda que em diferentes e mais perceptíveis graus", é inata no ser humano (potencial aprendiz).[531]

---

[527] SOUZA, Sandra Freitas; OLIVEIRA, Maria Auxiliadora Monteiro. *Educação profissional inclusiva*: uma oportunidade para pessoas com deficiência. Petrópolis, RJ: Vozes, 2021, p. 69-70.

[528] De acordo com o Parecer CNE/CEB nº 16/99, do Ministério da Educação, a "educação profissional requer, além do domínio operacional de um determinado fazer, a compreensão global do processo produtivo, com a apreensão do saber tecnológico, a valorização da cultura do trabalho e a mobilização dos valores necessários à tomada de decisões" (MINISTÉRIO DA EDUCAÇÃO. *Parecer CNE/CEB nº 16/99, de 5 de outubro de 1999*. Trata das Diretrizes Curriculares Nacionais para a Educação Profissional de Nível Técnico. Brasília: Câmara de Educação Básica, 1999. Disponível em: http://portal.mec.gov.br/setec/arquivos/pdf_legislacao/tecnico/legisla_tecnico_parecer1699.pdf. Acesso em 30 jan. 2022).

[529] Verifica-se que os dados do Censo Escola contemplam os ingressos na escola especial, classe especial e incluídos, ou seja, não distingue aqueles que estão efetivamente incluídos em uma classe regular daqueles que estão no ensino especial. Ademais, é possível observar que no último ano, 2021, menos estudantes com deficiência ingressaram no ensino fundamental inicial (47.512) em comparação com o ano anterior 2020 (52.945). (MINISTÉRIO DA EDUCAÇÃO. *Censo escolar*: resultados. Brasília: Instituto Nacional de Estudos e Pesquisas Educacionais Anísio Teixeira, 3 nov. 2020. Disponível em: https://www.gov.br/inep/pt-br/areas-de-atuacao/pesquisas-estatisticas-e-indicadores/censo-escolar/resultados Acesso em: 11 jan. 2022).

[530] VALLE, Ione Ribeiro. Uma escola justa contra o sistema de multiplicação das desigualdades sociais. *Educar em Revista*, UFPR, Curitiba, n. 48, p. 289-307, abr./jun. 2013, p. 303.

[531] BARBOSA, Fernanda Nunes. Democracia e participação: o direito da pessoa com deficiência à educação e sua inclusão nas instituições de ensino superior. *In*: MENEZES,

Outro ponto que merece atenção, com base nos ditames da Declaração de Salamanca, são as estratégias de ensino que consistem nas técnicas utilizadas pelos professores para desenvolver o conhecimento, instigando o raciocínio e o senso crítico, e fixar os conteúdos ministrados. Para uma educação inclusiva efetiva, é necessário que o corpo docente tenha a capacitação específica para utilizar metodologias pedagógicas que levem em consideração as competências e habilidades individuais e coletivas, respeitando as limitações e o ritmo de cada estudante, e permitam a adaptação dos currículos de forma planejada. Essa medida é essencial para promover uma aprendizagem concreta e assegurar a permanência no ambiente escolar.[532]

Já os resultados de desempenho devem ser aferidos periodicamente, com base em parâmetros estabelecidos no plano de ensino individual, tendo em vista as habilidades e competências desenvolvidas. Todos os profissionais que acompanharam o estudante no período letivo avaliarão se a educação foi eficaz e definirão as futuras etapas de sua escolarização. Aqui é igualmente pertinente a observação de que um referencial único, quantitativo e utilitarista de performance estudantil não se coaduna com a diversidade da realidade sobre a qual opera o processo de educação.

Quanto ao ponto, impende referir que o EPD prescreve, em seu artigo 30, que, nos processos seletivos para ingresso e permanência nos cursos oferecidos pelas instituições de ensino superior e de educação profissional e tecnológica, públicas e privadas, devem ser adotados, entre outras medidas, "critérios de avaliação das provas escritas, discursivas ou de redação que considerem a singularidade linguística da pessoa com deficiência, no domínio da modalidade escrita da língua portuguesa".[533] Transposta essa normativa[534] para o que aqui se propõe,

---

Joyceane Bezerra de (org.). *Direito das pessoas com deficiência psíquica e intelectual nas relações privadas:* convenção sobre os direitos da pessoa com deficiência e lei brasileira de inclusão. 2. ed., rev. e ampl. Rio de Janeiro: Processo, 2020, p. 947-948.

[532] SILVA, Deziane Costa de; MIGUEL, Joelson Rodrigues. Práticas pedagógicas inclusivas no âmbito escolar. *Id on Line Rev.Mult.Psic.*, v. 14, n. 51, p. 880-894, jul. 2020, p. 881.

[533] BRASIL. *Lei nº 13.146, de 06 de julho de 2015.* Estatuto da Pessoa com Deficiência. Brasília: Presidência da República, 2015. Disponível em: http://www.planalto.gov.br/CCIVIL_03/_Ato2015-2018/2015/Lei/L13146.htm. Acesso em: 27 dez. 2021.

[534] Ao comentar sobre o artigo 30 do EPD, Fernanda Nunes Barbosa, cita o caso de alunos com dislexia e de alunos com deficiência auditiva, em que "essa atenção aos critérios de avaliação de provas escritas mostra-se totalmente pertinente. Em ambos, a condição de apreensão de conhecimento e de reflexão sobre ele não é diminuída em razão da deficiência; a dificuldade encontra-se no momento da expressão escrita. No primeiro, porque o disléxico precisa se concentrar muito em cada letra ao escrever, porque é comum

sobressai a importância do reconhecimento da multiplicidade de formas de expressão e da necessidade de dar espaço a elas no processo de formação pedagógica.

Atualmente os mecanismos de avaliação da educação básica, realizada pelo MEC, sob a coordenação do Instituto Nacional de Estudos e Pesquisas Educacionais Anísio Teixeira (INEP),[535] são o Índice de Desenvolvimento da Educação Básica (IDEB), o Sistema de Avaliação da Educação Básica (SAEB), a Prova Brasil e a Provinha Brasil. O primeiro apura a qualidade do ensino, por meio de provas de língua portuguesa e matemática, aplicadas aos estudantes.[536] O segundo utiliza dois processos: a Avaliação Nacional da Educação Básica e a Avaliação Nacional do Rendimento Escolar, tendo aquela o escopo de avaliar as gestões dos sistemas educacionais, que é determinada por amostragem no sistema de ensino (testes de desempenho, baseados na teoria de resposta ao item, que adotam como matriz de referência a língua portuguesa e matemática, ciências da natureza e ciências humanas, para verificar as habilidades desenvolvidas em cada série, sem englobar todo o currículo obrigatório[537]), e esta o objetivo de analisar cada unidade escolar, de modo mais detalhado e extenso. Os resultados do SAEB, em conjunto com os dados do censo escolar sobre aprovação, reprovação e abandono, compõem o Índice de Desenvolvimento da Educação Básica. O terceiro consiste na aplicação de provas de língua portuguesa e matemática, bem como questionários socioeconômicos, para os estudantes do quinto e nono anos do ensino fundamental público, censitariamente, nas redes de ensino municipais, estaduais e federais das áreas rurais e urbanas.

---

colocá-las fora de ordem ou omitir alguma; no segundo, porque o surdo, através da língua de sinais, aprende uma gramática própria, que, embora complexa e profunda, com regras e sistemas lógicos, é diferente da linguagem corrente" (BARBOSA, Fernanda Nunes. Democracia e participação: o direito da pessoa com deficiência à educação e sua inclusão nas instituições de ensino superior. *In:* MENEZES, Joyceane Bezerra de (org.). *Direito das pessoas com deficiência psíquica e intelectual nas relações privadas:* convenção sobre os direitos da pessoa com deficiência e lei brasileira de inclusão. 2. ed., rev. e ampl. Rio de Janeiro: Processo, 2020, p. 952).

[535] MINISTÉRIO DA EDUCAÇÃO. *Avaliações de aprendizagem.* Brasília: MEC, 2021. Disponível em: http://portal.mec.gov.br/educacao-quilombola-/190-secretarias-112877938/setec-1749 372213/18843-avaliacoes-da-aprendizagem. Acesso em: 8 dez. 2021.

[536] MINISTÉRIO DA EDUCAÇÃO. *Avaliações de aprendizagem.* Brasília: MEC, 2021. Disponível em: http://portal.mec.gov.br/educacao-quilombola-/190-secretarias-112877938/setec-1749 372213/18843-avaliacoes-da-aprendizagem. Acesso em: 8 dez. 2021.

[537] MINISTÉRIO DA EDUCAÇÃO. *Matrizes e escalas.* Brasília: MEC/INEP, 31 ago. 2020. Disponível em: https://www.gov.br/inep/pt-br/areas-de-atuacao/avaliacao-e-exames-edu cacionais/saeb/matrizes-e-escalas. Acesso em: 14 dez. 2021.

Os dados apurados são utilizados para o cálculo do IDEB.[538] O quarto destina-se à avaliação dos estudantes do segundo ano do ensino fundamental, no início e no final do período letivo, no que tange ao seu nível de alfabetização.[539]

Todas as avaliações são disponibilizadas no portal do MEC e têm por finalidade aferir a qualidade do ensino das disciplinas curriculares, baseado nas matrizes referenciais e nas proficiências. Entretanto, a formação do ser humano não pode se resumir ao desenvolvimento de competências intelectuais (no campo das ciências exatas, biológicas ou humanas), como já enfatizado ao longo deste trabalho. É imprescindível fomentar a expansão de outras habilidades para viver, com autonomia, na sociedade, encarando as diferenças, superando barreiras e exercendo direitos políticos, entre outros. Os critérios adotados pelo Poder Público para definir, executar e apurar os resultados de políticas públicas na área da educação estão obsoletos, por enfocar, exclusivamente, um ensino formal que não cumpre o papel primordial da educação: o desenvolvimento humano.

Com relação à adequação dos objetivos gerais e específicos do ensino, a proposta de flexibilização do plano de ensino, no tocante aos conteúdos programáticos, cargas horárias, metodologias e critérios de avaliação, não afasta a exigência de fixação de metas globais, que podem ser sintetizadas no desenvolvimento das capacidades básicas – a que se refere Nussbaum – que está ao alcance das escolas em geral, sem comprometimento da atuação da família e do próprio Estado.

Reitere-se que a educação formal pode contribuir para a transmissão de informações, treinamento e formação de hábitos relacionados à vida, à saúde física e à integridade corporal, o desenvolvimento de potencialidades humanas vinculadas a sensações, imaginação, pensamento, emoções e razão prática, o estímulo à criatividade, o fomento da capacidade de empatia e respeito ao outro (afiliação) e o preparo para o convívio social e o controle sobre o ambiente.

Para viver em uma sociedade em constante transformação, com imprevisibilidade e estruturas fluídas, a escolarização deve oportunizar

---

[538] MINISTÉRIO DA EDUCAÇÃO. *Avaliações de aprendizagem.* Brasília: MEC, 2021. Disponível em: http://portal.mec.gov.br/educacao-quilombola-/190-secretarias-112877938/setec-1749 372213/18843-avaliacoes-da-aprendizagem. Acesso em: 8 dez. 2021.

[539] MINISTÉRIO DA EDUCAÇÃO. *Avaliações de aprendizagem.* Brasília: MEC, 2021. Disponível em: http://portal.mec.gov.br/educacao-quilombola-/190-secretarias-112877938/setec-1749 372213/18843-avaliacoes-da-aprendizagem. Acesso em: 8 dez. 2021.

experiências variadas (interface com diversas áreas) que contribuam para o desenvolvimento de todos. A atuação dos professores e demais profissionais da educação não pode se limitar à transmissão de conteúdos que exigem memorização e processos padronizados, pois eles devem saber lidar com a diversidade, o imprevisível e a mudança. Nem as metodologias podem se esgotar no ensino transmissivo, elucidativo, explicativo e ilustrativo, devendo fomentar a criatividade, a liberdade e a autonomia como referencial das práticas pedagógicas.[540] Afinal, os saberes são construídos e assimilados de maneira subjetiva, sendo relevante a bagagem trazida por cada um em sua trajetória pessoal. O ambiente escolar deve ser diversificado, a fim de viabilizar interações (socialização). A burocracia – que, não raras vezes, sobrepõe-se à dimensão pedagógica – e o controle dos sistemas educacionais não podem restringir a autonomia das escolas e do professor, que devem estar preparados para a educação inclusiva. Cada estudante deve ser visto no âmbito de sua singularidade.

3.2 As políticas públicas necessárias para a implementação do modelo equitativo de educação das pessoas com deficiência

Para promover o pleno desenvolvimento do estudante com deficiência, as políticas públicas[541] devem atentar para o fortalecimento de suas potencialidades, oferecendo-lhe os meios necessários (apoio no ambiente material e institucional)[542] para exercer a capacidade de atuar, de forma ativa, consciente e responsável, na sociedade (condição

---

[540] SOUZA, Sandra Freitas; OLIVEIRA, Maria Auxiliadora Monteiro. *Educação profissional inclusiva*: uma oportunidade para pessoas com deficiência. Petrópolis, Rio de Janeiro: Vozes, 2021, p. 101.

[541] Entende-se por política pública o conjunto coordenado de ações e meios à disposição do Estado, para realização de objetivos socialmente relevantes e politicamente determinados, compreendendo não só a prestação de serviços e o desempenho direto de atividades estatais como também a atuação normativa, reguladora e de fomento para direcionar os esforços públicos e as iniciativas privadas (BARCELLOS, Ana Paula de. Constitucionalização das políticas públicas em matéria de direitos fundamentais: o controle político-social e o controle jurídico no espaço democrático. *In*: SARLET, Ingo Wolfgang; TIMM, Luciano Benetti (org.). *Direitos fundamentais*: orçamento e 'reserva do possível'. Porto Alegre: Livraria do Advogado, 2008. Disponível em: https://pt.scribd.com/document/372729287/Ana-Paula-Barcellos-Constitucionalizacao-das-politicas-publicas-em-materia-de-direitos-fundamentais-pdf. Acesso em: 29 dez. 2021).

[542] NUSSBAUM, Martha C. *Educação e justiça social*. Tradução de Graça Lami. Portugal: Edições Pedago, 2016, p. 68.

de agente) e promovendo a igualdade de oportunidades (não discriminação) e experiências, sem interferência na liberdade de escolha de cada um.⁵⁴³

A necessidade de cuidado também é fundamental, nos casos de dependência extrema e assimétrica, sendo aferível o bem-estar individual pela possibilidade de desempenhar adequadamente as suas funções (ou seja, de expandir as capacidades básicas listadas por Nussbaum), independentemente de sua riqueza pessoal.⁵⁴⁴

A Declaração de Salamanca estabelece as diretrizes norteadoras de uma educação inclusiva, indicando linhas de ações que devem ser implementadas no plano nacional e em níveis regionais e internacionais.⁵⁴⁵ Essas orientações perpassam a reestruturação organizacional, novas estratégias de ensino, recursos e parcerias com as comunidades, voltados à emancipação e inclusão social⁵⁴⁶ e à superação de preconceitos culturais.⁵⁴⁷

Delineado um modelo de ensino flexível e adaptável às singularidades de cada estudante, com a redefinição de parâmetros de avaliação e metas globais da educação – um novo perfil que deverá se refletir, inclusive, no formato do atual Exame Nacional do Ensino Médio (ENEM), instituído em 1998, com o objetivo de avaliar o desempenho escolar dos estudantes ao término da educação básica, e aperfeiçoado em 2009, como mecanismo de acesso à educação superior –, impõe-se a adoção de medidas estratégicas para sua gradual implantação: 1. o estreitamento da colaboração entre os entes federativos (arts. 211, §4º⁵⁴⁸

---

⁵⁴³ REYMÃO, Ana Elizabeth Neirão; CEBOLÃO, Karla Azevedo. Amartya Sen e o direito a educação para o desenvolvimento. *Revista de Direito Sociais e Políticas Públicas*, Maranhão, v. 3, n. 2, p. 88-104, jul./dez. 2017, p. 93-94.

⁵⁴⁴ NUSSBAUM, Martha C. *Educação e justiça social*. Tradução de Graça Lami. Portugal: Edições Pedago, 2016, p. 65.

⁵⁴⁵ Declaração de Salamanca. III. Orientações para ações em níveis regionais e internacionais, 7 (MINISTÉRIO DA EDUCAÇÃO. *Declaração de Salamanca sobre princípios, políticas e práticas na área das necessidades educativas especiais*. Brasília: MEC, 1994. Disponível em: http://portal.mec.gov.br/seesp/arquivos/pdf/salamanca.pdf. Acesso em: 12 out. 2021).

⁵⁴⁶ BARBOSA-FOHRMANN, Ana Paula; LANES, Rodrigo de Brito. O direito à educação inclusiva das crianças portadoras de deficiência. *Espaço Jurídico*, Joaçaba, v. 12, n. 1, p. 155-174, jan./jun. 2011, p. 170.

⁵⁴⁷ SILVA NETO, Antenor de Oliveira; ÁVILA, Éverton Gonçalves; SALES, Tamara Regina Reis; AMORIM; Simone Silveira; NUNES, Andréa Karla; SANTOS, Vera Maria. Educação inclusiva: uma escola para todos. *Revista Educação Especial*, v. 31, n. 60, p. 81-92, jan./mar. 2018. Disponível em: https://periodicos.ufsm.br/educacaoespecial. Acesso em: 3 mar. 2021, p. 90.

⁵⁴⁸ "Art. 211. A União, os Estados, o Distrito Federal e os Municípios organizarão em regime de colaboração seus sistemas de ensino. [...] §4º. Na organização de seus sistemas

e 214,⁵⁴⁹ ambos da CF/88) e o incremento das parcerias público-privada; 2. a formação de equipe de profissionais qualificados e a existência de recursos pedagógicos adequados, não bastando a previsão de obrigação legal de matrícula no ensino regular; 3. a necessidade de investimento em pesquisas para "o desenvolvimento de novos métodos e técnicas pedagógicas, de materiais didáticos, de equipamentos e de recursos de tecnologia assistiva";⁵⁵⁰ 4. a manutenção do repasse de verbas às instituições privadas de ensino especial, desde que seja incentivada a migração dos estudantes para as escolas regulares, inclusive por meio de financiamentos públicos, e 5. a educação compartilhada com a família, com a ampliação da conscientização da coletividade.

O enfoque de tais ações centra-se na ideia de que, ao prescrever o dever do Estado de garantir atendimento educacional especializado às pessoas com deficiência, preferencialmente na rede regular de ensino (art. 208 da CF/88⁵⁵¹ e art. 4º da Lei nº 9.394, de 1996⁵⁵²), o legislador não

---

de ensino, a União, os Estados, o Distrito Federal e os Municípios definirão formas de colaboração, de forma a assegurar a universalização, a qualidade e a equidade do ensino obrigatório. [...]" (BRASIL. *Constituição da República Federativa do Brasil de 1988*. Disponível em: https://www.planalto.gov.br/ccivil_03/Constituicao/Constituicao.htm. Acesso em: 29 dez. 2021).

⁵⁴⁹ "Art. 214. A lei estabelecerá o plano nacional de educação, de duração decenal, com o objetivo de articular o sistema nacional de educação em regime de colaboração e definir diretrizes, objetivos, metas e estratégias de implementação para assegurar a manutenção e desenvolvimento do ensino em seus diversos níveis, etapas e modalidades por meio de ações integradas dos poderes públicos das diferentes esferas federativas que conduzam a: I – erradicação do analfabetismo; II – universalização do atendimento escolar; III – melhoria da qualidade do ensino; IV – formação para o trabalho; V – promoção humanística, científica e tecnológica do País; VI – estabelecimento de meta de aplicação de recursos públicos em educação como proporção do produto interno bruto" (BRASIL. *Constituição da República Federativa do Brasil de 1988*. Disponível em: https://www.planalto. gov. br/ccivil_03/Constituicao/Constituicao.htm. Acesso em: 29 dez. 2021).

⁵⁵⁰ BARBOSA, Fernanda Nunes. Democracia e participação: o direito da pessoa com deficiência à educação e sua inclusão nas instituições de ensino superior. *In*: MENEZES, Joyceane Bezerra de (org.). *Direito das pessoas com deficiência psíquica e intelectual nas relações privadas*: convenção sobre os direitos da pessoa com deficiência e lei brasileira de inclusão. 2. ed., rev. e ampl. Rio de Janeiro: Processo, 2020, p. 949.

⁵⁵¹ "Art. 208. O dever do Estado com a educação será efetivado mediante a garantia de: [...] III – atendimento educacional especializado aos portadores de deficiência, preferencialmente na rede regular de ensino; [...]" (BRASIL. *Constituição da República Federativa do Brasil de 1988*. Disponível em: https://www.planalto.gov.br/ccivil_03/Constituicao/Constituicao. htm. Acesso em: 29 dez. 2021).

⁵⁵² "Art. 4º. O dever do Estado com educação escolar pública será efetivado mediante a garantia de: [...] III – atendimento educacional especializado gratuito aos educandos com deficiência, transtornos globais do desenvolvimento e altas habilidades ou superdotação, transversal a todos os níveis, etapas e modalidades, preferencialmente na rede regular de ensino; [...]" (BRASIL. *Lei nº 9.394, de 20 de dezembro de 1996*. Lei de diretrizes e bases da educação nacional. Brasília: Presidência da República, 1996. Disponível em: http://www.planalto.gov.br/ccivil_03/leis/l9394.htm. Acesso em: 29 dez. 2021).

criou uma facultatividade para as escolas ou para o poder público; ao contrário, determinou que a assistência especializada deve ser prestada, ordinariamente, no sistema de ensino regular, o que envolve, em última análise, a convergência dos esforços públicos e privados para o convívio dos estudantes com ou sem deficiência no ambiente escolar, uma vez que "incluir" significa acrescentar algo no interior de outro que já existe.

Evidentemente, essa opção demanda custos adicionais, que devem ser suportados por toda coletividade (solidariedade), e exige uma mudança de concepção da educação em si, com a superação da dicotomia entre o regular e o especial, mediante a adoção de um modelo de ensino que adote a equidade (valoração de singularidades) como critério procedimental, com o objetivo de propiciar o máximo desenvolvimento possível de talentos e habilidades físicas, sensoriais, intelectuais e sociais, segundo suas características, interesses e necessidades individuais de aprendizagem dos estudantes.

3.2.1 Do estreitamento da colaboração entre os entes federativos e a iniciativa privada

Sob o influxo do movimento *Todos pela Educação*, o Conselho Nacional de Educação (CNE) editou a Resolução nº 01, de 23 de janeiro de 2012,[553] que dispôs sobre o regime de colaboração entre a União, os Estados, os Municípios e o Distrito Federal, por meio de instrumento de gestão pública, denominado Arranjo de Desenvolvimento da Educação (ADE), para a melhoria da qualidade da educação e o seu desenvolvimento territorial e geopolítico. O escopo da ADE é a construção de uma rede de cooperação intragovernamental horizontal, de forma articulada com o tradicional regime de colaboração vertical, a qual admite a participação de instituições privadas e não governamentais, mediante convênios ou termos de cooperação, independentemente de transferência de recursos públicos, com a transposição dos limites da Administração Pública.[554]

---

[553] MINISTÉRIO DA EDUCAÇÃO E CULTURA. *Resolução nº 1, de 23 de janeiro de 2012*. Brasília: MEC, 2012. Disponível em: http://portal.mec.gov.br/index.php?option=com_docman&view=download&alias=9816-rceb001-12&category_slug=janeiro-2012-pdf&Itemid=30192. Acesso em: 29 dez. 2021.

[554] CARVALHO, Elma Júlia Gonçalves. Arranjos de Desenvolvimento da Educação (ADEs): nova oportunidade de negócios educacionais para as organizações do setor privado. *RBPAE*, v. 35, n. 1, p. 57-76, jan./abr. 2019. p.64.

A Lei nº 13.005, de 2014, ao aprovar o Plano Nacional de Educação, incorporou os ADE em seu artigo 7º como mecanismo para o fortalecimento da colaboração entre os entes federativos, incluindo instâncias permanentes de negociação, cooperação e pactuação.[555]

A gestão do ADE permite a realização de diagnósticos e identificação dos pontos de atenção e fragilidades do sistema educacional, devendo ser inseridos, no planejamento de ações coordenadas e respectivos objetivos, os propósitos da educação inclusiva antes referidos, com o incremento da atuação de empresas privadas na gestão das políticas educacionais, para o atingimento de resultados mais efetivos na educação pública e privada.[556]

Nessa direção, a CF/88 prescreve, em seu artigo 227, que o direito à educação das crianças, adolescentes e jovens é dever da família, do Estado e de toda a sociedade.[557]

Outra modalidade de colaboração é a parceria público-privada, disciplinada pela Lei nº 11.079, de 2004, e respectivas alterações,[558] a qual permite o estabelecimento de vínculo obrigacional entre a Administração Pública e a iniciativa privada, visando à implementação ou gestão, total ou parcial, de obras, serviços ou atividades de interesse público, com a assunção pelo parceiro privado da responsabilidade pelo respectivo financiamento.

A participação direta de agentes econômicos privados – e não só as instituições de ensino – na implementação de uma educação inclusiva concretiza o princípio da solidariedade social e permite a ampliação e qualificação da mão de obra que poderá ser aproveitada

---

[555] BRASIL. *Lei nº 13.005, de 25 de junho de 2014*. Aprova o Plano Nacional de Educação – PNE e dá outras providências. Brasília: Presidência da República, 2014. Disponível em: http://www.planalto.gov.br/ccivil_03/_ato2011-2014/2014/lei/l13005.htm. Acesso em: 30 dez. 2021.

[556] CARVALHO, Elma Júlia Gonçalves; PERONI, Vera Maria Vidal. Arranjos de Desenvolvimento da Educação (ADE) e a influência do empresariado na educação básica pública brasileira. *Teoria e Prática da Educação*, v. 22, n. 3, p. 58-79, set./dez. 2019, p. 65.

[557] "Art. 227. É dever da família, da sociedade e do Estado assegurar à criança, ao adolescente e ao jovem, com absoluta prioridade, o direito à vida, à saúde, à alimentação, à educação, ao lazer, à profissionalização, à cultura, à dignidade, ao respeito, à liberdade e à convivência familiar e comunitária, além de colocá-los a salvo de toda forma de negligência, discriminação, exploração, violência, crueldade e opressão" (BRASIL. *Constituição da República Federativa do Brasil de 1988*. Disponível em: https://www.planalto.gov.br/ccivil_03/Constituicao/Constituicao.htm. Acesso em: 30 dez. 2021)

[558] BRASIL. *Lei nº 11.079, de 30 de dezembro de 2004*. Institui normas gerais para licitação e contratação de parceria público-privada no âmbito da administração pública. Brasília: Presidência da República, 2004. Disponível em: http://www.planalto.gov.br/ccivil_03/_ato2004-2006/2004/lei/l11079.htm. Acesso em: 30 dez. 2021.

nas atividades exercidas por tais parceiros. A mera reserva de vaga a pessoas com deficiência é notoriamente insuficiente para promover a inclusão social, pois não está associada ao processo de formação educacional. O resultado de uma sectarização (ou alijamento) da participação dos agentes sociais e econômicos nas ações educativas é a frustração de um dos propósitos constitucionais – a qualificação do indivíduo para o trabalho, na medida em que, à carência de recursos, soma-se a falta de sintonia entre a capacitação, via educação formal, e as reais necessidades do mercado e da sociedade em geral.

3.2.2 Da capacitação de professores e profissionais da educação

A formação inicial e continuada dos professores e profissionais de serviços e apoio escolares é outro ponto relevante, a ser considerado nas políticas públicas relacionadas à educação inclusiva, porquanto exerce influência direta sobre os estudantes e os resultados da aprendizagem.[559] Embora a atual Política Nacional de Educação Especial explicite tal necessidade, não há uma definição de espaços e configurações do processo formativo, nem do alcance das ações de capacitação, que deve envolver não só o corpo docente como todos que prestam serviços de apoio ao trabalho dos educadores.[560]

O sistema educacional é composto, prioritariamente, pelos professores e profissionais que atuam diretamente com os estudantes e encarregam-se de sua formação. Deles é exigível, além do domínio do conhecimento e das técnicas pedagógicas, o comprometimento com "a função social da escola: instrumentalizar para o exercício consciente da cidadania. A Educação só emancipa o indivíduo se ele aprende a refletir, criticar, criar, renovar respeitar a convivência social".[561] Nessa perspectiva, não há como manter uma visão estática da aprendizagem, sem a atuação de condicionantes históricos e psicossociais, nem alijar da elaboração de planos de ensino e estruturação do ambiente escolar todos que participam de sua dinâmica.[562] Políticas públicas descone-

---

[559] FERRARI, Marian A.L. Dias; SEKKEL, Marie Claire. Educação inclusiva no ensino superior: um novo desafio. *Psicologia Ciência e Profissão*, v. 27, n. 4, p. 636-647, 2007, p. 149.
[560] BAPTISTA, Claudio Roberto. Política pública, educação especial e escolarização no Brasil. *Educ. Pesqui.*, São Paulo, v. 45, e217423, 2019, p. 12 e 16.
[561] SERRANO, Plablo Jiménez. *O direito à educação*: fundamentos, dimensões e perspectivas da educação moderna. 1. ed. Rio de Janeiro: Jurismestre, 2017, p. 164.
[562] CRUZ, Gilmar de Carvalho; GLAT, Rosana. Educação inclusiva: desafio, descuido e responsabilidade. *Educar em Revista*, n. 52, UFPR, Curitiba, abr./jun. 2014, p. 261.

xas que se restringem à imposição de deveres não são eficazes, pois é necessária a articulação de ações do Poder Público e da sociedade.[563]

Para ilustrar a importância da capacitação profissional de todos os protagonistas do processo de educação, em 2020, o MEC editou a Resolução CNE/CP nº 1, para dispor sobre as Diretrizes Curriculares Nacionais para a Formação Continuada de Professores da Educação Básica. Esse ato normativo criou uma base nacional comum para a formação continuada de Professores da Educação Básica, sem estabelecer uma diretriz curricular específica para educação inclusiva ou contemplar os demais profissionais da educação. Previu, em seu artigo 3º, que é exigível do professor "sólido conhecimento dos saberes constituídos, das metodologias de ensino, dos processos de aprendizagem e da produção cultural local e global, objetivando propiciar o pleno desenvolvimento dos educandos", definindo as três dimensões das competências profissionais que

> são fundamentais e, de modo interdependente, se integram e se complementam na ação docente no âmbito da Educação Básica:
> I – Conhecimento profissional;
> II – Prática profissional;
> III – Engajamento profissional.

Apenas no item competências específicas e habilidades, número 2a.4.3, do Anexo I, fez referência a: "Identificar diferentes estratégias e recursos para as necessidades específicas de aprendizagem (deficiências, altas habilidades, estudantes de menor rendimento, etc.) que engajem intelectualmente e que favoreçam o desenvolvimento do currículo com consistência".[564]

No entanto, para o êxito de medidas e estratégias inclusivas, é necessário o domínio de conhecimentos teóricos e práticos sobre ações pedagógicas específicas e recursos didáticos adequados por todos que lidarão com a diversidade no ambiente escolar. Com a qualificação apropriada, o profissional terá condições de perceber o nível de desenvolvimento cognitivo, afetivo e social de cada um, propor atividades

---

[563] CRUZ, Gilmar de Carvalho; GLAT, Rosana. Educação inclusiva: desafio, descuido e responsabilidade. *Educar em Revista*, n. 52, UFPR, Curitiba, abr./jun. 2014, p. 269.
[564] IMPRENSA NACIONAL. *Resolução CNE/CO nº 1, de 27 de outubro de 2020*. Brasília: CNE, 2020. Disponível em: https://www.in.gov.br/en/web/dou/-/resolucao-cne/cp-n-1-de-27-de-outubro-de-2020-28560 9724. Acesso em: 21 dez. 2021.

consentâneas com as suas dificuldades e limitações,[565] adotar práticas pedagógicas dinâmicas e diferenciadas em sala de aula, promover a interação entre todos os estudantes (com ou sem deficiência) e fomentar a capacidade de empatia e o senso de solidariedade do grupo. Competências que estão relacionadas à mediação da aprendizagem e às disciplinas ministradas, às demandas sociais e aos processos produtivos (mercado de trabalho), ao papel social da escola em uma sociedade pluralista e democrática, e ao próprio profissional.[566] A falta de informações técnicas, treinamento e experiência (habilidades e competências) impede-o de atuar, positivamente, na educação inclusiva de qualidade.[567]

Ao lado da formação continuada dos profissionais, para fins de aperfeiçoamento (e atualização), a ser incentivada,[568] é imprescindível que a educação inclusiva integre como disciplina obrigatória os programas curriculares de todos os cursos de graduação (principalmente na modalidade licenciatura), a fim de prepará-los para a atuação no ensino regular.

A Lei nº 13.005, de 2014, que institui o Plano Nacional de Educação Especial na perspectiva da Educação Inclusiva, estabeleceu como estratégia promover a melhoria da qualidade dos cursos de pedagogia e licenciaturas, "integrando-os às demandas e necessidades das redes de educação básica, de modo a permitir aos graduandos a aquisição das qualificações necessárias a conduzir o processo pedagógico de seus futuros alunos(as), combinando formação geral e específica com a prática didática, além da educação para as relações étnico-raciais, a diversidade e as necessidades das pessoas com deficiência",[569] e o Decreto nº 5.626, de 2005, ao regulamentar as Leis nº 10.098, de 2000, e nº 10.436, de 2002, determinou que a Língua Brasileira dos Sinais – Libras deve ser inserida como disciplina curricular obrigatória nos cursos

---

[565] SILVA, Deziane Costa da; MIGUEL, Joelson Rodrigues. Práticas pedagógicas inclusivas no âmbito escolar. *Id on Line Rev.Mult.Psic.*, v.14, n. 51, p. 880-894, jul. 2020, p. 882.

[566] SOUZA, Sandra Freitas; OLIVEIRA, Maria Auxiliadora Monteiro. *Educação profissional inclusiva: uma oportunidade para pessoas com deficiência*. Petrópolis, Rio de Janeiro: Vozes, 2021, p. 100-101.

[567] PLETSCH, Márcia Denise. A formação de professores para a educação inclusiva: legislação, diretrizes políticas e resultados de pesquisa. *Educar*, UFPR, Curitiba, n. 33, p. 143-156, 2009, p. 148.

[568] SILVA, Deziane Costa da; MIGUEL, Joelson Rodrigues. Práticas pedagógicas inclusivas no âmbito escolar. *Id on Line Rev.Mult.Psic.*, v.14, n. 51, p. 880-894, jul. 2020, p. 882.

[569] BRASIL. *Lei nº 13.005, de 25 de junho de 2014*. Aprova o Plano Nacional de Educação – PNE e dá outras providências. Brasília: Presidência da República, 2014. Disponível em: http://www.planalto.gov.br/ccivil_03/_ato2011-2014/2014/lei/l13005.htm. Acesso em: 30 dez. 2021.

de formação de professores para o exercício do magistério, em nível médio e superior, e nos cursos de Fonoaudiologia, de instituições de ensino, públicas e privadas, do sistema federal de ensino e dos sistemas de ensino dos Estados, do Distrito Federal e dos Municípios.[570] Todavia, tais prescrições normativas atendem apenas a uma pequena parcela da população que convive com alguma deficiência, e não a sua totalidade.[571]

Além da oferta de disciplinas específicas de educação inclusiva em todos os cursos de graduação na modalidade licenciatura, os professores devem ser preparados para o enfrentamento dos desafios da diversidade, que encontrará ao longo da carreira, em todas as disciplinas. O que se verifica na prática é a disciplina de educação especial ser ministrada isoladamente, quando se afigura impositiva uma transversalidade com as demais disciplinas, de modo a capacitar o profissional para atender às necessidades de todos os estudantes e construir um currículo adaptado,[572] dentro do ambiente escolar (por exemplo, a disciplina de alfabetização, que não inclui na sua ementa a dos estudantes com deficiência, segredando-os também na formação do professor).[573]

É importante que as instituições de ensino superior em licenciatura reformulem a sua grade curricular, com esse viés,[574] com ênfase na compreensão da necessidade de valorizar as potencialidades de cada estudante, adequar métodos, estratégias pedagógicas e tecnologias[575] à diversidade, perceber a aprendizagem como um processo individual que deve atentar para as características pessoais e maximizar a expansão de capacidades (psicomotoras, psicolinguísticas, consciência fonológica

---

[570] BRASIL. *Decreto nº 5.626, de 22 de dezembro de 2005.* Disponível em: http://www.planalto.gov.br/ccivil_03/_Ato2004-2006/2005/Decreto/D5626.htm. Acesso em: 31 dez. 2021.

[571] CRUZ, Gilmar de Carvalho; GLAT, Rosana. Educação inclusiva: desafio, descuido e responsabilidade. *Educar em Revista*, n. 52, UFPR, Curitiba, abr./jun. 2014, p. 263.

[572] BERETA, Mônica Silveira; GELLER, Marlise. Adaptação curricular no ensino de ciências: reflexões de professores de escolas inclusivas. *Revista Educação Especial*, Santa Maria, v. 34, 2021. Disponível em: https://periodicos.ufsm.br/educacaoespecial. Acesso em: 12 out. 2021, p. 7.

[573] CRUZ, Gilmar de Carvalho; GLAT, Rosana. Educação inclusiva: desafio, descuido e responsabilidade. *Educar em Revista*, n. 52, UFPR, Curitiba, abr./jun. 2014, p. 263.

[574] KRANZ, Cláudia Rosana; GOMES, Leonardo Cinésio. Educação especial/inclusiva nos cursos de licenciatura em matemática no nordeste brasileiro. Comunicação científica. *In*: XII ENCONTRO NACIONAL DE EDUCAÇÃO MATEMÁTICA. São Paulo, 2016, p. 9.

[575] INOCENTE, Luciane; ROMMASINI, Angélica; CASTAMAN, Ana Sara; MARCON, Andréia Mediola. Estratégias pedagógicas de inclusão escolar: um apoio das tecnologias. *In*: 22º SEMINÁRIO DE EDUCAÇÃO, TECNOLOGIA E SOCIEDADE. *Revista Redin*, v. 6, n. 1, out. 2017.

e leitura) que são essenciais ao pleno desenvolvimento do potencial humano, à autonomia[576] e à autoestima, avaliar a aprendizagem no tempo e modo de cada um, despertar o interesse em aprender e participar ativamente (motivação). Além de oferecer as disciplinas ao longo do curso de graduação ou licenciatura com o enfoque na educação inclusiva em todas as disciplinas, outra importante mudança é a inclusão da obrigatoriedade de estágios em escolas inclusivas.

Conforme Bueno, há um expressivo número de pesquisas que evidenciam que a restrição das políticas de apoio pedagógico especializado, por meio da centralização dos atendimentos diretos dos estudantes da educação especial incluídos no ensino regular, deve ser reconsiderada, caso o objetivo seja melhorar os resultados de desempenho escolar.[577] Portanto, é imprescindível que haja uma reestruturação nas políticas educacionais, mas, também, na capacitação dos profissionais que atuarão no ensino regular para atender as demandas necessárias dos estudantes com deficiência.

Outrossim, o aprimoramento do sistema de ensino depende do compartilhamento de experiências entre os profissionais, com a exposição de vivências, a elucidação de dúvidas e a definição em conjunto de novas abordagens e estratégias de ensino (atuação conjunta da escola com esses profissionais[578]), mediante a utilização dos recursos institucionais, humanos e materiais disponíveis.[579] Tais iniciativas devem ser oportunizadas e apoiadas pela escola.

3.2.3 Do investimento em pesquisas

Em complementação, faz-se necessário o aporte de recursos e investimentos em pesquisas para o desenvolvimento de novos métodos e técnicas pedagógicas, materiais didáticos, equipamentos e recursos de tecnologia assistiva que favoreçam o processo de educação inclusiva.

---

[576] SILVA, Deziane Costa da; MIGUEL, Joelson Rodrigues. Práticas pedagógicas inclusivas no âmbito escolar. *Id on Line Rev.Mult.Psic.*, v.14, n. 51, p. 880-894, jul. 2020, p. 889-890.

[577] BUENO, José Geraldo Silveira. O Atendimento Educacional Especializado (AEE) como programa nuclear das políticas de educação especial para a inclusão escolar. *Tópicos Educacionais*, Recife, v. 22, n. 1, p. 68-86, jan./jun. 2016.

[578] SILVA, Deziane Costa da; MIGUEL, Joelson Rodrigues. Práticas pedagógicas inclusivas no âmbito escolar. *Id on Line Rev.Mult.Psic.*, v.14, n. 51, p. 880-894, jul. 2020, p. 888.

[579] FERRARI, Marian A.L. Dias; SEKKEL, Marie Claire. Educação inclusiva no ensino superior: um novo desafio. *Psicologia Ciência e Profissão*, v. 27, n. 4, p. 636-647, 2007, p. 644.

Os meios tradicionais, concebidos para um padrão de estudante, sem consideração da diversidade humana, são notoriamente insuficientes para a aprendizagem de qualidade, e a otimização dos recursos disponíveis pode ser obtida pelo desenvolvimento de novas ideias e projetos pedagógicos.

A par disso, é preocupante a observação dos autores Marilda Moraes Garcia Bruno e Ricardo Augusto Lins do Nascimento de que os recursos de tecnologia assistiva, destinados às pessoas com deficiência visual, são pouco utilizados nas salas de aula do ensino fundamental e médio, sendo disponíveis somente no atendimento educacional especializado. Essa constatação revela a necessidade não só de investimentos em si como também da articulação entre os professores, de uma oferta de tecnologia assistiva mais ampla e a capacitação para o seu manuseio.[580]

A implementação do modelo educacional aqui proposto deve ser gradual e contínua, pois implica não só a reformulação de políticas públicas e o dispêndio de recursos financeiros como também, e especialmente, um repensar a própria educação e o papel do Estado, da família e da sociedade na promoção do ensino inclusivo. A fim de garantir o acesso e a permanência dos estudantes com deficiência na rede de ensino, é imprescindível revisar o modo como as estratégias governamentais são traçadas atualmente, uma vez que a concretização do direito à educação não ocorre com a simples imposição de normas, como no caso do EPD e das demais diretrizes da educação inclusiva, devendo ser viabilizada a sua efetiva execução, com a avaliação periódica dos resultados e eventuais reformulações. Nessa perspectiva, o atual sistema de repasse de verbas às instituições privadas de ensino especial deve ser mantido, porém com o incentivo à migração dos estudantes para as escolas regulares.

3.2.4 Dos incentivos financeiro-tributários

Diante da necessidade de adaptação da infraestrutura dessas instituições de ensino, impõe-se a ampliação de mecanismos compensatórios dos custos adicionais, inclusive tributários (como, por

---

[580] BRUNO, Marilda Moraes Garcia; NASCIMENTO, Ricardo Augusto Lins do. Política de acessibilidade: o que dizem as pessoas com deficiência visual. *Revista Educação & Realidade*, Porto Alegre, v. 44, n. 1, 2019. Disponível em: http://dx.doi.org/10.1590/2175-623684848. Acesso em: 2 maio 2021, p. 7 e 13.

exemplo, isenção ou redução do Imposto Predial e Territorial Urbano incidente sobre as edificações que sofreram alterações arquitetônicas de acessibilidade – art. 156, inciso I,[581] da CF/88, e arts. 32 a 34[582] da Lei nº 5.172, de 1966 [Código Tributário Nacional]), e de incentivo à admissão e permanência de estudantes com deficiência de qualquer natureza, com a adoção de um modelo de educação individualizado (como, por exemplo, a inclusão de item específico no rol de requisitos legais para não tributação – arts. 150, inciso VI, alínea "c",[583] e 195, §7º,[584] da CF/88, e arts. 9º, inciso IV, alínea "c",[585] e 14,[586] da Lei nº 5.172, de 1966 (Código Tributário Nacional).

---

[581] "Art. 156. Compete aos Municípios instituir impostos sobre: I – propriedade predial e territorial urbana; [...]" (BRASIL. *Constituição da República Federativa do Brasil de 1988*. Disponível em: https://www.planalto.gov. br/ccivil_03/Constituicao/Constituicao.htm. Acesso em: 30 dez. 2021).

[582] "Art. 32. O imposto, de competência dos Municípios, sobre a propriedade predial e territorial urbana tem como fato gerador a propriedade, o domínio útil ou a posse de bem imóvel por natureza ou por acessão física, como definido na lei civil, localizado na zona urbana do Município. [...]. Art. 33. A base do cálculo do imposto é o valor venal do imóvel. Parágrafo único. Na determinação da base de cálculo, não se considera o valor dos bens móveis mantidos, em caráter permanente ou temporário, no imóvel, para efeito de sua utilização, exploração, aformoseamento ou comodidade. Art. 34. Contribuinte do imposto é o proprietário do imóvel, o titular do seu domínio útil, ou o seu possuidor a qualquer título" (BRASIL. *Lei nº 5.172, de 25 de outubro de 1966*. Código Tributário Nacional. Disponível em: https://www.planalto.gov.br/ccivil_03/LEIS/L5172Compilado. htm. Acesso em: 30 dez. 2021).

[583] "Art. 150. Sem prejuízo de outras garantias asseguradas ao contribuinte, é vedado à União, aos Estados, ao Distrito Federal e aos Municípios: [...] VI – instituir impostos sobre: [...] c) patrimônio, renda ou serviços dos partidos políticos, inclusive suas fundações, das entidades sindicais dos trabalhadores, das instituições de educação e de assistência social, sem fins lucrativos, atendidos os requisitos da lei; [...]. §4º As vedações expressas no inciso VI, alíneas "b" e "c", compreendem somente o patrimônio, a renda e os serviços, relacionados com as finalidades essenciais das entidades nelas mencionadas. [...]" (BRASIL. *Constituição da República Federativa do Brasil de 1988*. Disponível em: https:// www.planalto.gov. br/ccivil_03/Constituicao/Constituicao.htm. Acesso em: 30 dez. 2021).

[584] "Art. 195. A seguridade social será financiada por toda a sociedade, de forma direta e indireta, nos termos da lei, mediante recursos provenientes dos orçamentos da União, dos Estados, do Distrito Federal e dos Municípios, e das seguintes contribuições sociais: [...] §7º. São isentas de contribuição para a seguridade social as entidades beneficentes de assistência social que atendam às exigências estabelecidas em lei" (BRASIL. *Constituição da República Federativa do Brasil de 1988*. Disponível em: https://www.planalto.gov.br/ ccivil_03/Constituicao/Constituicao.htm. Acesso em: 30 dez. 2021).

[585] "Art. 9º É vedado à União, aos Estados, ao Distrito Federal e aos Municípios: [...] IV – cobrar imposto sobre: [...]; c) o patrimônio, a renda ou serviços dos partidos políticos, inclusive suas fundações, das entidades sindicais dos trabalhadores, das instituições de educação e de assistência social, sem fins lucrativos, observados os requisitos fixados na Seção II deste Capítulo; [...]" (BRASIL. *Lei nº 5.172, de 25 de outubro de 1966*. Código Tributário Nacional. Disponível em: https://www.planalto.gov.br/ccivil_03/LEIS/L5172Compilado. htm. Acesso em: 30 dez. 2021).

[586] "Art. 14. O disposto na alínea c do inciso IV do artigo 9º é subordinado à observância dos seguintes requisitos pelas entidades nele referidas: I – não distribuírem qualquer parcela

Os custos de implantação de um ambiente acessível e de qualidade para todos os estudantes não podem ser invocados como justificativa para o não cumprimento do dever de promover a inclusão social das pessoas com deficiência, imposto a toda a sociedade (responsabilidade pela alteridade). Como já assentado pelo Supremo Tribunal Federal, no julgamento da Ação Direta de Inconstitucionalidade nº 6.476, as modificações e ajustes necessários para a inclusão de pessoas com deficiência não podem acarretar um ônus desproporcional ou indevido. Contudo, deve se considerar, "de um lado, o estigma social a que essas pessoas estão submetidas como parte dos custos e, de outro lado, o fato de que a eliminação da discriminação é, em si, um benefício para toda a sociedade".[587]

Em outros termos, não se trata de uma ação em prol exclusivamente das pessoas com deficiência,

> [...] mas também, em perspectiva inversa, refere-se ao direito de todos os demais cidadãos ao acesso a uma arena democrática plural. A pluralidade – de pessoas, credos, ideologias, etc. – é elemento essencial da democracia e da vida democrática em comunidade. [...] A Lei nº 13.146/2015 estabelece a obrigatoriedade de as escolas privadas promoverem a inserção das pessoas com deficiência no ensino regular e prover as medidas de adaptação necessárias sem que o ônus financeiro seja repassado às mensalidades, anuidades e matrículas, [...] a vida em coletividade pressupõe a diluição dos gastos necessários à concretização do bem comum, notadamente em se tratando de despesas imprescindíveis à realização de um direito fundamental como é o direito à educação. Assim, os custos efetuados com bens e serviços necessários à implementação de ambiente acessível e de qualidade

---

de seu patrimônio ou de suas rendas, a qualquer título; II – aplicarem integralmente, no País, os seus recursos na manutenção dos seus objetivos institucionais; III – manterem escrituração de suas receitas e despesas em livros revestidos de formalidades capazes de assegurar sua exatidão. §1º. Na falta de cumprimento do disposto neste artigo, ou no §1º do artigo 9º, a autoridade competente pode suspender a aplicação do benefício. §2º. Os serviços a que se refere a alínea c do inciso IV do artigo 9º são exclusivamente, os diretamente relacionados com os objetivos institucionais das entidades de que trata este artigo, previstos nos respectivos estatutos ou atos constitutivos" (BRASIL. *Lei nº 5.172, de 25 de outubro de 1966*. Código Tributário Nacional. Disponível em: https://www.planalto.gov.br/ccivil_03/LEIS/L5172Compilado.htm. Acesso em: 30 dez. 2021).

[587] BRASIL. Supremo Tribunal Federal. (Tribunal Pleno). ADI nº 6.476. Relator Roberto Barroso. Julgamento em 08 ago. 2021. *Lex*: jurisprudência do STF, publicação do Processo Eletrônico DJe-185, em 16 set. 2021. Disponível em: https://redir.stf.jus.br/paginadorpub/paginador.jsp?docTP=TP&docID=757283689. Acesso em: 2 jan. 2021.

para todas as pessoas devem ser incorporados aos custos totais das escolas, independentemente da fruição, de tais bens e serviços, por todos os alunos.[588]

A exigência de implementação de educação inclusiva, sem contrapartidas que visem a minimizar os ônus daí decorrentes, dificulta a adoção de medidas concretas e tende a estimular condutas que comprometem o êxito de qualquer política pública. É comum, por exemplo, em entrevistas preliminares, a escola dizer, informalmente, aos pais, que não está preparada para atender aos estudantes com deficiência e promover o seu adequado desenvolvimento, induzindo-os à busca de alternativas. Diante disso, algumas famílias optam por não matricular os seus filhos ou tutelados na escola que não quer acolhê-los, nem recorrem ao Poder Judiciário, porque, ainda que possam ter êxito na demanda, não confiam na instituição de ensino para mantê-los no local.

A adaptação de todo o sistema de ensino público e privado a esse novo paradigma pode ser facilitada pela utilização de *nudges*,[589] que, segundo Richard H. Thaler e Cass R. Sunstein,[590] consiste em um estímulo que induz o comportamento da pessoa a uma determinada direção, sem suprimir a sua liberdade para as próprias escolhas.

---

[588] De acordo com o Supremo Tribunal Federal, no julgamento da ADI nº 5.357, "(*i*) O respeito à pluralidade não prescinde do respeito ao princípio da igualdade. E na atual quadra histórica, uma leitura focada tão somente em seu aspecto formal não satisfaz a completude que exige o princípio. Assim, a igualdade não se esgota com a previsão normativa de acesso igualitário a bens jurídicos, mas engloba também a previsão normativa de medidas que efetivamente possibilitem tal acesso e sua efetivação concreta; (*ii*) Se é certo que se prevê como dever do Estado facilitar às pessoas com deficiência sua plena e igual participação no sistema de ensino e na vida em comunidade, bem como, de outro lado, a necessária disponibilização do ensino primário gratuito e compulsório, é igualmente certo inexistir qualquer limitação da educação das pessoas com deficiência somente a estabelecimentos públicos ou privados que prestem o serviço público educacional; (*iii*) à escola não é dado escolher, segregar, separar, mas é seu dever ensinar, incluir, conviver; (*iv*) a capacidade de surpreender-se com, na e pela alteridade, muito mais do que mera manifestação de empatia, constitui elemento essencial para um desarmado – e verdadeiro – convívio e também debate democrático; e (*v*) É somente com o convívio com a diferença e com o seu necessário acolhimento que pode haver a construção de uma sociedade livre, justa e solidária, em que o bem de todos seja promovido sem preconceitos de origem, raça, sexo, cor, idade e quaisquer outras formas de discriminação (Art. 3º, I e IV, CRFB)" (BRASIL. Supremo Tribunal Federal. (Tribunal Pleno). ADI nº 5.357. Relator Ministro Edson Fachin. Julgamento em 09 jun. 2016. *Lex*: jurisprudência do STF, publicação do Processo Eletrônico DJe-240, em 10 nov. 2016. Disponível em: https://jurisprudencia.stf.jus.br/pages/search/sjur359744/false. Acesso em: 31 dez. 2021).

[589] Em tradução livre, nudge significa incentivo, empurrão.

[590] THALER, Richard H.; SUNSTEIN, Cass R. *Nudge:* um pequeno empurrão – como decidir em questões de saúde, riqueza e felicidade. Rio de Janeiro: Lua de Papel, 2018, p. 6.

Na economia comportamental, existe um padrão de atitude, para a tomada de decisões, que depende do modo como a questão é apresentada. Em geral, o ser humano tem aversão ao risco e, sempre que uma situação é exposta de forma que possa gerar uma perda, a tendência é não arriscar.[591] Ao considerar a sua opção, ele verificará se a sua ação produzirá o resultado pretendido, determinando as razões necessárias para cumprir o seu plano.[592]

Do ponto de vista técnico, esse processo é realizado por dois sistemas: o automático (SA) e o reflexivo (SR). O primeiro está associado às escolhas primitivas da pessoa, de forma rápida e inconsciente (intuição); o segundo é racional, deliberado de forma reflexiva (raciocínio).[593] As decisões cotidianas, em sua maioria, são tomadas, por meio de atalhos mentais, denominados de heurísticas (ou procedimentos mentais simples empregados em decisões não racionais), porém, em algumas circunstâncias, verifica-se uma limitação da capacidade, diante de um viés cognitivo[594] (ou falha lógica sistemática em avaliações e julgamentos realizados pelo ser humano), o qual não se confunde com o erro aleatório, cometido por ignorância, o qual tende a não ser repetido. Algumas escolhas não são conduzidas de forma totalmente racional, pois o indivíduo não consegue visualizar o seu benefício em curto prazo ou desconsidera parte das informações pertinentes com o objetivo de tornar a escolha mais fácil e rápida. Nos casos em que há uma dificuldade na percepção imediata da realidade em sua inteireza, existe a possibilidade de interferência de vieses cognitivos que provocam o desvio dos resultados, mediante um estímulo adicional.[595]

---

[591] COSTTA, Bruna de Paula Ferreira; LEÃO, Rafaella Barbosa. *Manda um nudge!* A utilização da "cutucada" para a concretização do artigo 26 da LINDB. 2021. Disponível em: https://apeminas.org.br/wp-content/uploads/2021/03/Artigo-Manda-um-Nudge-PDF.pdf. Acesso em: 3 out. 2021.

[592] BIANCHI, Ana Maria; MURAMATSU, Roberta. A volta de Ulisses: anotações sobre a lógica de planos e compromissos. *Revista de Economia Política*, v. 25, n. 2, p. 31-44, abr./jun. 2005, p. 31.

[593] TOCCHETTO, Daniela Goya; PORTO JÚNIOR, Sabino da Silva. Arghhhhh!!! Eu nunca mais vou comer pimenta... Oba! Pimenta! – Homer Simpson, arquitetura de escolha e políticas públicas. *Economia & Tecnologia*, ano 7, v. 24, jan./mar. 2011, p. 104.

[594] ANDRADE, Otavio Morato de. NudgeRio: um caso de aplicação de ciência comportamental às políticas públicas. *Revista Cadernos do Desenvolvimento Fluminense*, Rio de Janeiro, 1º semestre, n. 16, 2019, p. 112.

[595] ARAÚJO, Karla Vasconcelos; SILVA, Luciana de Góes; ALVES, José Luiz; PINTO, Pablo Aurélio Lacerda de Almeida. Educação e políticas públicas: uma análise do programa de robótica na escola à luz da teoria comportamental. *Research, Society and Development*, v. 10, n. 8, 2021, p. 4.

O *nudge* tem o papel de induzir um viés específico no Sistema Automático (SA), indicando uma direção e superando o monitoramento do Sistema Reflexivo (SR), ou, ainda, reduzindo a ocorrência de um viés específico no SR, ambos mecanismos de interferência na arquitetura de escolha.[596]

O Poder Público pode utilizar esses incentivos para obter benefícios a baixo custo, desde que sejam observados os princípios constitucionais, especialmente os da transparência e da finalidade pública. É dizer, a ação estatal deve se pautar pela clareza e destinar-se a toda sociedade, propiciando o bem-estar social, sem impor o comportamento em si.[597] A principal vantagem desse incentivo comportamental em relação às prescrições legais obrigatórias é evitar a punição e a coerção, preservando a autonomia decisória do indivíduo, mediante o prévio acesso para avaliação de sua utilidade.[598]

No âmbito das políticas públicas, o *nudge* pode ser empregado nas hipóteses em que há um conflito entre os interesses individuais e os interesses sociais perseguidos, como na inclusão das pessoas com deficiência no sistema de ensino regular, em que alguns se mostram refratários às medidas propostas, por considerá-las demasiadamente onerosas em termos de tempo e recursos financeiros, com a divisão dos custos entre todos os estudantes, e outros valorizam os resultados positivos que delas decorrem para a coletividade. Valendo-se de *nudges*, o Poder Público pode induzir (incentivar) comportamentos individuais e coletivos no sentido da efetiva promoção da educação inclusiva.[599]

Uma forma de estímulo eficaz é a reformulação da política pública sobre a concessão de imunidade de contribuições para a seguridade social a pessoas jurídicas de direito privado, sem fins lucrativos, que prestam serviços nas áreas de assistência social, de saúde e de educação,

---

[596] TOCCHETTO, Daniela Goya; PORTO JÚNIOR, Sabino da Silva. Arghhhhh!!! Eu nunca mais vou comer pimenta... Oba! Pimenta! – Homer Simpson, arquitetura de escolha e políticas públicas. *Economia & Tecnologia*, ano 7, v. 24, jan./mar. 2011, p. 106.

[597] COSTTA, Bruna de Paula Ferreira; LEÃO, Rafaella Barbosa. *Manda um nudge!* A utilização da "cutucada" para a concretização do artigo 26 da LINDB. 2021. Disponível em: https://apeminas.org.br/wp-content/uploads/2021/03/Artigo-Manda-um-Nudge-PDF.pdf. Acesso em: 3 out. 2021, p. 8-9.

[598] ANDRADE, Otavio Morato de. NudgeRio: um caso de aplicação de ciência comportamental às políticas públicas. *Revista Cadernos do Desenvolvimento Fluminense*, Rio de Janeiro, 1º semestre, n. 16, 2019, p. 122.

[599] TOCCHETTO, Daniela Goya; PORTO JÚNIOR, Sabino da Silva. Arghhhhh!!! Eu nunca mais vou comer pimenta... Oba! Pimenta! – Homer Simpson, arquitetura de escolha e políticas públicas. *Economia & Tecnologia*, ano 7, v. 24, jan./mar. 2011, p. 109.

regulada pela Lei Complementar nº 187, de 2021.⁶⁰⁰ Atualmente, os requisitos legais para a Certificação da Condição de Destinatário do Benefício Fiscal (CEBAS) são, basicamente, a regularidade documental, fiscal, contábil e relativamente ao Fundo de Garantia do Tempo de Serviço (FGTS); o não pagamento de remuneração, vantagens ou benefícios a dirigentes estatutários, conselheiros, associados, instituidores ou benfeitores; a aplicação de rendas, recursos e eventual superávit integralmente no território nacional, na manutenção e no desenvolvimento de seus objetivos institucionais, e a previsão, em atos constitutivos, da destinação de eventual patrimônio remanescente a entidades beneficentes certificadas ou a entidades públicas, em caso de dissolução ou extinção.⁶⁰¹

A proposta consiste na inclusão nesse tópico específico de um item relativo ao cumprimento das diretrizes e metas do Plano Nacional de Educação, relacionadas à educação inclusiva de qualidade, abrangendo o ingresso e a permanência de estudantes com deficiência nas escolas regulares (inclusive controle de frequência escolar, fornecimento de material didático, transporte, dentre outros recursos de acessibilidade), bem como a aplicação de recursos na capacitação de professores e demais profissionais de ensino e o investimento em acessibilidade e tecnologia assistiva. Embora a medida impacte a arrecadação tributária, o benefício da imunidade de contribuições para a seguridade social já existe e, nos moldes em que sugerido, o "investimento estatal" será empregado no desenvolvimento humano.⁶⁰²

---

⁶⁰⁰ BRASIL. *Lei Complementar nº 187, de 16 de dezembro de 2021*. Dispõe sobre a certificação das entidades beneficentes e regula os procedimentos referentes à imunidade de contribuições à seguridade social. Disponível em: https://www.planalto.gov.br/ccivil_03/LEIS/LCP/Lcp187.htm. Acesso em: 30 dez. 2021.

⁶⁰¹ "Art. 3º. Farão jus à imunidade de que trata o §7º do art. 195 da Constituição Federal as entidades beneficentes que atuem nas áreas da saúde, da educação e da assistência social, certificadas nos termos desta Lei Complementar, e que atendam, cumulativamente, aos seguintes requisitos: [...]" (BRASIL. *Lei Complementar nº 187, de 16 de dezembro de 2021*. Dispõe sobre a certificação das entidades beneficentes e regula os procedimentos referentes à imunidade de contribuições à seguridade social. Disponível em: https://www.planalto.gov.br/ccivil_03/LEIS/LCP/Lcp187.htm. Acesso em: 30 dez. 2021).

⁶⁰² REYMÃO, Ana Elizabeth Neirão; CEBOLÃO, Karla Azevedo. Amartya Sen e o direito a educação para o desenvolvimento. *Revista de Direito Sociais e Políticas Públicas*, Maranhão, v. 3, n. 2, p. 88-104, jul./dez. 2017, p. 97.

3.2.5 Do compartilhamento da educação com a família e da conscientização da coletividade

Para Nussbaum, a educação é a chave para a autonomia das pessoas com deficiência, na medida em que permite a expansão das capacidades humanas básicas que são essenciais ao pleno desenvolvimento, ao preparo para o exercício da cidadania e à qualificação para o trabalho. Entretanto, as ações afirmativas tradicionais são insuficientes para promover a efetiva inclusão social, em face da heterogeneidade desse grupo social vulnerável e das inúmeras necessidades educacionais a serem atendidas. A equidade como fundamento que legitima tratar singularmente cada estudante, inclusive com a utilização de arranjos sociais atípicos, permite torná-las produtivas e participativas na sociedade.[603]

Segundo dados das Sinopses Estatísticas da Educação Básica de 2019, disponibilizada em 30 de janeiro de 2020 para o Instituto Nacional de Estudos e Pesquisas Educacionais Anísio Teixeira (INEP) (Censo da Educação),[604] dos 47.874.246 (quarenta e sete milhões, oitocentos e setenta e quatro mil, duzentos e quarenta e seis) estudantes matriculados na educação básica em todos os níveis, somente 1.250.967 (um milhão, duzentos e cinquenta mil, novecentos e sessenta e sete) eram na modalidade educação especial, sendo 1.090.805 (um milhão, noventa mil, oitocentos e cinco) em classes comuns e 160.162 (cento e sessenta mil, cento e sessenta e dois) em classes exclusivas. Se considerarmos que o último Censo do IBGE, de 2010, apurou que, aproximadamente, quase 25% (vinte e cinco por cento) das pessoas possuem alguma deficiência, o número de matriculados, ainda que em classes exclusivas, é muito inferior ao de pessoas com deficiência no Brasil, principalmente diante da ressalva de que um único estudante pode ter mais de uma matrícula e não foram incluídas as matrículas no atendimento educacional especializado e em turmas de atividade complementar.[605]

---

[603] NUSSBAUM, Martha. *Fronteiras da justiça:* deficiência, nacionalidade, pertencimento à espécie. Tradução de Susana de Castro. São Paulo: WMF Martins Fontes, 2013, p. 122, 130 e 396.
[604] INEP. *Sinopses estatísticas de educação básica*. 2019. Disponível em: http://download.inep.gov.br/informacoes_estatisticas/sinopses_estatisticas/sinopses_educacao_basica/sinopse_estatistica_educacao_basica_2019.zip. Acesso em: 4 set. 2021.
[605] INEP. *Sinopses estatísticas de educação básica*. 2019. Disponível em: http://download.inep.gov.br/informacoes_estatisticas/sinopses_estatisticas/sinopses_educacao_basica/sinopse_estatistica_educacao_basica_2019.zip. Acesso em: 4 set. 2021.

Outro dado relevante é que, nos anos iniciais, 536.169 (quinhentos e trinta e seis mil, cento e sessenta e nove) estudantes estavam matriculadas na educação especial no ensino fundamental, mas, nos anos finais, constavam apenas 349.592 (trezentos e quarenta e nove mil, quinhentos e noventa e duas), e, no ensino médio, somente 126.029 (cento e vinte e seis mil e vinte e nove), o que reforça a percepção de que é elevada a evasão escolar.

Conquanto os dados referentes ao ano de 2020 não tenham sido divulgados, não é difícil intuir que a situação de emergência em saúde pública (pandemia de covid-19) agravou o problema, de acordo com o relatório elaborado pelo Fundo de Emergência Internacional das Nações Unidas para a Infância (*United Nations International Children's Emergency Fund* – UNICEF).[606] Com a migração para o ensino remoto (ou à distância), não há notícias sobre a adaptação de material didático e tecnologias às necessidades de estudantes com deficiência, especialmente quanto ao modelo em que as aulas eram gravadas e depois disponibilizadas a eles. Nem tampouco a preparação dos professores para lidarem com a diversidade nessa nova modalidade de ensino.

A escola desempenha papel essencial no processo formativo da criança, que tem início no seio da família, pois tudo que é ofertado dentro do ambiente escolar pode afetar, diretamente, o seu desenvolvimento mental, reforçando ou sabotando o que já foi assimilado.

Em um modelo de educação inclusiva, a proposta pedagógica deve fomentar a cultura do pluralismo e da igualdade; desenvolver a capacidade de perceber o mundo sob a perspectiva do outro; ensinar que a fragilidade é algo inerente ao ser humano e não pode ser um motivo de vergonha; combater a discriminação, principalmente em relação às minorias, os estereótipos e os preconceitos; criar vínculos de responsabilidade entre os estudantes, e estimular o raciocínio crítico e as competências necessárias para o debate.[607]

Para o alcance dos objetivos inclusivos, é essencial a participação da família na formatação desse modelo, seja auxiliando na identificação das necessidades, interesses e expectativas dos estudantes com deficiência (inclusive nas avaliações biopsicossociais periódicas, com enfoque

---

[606] UNICEF. *Cenário da exclusão escolar no Brasil:* um alerta sobre os impactos da pandemia do covid-19 na educação. Brasília: UNICEF, 2021. Disponível em: https://www.unicef.org/brazil/media/14026/file/cenario-da-exclusao-escolar-no-brasil.pdf. Acesso em: 4 set. 2021.

[607] NUSSBAUM, Martha. *Sem fins lucrativos:* porque a democracia precisa das humanidades. Tradução de Fernando Santos. São Paulo: WMF Martins Fontes, 2015, p. 45-46.

pedagógico), seja contribuindo no acompanhamento dos resultados obtidos (*feedback*) e consolidando os conhecimentos auferidos (atuação sincronizada), sem desconstrução da aprendizagem.

Essa colaboração, contudo, deve ser incentivada, espontânea, e não uma imposição estatal. Nessa seara, os *nudges* constituem uma alternativa funcionalmente eficaz na execução de políticas públicas de educação.

A primeira experiência exitosa foi realizada no Rio de Janeiro, Brasil. O Instituto João Goulart criou o *NudgeRio*, com o objetivo de contribuir para o funcionamento de diversos órgãos públicos municipais. A título exemplificativo, mencione-se o caso das matrículas *on-line* para o ensino público, em que, a partir da constatação de que muitas famílias não providenciavam a pré-matrícula dos estudantes no início do prazo estabelecido pela escola, provocando, ao final dele, a sobrecarga do sistema, o Município buscou o auxílio de especialistas, para influenciar no comportamento delas.[608]

Os mecanismos utilizados foram os (i) da reciprocidade, com a divulgação em anúncios publicitários do número de estudantes que haviam se matriculado; (ii) da escassez, com a veiculação da informação de que outras pessoas já haviam realizado a matrícula, e (iii) das normas sociais, com o estímulo à adesão ao comportamento das demais pessoas. Também foi reformulado o sítio eletrônico para a formalização dos requerimentos de matrícula, tornando-o mais intuitivo, com base nas mensagens recebidas. Com isso, obteve-se um aumento em 55% (cinquenta e cinco por cento) do número de matrículas *on-line*, reduzindo as filas presenciais e os transtornos de acesso ao sistema nos últimos dias. Além disso, houve uma redução nos custos com obras e recursos humanos necessários para atender à demanda.[609]

No campo da educação, o *nudge* constitui uma importante ferramenta para influenciar a população não apenas para aderir ao projeto inclusivo, mas, sobretudo, realizá-lo de forma engajada e participativa. Os estudantes podem ser estimulados a desenvolver competências em determinadas áreas. A interferência do viés do presente, para despender custos atuais para resultados futuros, pode criar a sensação

---

[608] ANDRADE, Otavio Morato de. NudgeRio: um caso de aplicação de ciência comportamental às políticas públicas. *Revista Cadernos do Desenvolvimento Fluminense*, Rio de Janeiro, 1º semestre, n. 16, 2019, p. 118.

[609] ANDRADE, Otavio Morato de. NudgeRio: um caso de aplicação de ciência comportamental às políticas públicas. *Revista Cadernos do Desenvolvimento Fluminense*, Rio de Janeiro, 1º semestre, n. 16, 2019, p. 119.

de ganhos imediatos. Dessa forma, os resultados são impactados de forma positiva.⁶¹⁰

Nessa linha de argumentação, outra medida idônea à promoção dos objetivos inclusivos é a inserção, em outorgas e renovações de concessão, permissão e autorização para os serviços de radiodifusão sonora e de sons e imagens,⁶¹¹ da obrigação de concessionárias, permissionárias e autorizadas de veicular mensagens informativas sobre a educação inclusiva e as diferentes formas de contribuição da e para a sociedade, com o intuito de sensibilizar a população (campanhas de conscientização). A medida demanda um ajuste pontual na legislação de regência, sem afetar contratos ou atos vigentes.

Essas propostas podem ser ampliadas, incrementadas e adaptadas ao longo do tempo, conforme os resultados auferidos, de modo a permitir que o discurso inclusivo, adotado por algumas instituições e autoridades, possa produzir efeitos concretos.

Os obstáculos que se impõem ao atingimento dos objetivos elencados nos inúmeros diplomas normativos transcendem a questão material e as dificuldades operacionais, sendo perceptível a falta de compreensão do próprio processo de inclusão no ensino e de seu retorno ao bem comum. O principal mote das políticas públicas inclusivas não é valorizar o estudante com deficiência em detrimento dos demais, mas pensar no ser humano dentro do contexto escolar.⁶¹²

A imposição legal de providências para as escolas públicas e privadas, sob pena de sanções pelo descumprimento, não se revela eficaz, tanto que, após seis anos de vigência do EPD, muitos estudantes com deficiência permanecem fora da rede de ensino regular, apesar da obrigatoriedade de matrícula, e outros que frequentam a escola não têm assegurada a oportunidade de desenvolver, em sua plenitude, o seu potencial humano. Ainda que não sejam alvo de atitudes diretamente

---

[610] ARAÚJO, Karla Vasconcelos; SILVA, Luciana de Góes; ALVES, José Luiz; PINTO, Pablo Aurélio Lacerda de Almeida. Educação e políticas públicas: uma análise do programa de robótica na escola à luz da teoria comportamental. *Research, Society and Development*, v. 10, n. 8, 2021, p. 8.

[611] "Art. 223. Compete ao Poder Executivo outorgar e renovar concessão, permissão e autorização para o serviço de radiodifusão sonora e de sons e imagens, observado o princípio da complementaridade dos sistemas privado, público e estatal. [...]" (BRASIL. *Constituição da República Federativa do Brasil de 1988*. Disponível em: https://www.planalto.gov.br/ccivil_03/Constituicao/Constituicao.htm. Acesso em: 30 dez. 2021).

[612] FERNANDES, George Pimentel; MOURA, Kátia Maria de. Autismo na família: diagnóstico, a vida escolar e o ingresso no mercado de trabalho. *In*: EVÊNCIO, Kátia Maria de Moura (org.). *Educação inclusiva*: diversos olhares entre teorias e práticas. 1. ed. Curitiba: Appris, 2018, p. 19.

preconceituosas, sofrem restrições que derivam do não desenvolvimento de capacidades básicas que o habilitem a exercer a sua liberdade de escolha na condução de sua vida e participar efetivamente da dinâmica da coletividade. Isso ocorre por diversos fatores: sociais, econômicos e comportamentais, que devem ser superados, porque, além de ser proibido qualquer tipo de distinção, restrição ou exclusão, em razão da deficiência, que tenha o propósito ou efeito de impedir ou embaraçar o reconhecimento ou o exercício de direitos e liberdades fundamentais (ou seja, qualquer conduta comissiva ou omissiva discriminatória, ainda que aparentemente neutra), a educação inclusiva potencializa a capacidade econômica de toda sociedade, desonerando o sistema de seguridade social, e fomenta o sentimento de solidariedade, empatia e tolerância com a diferença. Embora as pessoas com deficiência componham um grupo vulnerável que é destinatário de um amplo acervo normativo protetivo, em níveis constitucional, infraconstitucional e internacional, é necessário repensar a forma de construção das políticas públicas, para que não sejam exclusivamente assistencialistas, e a elaboração de leis, para que não sejam apenas punitivas, com a criação de mecanismos de incentivo à inclusão das pessoas com deficiência, abrangendo, na educação formal, todos que integram a comunidade escolar (incluídos os estudantes sem deficiência e as famílias).

CONCLUSÃO

Após a realização deste trabalho, conclui-se que as medidas adotadas pelo Poder Público para a concretização do direito à educação das pessoas com deficiência, no âmbito do sistema de ensino brasileiro, são insuficientes para a promoção, a proteção e a garantia do exercício pleno e equitativo de todos os direitos humanos e liberdades fundamentais e o fortalecimento do respeito pela sua dignidade.

A consolidação da cidadania e dos direitos desse segmento social vulnerável pressupõe a implementação de políticas públicas que transcendam os esforços pretéritos de mera integração.

Em uma perspectiva holística, a inclusão social centra-se na ideia de diversidade como algo natural ao ser humano que não pode ser fator gerador de inferioridade, sob pena de perpetuação de discriminação por gerações.

No esforço de superação dessa perspectiva negativa, a mudança de concepção de deficiência – de um modelo biomédico, centrado no indivíduo (enfermo), migrou-se para um modelo social, focado na sua interação com o ambiente – foi uma conquista importante. Além de contribuir para a desmistificação de um estigma, fulcrado na necessidade de reabilitação ou modelagem a um ideal de normalidade social, mental e físico, ela carrega em si a ideia de responsabilidade de todos pela eliminação de barreiras à participação do indivíduo na sociedade.

A modificação de uma realidade secular de desigualdade e invisibilidade em prol de uma efetiva inclusão social, entretanto, pressupõe, para além da proclamação de direitos e mecanismos para o seu exercício, a sensibilização e o engajamento da sociedade na busca por soluções para os problemas do cotidiano e a supressão de qualquer espécie de conotação negativa ou rejeição pelo sujeito considerado "diferente".

O processo de conscientização coletiva envolve o conhecimento da situação real das pessoas com deficiência, a percepção da necessidade de eles exercerem plenamente seus direitos, o convívio com a diversidade e o abandono de um padrão idealizado de "normalidade" humana (ou do paradigma do culto à perfeição), que marginaliza o que dele destoa. Também é fundamental o respeito à variedade do gênero humano, a desmistificação da suposta "inferioridade" do diferente (preconceito) e um tratamento justo, e não apenas igualitário.

Nesse contexto, a noção de dignidade serve como diretriz na proteção jurídica das pessoas com deficiência. Isso porque, ao mesmo tempo em que incorpora a visão da pessoa humana como um fim em si mesmo (com valor intrínseco), traduz a exigência de que deve ser assegurada a todos os sujeitos a possibilidade de desenvolvimento de suas potencialidades, respeitadas suas singularidades.

Dentre os direitos reconhecidos às pessoas com deficiência em inúmeros diplomas normativos nacionais e internacionais, o direito à educação desponta como um dos mais relevantes para a realização de objetivos inclusivos. A escola é um ambiente propício para as ações que visam a oportunizar o desenvolvimento de capacidades humanas (autonomia e independência), promover mudanças sociais, desconstruir práticas arraigadas, incrementar o sentimento de pertencimento e combater atitudes discriminatórias, com a inversão da lógica da exclusão e o estímulo à cultura da tolerância.

No estágio inicial da escolarização do indivíduo (educação básica), o pensar coletivo e inclusivo é determinante para a formação ética do ser cidadão e profissional – os ensinos infantil, fundamental e médio compõem a base para a aprendizagem e o progresso pessoal, sobre a qual podem ser construídos níveis mais avançados de educação e capacitação.

Nessa perspectiva, o direito à educação deve ser compreendido como o direito ao acesso, à permanência, à participação e ao aprendizado em espaços escolares comuns (todos os estudantes juntos), a despeito das diferenças individuais, no contexto de uma sociedade pluralista, não excludente, que promove o convívio harmônico com a diversidade. Propõe-se que a homogeneidade dê espaço à heterogeneidade, ao acolhimento do "diferente" desde o início do processo educacional, para ensejar a formação de uma sociedade mais receptiva às pessoas com deficiência e, ao longo do tempo, a incorporação da diversidade como um padrão nas políticas públicas voltadas à educação.

Na implantação de um modelo inclusivo, a tese sustenta que o referencial da equidade deve pautar a reconfiguração do sistema de ensino, para, de fato, assegurar a prestação de um serviço de qualidade para todos os estudantes. Esse propósito é alcançável, mediante o acolhimento e valoração (e não neutralização) das singularidades, respostas educativas adequadas às necessidades individuais (o ideal de homogeneidade é infrutífero, por ser utópico) e a existência de meios concretos para a remoção de barreiras à aprendizagem, à participação e à aquisição de habilidades cognitivas e sociais. Em outros termos, envolve a adaptação de estruturas físicas, organizacionais e programáticas (ou curriculares), de metodologias e tecnologias, com capacitação contínua e comprometimento de todos os profissionais, estudantes, familiares e coletividade para lidar com a diversidade. Propõe-se que a homogeneidade dê espaço à heterogeneidade, ao acolhimento do "diferente" desde o início do processo educacional para também ensejar a formação de uma nova sociedade mais receptiva às pessoas com deficiência e que, ao longo do tempo, a ideia de "diferente" seja desnecessária no contexto educacional para ser incorporada como um padrão nas políticas públicas voltadas à educação.

Nesse delineamento, é equivocado supor que (*i*) as modificações que se fazem necessárias devem ser incorporadas, exclusivamente, por estabelecimentos especiais; (*ii*) a proposta inclusiva é dirigida somente às pessoas com deficiência; (*iii*) a inclusão dar-se-á a partir de diagnósticos clínicos (ato médico); (*iv*) as dificuldades de aprendizagem, apresentadas por esses estudantes, têm, invariavelmente, origem orgânica e demandam atendimento especial por profissionais da área da saúde (psicólogos, fonoaudiólogos, fisioterapeutas, terapeutas ocupacionais, dentre outros); (*v*) deve ser privilegiado o relacionamento interpessoal (socialização) em detrimento de aspectos cognitivos, ou (*vi*) a inclusão é um fim em si mesmo, que se exaure na sala de aula.

A educação inclusiva é um processo contínuo e permanente que envolve a família, a escola e a sociedade em geral. Uma percepção errônea e distorcida da proposta inclusiva perpetua a segregação institucional (em escolas, classes) dos que se distanciam do perfil-padrão, ainda que o sistema de ensino universalize o seu acesso.

Conquanto a ampliação do ingresso de estudantes nas escolas seja determinante para o êxito das iniciativas tendentes à inclusão social, é medida que, isoladamente, não assegura o direito da educação inclusiva. Não basta estar no espaço escolar, porquanto necessárias condições favoráveis para a aprendizagem. Um serviço educacional de qualidade deve ser oferecido a todas as pessoas, oportunizando-lhes aprender juntos, com o compartilhamento dinâmico (e eficaz) de conhecimentos e experiências para sua formação individual e social. Isso significa que deve ser estabelecida uma relação entre a apreensão de conhecimentos teoricamente sistematizados (aprender sobre a realidade) e as questões da vida prática e sua transformação, incluída a realidade das pessoas com deficiência (aprender na e da realidade).

Não se desconhece que inúmeros fatores interferem no processo de inclusão das pessoas com deficiência – o modelo social e econômico vigente (que se retroalimenta), políticas públicas insuficientes ou ineficientes, sistemas de ensino inadequados e posturas sociais discriminatórias. Todavia, uma mudança de atitude frente à diferença nas escolas é um passo essencial por ser determinante no processo de mudança.

Ao longo da pesquisa, identificou-se a necessidade de uma atenção individualizada do estudante na sua escolarização, notadamente na educação básica, que é um momento crucial para a aquisição de conhecimentos, construção de valores, a partir das experiências vividas no ambiente escolar (diversidade). As políticas educacionais devem ter como ponto de partida o referencial da igualdade, porém atentar para a equidade no que tange ao desenvolvimento de cada um. Qualquer iniciativa de inserção de estudantes no sistema de ensino formal, desconectada das peculiaridades de suas situações pessoais, comprometerá o alcance dos objetivos inclusivos. Uma proposta pedagógica caracterizada pela uniformidade – um conteúdo e uma atividade única para todos na sala de aula – tende à marginalização dos que não se adaptam a ela, à estigmatização e à evasão escolar. É consabido que a formação escolar do indivíduo consiste em um processo dinâmico de troca e compartilhamento de saberes e experiências, e a heterogeneidade do grupo pode frustrar o sucesso da aprendizagem, se o modelo de ensino for padronizado, universal e rígido.

Em contrapartida, a equidade como valoração das diferenças na perspectiva do indivíduo, e não do grupo, tornará viável a promoção de uma efetiva inclusão que permita (ou ao menos oportunize) o desenvolvimento pessoal e da autoestima e crie o sentimento de pertencimento. No processo de aprendizagem, nem todos estão em idêntico estágio de desenvolvimento de suas capacidades, nem se desenvolvem de forma semelhante.

O pleno desenvolvimento do estudante com deficiência está relacionado ao fortalecimento de suas potencialidades, ao oferecimento dos meios necessários (apoio no ambiente material e institucional) para exercer a capacidade de atuar, de forma ativa, consciente e responsável, na sociedade (condição de agente) e promovendo a igualdade de oportunidades (não discriminação) e experiências, sem interferência na liberdade de escolha de cada um.

O desafio de viabilizar o acesso, a permanência e a qualidade do ensino, segundo a lógica da adaptação da escola ao estudante, perpassa por uma reestruturação gradual do sistema de ensino, que se assenta em três pilares: 1. flexibilização de conteúdos programáticos, cargas horárias e metodologias de ensino, com certa margem de liberdade para o professor adequá-los às potencialidades de cada um e modificá-lo ao longo do tempo, dado o dinamismo da aprendizagem e do contexto (diversidade); 2. avaliação de desempenho individualizada, e 3. objetivos gerais e específicos adequados ao desenvolvimento de capacidades básicas.

Em um plano macropedagógico, estabelecem-se propostas e estratégias educacionais que visem a fins comuns – oportunizar o desenvolvimento de capacidades humanas básicas (para o que se propõe a adoção da teoria do *capability approach*), que são indispensáveis à formação e ao preparo do indivíduo para a vida e o exercício de direitos, respeitados o pluralismo e a diversidade –, e, na execução do modelo estabelecido, foca-se nas individualidades (habilidades, interesses, expectativas e dificuldades/limitações), valorando e sopesando as diferenças reais entre os estudantes (diferentes tipos de comportamento, ritmos de aprendizagem e experiências). Uma educação dinâmica, voltada para as características individuais e as diferentes formas de manifestação das singularidades dos estudantes, deve comportar adaptações, ajustes e flexibilizações, bem como almejar a concretização de objetivos previamente fixados no projeto educativo pela escola (sem prejuízo de uma predefinição de metas em nível nacional) e pelo professor, por meio de um plano curricular que considere potencialidades e necessidades específicas e o ambiente (avaliação diagnóstica). Ao estudante, deve ser permitido transitar em diferentes níveis e modalidades, de acordo com as áreas de seu interesse e habilidades. Esse mecanismo é mais eficaz à sua formação cognitiva, potencializa o seu aproveitamento escolar e permite o ingresso no mercado de trabalho.

Afora uma ampla revisão e flexibilização de conteúdos programáticos, metas de aprendizagem e metodologias de ensino, é necessário também repensar os sistemas de avaliação, que não podem se limitar a dados estatísticos de desempenho (resultados) ou critérios meritocráticos.

Outro aspecto a pontuar é a concepção de educação especial não como uma proposta segregadora e substitutiva, mas, sim, uma modalidade complementar ou suplementar.

Os cursos de graduação em pedagogia e licenciatura devem contemplar em seus currículos abordagens temáticas e experienciais que efetivamente capacitem todos os profissionais para lidarem com a diversidade, fornecendo-lhes conhecimento mais aprofundado sobre educação especial e preparando-os para atuarem como criadores de formas diferenciadas de trabalho (atividades, conteúdos e metodologias) adequadas à heterogeneidade de seus estudantes, tendo em vista suas reais necessidades pedagógicas, e não meros executores de projetos e programas predeterminados.

Além disso, as instituições de ensino devem apoiá-los nessa dinâmica e estimulá-los ao aperfeiçoamento periódico e contínuo, a fim de que possam conhecer e identificar as causas de eventuais dificuldades de aprendizagem e/ou desenvolvimento humano apresentadas pelos estudantes, inclusive em reuniões e discussões com outros profissionais, ter uma visão crítica e reflexiva sobre suas intervenções pedagógicas e planejar e adotar, com criatividade, outras práticas de ensino mais eficazes.

A opção pela proposta aqui apresentada demanda custos adicionais, que devem ser suportados por toda coletividade (solidariedade), e uma nova concepção da educação em si, com a superação da dicotomia entre o regular e o especial, mediante a adoção de um modelo de ensino que adote a equidade (valoração de singularidades) como critério procedimental, com o objetivo de propiciar o máximo desenvolvimento possível de talentos e habilidades físicas, sensoriais, intelectuais e sociais, segundo suas características, interesses e necessidades individuais de aprendizagem dos estudantes.

Para esse fim, impõem-se, além da capacitação adequada de professores e profissionais da educação, do compartilhamento da educação com a família e da conscientização da coletividade, 1. o estreitamento da colaboração entre os entes federativos e a iniciativa privada, com a atuação de outros agentes econômicos, e não só das instituições de ensino; 2. investimentos em pesquisa para o desenvolvimento de novos métodos e técnicas pedagógicas, materiais didáticos, equipamentos e recursos de tecnologia assistiva que favoreçam o processo de educação inclusiva, e 3. incentivos financeiro-tributários.

Tais medidas contribuirão para o alcance do objetivo de efetivamente assegurar o pleno desenvolvimento da pessoa com deficiência, seu preparo para o exercício da cidadania e sua qualificação para o trabalho, capacidades básicas para viver e participar na sociedade.

REFERÊNCIAS

ABREU, Célia Barbosa. *Primeiras linhas sobre a interdição após o novo Código de Processo Civil.* 1. ed. Curitiba: CRV, 2015.

ALENCAR, Evandro Luan de Mattos; RAIOL, Raimundo Wilson Gama. Uma análise do caso Ximenes Lores versus Brasil. *Revista Direito e Justiça: Reflexões Sociojurídicas*, Santo Ângelo, v. 20, n. 36, p. 129-155, 2020. Disponível em: http://srvapp2s.santoangelo.uri.br/seer/index.php/direito_e_justica/article/view/2982. Acesso em: 25 ago. 2020.

AMARAL NETO, Francisco dos Santos. A equidade no Código Civil brasileiro. *In:* AMARAL NETO, Francisco dos Santos. *Aspectos controvertidos do novo Código Civil:* escritos em homenagem ao Ministro José Carlos Moreira Alves. São Paulo: Revista dos Tribunais, 2003.

ANDRADE, Otavio Morato de. NudgeRio: um caso de aplicação de ciência comportamental às políticas públicas. *Revista Cadernos do Desenvolvimento Fluminense*, Rio de Janeiro, 1º semestre, n. 16, 2019.

ARAÚJO, Fernando. O contrato de Ulisses – I: o pacto antipsicótico. *Revista Jurídica Luso-Brasileira*, ano 3, n. 2, p. 165-217, 2017. Disponível em: https://www.cidp.pt/revistas/rjlb/2017/2/2017_02_0165_0217.pdf. Acesso em: 12 jul. 2019.

ARAÚJO, Karla Vasconcelos; SILVA, Luciana de Góes; ALVES, José Luiz; PINTO, Pablo Aurélio Lacerda de Almeida. Educação e políticas públicas: uma análise do programa de robótica na escola à luz da teoria comportamental. *Research, Society and Development*, v. 10, n. 8, 2021.

ARISTÓTELES. *Ética a Nicômaco.* Tradução de Antônio de Castro Caeiro. 2. ed., rev. e atual. Rio de Janeiro: Forense, 2017.

ASÍS, Rafael de. Derechos humanos y discapacidad: algunas reflexiones derivadas del análisis de la discapacidad desde la teoría de los derechos. *In:* MENEZES, Joyceane Bezerra de (org.). *Direitos das pessoas com deficiência psíquica e intelectual nas relações privadas:* convenção sobre os direitos da pessoa com deficiência e Lei Brasileira de Inclusão. 2. ed., rev. e ampl. Rio de Janeiro: Processo, 2020. p. 3-30.

BAPTISTA, Claudio Roberto. Política pública, educação especial e escolarização no Brasil. *Educ. Pesqui.*, São Paulo, v. 45, e217423, 2019.

BARBOSA, Fernanda Nunes. Democracia e participação: o direito da pessoa com deficiência à educação e sua inclusão nas instituições de ensino superior. *In:* MENEZES, Joyceane Bezerra de (org.). *Direito das pessoas com deficiência psíquica e intelectual nas relações privadas:* convenção sobre os direitos da pessoa com deficiência e lei brasileira de inclusão. 2. ed., rev. e ampl. Rio de Janeiro: Processo, 2020.

BARBOSA-FOHRMANN, Ana Paula; LANES, Rodrigo de Brito. O direito à educação inclusiva das crianças portadoras de deficiência. *Espaço Jurídico*, Joaçaba, v. 12, n. 1, p. 155-174, jan./jun. 2011.

BARCELLOS, Ana Paula de. Constitucionalização das políticas públicas em matéria de direitos fundamentais: o controle político-social e o controle jurídico no espaço democrático. *In*: SARLET, Ingo Wolfgang; TIMM, Luciano Benetti (org.). *Direitos fundamentais*: orçamento e 'reserva do possível'. Porto Alegre: Livraria do Advogado, 2008. Disponível em: https://pt.scribd.com/document/372729287/Ana-Paula-Barcellos-Constitucionalizacao-das-politicas-publicas-em-materia-de-direitos-fundamentais-pdf. Acesso em: 29 dez. 2021.

BARIFFI, Francisco J. El derecho a decidir de las personas com discapacidad: dignidad, igualdad y capacidad. *In*: MENEZES, Joyceane Bezerra de (org.). *Direito das pessoas com deficiência psíquica e intelectual nas relações privadas*: convenção sobre os direitos da pessoa com deficiência e lei brasileira de inclusão. 2. ed., rev. e ampl. Rio de Janeiro: Processo, 2020. p. 49-56.

BARROSO, Luís Roberto. *Curso de direito constitucional contemporâneo*: os conceitos fundamentais e a construção do novo modelo. 8. ed. São Paulo: Saraiva, 2019.

BARZOTTO, Luis Fernando. O direito ou o justo: o direito como objeto da *ética* no pensamento clássico. *Anuário do Programa de Pós-Graduação em Direito/Unisinos*, São Leopoldo, 2000.

BARZOTTO, Luis Fernando. Justiça social: gênese, estrutura e aplicação de um conceito. *Revista da Procuradoria-Geral do Município de Porto Alegre*, Porto Alegre, v. 17, p. 17-53, 2003.

BAUMAN, Zygmunt. *Globalização*: as consequências humanas. Tradução de Marcus Penchel. São Paulo: Jorge Zahar, 2009.

BERETA, Mônica Silveira; GELLER, Marlise. Adaptação curricular no ensino de ciências: reflexões de professores de escolas inclusivas. *Revista Educação Especial*, Santa Maria, v. 34, 2021. Disponível em: https://periodicos.ufsm.br/educacaoespecial. Acesso em: 12 out. 2021.

BIANCHI, Ana Maria; MURAMATSU, Roberta. A volta de Ulisses: anotações sobre a lógica de planos e compromissos. *Revista de Economia Política*, v. 25, n. 2, p. 31-44, abr./jun. 2005.

BITTAR, Eduardo C. B. *Curso de ética jurídica*: ética geral e profissional. 14. ed. São Paulo: Saraiva, 2018.

BOBBIO, Norberto. *Teoria do ordenamento jurídico*. Brasília: Universidade de Brasília, 1990.

BOTELHO, Catarina Santos. Algumas reflexões sobre o princípio da paridade retributiva. *In: Estudos dedicados ao professor Mário Fernando de Campos Pinto, liberdade e compromisso*, Universidade Católica Editora, Lisboa, v. II, 2009. Disponível em: https://papers.ssrn.com/sol3/papers.cfm?abstract_id=2911063. Acesso em: 12 out. 2021.

BOTELHO, Catarina Santos. *Os direitos sociais em tempos de crise – ou revisitar as normas programáticas*. Coimbra: Almedina, 2015.

BOTELHO, Catarina Santos. A dignidade da pessoa humana: direito subjetivo ou princípio axial?. *Revista Jurídica Portucalense*, n. 21, p. 256-282, 2017.

BRASIL. *Censo Demográfico de 2020 e o mapeamento das pessoas com deficiência no Brasil*. Brasília: Ministério da Saúde, 8 maio 2019. Disponível em: https://www2.camara.leg.br/atividade-legislativa/comissoes/comissoes-permanentes/cpd/documentos/cinthia-ministerio-da-saude. Acesso em: 25 ago. 2020.

BRASIL. *Constituição da República Federativa do Brasil de 1988*. Disponível em: https://www.planalto.gov.br/ccivil_03/Constituicao/Constituicao.htm. Acesso em: 24 jul. 2021.

BRASIL. *Decreto nº 591, de 6 de julho de 1992*. Pacto sobre os Direitos Econômicos, Sociais e Culturais. Brasília: Presidência da República, 1992. Disponível em: www.planalto.gov.br/ccivil_03/decreto/1990-1994/D0591.htm. Acesso em: 23 abr. 2021.

BRASIL. *Decreto nº 3.298, de 20 de dezembro de 1999*. Disponível em: http://www.planalto.gov.br/ccivil_03/decreto/D3298.htm. Acesso em: 13 nov. 2021.

BRASIL. *Decreto nº 3.956, de 8 de outubro de 2001*. Convenção Interamericana para a Eliminação de Todas as Formas de Discriminação contra as Pessoas Portadoras de Deficiência. Brasília: Presidência da República, 2001. Disponível em: www.planalto.gov.br/ccivil_03/decreto/2001/D3956.htm. Acesso em: 25 abr. 2021.

BRASIL. *Decreto nº 5.296, de 2 de dezembro de 2004*. Estabelece normas gerais e critérios básicos para a promoção da acessibilidade das pessoas portadoras de deficiência ou com mobilidade reduzida, e dá outras providências. Brasília: Presidência da República, 2004. Disponível em: https://www.planalto.gov.br/ccivil_03/_Ato2004-2006/2004/Decreto/D5296.htm. Acesso em: 25 abr. 2021.

BRASIL. *Decreto nº 5.626, de 22 de dezembro de 2005*. Regulamenta a Lei nº 10.436, de 24 de abril de 2002, que dispõe sobre a Língua Brasileira de Sinais – Libras, e o art. 18 da Lei nº 10.098, de 19 de dezembro de 2000. Brasília: Presidência da República, 2005. Disponível em: www.planalto.gov.br/ccivil_03/_Ato2004-2006/2005/Decreto/D5626.htm. Acesso em: 25 abr. 2021.

BRASIL. *Decreto nº 6.094, de 24 de abril de 2007*. Dispõe sobre a implementação do Plano de Metas Compromisso Todos pela Educação, pela União Federal, em regime de colaboração com Municípios, Distrito Federal e Estados. Brasília: Presidência da República, 2007. Disponível em: www.planalto.gov.br/ccivil_03/_Ato2007-2010/2007/Decreto/D6094.htm. Acesso em: 25 abr. 2021.

BRASIL. *Decreto nº 6.949, de 25 de agosto de 2009*. Convenção Internacional sobre os Direitos das Pessoas com Deficiência. Brasília: Presidência da República, 2009. Disponível em: www.planalto.gov.br/ccivil_03/_Ato2007-2010/2009/Decreto/D6949.htm. Acesso em: 20 abr. 2021.

BRASIL. *Decreto nº 7.611, de 17 de novembro de 2011*. Disponível em: http://www.planalto.gov.br/ccivil_03/_Ato2011-2014/2011/Decreto/D7611.htm. Acesso em: 15 nov. 2021.

BRASIL. *Decreto nº 10.502, de 30 de setembro de 2020*. Institui a Política Nacional de Educação Especial: equitativa, inclusiva e com aprendizado ao longo da vida. Brasília: Presidência da República, 2020. Disponível em: www.planalto.gov.br/ccivil_03/_ato2019-2022/2020/decreto/D10502.htm. Acesso em: 25 abr. 2021.

BRASIL. *Decreto nº 99.710, de 21 de novembro de 1990*. Convenção sobre os Direitos da Criança. Brasília: Presidência da República, 1990. Disponível em: www.planalto.gov.br/ccivil_03/decreto/1990-1994/D99710.htm. Acesso em: 23 abr. 2021.

BRASIL. *Decreto-Lei nº 4.657, de 4 de setembro de 1942*. Lei de Introdução às normas do Direito Brasileiro. Disponível em: http://www.planalto.gov.br/ccivil_03/Decreto-Lei/Del4657compilado.htm. Acesso em: 28 ago. 2021.

BRASIL. *Decreto-Lei nº 5.452, de 1º de maio de 1943*. Consolidação das Leis do Trabalho. Disponível em: https://www.planalto.gov.br/ccivil_03/Decreto-Lei/Del5452.htm. Acesso em: 28 ago. 2021.

BRASIL. *Lei nº 4.024, de 1961*. Lei de Diretrizes e Bases da Educação Nacional. Disponível em: http://www.planalto.gov.br/ccivil_03/leis/l4024.htm. Acesso em: 2 jan. 2022.

BRASIL. *Lei nº 5.172, de 25 de outubro de 1966*. Código Tributário Nacional. Disponível em: https://www.planalto.gov.br/ccivil_03/LEIS/L5172Compilado.htm. Acesso em: 30 dez. 2021.

BRASIL. *Lei nº 5.692, de 1971*. Fixa Diretrizes e Bases para o ensino de 1º e 2º graus, e dá outras providências. Brasília: Coordenação de Estudos Legislativos (CEDI), 1971. Disponível em: https://www.camara.leg.br/proposicoesWeb/prop_mostrarintegra;jsessionid=F8342B B4536FBA13C8A2FC6081001C83.proposicoesWebExterno2?codteor=7139 97&filename=LegislacaoCitada+-PL+6416/2009. Acesso em: 2 jan. 2022.

BRASIL. *Lei nº 7.853, de 1989*. Dispõe sobre o apoio às pessoas portadoras de deficiência, sua integração social, sobre a Coordenadoria Nacional para Integração da Pessoa Portadora de Deficiência – Corde, institui a tutela jurisdicional de interesses coletivos ou difusos dessas pessoas, disciplina a atuação do Ministério Público, define crimes, e dá outras providências. Brasília: Presidência da República, 1989. Disponível em: http://www.planalto.gov.br/ccivil_03/leis/l7853.htm. Acesso em: 2 jan. 2022.

BRASIL. *Lei nº 8.078, de 11 de setembro de 1990*. Código de Defesa do Consumidor. Disponível em: http://www.planalto.gov.br/ccivil_03/leis/L8078compilado.htm. Acesso em: 28 ago. 2021.

BRASIL. *Lei nº 8.069, de 13 de julho de 1990*. Estatuto da Criança e do Adolescente. Disponível em: www.planalto.gov.br/ccivil_03/Leis/L8069.htm. Acesso em: 24 abr. 2021.

BRASIL. *Lei nº 9.099, de 26 de setembro de 1995*. Dispõe sobre os Juizados Especiais Cíveis e Criminais e dá outras providências. Disponível em: https://www.planalto.gov.br/ccivil_03/Leis/L9099.htm. Acesso em: 28 ago. 2021.

BRASIL. *Lei nº 9.307, de 23 de setembro de 1996*. Dispõe sobre a arbitragem. Disponível em: https://www.planalto.gov.br/ccivil_03/LEIS/L9307.htm. Acesso em: 28 ago. 2021.

BRASIL. *Lei nº 9.394, de 20 de dezembro de 1996*. Lei de diretrizes e bases da educação nacional. Brasília: Presidência da República, 1996. Disponível em: http://www.planalto.gov. br/ccivil_03/leis/l9394.htm. Acesso em: 2 jan. 2022.

BRASIL. *Lei nº 10.172, de 2001*. Plano Nacional de Educação de 2001. Brasília: Presidência da República, 2001. Disponível em: http://www.planalto.gov.br/ccivil_03/leis/leis_2001/l10172.htm. Acesso em: 2 jan. 2022.

BRASIL. BRASIL. *Lei nº 10.216, de 6 de abril de 2001*. Dispõe sobre a proteção e os direitos das pessoas portadoras de transtornos mentais e redireciona o modelo assistencial em saúde mental. Brasília: Presidência da República, 2001. Disponível em: http://www.planalto.gov.br/ccivil_03/leis/leis_2001/l10216.htm. Acesso em: 2 jan. 2022.

BRASIL. *Lei nº 10.406, de 10 de janeiro de 2002*. Código Civil. Disponível em: http://www.planalto.gov.br/ccivil_03/leis/2002/L10406compilada.htm. Acesso em: 20 out. 2021.

BRASIL. *Lei nº 10.436, de 24 de abril de 2002*. Dispõe sobre a Língua Brasileira de Sinais – Libras e dá outras providências. Brasília: Presidência da República, 2002. Disponível em: http://www.planalto.gov.br/ccivil_03/leis/2002/l10436.htm. Acesso em: 2 jan. 2022.

BRASIL. *Lei nº 11.079, de 30 de dezembro de 2004*. Institui normas gerais para licitação e contratação de parceria público-privada no *âmbito* da administração pública. Brasília: Presidência da República, 2004. Disponível em: http://www.planalto.gov.br/ccivil_03/_ato2004-2006/2004/lei/l11079.htm. Acesso em: 30 dez. 2021.

BRASIL. *Lei nº 12.764, de 27 de dezembro de 2012*. Institui a Política Nacional de Proteção dos Direitos da Pessoa com Transtorno do Espectro Autista; e altera o §3º do art. 98 da Lei nº 8.112, de 11 de dezembro de 1990. Brasília: Presidência da República, 2012. Disponível em: http://www.planalto.gov.br/ccivil_03/_ato2011-2014/2012/lei/l12764.htm. Acesso em: 2 jan. 2022.

BRASIL. *Lei nº 13.005, de 25 de junho de 2014*. Aprova o Plano Nacional de Educação – PNE e dá outras providências. Brasília: Presidência da República, 2014. Disponível em: http://www.planalto.gov.br/ccivil_03/_ato2011-2014/2014/lei/l13005.htm. Acesso em: 30 dez. 2021.

BRASIL. *Lei nº 13.105, de 16 de março de 2015*. Código de Processo Civil. Disponível em: http://www.planalto.gov.br/ccivil_03/_Ato2015-2018/2015/Lei/L13105.htm. Acesso em: 28 ago. 2021.

BRASIL. *Lei nº 13.146, de 06 de julho de 2015*. Estatuto da Pessoa com Deficiência. Brasília: Presidência da República, 2015. Disponível em: http://www.planalto.gov.br/CCIVIL_03/_Ato2015-2018/2015/Lei/L13146.htm. Acesso em: 14 out. 2021.

BRASIL. *Lei nº 13.415, de 16 de fevereiro de 2017*. Altera as Leis nº 9.394, de 20 de dezembro de 1996, que estabelece as diretrizes e bases da educação nacional. Brasília: Presidência da República, 2017. Disponível em: http://www.planalto.gov.br/ccivil_03/_ato2015-2018/2017/lei/l13415.htm. Acesso em: 3 fev. 2022.

BRASIL. *Lei Complementar nº 187, de 16 de dezembro de 2021*. Dispõe sobre a certificação das entidades beneficentes e regula os procedimentos referentes à imunidade de contribuições à seguridade social. Disponível em: https://www.planalto.gov.br/ccivil_03/LEIS/LCP/Lcp187.htm. Acesso em: 30 dez. 2021.

BRASIL. *Saúde mental no SUS:* os centros de atenção psicossocial. Brasília: Ministério da Saúde, 2004. Disponível em: http://www.ccs.saude.gov.br/saude_mental/pdf/SM_Sus.pdf. Acesso em: 25 ago. 2020.

BRASIL. Supremo Tribunal Federal. (Tribunal Pleno). ADI nº 4.468. Relator Celso de Mello. Julgado em 13 out. 2020. *Lex:* jurisprudência do STF, publicação do Processo Eletrônico DJe-258, em 27 out. 2020. Disponível em: www.portal.stf.jus.br/. Acesso em: 19 abr. 2021.

BRASIL. Supremo Tribunal Federal. (Tribunal Pleno). ADI nº 5.357. Relator Ministro Edson Fachin. Julgamento em 09 jun. 2016. *Lex*: jurisprudência do STF, publicação do Processo Eletrônico DJe-240, em 10 nov. 2016. Disponível em: https://jurisprudencia.stf.jus.br/pages/search/sjur359744/false. Acesso em: 7 fev. 2021.

BRASIL. Supremo Tribunal Federal. (Tribunal Pleno). ADI nº 6.476. Relator Roberto Barroso. Julgamento em 08 ago. 2021. *Lex*: jurisprudência do STF, publicação do Processo Eletrônico DJe-185, em 16 set. 2021. Disponível em: https://redir.stf.jus.br/paginadorpub/paginador.jsp?docTP=TP&docID=757283689. Acesso em: 2 jan. 2021.

BRASIL. Supremo Tribunal Federal. (Tribunal Pleno). ADI nº 6.590 MC-Ref/DF. Relator Ministro Dias Toffoli. Julgamento em 21 dez. 2020. *Lex*: jurisprudência do STF, publicação do Processo Eletrônico DJe-027 em 12 fev. 2021. Disponível em: http://portal.stf.jus.br/processos/downloadPeca.asp?id=15345649124&ext=.pdf. Acesso em: 15 nov. 2021.

BRASIL. Supremo Tribunal Federal. (Tribunal Pleno). RE nº 349.703. Relator Carlos Britto, Relator p/Acórdão Gilmar Mendes. Julgamento em 03 dez. 2008. *Lex:* jurisprudência do STF, publicação no DJe-104 em 5 jun. 2009.

BREITENCACH, Fabiane Vanessa; HONNEF, Cláucia; COSTAS, Fabiane Adela Tonetto. Educação inclusiva: as implicações das traduções e das interpretações da Declaração de Salamanca no Brasil. *Ensaio: Aval. Pol. Públ. Educ.*, Rio de Janeiro, v. 24, n. 90, p. 359-379, abr./jun. 2016.

BRIDI FILHO, César Augusto. Deficiência, handicap e alguns demônios da inclusão. *Revista Educação Especial*, n. 18, 2001. Disponível em: https://periodicos.ufsm.br/educacaoespecial/article/view/5184. Acesso em: 12 out. 2018.

BRUNO, Marilda Moraes Garcia; NASCIMENTO, Ricardo Augusto Lins do. Política de acessibilidade: o que dizem as pessoas com deficiência visual. *Revista Educação & Realidade*, Porto Alegre, v. 44, n. 1, 2019. Disponível em: http://dx.doi.org/10.1590/2175-623684848. Acesso em: 2 maio 2021.

BUENO, José Geraldo Silveira. O Atendimento Educacional Especializado (AEE) como programa nuclear das políticas de educação especial para a inclusão escolar. *Tópicos Educacionais*, Recife, v. 22, n. 1, p. 68-86, jan./jun. 2016.

CAMINHA, Anelize Pantaleão Puccini. *O casamento da pessoa com deficiência*: o Estatuto da Pessoa com Deficiência e seus reflexos no casamento à luz do ordenamento jurídico brasileiro. Porto Alegre: Livraria do Advogado, 2019.

CAMINHA, Anelize Pantaleão Puccini; FLEISCHMANN, Simone Tassinari Cardoso. A proteção do herdeiro com deficiência por meio do planejamento sucessório. *Revista Jurídico Luso-Brasileira*, ano 6, n. 6, 2020.

CAMINHA, Vivian Josete Pantaleão. *A equidade no direito contratual: uma contribuição para o debate sobre o tema*. 214 f. Tese (Doutorado em Direito) – Faculdade de Direito, Universidade Federal do Rio Grande do Sul, Porto Alegre, 2010. Disponível em: http://www.bibliotecadigital.ufrgs.br/da.php?nrb=000772831&loc=2019&l=995da1ea48570a4e. Acesso em: 14 out. 2021.

CAMPLIN, Troy. Our University-Culture Chapter 7: equality vs. Egalitarianism. *Our University-Culture*, 22 set. 2017. Disponível em: https://medium.com/our-university-culture/our-university-culture-chapter-7-equality-vs-egalitarianism-b71e05cc75f9. Acesso em: 1 abr. 2021.

REFERÊNCIAS

CANOTILHO, José Joaquim Gomes. Metodologia 'fuzzy' e 'camaleões normativos' na problemática actual dos direitos econômicos, sociais e culturais. *In:* CANOTILHO, José Joaquim Gomes. *Estudos sobre direitos fundamentais.* 1. ed. 3ª tiragem. São Paulo: Revista dos Tribunais, 2008. p. 97-113.

CANOTILHO, José Joaquim Gomes. Rever ou romper com a Constituição Dirigente? Defesa de um constitucionalismo moralmente reflexivo. *In:* CANOTILHO, José Joaquim Gomes. *"Brancosos" e interconstitucionalidade:* itinerários dos discursos sobre a historicidade constitucional. 2. ed. Reimpressão. Coimbra: Almedina, 2012. p. 101-129.

CARVALHO, Elma Júlia Gonçalves. Arranjos de Desenvolvimento da Educação (ADEs): nova oportunidade de negócios educacionais para as organizações do setor privado. *RBPAE*, v. 35, n. 1, p. 57-76, jan./abr. 2019.

CARVALHO, Elma Júlia Gonçalves; PERONI, Vera Maria Vidal. Arranjos de Desenvolvimento da Educação (ADE) e a influência do empresariado na educação básica pública brasileira. *Teoria e Prática da Educação*, v. 22, n. 3, p. 58-79, set./dez. 2019.

CARVALHO, Paulo de Barros. A "dignidade da pessoa humana" na ordem jurídica brasileira. *In:* MIRANDA, Jorge; SILVA, Marco Antonio Marques da (coord.). *Tratado luso-brasileiro da dignidade humana.* 2. ed., atual. e ampl. São Paulo: Quartier Latin, 2009.

CORTE INTERAMERICANA DE DIREITOS HUMANOS. *Sentença.* Disponível em: https://www.corteidh.or.cr/docs/casos/articulos/seriec_149_por.pdf. Acesso em: 2 maio 2021.

COSTTA, Bruna de Paula Ferreira; LEÃO, Rafaella Barbosa. *Manda um nudge!* A utilização da "cutucada" para a concretização do artigo 26 da LINDB. 2021. Disponível em: https://apeminas.org.br/wp-content/uploads/2021/03/Artigo-Manda-um-Nudge-PDF.pdf. Acesso em: 3 out. 2021.

CRESPO, Ana Maria Morales. *Da invisibilidade à construção da própria cidadania:* os obstáculos, estratégias e as conquistas do movimento social das pessoas com deficiência no Brasil, através das histórias de vida de seus líderes. Tese (Doutorado em História) – Universidade de São Paulo, São Paulo, 2009.

CRUZ, Gilmar de Carvalho; GLAT, Rosana. Educação inclusiva: desafio, descuido e responsabilidade. *Educar em Revista*, n. 52, UFPR, Curitiba, abr./jun. 2014.

DECLARAÇÃO DE CARACAS. Disponível em: bvsms.saude.gov.br/bvs/publicacoes/declaracao_caracas.pdf. Acesso em: 19 abr. 2021.

DICHER, Marilu; TREVISAM, Elisaide. A jornada histórica da pessoa com deficiência: inclusão como exercício do direito à dignidade da pessoa humana. *In:* VITA, Jonatahn Barros; DIZ, Jamile Bergamaschini Mata; BAEZ, Narciso Leandro Xavier (org.). *Direitos fundamentais e democracia.* CONPEDI, 2014. p. 254-276. Disponível em: http://publicadireito.com.br/artigos/?cod=572f88dee7e2502b. Acesso em: 13 mar. 2021.

DIVERSA. *Políticas públicas.* 2021. Disponível em: https://diversa.org.br/educacao-inclusiva/como-transformar-escola-redes-ensino/politicas-publicas/. Acesso: 26 dez. 2021.

DURING, Günter; NIPPERDEY, Hans Carl; SCHWABE, Jürgen. *Direitos fundamentais e direito privado: textos clássicos.* Luis Afonso Heck (organizador/revisor). Porto Alegre: Sergio Antonio Fabris Editor, 2012.

ECCO, Idanir; NOGARO, Arnaldo. A educação em Paulo Freire como processo de humanização. *Educere*, PUCPR, p. 3.523-3.535, 26-29 out. 2015. ISSN 2176-1396. Disponível em: https://educere.bruc.com.br/arquivo/pdf2015/18184_7792.pdf. Acesso em: 14 maio 2021.

ENGELMANN, Wilson. *Sistemas jurídicos contemporâneos e constitucionalização do direito*: releituras do princípio da dignidade humana. Prefácio de Vicente de Paula Barretto. Curitiba: Juruá, 2013.

FARIAS, Norma Farias; BUCHALLA, Cassia Maria Buchalla. A classificação internacional de funcionalidade, incapacidade e saúde da organização mundial da saúde: conceitos, usos e perspectivas. *Rev. Bras. Epidemiol.*, v. 8, n. 2, p. 187-193, 2005. Disponível em: https://iparadigma.org.br/biblioteca/participacao-social-artigo-cif-classificacao-internacional-de-funcionalidade-incapacidade-e-saude/. Acesso em: 27 fev. 2022.

FERNANDES, George Pimentel; MOURA, Kátia Maria de. Autismo na família: diagnóstico, a vida escolar e o ingresso no mercado de trabalho. In: EVÊNCIO, Kátia Maria de Moura (org.). *Educação inclusiva*: diversos olhares entre teorias e práticas. 1. ed. Curitiba: Appris, 2018.

FERRARI, Marian A.L. Dias; SEKKEL, Marie Claire. Educação inclusiva no ensino superior: um novo desafio. *Psicologia Ciência e Profissão*, v. 27, n. 4, p. 636-647, 2007.

FERRAZ, Miriam Olivia Knopik. *Controles de constitucionalidade e convencionalidade da reforma trabalhista de 2017*. Porto Alegre, RS: Fi, 2019.

FERRAZ JÚNIOR, Tércio Sampaio. *Introdução ao estudo do direito*: técnica, decisão, dominação. 6. ed. rev. ampl. São Paulo: Atlas, 2008.

FERREIRA NETO, Arthur Maria. *Justiça como realização de capacidades humanas básicas*. É viável uma teoria de justiça aristotélica-rawlsiana? Porto Alegre: EDIPUCRS, 2009.

FIETZ, Helena Moura; MELLO, Anahi Guedes de. A multiplicidade do cuidado na experiência da deficiência. *Revista Anthropológicas*, ano 22, v. 29, n. 2, p. 114-141, 2018.

FIGUEIREDO, Eduardo; PEREIRA, André Dias. *Convenção sobre os direitos das pessoas com deficiência*. Lisboa: Imprensa Nacional – Casa de la Moeda, S.A. 2020.

FINA, Valentina Della. Article 24 [Education]. In: DELLA FINA, Valentina; CERA, Rachele; PALMISANO, Giuseppe. *The united nations convention on the rights of person with disability*. Italy: Springer International Publishing AG, 2017.

FLEISCHMANN, Simone Tassinari Cardoso; FONTANA, Andressa Tonetto, A capacidade civil e o modelo de proteção das pessoas com deficiência mental e cognitiva: estágio atual da discussão. *Civilistica.com*, ano 9, n. 2, 2020.

FOLLONI, André Parmo. A complexidade ideológica, jurídica e política do desenvolvimento sustentável e a necessidade de compreensão interdisciplinar do problema. *Revista de Direitos Humanos Fundamentais*, ano 14, n. 1, p. 63-91, jan./jun. 2014.

FOLLONI, André Parmo. Liberdade como capacidade em Amartya Sen desde sua crítica ao utilitarismo. *A&C – Revista de Direito Administrativo Constitucional*, Belo Horizonte, ano 20, n. 80, p. 103-124, abr./jun. 2020.

FONTES, Fernando. *Pessoas com deficiência em Portugal*. Lisboa: Fundação Francisco Manuel dos Santos, 2016.

FOUCAULT, Michel. *História da loucura*. Tradução de José Teixeira Coelho Netto. São Paulo: Perspectiva, 1972.

GADAMER, Hans-Georg. *Verdade e método I*: traços fundamentais de uma hermenêutica filosófica. Tradução de Flávio Paulo Meurer. Revisão da tradução por Enio Paulo Giachini. 8. ed. Petrópolis: Vozes; Bragança Paulista, SP: Universitária São Francisco, 2007.

GOMES, Joaquim Correia; NETO, Luísa; VÍTOR, Paula Távora. *Convenção sobre os direitos das pessoas com deficiência*. Lisboa: Imprensa Nacional – Casa da Moeda S.A., 2020.

GONÇALVES, Oksandro. A ordem econômica no estado democrático de direito e a teoria de Martha Nussbaum: entre o crescimento econômico e o desenvolvimento humano. *RJLB*, ano 4, n. 5, 2018.

GRAU, Eros Roberto. *Ensaio e discurso sobre a interpretação*: aplicação do direito. 2. ed. São Paulo: Malheiros, 2003.

GUSSOLI, Felipe Klein. *Impactos dos tratados internacionais de direitos humanos no direito administrativo brasileiro*. 320 f. Dissertação (Mestrado em Direito) – Pontifícia Universidade Católica do Paraná, Curitiba, 2018.

HACHEM, Daniel Wunder. A maximização dos direitos fundamentais econômicos e sociais pela via administrativa e a promoção do desenvolvimento. *Revista de Direitos Fundamentais e Democracia*, Curitiba, v. 13, n. 13, p. 340-399, jan./jun. 2013.

HACHEM, Daniel Wunder. *Tutela administrativa efetiva dos direitos fundamentais sociais: por uma implementação espontânea, integral e igualitária*. 625 f. Tese (Doutorado em Direito) – Setor de Ciências Jurídicas, UFPR, Curitiba, 2014. Disponível em: https://acervodigital.ufpr.br/bitstream/handle/1884/35104/R%20-%20T%20-%20DANIEL%20WUNDER%20HACHEM.pdf?sequence=1. Acesso em: 12 out. 2021.

HACHEM, Daniel Wunder; BONAT, Alan. O ensino médio como parcela do direito ao mínimo existencial. *Revista Opinião Jurídica*, Fortaleza, ano 14, n. 18, p. 144-176, jan./jun. 2016.

HART, Caroline Sarojini; BRANDO, Nicolás. A capability approach to childrens well-being, agency and participatory rights in education. *European Journal of Education*, v. 53, n. 3, p. 293-309, 2018.

IBGE. *Censo 2010*. Disponível em: https://educa.ibge.gov.br/jovens/conheca-o-brasil/populacao/20551-pessoas-com-deficiencia.html. Acesso em: 24 ago. 2020.

IMPRENSA NACIONAL. *Resolução CNE/CO nº 1, de 27 de outubro de 2020*. Brasília: CNE, 2020. Disponível em: https://www.in.gov.br/en/web/dou/-/resolucao-cne/cp-n-1-de-27-de-outubro-de-2020-285609724. Acesso em: 21 dez. 2021.

INEP. *Sinopses estatísticas de educação básica*. 2019. Disponível em: http://download.inep.gov.br/informacoes_estatisticas/sinopses_estatisticas/sinopses_educacao_basica/sinopse_estatistica_educacao_basica_2019.zip. Acesso em: 4 set. 2021.

INOCENTE, Luciane; ROMMASINI, Angélica; CASTAMAN, Ana Sara; MARCON, Andréia Mediola. Estratégias pedagógicas de inclusão escolar: um apoio das tecnologias. *In:* 22º SEMINÁRIO DE EDUCAÇÃO, TECNOLOGIA E SOCIEDADE. *Revista Redin,* v. 6, n. 1, out. 2017.

JAYME, Erik. Direito internacional privado e cultura pós-moderna. *Cadernos do Programa de Pós-graduação em Direito – PPGDir/UFRGS,* Porto Alegre, v. 1, n. 1, mar./2003.

KARIMI, Milad; BRAZIER, John; BASARIR, Hasan. The capability approach: a critical review of its application in health economics. *Value in Heath,* v. 19, 2016. Disponível em: https://www.sciencedirect.com. Acesso em: 20 jan. 2020.

KASSAR, Mônica de Carvalho Magalhães. Educação especial na perspectiva da educação inclusiva: desafios da implementação de uma política nacional. *Educar em Revista,* UFPR, Curitiba, n. 41, p. 61-79, jul./set. 2011.

KRANZ, Cláudia Rosana; GOMES, Leonardo Cinésio. Educação especial/inclusiva nos cursos de licenciatura em matemática no nordeste brasileiro. Comunicação científica. *In:* XII ENCONTRO NACIONAL DE EDUCAÇÃO MATEMÁTICA. São Paulo, 2016.

LOPES, Ana Maria D'Ávila. Bloco de constitucionalidade e princípios constitucionais: desafios do poder judiciário. *Revista Sequencia,* n. 59, p. 43-60, dez. 2009.

MACHADO, João Baptista. *Introdução ao direito e ao discurso legitimador.* 10. reimp. Coimbra: Almedina, 1997.

MACINTYRE, Alasdair. *Justiça de quem? Qual racionalidade?* Tradução de Marcelo Pimenta Marques. 3. ed. São Paulo: Loyola, 2008.

MAILLART, Adriana da Silva, SANCHES, Smyraa Dal Farra Nasponini. Os limites à liberdade na autonomia privada. *Pensar,* Fortaleza, v. 16, n. 1, p. 9-34, jan./jun. 2011.

MARQUES, Claudia Lima; MIRAGEM, Bruno. *O novo direito privado e a proteção dos vulneráveis.* 2. ed., rev., atual. e ampl. São Paulo: Revista dos Tribunais, 2014.

MARTINS, Fernando Rodrigues. *Princípio da justiça contratual.* São Paulo: Saraiva, 2009.

MARTINS, Leonardo. *Tribunal Constitucional Federal Alemão*: decisões anotadas sobre direitos fundamentais. v. 1 (Dignidade humana, livre desenvolvimento da personalidade, direito fundamental à vida e à integridade física, igualdade). São Paulo: Konrad-Adenauer Stiftung (KAS), 2016.

MARTINS-COSTA, Judith. *A boa-fé no direito privado:* sistema e tópica no processo obrigacional. São Paulo: Revista dos Tribunais, 1999.

MARTINS-COSTA, Judith. O método da concreção e a interpretação dos contratos: primeiras notas de uma leitura suscitada pelo Código Civil. *In:* DELGADO, Mário Luiz; ALVES, Jones Figueiredo (coord.). *Questões controvertidas no novo Código Civil.* São Paulo: Método, 2005.

MARTINS-COSTA, Judith. A dupla face do princípio da equidade na redução da cláusula penal. *In:* ASSIS, Araken de (org.). *Direito civil e processo*: estudos em homenagem ao Professor Arruda Alvim. São Paulo: Revista dos Tribunais, 2007.

MAZZUOLI, Valerio de Oliveira. *O controle jurisdicional da convencionalidade das leis*. 2 ed. ver., atual. e ampl. São Paulo: Revista dos Tribunais Ltda., 2011.

MENEZES, Ebenezer Takuno de. Verbete Declaração de Salamanca. In: *Dicionário Interativo da Educação Brasileira – EducaBrasil*. São Paulo: Midiamix, 2001. Disponível em: https://www.educabrasil.com.br/declaracao-de-salamanca/. Acesso em: 1 set. 2021.

MENEZES, Joyceane Bezerra de. O direito protetivo no Brasil após a convenção sobre a proteção da pessoa com deficiência: impactos do novo CPC e do Estatuto da Pessoa com Deficiência. *Revista Eletrônica Civilística*, ano 4, n. 1, p. 1-34, 2015. Disponível em: http://civilistica.com/wp-content/uploads/2016/01/Menezes-civilistica.com-a.4.n.1.2015.pdf. Acesso em: 24 out. 2021.

MENEZES, Joyceane Bezerra; MENDES, Vanessa Correia. O tratamento psiquiátrico e direitos humanos: uma análise dos instrumentos de controle da internação involuntária. *Revista de Direitos Fundamentais e Democracia*, Curitiba, v. 14, n. 14, p. 458-481, jul./dez. 2013.

MICROSOFT. *Tornar as suas apresentações acessíveis para pessoas com deficiência*. 2021. Disponível em: https://support.microsoft.com/pt-br/office/tornar-suas-apresenta%C3%A7%C3%B5es-do-powerpoint-acess%C3%ADveis-para-pessoas-com-defici%C3%AAncias-6f7772b2-2f33-4bd2-8ca7-dae3b2b3ef25. Acesso em: 6 jan. 2022.

MINISTÉRIO DA EDUCAÇÃO. *Avaliações de aprendizagem*. Brasília: MEC, 2021. Disponível em: http://portal.mec.gov.br/educacao-quilombola-/190-secretarias-112877938/setec-1749372213/18843-avaliacoes-da-aprendizagem. Acesso em: 8 dez. 2021.

MINISTÉRIO DA EDUCAÇÃO. *Base Nacional Comum Curricular*: educação é a base. Brasília: MEC, 2021. Disponível em: http://basenacionalcomum.mec.gov.br/images/BNCC_EI_EF_110518_versaofinal_site.pdf. Acesso em: 6 jan. 2022.

MINISTÉRIO DA EDUCAÇÃO. *Censo escolar*: resultados. Brasília: Instituto Nacional de Estudos e Pesquisas Educacionais Anísio Teixeira, 3 nov. 2020. Disponível em: https://www.gov.br/inep/pt-br/areas-de-atuacao/pesquisas-estatisticas-e-indicadores/censo-escolar/resultados. Acesso em: 11 jan. 2022.

MINISTÉRIO DA EDUCAÇÃO. *Conferência Nacional da Educação Básica*: documento final. Brasília: MEC, 2018. Disponível em: http://portal.mec.gov.br/arquivos/conferencia/documentos/doc_final.pdf. Acesso em: 2 maio 2021.

MINISTÉRIO DA EDUCAÇÃO. *Declaração de Salamanca sobre princípios, políticas e práticas na área das necessidades educativas especiais*. Brasília: MEC, 1994. Disponível em: http://portal.mec.gov.br/seesp/arquivos/pdf/salamanca.pdf. Acesso em: 12 out. 2021.

MINISTÉRIO DA EDUCAÇÃO. *Declaração de Salamanca*: linhas de ação em nível nacional. Disponível em: portal.mec.gov.br/seesp/arquivos/pdf/salamanca.pdf. Acesso em: 24 abr. 2021.

MINISTÉRIO DA EDUCAÇÃO. *Diretrizes Operacionais da Educação Especial para o atendimento educacional especializado na educação básica*. Brasília: Secretaria de Educação Especial, 2008. Disponível em: http://portal.mec.gov.br/index.php?option=com_docman&view=download&alias=428-diretrizes-publicacao&Itemid=30192. Acesso em: 11 jan. 2022.

MINISTÉRIO DA EDUCAÇÃO. *Matrizes e escalas*. Brasília: MEC/INEP, 31 ago. 2020. Disponível em: https://www.gov.br/inep/pt-br/areas-de-atuacao/avaliacao-e-exames-educacionais/saeb/matrizes-e-escalas. Acesso em: 14 dez. 2021.

MINISTÉRIO DA EDUCAÇÃO. *Plano de Ações Articuladas (PAR)*: apresentação. Brasília: MEC, 2007. Disponível em: portal.mec.gov.br/par/apresentacao. Acesso em: 25 abr. 2021.

MINISTÉRIO DA EDUCAÇÃO. *Política Nacional de Educação Especial na perspectiva da educação inclusiva*. Brasília: MEC, 2008. Disponível em: http://portal.mec.gov.br/arquivos/pdf/politica educespecial.pdf. Acesso em: 3 mar. 2021.

MINISTÉRIO DA EDUCAÇÃO. *Portaria MEC nº 2.678, de 24 de setembro de 2002*. Aprova o projeto da Grafia Braille para a Língua Portuguesa e recomenda o seu uso em todo o território nacional. Brasília: FNDE, 2002. Disponível em: www.fnde.gov.br/acesso-a-informacao/institucional/legislacao/item/3494-portaria-mec-nº-2678-de-24-de-setembro-de-2002. Acesso em: 25 abr. 2021.

MINISTÉRIO DA EDUCAÇÃO. *Programa educação inclusiva*: direito à diversidade. Brasília: MEC, 2003. Disponível em: http://portal.mec.gov.br/secretaria-de-educacao-especial-sp-598129159/programas-e-acoes?id=250#:~:text=Programa%20Educa%C3%A7%C3%A3o%20Inclusiva%3A%20Direito%20%C3%A0%20Diversidade%20O%20programa,oferecer%20educa%C3%A7%C3%A3o%20especial%20na%20perspectiva%20da%20educa%C3%A7%C3%A3o%20inclusiva. Acesso em: 25 abr. 2021.

MINISTÉRIO DA EDUCAÇÃO E CULTURA. *Resolução nº 1, de 23 de janeiro de 2012*. Brasília: MEC, 2012. Disponível em: http://portal.mec.gov.br/index.php?option=com_docman&view=download&alias=9816-rceb001-12&category_slug=janeiro-2012-pdf&Itemid=30192. Acesso em: 29 dez. 2021.

MINISTÉRIO DA EDUCAÇÃO E CULTURA. *Resolução CNE/CEB nº 2/2001*. Disponível em: http://portal.mec.gov.br/arquivos/pdf/resolucao2.pdf. Acesso em: 9 fev. 2021.

MINISTÉRIO DA EDUCAÇÃO E CULTURA. *Parecer CNE/CEB nº 16/99, de 5 de outubro de 1999*. Trata das Diretrizes Curriculares Nacionais para a Educação Profissional de Nível Técnico. Brasília: Câmara de Educação Básica, 1999. Disponível em: http://portal.mec.gov.br/setec/arquivos/pdf_legislacao/tecnico/legisla_tecnico_parecer1699.pdf. Acesso em 30 jan. 2022.

MINISTÉRIO DA EDUCAÇÃO E CULTURA. *Resolução CNE/CP 1, de 18 de fevereiro de 2002*. Brasília: Conselho Nacional de Educação, 2002. Disponível em: portal.mec.gov.br/cne/arquivos/pdf/rcp01_02.pdf. Acesso em: 25 abr. 2021.

MINISTÉRIO DA EDUCAÇÃO E CULTURA. *Resolução CNE/CP nº 1, de 15 de maio de 2006*. Disponível em: http://portal.mec.gov.br/cne/arquivos/pdf/rcp01_06.pdf. Acesso em: 6 jan. 2022.

MINISTÉRIO DA EDUCAÇÃO E CULTURA. *Parecer CNE/CP nº 3/2007, de 17 de abril de 2007*. Disponível em: http://portal.mec.gov.br/cne/arquivos/pdf/pcp003_07.pdf. Acesso em: 6 jan. 2022.

MINISTÉRIO DA EDUCAÇÃO E CULTURA. *Política nacional de educação especial na perspectiva da educação inclusiva*. Documento elaborado pelo Grupo de Trabalho nomeado pela Portaria Ministerial nº 555, de 5 de junho de 2007, prorrogada pela Portaria nº 948, de 09 de outubro de 2007. Brasília: MEC/SEESP, 2007. Disponível em: portal.mec.gov.br/seesp/arquivos/pdf/politica.pdf. Acesso em: 24 abr. 2021.

MINISTÉRIO DA MULHER, DA FAMÍLIA E DOS DIREITOS HUMANOS. *Plano Nacional de Educação em Direitos Humanos*. Brasília: Governo Federal, 2018. Disponível em: https://www.gov.br/mdh/pt-br/navegue-por-temas/educacao-em-direitos-humanos/plano-nacional-de-educacao-em-direitos-humanos. Acesso em: 25 abr. 2021.

MINISTÉRIO PÚBLICO DE PORTUGAL. *Regras gerais sobre a igualdade de oportunidades para as pessoas com deficiências*. Disponível em: https://gddc.ministeriopublico.pt/sites/default/files/regrasgerais-igualdadeoportunidades.pdf. Acesso em: 24 abr. 2021.

MIRANDA, Francisco Pontes de. *Democracia, liberdade e igualdade:* os três caminhos. 2. ed. São Paulo: Saraiva, 1979.

MIRANDA, Jorge. A dignidade da pessoa humana e a unidade valorativa do sistema de direitos fundamentais. *In:* MIRANDA, Jorge; SILVA, Marco Antonio Marques da (coord.). *Tratado luso-brasileiro da dignidade humana/.* 2. ed., atual. e ampl. São Paulo: Quartier Latin, 2009.

MOLINARO, Carlos Alberto. A dignidade da pessoa humana na visão de Ingo W. Sarlet: desde a problematização do conceito até o pensar fora do marco jurídico estabelecido. *Revista de Argumentação e Hermenêutica Jurídica*, Salvador, v. 4, n. 1, p. 94-118, jan./jun. 2018.

MONTORO, André Franco. *Introdução à ciência do direito*. 27. ed., rev. e atual. São Paulo: Revista dos Tribunais, 2008.

MORAES, Alexandre de. *Direitos humanos fundamentais:* teoria geral, comentários aos arts. 1º a 5º da Constituição da República Federativa do Brasil, doutrina e jurisprudência. 9. ed. São Paulo: Atlas, 2011.

MORAES, Maria Celina Bodin de. Prefácio. *In:* MENEZES, Joyceane Bezerra de (org.). *Direito das pessoas com deficiência psíquica e intelectual nas relações privadas:* convenção sobre os direitos da pessoa com deficiência e lei brasileira de inclusão. 2. ed., rev. e ampl. Rio de Janeiro: Processo, 2020.

MORAES, Vânila Cardoso André de. *A igualdade – formal e material – nas demandas repetitivas sobre diretos sociais*. Brasília: Conselho da Justiça Federal, Centro de Estudos Judiciários, 2016. (Série monografias do CEJ, v. 24).

NAÇÕES UNIDAS BRASIL. *Agenda de desenvolvimento sustentável 2030*: objetivo 4. 2015. Disponível em: https://brasil.un.org/pt-br/sdgs/4. Acesso em: 27 nov. 2021.

NOVAIS, Jorge Reis. *A dignidade da pessoa humana:* dignidade e inconstitucionalidade. v. II. 2. ed. Coimbra: Almedina, 2018.

NUSSBAUM, Martha. *Women and human development:* the capabilities approach. New York: Cambridge University Press, 2000.

NUSSBAUM, Martha. The capabilities of people with cognitive disabilities. *Metaphilosophy*, United States, v. 40, n. 3-4, p. 331-351, jul. 2009. Disponível em: https://doi.org/10.1111/j.1467-9973.2009.01606.x. Acesso em: 12 out. 2018.

NUSSBAUM, Martha. *Fronteiras da justiça:* deficiência, nacionalidade, pertencimento à espécie. Tradução de Susana de Castro. São Paulo: WMF Martins Fontes, 2013.

NUSSBAUM, Martha. *Sem fins lucrativos*. Tradução de Fernando Santos. São Paulo: WMF Martins Fontes, 2015.

NUSSBAUM, Martha. *Educação e justiça social*. Tradução de Graça Lami. Portugal: Edições Pedago, 2016.

ORGANIZAÇÃO DAS NAÇÕES UNIDAS. *Declaração dos direitos das pessoas deficientes.* 9 dez. 1975. Disponível em: portal.mec.gov.br/seesp/arquivos/pdf/dec_def.pdf. Acesso em: 21 abr. 2021

ORGANIZAÇÃO DAS NAÇÕES UNIDAS. *Pesquisa mundial de saúde e da carga global de doenças.* 2012.

ORGANIZAÇÃO DOS ESTADOS AMERICANOS. *Convenção Interamericana para a Eliminação de Todas as Formas de Discriminação Contra Todas as Formas de Discriminação Contra as Pessoas Portadoras de Deficiência.* 1999. Disponível em: www.oas.org/juridico/portuguese/treaties/A-65.htm. Acesso em: 19 abr. 2021.

ORGANIZAÇÃO MUNDIAL DA SAÚDE. *Classificação Internacional de Funcionalidade, Incapacidade e Saúde (CIF).* [s.d.]. Disponível em: http://www.periciamedicadf.com.br/cif2/cif_portugues.pdf. Acesso em: 1 maio 2021.

PALUMBO, Livia Pelli. A efetivação dos direitos das pessoas com deficiência pelos sistemas de proteção dos direitos humanos: sistema americano e europeu. *Revista Científica Eletrônica do Curso de Direito*, ano I, n. 2, 2012. Disponível em: http://faef.revista.inf.br/imagens _arquivos/arquivos_destaque/XpIJi4SKLO7rVtt_2013-12-4-17-41-52.pdf. Acesso em: 25 ago. 2020.

PANSIERI, Flávio. *A liberdade no pensamento ocidental*: liberdade como justiça e desenvolvimento. Tomo IV. Belo Horizonte: Fórum Conhecimento Jurídico, 2018.

PEREIRA, Jaquelline de Andrade; SARAIVA, Joseana Maria. Trajetória histórico social da população deficiente: da exclusão à inclusão social. *SER Social*, v. 19, n. 40, p. 168-185, 2017. DOI: 10.26512/ser_social.v19i40.14677. Disponível em: https://periodicos.unb.br/index.php/SER_Social/article/view/14677. Acesso em: 13 mar. 2021.

PERUZZO, Pedro Pulzato; LOPES, Lucas Silva. Afirmação e promoção do direito às diferenças das pessoas com deficiência e as contribuições do sistema interamericano de direitos humanos. *Revista Eletrônica do Curso de Direito da UFSM*, v. 14, n. 3, p. 1-29, 2019.

PINHO, Leda de Oliveira. *Princípio da igualdade*: investigação na perspectiva de gênero. Porto Alegre: Sérgio Antonio Fabris Editor, 2005.

PIOVESAN, Flávia. *Temas de direitos humanos*. 10. ed., rev., ampl. e atual. São Paulo: Saraiva, 2017.

PIOVESAN, Flávia. *Direitos humanos e o direito constitucional internacional.* 18. ed., rev. e atual. São Paulo: Saraiva, 2018.

PLETSCH, Márcia Denise. A formação de professores para a educação inclusiva: legislação, diretrizes políticas e resultados de pesquisa. *Educar*, UFPR, Curitiba, n. 33, p. 143-156, 2009.

PRODI, Paolo. *Uma história da justiça*. Tradução de Karina Jannini. São Paulo: Martins Fontes, 2005.

PUCPR. *Matriz curricular do curso de pedagogia*. Curitiba: PUCPR, 2021. Disponível em: https://static.pucpr.br/pucpr/2021/09/re-300-2021-consun-mc-pedagogia-lic-eeh-2022.pdf. Acesso em: 6 jan. 2022.

RAMOS, André de Carvalho. Supremo Tribunal Federal brasileiro e o controle de convencionalidade: levando a sério os tratados de direitos humanos. *Revista da Faculdade de Direito da Universidade de São Paulo*, v. 104, p. 241-286, jan./dez. 2009.

RAWLS, John. *Justiça como equidade*: uma reformulação. Tradução de Claudia Berliner. Revisão técnica e de tradução de Álvaro de Vita. São Paulo: Martins Fontes, 2003.

REQUIÃO, Maurício. *Estatuto da pessoa com deficiência, incapacidades e interdição*. 2. ed. Florianópolis: Tirant Lo Blanch, 2018.

REYMÃO, Ana Elizabeth Neirão; CEBOLÃO, Karla Azevedo. Amartya Sen e o direito a educação para o desenvolvimento. *Revista de Direito Sociais e Políticas Públicas*, Maranhão, v. 3, n. 2, p. 88-104, jul./dez. 2017.

RODRIGUES, David. Artigo 24 – educação. In: GOMES, Joaquim Correia; NETO, Luísa; VÍTOR, Paula Távora. *Convenção sobre os direitos das pessoas com deficiência*. Lisboa: Imprensa Nacional – Casa da Moeda S.A., 2020.

ROSENVALD, Nelson. O modelo social de direitos humanos e a Convenção sobre os Direitos da Pessoa com Deficiência – o fundamento primordial da Lei nº 13.146/2015. In: MENEZES, Joyceane Bezerra de (org.). *Direitos das pessoas com deficiência psíquica e intelectual nas relações privadas*: convenção sobre os direitos da pessoa com deficiência e Lei Brasileira de Inclusão. Rio de Janeiro: Processo, 2016.

SALES, Gabrielle Bezerra; SARLET, Ingo Wolfgang. A igualdade na Constituição Federal de 1988: um ensaio acerca do sistema normativo brasileiro face à Convenção Internacional e à Lei Brasileira de Inclusão da Pessoa com Deficiência (Lei nº 13.146/2015). In: MENEZES, Joyceane Bezerra de (org.). *Direitos das pessoas com deficiência psíquica e intelectual nas relações privadas*: convenção sobre os direitos da pessoa com deficiência e Lei Brasileira de Inclusão. 2. ed., rev. e ampl. Rio de Janeiro: Processo, 2020.

SANDEL, Michael J. *Justiça*: o que é fazer a coisa certa. Tradução de Heloísa Matias e Maria Alice Máximo. 16. ed. Rio de Janeiro: Civilização Brasileira, 2014.

SÃO PAULO. Índice *de programas*. São Paulo: Secretaria de Estado dos Direitos da Pessoa com Deficiência, 2020. Disponível em: https://www.pessoacomdeficiencia.sp.gov.br. Acesso em: 12 ago. 2020.

SARLET, Ingo Wolfgang. Notas sobre a assim designada proibição de retrocesso social no constitucionalismo latino-americano. *Revista TST*, Brasília, v. 75, n. 3, jul./set. 2009.

SARLET, Ingo Wolfgang. *Eficácia dos direitos fundamentais:* uma teoria geral dos direitos fundamentais na perspectiva fundamental. 12. ed., rev., atual. e ampl. Porto Alegre: Livraria do Advogado, 2015.

SARLET, Ingo Wolfgang. *Dignidade (da pessoa) humana e direitos fundamentais na Constituição Federal de 1988*. 10. ed., rev. atual. e ampl. 3. tir. Porto Alegre: Livraria do Advogado, 2019.

SARMENTO, Daniel. *Dignidade da pessoa humana:* conteúdo, trajetória e metodologia. 2. ed. Belo Horizonte: Fórum, 2016.

SASSAKU, Romeu Kazumi. Artigo 24: educação. *In:* RESENDE, Ana Paula Crosara de; VITAL, Flavia Maria de Paiva (org.). *Comentários à Convenção Internacional sobre Direitos da Pessoa com Deficiência.* Brasília: CORDE, 2008. p. 83-85. Disponível em: https://www.gov.br/governodigital/pt-br/acessibilidade-digital/convencao-direitos-pessoas-deficiencia-comentada.pdf. Acesso em: 14 nov. 2021.

SCHIER, Paulo Ricardo. Hierarquia Constitucional dos Tratados Internacionais de Direitos Humanos e EC 45 – tese em favor da incidência do tempus regit actum. *In:* CONGRESSO NACIONAL DO CONPEDI, 14, 2006, Florianópolis. *Anais...* Florianópolis: Fundação Boiteux, 2006. Disponível em: www.conpedi.org/manaus/arquivos/Anais/Paulo%20Ricardo %20Schier.pdf. Acesso em: 17 ago. 2020.

SEN, Amartya. Economic behavior and moral sentiments. *In:* _____. *On ethics and economics.* Oxford: Blackwell, 1987. p. 1-28.

SEN, Amartya. Introduction; the perspective of freedom; the ends and means of development. *In:* SEN, Amartya. *Development as freedom.* New York: Knoph, 2000.

SEN, Amartya. *O desenvolvimento como liberdade.* Tradução de Laura Teixeira Motta. Revisão técnica de Ricardo Doninelli Mendes. São Paulo: Companhia das Letras, 2010.

SEN, Amartya. *A ideia de justiça.* Tradução de Denise Bottmann e Ricardo Doninelli Mendes. São Paulo: Companhia das Letras, 2011.

SERRANO, Plablo Jiménez. *O direito à educação:* fundamentos, dimensões e perspectivas da educação moderna. 1. ed. Rio de Janeiro: Jurismestre, 2017.

SILVA, Deziane Costa da; MIGUEL, Joelson Rodrigues. Práticas pedagógicas inclusivas no âmbito escolar. *Id on Line Rev.Mult.Psic.*, v. 14, n. 51, p. 880-894, jul. 2020.

SILVA, Fabrícia Gomes da. Projeto Café Inclusivo: um relato de experiência a partir de diálogos interdisciplinares. *In:* EVÊNCIO, Kátia Maria de Moura (org.). *Educação inclusiva:* diversos olhares entre teorias e práticas. Curitiba: Appris Editora, 2018.

SILVA, Otto Marques da. *A epopeia ignorada:* a pessoa deficiente na história de ontem e de hoje. São Paulo: CEDAS, 1987.

SILVA NETO, Antenor de Oliveira; ÁVILA, Éverton Gonçalves; SALES, Tamara Regina Reis; AMORIM; Simone Silveira; NUNES, Andréa Karla; SANTOS, Vera Maria. Educação inclusiva: uma escola para todos. *Revista Educação Especial*, v. 31, n. 60, p. 81-92, jan./mar. 2018. Disponível em: https://periodicos.ufsm.br/educacaoespecial. Acesso em: 3 mar. 2021.

SIQUEIRA, Natércia Sampaio. A capacidade nas democracias contemporâneas: fundamento axiológico da Convenção de Nova York. *In:* MENEZES, Joyceane Bezerra de (org.). *Direitos das pessoas com deficiência psíquica e intelectual nas relações privadas.* Convenção sobre os direitos da pessoa com deficiência e Lei Brasileira de Inclusão. 2. ed., rev. e ampl. Rio de Janeiro: Processo, 2020.

SIQUEIRA JR., Paulo Hamilton. A dignidade da pessoa humana no contexto da pós-modernidade. *In:* MIRANDA, Jorge; SILVA, Marco Antonio Marques (coord.). *Tratado luso-brasileiro da dignidade humana.* 2. ed., atual. e ampl. São Paulo: Quartier Latin, 2009.

SOUSA, Filipe Venade de. *A Convenção das Nações Unidas sobre os direitos das pessoas com deficiência no ordenamento jurídico Português:* contributo para a compreensão do estatuto jusfundamental. Coimbra: Almedina, 2018.

SOUZA, Iara Antunes. *Estatuto da Pessoa com Deficiência:* curatela e saúde mental conforme a Lei 13.146/215 – estatuto da pessoa com deficiência/13.146/2015 – novo código de processo civil. Belo Horizonte: D'Plácido, 2016.

SOUZA, Sandra Freitas; OLIVEIRA. Maria Auxiliadora Monteiro. *Educação profissional inclusiva:* uma oportunidade para pessoas com deficiência. Petrópolis, Rio de Janeiro: Vozes, 2021.

SPAREMBERGER, Raquel Fabiana Lopes; ROSA, Marina de Almeida. Together and Equal? Da necessária fundamentação do direito à igualdade para além do caso Brown V. Board of education. *Revista Eletrônica do Curso de Direito da UFSM*, v. 15, n. 3, 2020.

TARTUCE, Flávio. O Estatuto da Pessoa com Deficiência e a capacidade testamentária ativa. *Revista Jurídica Luso-Brasileira*, ano 2, n. 6, p. 521-561, 2016.

THALER, Richard H.; SUNSTEIN, Cass R. *Nudge:* um pequeno empurrão – como decidir em questões de saúde, riqueza e felicidade. Rio de Janeiro: Lua de Papel, 2018.

TOCCHETTO, Daniela Goya; PORTO JÚNIOR, Sabino da Silva. Arghhhhh!!! Eu nunca mais vou comer pimenta... Oba! Pimenta! – Homer Simpson, arquitetura de escolha e políticas públicas. *Economia & Tecnologia*, ano 7, v. 24, jan./mar. 2011.

TRINDADE, Antônio Augusto Cançado. O sistema interamericano de direitos humanos no liminar do novo século: recomendações para o fortalecimento de seu mecanismo de proteção. *In:* TRINDADE, Antônio Augusto Cançado. *A proteção internacional dos direitos humanos e o Brasil.* p. 31-66. Disponível em: file:///C:/Users/vjp/Documents/CANÇADO%20TRINDADE,%20Antônio%20Augusto%20-%20O%20Sistema%20Interamericano%20de%20Direitos%20Humanos%20no%20Limiar.pdf. Acesso em: 13 abr. 2021.

UNESCO. *Convenção relativa à luta contra a discriminação no campo do ensino.* 1960. Disponível em: www.direitoshumanos.usp.br/index.php/Direito-a-Educação/convencao-relativa-a-luta-contra-as-discriminacoes-na-esfera-do-ensino.html. Acesso em: 23 abr. 2021.

UNESCO. *Diga não à discriminação na educação, junte-se à Convenção de 1960 quando ela completar 60 anos.* 10 dez. 2020. Disponível em: https://pt.unesco.org/news/diga-nao-discriminacao-na-educacao-junte-se-convencao-1960-quando-ela-completar-60-anos. Acesso em: 24 abr. 2021.

UNESCO. *Manual para garantir inclusão e equidade na educação.* Brasília: UNESCO, 2019. Disponível em: https://prceu.usp.br/wp-content/uploads/2020/10/2019-Manual-para-garantir-a-inclusao-e-equidade-na-educacao.pdf. Acesso em: 1 maio 2021.

UNICEF. *Declaração Universal dos Direitos Humanos.* Proclamada pela Assembleia Geral das Nações Unidas (Resolução nº 217 A III) em 10 de dezembro 1948. Disponível em: https://www.unicef.org/brazil/declaracao-universal-dos-direitos-humanos. Acesso em: 23 abr. 2021.

UNESCO. *Declaração Mundial sobre Educação para Todos.* Tailândia, 1990. Disponível em: https://www.unicef.org/brazil/declaracao-mundial-sobre-educacao-para-todos-conferencia-de-jomtien-1990. Acesso em: 24 abr. 2021.

UNESCO. *Cenário da exclusão escolar no Brasil:* um alerta sobre os impactos da pandemia do COVID-19 na educação. Brasília: UNICEF, 2021. Disponível em: https://www.unicef.org/brazil/media/14026/file/cenario-da-exclusao-escolar-no-brasil.pdf. Acesso em: 4 set. 2021.

UNITED NATIONS. Committee on the rights of persons with disabilities. *General Comment*, n. 4, 2016. Disponível em: https://tbinternet.ohchr.org/_layouts/15/treatybodyexternal/Download.aspx?symbolno=CRPD/C/GC/4&Lang=e. Acesso em: 27 fev. 2021.

UNITED NATIONS. *Disability and development report –realizing the sustainable development goals by, for and with persons with disabilities*. New York: United Nations, 2018. Disponível em: https://social.un.org/publications/UN-Flagship-Report-Disability-Final.pdf. Acesso em: 17 mar. 2021.

VIVAS-TESÓN, Inmaculada. La reciente humanización del Derecho Civil español: necessidades y retos en materia de discapacidad. *Derecho Global*. Estudios sobre Derecho y Justicia. vol. 14, Marzo – Junio, 2020.

VALLE, Ione Ribeiro. Uma escola justa contra o sistema de multiplicação das desigualdades sociais. *Educar em Revista*, UFPR, Curitiba, n. 48, p. 289-307, abr./jun. 2013.

XAVIER, Beatriz Rego. Direito da pessoa autista à educação inclusiva: a incidência do princípio da solidariedade no ordenamento jurídico brasileiro. *In:* MENEZES, Joyceane Bezerra de (org.). *Direitos das pessoas com deficiência psíquica e intelectual nas relações privadas*: convenção sobre os direitos da pessoa com deficiência e Lei Brasileira de Inclusão. Rio de Janeiro: Processo, 2016.

ZAMBAM, Neuro José; KUJAWA, Henrique Aniceto. As políticas públicas em Amartya Sen: condição de agente e liberdade social. *Revista Brasileira de Direito Passo Fundo*, v. 13, n. 1, p. 60-85, jan./abr. 2017.

ZEIFERT, Anna Paula Bagetti; STURZA, Janaína Machado. As políticas públicas e a promoção da dignidade: uma abordagem norteada pelas capacidades (capabilities approach) propostas por Martha Nussbaum. *Revista Brasileira de Políticas Públicas*, v. 9, n. 1, abr., 2019. DOI: https://doi.org/10.5102/rbpp.v9i1.5894.